特殊教育研究方法

雷江华　宫慧娜　杨　雪◎主　编

TESHU JIAOYU YANJIU FANGFA

图书在版编目(CIP)数据

特殊教育研究方法/雷江华，宫慧娜，杨雪主编．—北京：北京师范大学出版社，2023.9

全国高等院校特殊教育专业精品教材

ISBN 978-7-303-27172-6

Ⅰ．①特… Ⅱ．①雷… ②宫… ③杨… Ⅲ．①特殊教育－研究方法－高等学校－教材 Ⅳ．①G760-3

中国版本图书馆 CIP 数据核字(2021)第 156088 号

图书意见反馈 gaozhifk@bnupg.com 010-58805079

营销中心电话 010-58802135 010-58802786

北师大出版社教师教育分社微信公众号 京师教师教育

TESHU JIAOYU YANJIU FANGFA

出版发行：北京师范大学出版社 www.bnupg.com

北京市西城区新街口外大街 12-3 号

邮政编码：100088

印 刷：保定市中画美凯印刷有限公司

经 销：全国新华书店

开 本：787 mm×1092 mm 1/16

印 张：26

字 数：504 千字

版 次：2023 年 9 月第 1 版

印 次：2023 年 9 月第 1 次印刷

定 价：58.00 元

策划编辑：王剑虹 责任编辑：王玲玲 朱冉冉

美术编辑：焦 丽 装帧设计：李尘工作室

责任校对：葛子森 责任印制：马 洁 赵 龙

总　序

经过两个多世纪的发展，特殊教育已逐渐形成自己的学科体系，具备独特的研究范畴及研究方法。党和国家一直关心和支持特殊教育的发展。2016 年 8 月，国务院印发的《“十三五”加快残疾人小康进程规划纲要》特别指出，要“大力推行融合教育，建立随班就读支持保障体系，在残疾学生较多的学校建立特殊教育资源教室，提高普通学校接收残疾学生的能力，不断扩大融合教育规模”。2017 年 7 月，教育部等七部门联合印发了《第二期特殊教育提升计划(2017—2020 年)》，该计划是巩固一期成果、进一步提升残疾人受教育水平的必然要求，是推进教育公平、实现教育现代化的重要任务，是增进残疾人家庭福祉、加快残疾人小康进程的重要举措。2017 年 1 月，国务院对《残疾人教育条例》进行修订，修订后的条例强调保障残疾人教育机会平等、积极推进融合教育、加强对残疾人教育的支持保障，体现了对残疾人平等受教育权的尊重，体现了国家对残疾人的关爱，对残疾人公平接受教育机会、融入社会的关切。该条例的修订也是我国残疾人教育发展的新突破、新起点、新征程。

特殊教育对于残疾儿童和少年而言是促进其社会化发展、提高生活质量的必要途径。同时特殊教育解决的不仅是残疾人的个人问题，还是家庭问题和社会问题。特殊教育的发展水平是社会文明和科学进步的体现，具有重要的社会效益。现代社会的特殊教育被纳入全民教育体系，不再单纯是一种福利式、慈善型教育，而是专业化教育。发展特殊教育是推进教育公平、实现教育现代化的重要内容，是坚持以人为本理念、弘扬人道主义精神的重要举措，是保障和改善民生、构建社会主义和谐社会的重要任务。

从特殊教育的发展史来看，特殊教育走过了一条从隔离到回归主流再到融合的道路。一些教育发达国家，现在已经到了融合教育的阶段。从 20 世纪 90 年代开始，越来越多的教师、学生家长、法律工作者、各级行政管理人员都在不断地表达这样的希望：创造一个融合的社会环境，所有的儿童都可以进入普通学校接受有质量的教育。这导致了发达国家的教育政策发生了巨大的改变。而我国的特殊教育发展也具有自己的特色，也存在着相应的问题。尽管近几十年来特殊教育发展迅速，但仍需要指出的是，相较于普通教育的发展，特殊教育理论研究和学科建设还较为薄弱，发展还不均衡，特殊教育经费短缺，办学条件亟待改善，办学规模远不能满足社会发展要求，特殊教育教师队伍还有待进一步加强，建立具有中国特色的特殊教育学科体系还不够完善等，因此我国特殊教育工作者还承担着艰巨的变革与发展的任务，需要一代又一代的不断努力和进取。

为了进一步完善我国的特殊教育体系，发展具有中国特色的特殊教育学科，致力于更好地满足残疾儿童对更公平、更高质量的特殊教育需求，本丛书汇集国内知名专家，从特殊教育体系、不同类型特殊儿童教育、特殊儿童的相关服务以及西方先进特殊教育研究等不同版块，来建立较为系统、完善、前沿的特殊教育教材，一方面促进特殊教育学科的发展，另一方面也为新生的特殊教育力量提供坚实的知识和实践基础。最后，期待在未来的日子里，残疾人进入普通学校学习的障碍会越来越少，我国的教育系统能够越来越自觉地给包括残疾学生在内的所有学生提供有质量的教育，期待我们的教育可以满足每一个孩子的需要。

肖　非

前言

特殊教育事业的蓬勃发展推动了特殊教育研究的发展，并使特殊教育研究不断深入。最为明显的标志是，除了特殊教育研究受到本学科研究人员的高度关注外，越来越多的其他学科的研究人员也不断参与研究，他们分别从各自学科的立场与视角出发，采用某一研究方法或综合的研究方法来研究特殊教育的理论与实践问题。这不但促进了特殊教育学科的发展，而且说明了特殊教育研究的新颖性，也折射出特殊教育研究问题的综合性与复杂性。因此，特殊教育研究人员需要超越"特殊教育论方法"的局限，在明晰方法论问题的基础上根据方法体系来阐述通用的研究范式或具体的研究方法，让特殊教育研究既能借鉴相关学科的研究经验，又能坚守自身的研究特色，兼容并包，走出一条具有中国特色的特殊教育研究之路。正是基于上述想法，本书试图进行一种尝试，分六个部分来编写提纲：第一部分的三章为总论，在明晰特殊教育研究、研究进展的基础上阐述特殊教育研究的理论基础、研究范式与主要研究方法；第二部分至第五部分每部分各三章，分别从概述、研究过程与研究示例入手，阐述质性研究、量化研究、混合研究及课题研究；第六部分则根据特殊教育专业不同层级的学生撰写论文的需要分别阐述了学士、硕士、博士学位论文的研究过程。

本书各章撰写人员如下。第一部分"总论"：第一、第三章由杨雪(广西师范大学)、雷江华(华中师范大学)老师撰写，第二章由徐添喜(华中师范大学)、徐九平(深圳市南山区龙苑学校)、张春宇(华中师范大学)、倪燕(澳门大学)老师撰写。第二部分"质性研究"：第四、第六章由孙玉梅(华中师范大学)、曹溶萍(华中师范大学)老师撰写，第五章由孙珂(深圳市南山区龙苑学校)老师撰写。第三部分"量化研究"：第七、第八、第九章由张奋(华中师范大学)、宫慧娜(华中师范大学)老师撰写。第四部分"混合研究"：第十、第十一、第十二章由苏慧(华中师范大学)、易雅丽(华中师范大学)老师撰写。第五部分"课题研究"：第十三章由黄钟河(南宁师范大学)、朱楠(华中师范大学)、王艳(山东特殊教育职业学院)老师撰写，第十四章由王艳、朱楠、黄钟河老师撰写，第十五章由朱楠、黄钟河、王艳老师撰写。第六部分"学位论文"：第十六、第十七章由乔蓉(湖北幼儿师范高等专科学校)老师撰写，第十八章由宫慧娜(华中师范大学)老师撰写。全书由雷江华、宫慧娜、杨雪负责统稿。

非常感谢北京师范大学特殊教育研究所肖非教授与北京师范大学出版社王剑虹编辑为本书的出版所付出的辛勤劳动！衷心感谢本书研究案例的作者的大力支持！在编写本书的过程中编者参阅了大量的文献资料，并在书中做出了明确标注。本书论及的内容很多，但容量有限，阐述的内容可能存在诸多不尽如人意之处，敬请大家不吝赐教！

编者

2022年6月

目　录

第一部分　总　论

第二部分　质性研究

第三部分　量化研究

第四部分　混合研究

第五部分 课题研究

第六部分 学位论文

第一部分　总　论

哲学中最原始的三个待解决的问题是：人从哪里来？人在世界上生活，有什么目的？人要到哪里去？与其类似，为了追根溯源，实现窥一斑而知全豹的目的，特殊教育研究方法同样需要了解特殊教育研究到底是什么，怎么样，怎么做。为了回答这三个问题，研究者在第一部分首先呈现了特殊教育研究概述，通过特殊教育研究的特性、类型、过程和原则来展现特殊教育研究的基本面貌；其次介绍了特殊教育研究的发展，通过国内、国外特殊教育研究主题和方法的变化展现特殊教育研究发展的最新脉络；最后介绍了特殊教育研究方法，通过理论基础、基本研究范式、主要研究方法和特殊教育研究技术来展现特殊教育研究的多元策略。

第一章

特殊教育研究概述

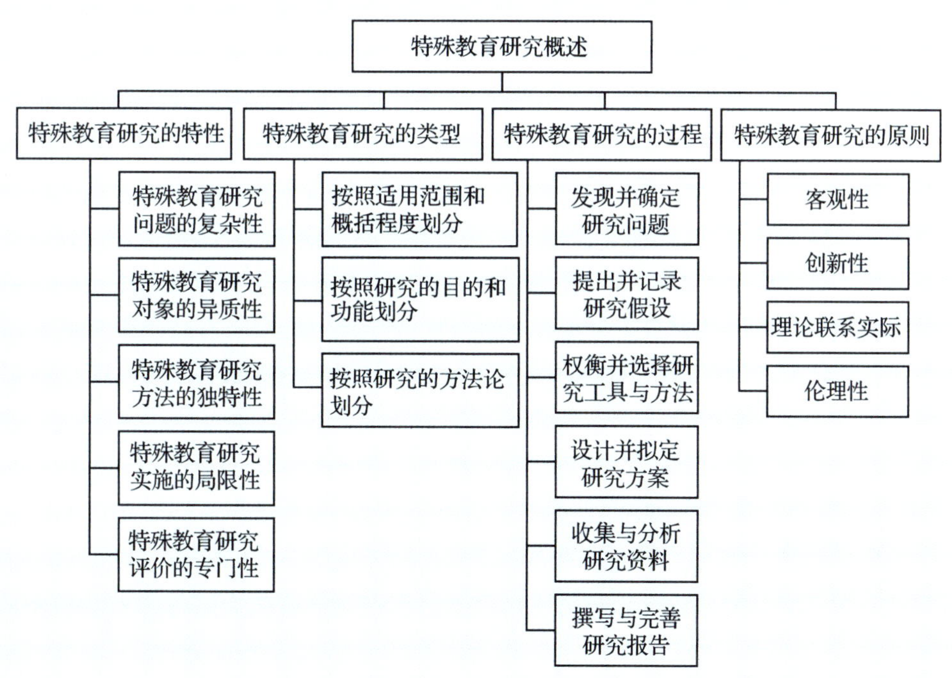

导　读

钻研和探究特殊教育现象与问题，发现特殊教育的规律及本质是特殊教育的重要任务，也是研究者长期以来进行的实践活动之一。开展特殊教育研究对特殊教育领域的纵向发展与横向发展均有重大价值和深远影响。本章作为本书的开篇内容，探讨的是特殊教育研究的基本内容，旨在帮助学习者掌握特殊教育研究的本质与特征，加深对特殊教育研究的认知和理解。学习本章，重点是理解特殊教育研究的特性，这将有利于区别特殊教育研究与一般教育研究的共性和差异性；难点是要熟练掌握特殊教育研究的过程，这是进行特殊教育研究必须具备的基本技能之一。此外，特殊教育的研究对象是特殊儿童，学习者要深刻体会特殊教育研究的伦理性，这是以人为本的教育理念的重要体现。学完本章，你应该做到：(1)了解特殊教育研究的特性和类型；(2)掌握特殊教育研究的过程和原则；(3)时刻铭记特殊教育研究的伦理性。

第一节
特殊教育研究的特性

特殊教育研究面向特殊儿童，我国特殊教育研究热点主要围绕发展的宏观与中观研究、残疾人与特殊群体的研究这两大主线，以及特殊教育发展的现状及对策、特殊教育的课程与教学、各类特殊人群的安置与教育、不同类型特殊儿童的心理健康教育与康复四大领域展开。[①] 这些研究区别于一般教育研究，同时也展现出了特殊教育研究的相对独特之处。纵观已有研究，对特殊教育研究的特性的论述相对不多，编者结合特殊教育知识和已有的经验，认为特殊教育研究的特性主要表现在特殊教育研究问题的复杂性、研究对象的异质性、研究方法的独特性、研究实施的局限性、研究评价的专门性五个方面。

一、特殊教育研究问题的复杂性

研究问题是整个教育研究活动的逻辑起点，也是教育研究的灵魂，能发现并提出

---

① 郭文斌、陈秋珠：《特殊教育研究热点知识图谱》，载《华东师范大学学报(教育科学版)》，2012，30(3)。

有价值的研究问题是教育研究者的必备素质。[①] 特殊教育研究问题是特殊教育研究活动的起点和灵魂，发现与提出特殊教育研究问题是开展特殊教育研究必不可少的环节之一。特殊教育研究问题源自特殊教育理论与实践的碰撞以及特殊教育理论内部，具有复杂性。纷繁多变的特殊教育中的教育现象导致特殊教育研究问题具有复杂性。特殊教育中的教育现象本身具有不稳定性，在政治、经济、文化等多种因素的影响下会表现出不同的形态，这不易使研究者抓住本质，却容易使问题变得复杂。使特殊教育研究问题具有复杂性的原因之一是特殊教育的跨学科特征。也就是说，研究问题本身不仅仅是特殊教育领域中的问题，同时还涉及心理学、医学、法学、社会学、哲学等多个领域。例如，学者探究较多的"医教结合"话题，其学科背景、实践立场等都引发了人们的讨论。正是特殊教育跨学科的特性决定了特殊教育研究问题的多样性与复杂性。因此，研究者绝不能简单地用单一学科的视角来看待特殊教育研究问题，相反，应该从不同的学科、不同的视角出发来解读当前的特殊教育研究问题，整合跨学科的知识对复杂的问题进行系统的研究。造成特殊教育研究问题具有复杂性的另一个原因在于特殊儿童。首先，特殊儿童的多样性导致特殊教育研究问题的复杂性。特殊教育研究问题多涉及特殊儿童，我国的特殊儿童类型多，范围广，差异大。即使是同一个特殊儿童在不同的研究进程中的反应也会不同，尤其是孤独症儿童的行为反应差异更大。其次，依附于特殊儿童个体存在的教育问题或伴随特殊儿童存在的社会问题等都可能成为特殊教育研究的重要问题，这些问题盘根错节地交织在一起，加剧了特殊教育研究问题的复杂性。最后，特殊教育实践的困难影响了特殊教育研究问题的复杂性，这主要指的是由于特殊儿童的千差万别及其所处的场域的千变万化导致了开展特殊教育实践难度大，而特殊教育研究问题的来源之一是特殊教育实践。

特殊教育研究问题的复杂性的表现之一是研究问题具有多种类型。教育研究者所确定的"研究问题"，可从教育理论发展或教育实践改善是否迫切需要及研究者本人有无研究的欲望和热情这两个维度，大致区为"异己的问题""私己的问题""炮制的问题""联通的问题"四种类型。[②] 不同类型的特殊教育研究问题有不同的特点、性质和解决方式，这就要求研究者在区分问题时具备相应的素养，只有这样才能保证研究者可以正确解决特殊教育研究问题。特殊教育研究问题的复杂性的表现之二是研究问题之间的关系具有多样性。研究问题之间的关系包括真问题与假问题、热点问题与冷门问题、有重大价值的问题与自己能胜任的问题、他人的问题与自己的问题这四对关系。[③] 不同的关系在处理方式、互动方式上是不同的。研究者首先要识别不同的问题，即能够快

① 丁煌：《科学方法辞典》，141页，延吉，延边大学出版社，1992。
② 吴康宁：《教育研究应研究什么样的"问题"——兼谈"真"问题的判断标准》，载《教育研究》，2002(11)。
③ 李爱民：《论教育研究问题及其确立》，载《当代教育科学》，2005(1)。

速识别特殊教育研究问题的特质，其次要梳理不同问题之间的联结和关系，确保顺利解决特殊教育研究问题。

二、特殊教育研究对象的异质性

教育研究的对象是围绕着受教育者产生的教育现象和教育规律，特殊教育研究的对象是围绕着受教育者产生的特殊教育现象和特殊教育规律。因此，特殊教育研究对象的异质性主要表现在受教育者的异质性和特殊教育现象的异质性两方面。

受教育者的异质性体现在以下三点。第一，普通儿童与特殊儿童之间存在的差异性。以听障儿童和普通儿童为例，尽管在他们之间最直观的差异仅是听觉方面的差异，但两者在感知觉、注意、记忆、语言、思维、情绪情感、人格等多方面也会有所差异。这些差异是研究者在进行教育研究时必须考虑的重要因素。第二，特殊儿童群体之间的差异性。目前按照我国的残疾人标准，特殊教育的对象包括以下七类特殊儿童：听力残疾、言语残疾、视力残疾、智力残疾、肢体残疾、精神残疾及多重残疾。而特殊教育的对象正是特殊教育研究的对象。特殊儿童群体之间的差异性主要是由特殊儿童的残疾类型不同、程度不同导致的。在残疾类型上，我国共有七类特殊儿童，由于他们的残疾类型不同，因此在特殊教育研究过程中研究者所采用的研究方法和工具、手段等均需进行特别设计。除此之外，随着社会的进步和特殊儿童评估工具的发展，将会有更多的其他类型的特殊儿童被鉴定出来，这些不同类型的特殊儿童作为特殊教育研究的对象，其个体差异性是显而易见的。在残疾程度上，目前我国将特殊儿童的残疾程度分为轻度、中度及重度，针对不同类型的特殊儿童，特殊教育研究的要求也是不同的，因此，作为特殊教育研究对象的不同残疾程度的特殊儿童同样具有差异性。第三，特殊儿童个体间的差异性。这主要是由于特殊儿童的生理和心理发展特征不同导致的。这就要求研究者在开展特殊教育研究时，关注特殊儿童生理和心理的特征及变化趋势，合理利用这些因素，减少不利影响。

特殊教育现象的异质性主要指的是特殊教育的外在表现与一般教育的外在表现的差异性，主要体现为以下四点。第一，学校教育活动与学校教育设施的区别。目前，我国针对特殊儿童的学校教育机构包括普通学校、特殊教育学校及相应的特殊教育机构，特殊儿童在不同的教育机构所接受的教育活动不同。例如，在普通学校的特殊儿童以随班就读的形式参与普通教育，教育教学需遵循最大程度融合的原则，多以普通教学方法、普通教材为主；而在特殊教育学校的特殊儿童以小班额参与教学，教育教学遵循差异化原则和个别化原则，教学人员常常根据特殊儿童的身心发展特征编订相应的教材，确定相应的教学方法。第二，社会文化机构与社会教育机构进行的社会教育不同。针对特殊儿童进行社会文化教育的机构主要是残疾人联合会及相关的组织和机构，它们开展的活动明显有别于一般社会教育机构开展的活动。例如，每年五月第三个星期日所开展的全国助残日活动，主要针对残疾人的需求，关注残疾人教育和就业等事业的发展。第三，家庭教育的差异性。针对普通儿童，家庭教育的内容更多偏向于对儿童的个人素养的培养和为儿童接受教育做准备，而针对特殊儿童的家庭教育更多地需要承担家庭康复的责任，而不仅仅是培养儿童的个人素养。因为特殊儿童的早期干预效果对特殊儿童的康复至关重要，所以家长必须全力以赴。第四，自我教育的差异。与普通儿童相比，特殊儿童缺乏较好的自我教育能力，他们进行自我教育的活动和所用的活动设施都会有所不同。

三、特殊教育研究方法的独特性

特殊教育的研究方法源自一般教育的研究方法，二者之间既有共性，也有差异性。由于特殊教育研究的对象是特殊儿童，特殊儿童与普通儿童存在较大的差异，这决定了研究方法的独特性。首先，特殊教育研究方法的独特性表现为它具有独特的借鉴性。例如，除了采用一般的教育研究方法之外，特殊教育研究可以利用一系列特殊儿童的诊断、测量工具进行研究，尤其是医教结合的广泛推广，使得医学上的评估与测量也能成为特殊教育的研究方法。其次，特殊教育研究方法的独特性表现为它本身具有独特性。比较突出的表现即单一被试研究方法的使用。再次，特殊教育研究方法的独特性还表现为使用特殊教育研究方法会产生特别的效用。在特殊教育研究中，往往一个或多个研究方法的使用不仅是为了“研究”而研究，而且更重要的是对完善理论有贡献和(或)对指导实践有意义。因此，特殊教育研究特别强调通过干预研究，将教学、服务与研究融为一体，实现“一箭多雕”的目的，即研究者在对特殊儿童进行教育干预和教育康复治疗的同时，也在进行生态性的科学研究，通过严密设计的干预手段的介入改进特殊儿童的生理状况、心理状况及学习状况等。并且在研究方法的介入过程中，研究者是以特殊儿童为中心的，绝不会出现因为研究需要而对特殊儿童的生理和心理造成损害的状况，也绝不可能出现只为研究而忽略特殊儿童的现象。最后，特殊教育研究方法的独特性还表现为在使用一般研究方法时需要根据研究对象的具体情况进行一定的处理。例如，将针对普通儿童的听觉测试材料让未佩戴听觉辅助设备的极重度听障儿童使用时，需要根据情况适当地将听觉材料转换为视觉材料，这样才能保障研究是有利于研究对象的。

四、特殊教育研究实施的局限性

特殊教育研究的实施过程是一个长期的过程，需要一定的时间和精力才能完成整个研究，然而特殊教育研究的实施过程，受到了多种因素的干扰，存在很大的局限性。具体来说，影响特殊教育研究实施的因素主要包括研究工具和技术的限制、研究过程的不可控、研究被试选择的局限性以及研究的伦理性原则。

首先，在研究工具和技术方面，我国的一些特殊教育研究工具和技术借鉴自国外使用的研究工具和技术，这些工具和技术具有很强的文化特征，这极易导致研究结果缺乏信度和效度，从而会影响特殊教育研究实施的效果。当然，我国研究人员也研发出了一些本土的工具和技术，但与国际上的相比有较大的差距，这也限制了特殊教育研究的实施质量。其次，在研究过程中，较多不可控因素的出现深深影响着研究的实施。例如，因研究所需时间较长而导致有限的被试流失极有可能使设计严密的实验中途停止；因研究所需场地欠规范导致研究过程受到很多不可控因素的影响等。再次，研究被试选择的局限性制约着研究的实施。例如，被试样本数量、选择被试的地区、被试个体的差异。在被试样本数量方面，研究者可能会因为无法获得足够的样本量而不得不中止研究。在选择被试的地区上，研究者必须选择相近区域的样本才能保证研究结果的信度和效度，但有的时候研究者在一定区域内并不能获得足够多的样本量，这也会使研究者不得不放弃当前的研究。在被试个体的差异上，研究的实施受到限制主要是因为研究对象的类型和身心发展特征不同。从研究对象的残疾情况来看，特殊儿童的残疾程度和残疾类型均会在一定程度上影响他们参与研究的态度与认知，并且随着他们身体残疾的变化及康复的效果呈现，他们很有可能在实施过程中退出而导致研究无法可持续推进。从研究对象的身心发展特征来说，特殊儿童的身心发展具有复杂性和不可预期性，这说明在实施研究过程中特殊儿童的身心发展会有很大的变化，实施会有一定难度。此外，特殊教育研究实施的局限性还表现为特殊教育研究者的研究技能有限。特殊教育研究者限于自身的研究视野与专长，并不一定能全面把握和掌控特殊教育研究过程，加上研究过程中可能会受不可控因素的影响，进而也会影响研究的计划与进程，这些都决定着特殊教育研究是否能如期保质、保量地进行。最后，特殊教育研究的伦理性原则限制着特殊教育研究的实施。伦理性原则强调，在进行特殊教育研究的过程中，不侵害特殊儿童的权益，尊重特殊儿童的研究选择。一旦特殊儿童在实验过程中感受到不适应或受到伤害而选择退出时，研究者必须终止所做的任何研究。

五、特殊教育研究评价的专门性

特殊教育研究评价是特殊教育研究过程中的重要一环，以批判的眼光审视特殊教育研究评价，有利于研究者反思已有研究，积极实施当前的研究，以及更深刻地指导未来的特殊教育研究。特殊教育研究评价具有专门性，主要体现在对特殊教育研究进行评价的标准和结果上。

首先，从宏观视角出发，特殊教育研究评价标准的专门性表现出了“中国特色”，这是有别于国外特殊教育研究评价标准的。这也说明了特殊教育研究评价在我国实现了本土化。从微观视角出发，特殊教育研究评价标准的专门性指的是特殊教育研究的评价除了需要遵循一般教育研究的评价标准外，还需要遵循特殊教育研究的独特的评价标准。例如，特殊教育研究强调了干预研究，对于干预的伦理、工具、过程和结果都有相应的标准和规范，在进行研究评价时，必须考虑到对特殊儿童进行干预的标准和规范。尤其是针对特殊教育研究的评价，不能仅从单一层面进行考察，其评价标准需要做到“多元一体”设计，需要做到“循证实践”，从多个角度和实际情况构建专门化的评价标准。其次，特殊教育研究评价结果的专门性指的是特殊教育研究的结果是专门用于特殊儿童及特殊教育领域的，面对的是活生生的生命个体。

第二节
特殊教育研究的类型

特殊教育研究从属于教育研究，根据不同的教育研究分类标准，特殊教育研究可以分为不同的类型。参照已有的教育研究和特殊教育研究的相关书籍的编写体系与方法，这里主要采取三种分类方式对特殊教育研究的类型进行划分：第一，按照适用范围和概括程度划分；第二，按照研究的目的和功能划分；第三，按照研究的方法论划分。

一、按照适用范围和概括程度划分

特殊教育研究有其适用范围和概括程度，根据不同的适用范围和概括程度可以将特殊教育研究划分为三个层次：微观研究、中观研究和宏观研究。[①] 第一个层次是特殊教育学科领域中的特殊方法，属于具体的学科方法论，即微观研究。第二个层次是适用于特殊教育研究各门学科的一般的方法论，这是具有一定的普遍意义的、适用于许多有关领域的方法理论，即中观研究。第三个层次是关于认识世界、改造世界、探索实现主观世界与客观世界相统一的最一般的方法理论，这就是更具有概括性、适用于

① 胡中锋：《教育科学研究方法》，21页，北京，清华大学出版社，2011。

一切科学领域的哲学方法论，即唯物论和辩证法，也就是宏观研究。特殊教育研究将最一般的方法理论引入特殊教育领域。

不难发现，三个层次之间的范围和概括程度是不断扩大的，体现的是由特殊上升到一般的理论变化过程，尤其是第三个层次更多的是从哲学领域考察特殊教育研究的。在概括程度上，特殊层次的概括程度最小，一般层次的概括程度居中，最一般层次的概括程度最大；在研究范围方面，特殊层次的研究范围最小，一般层次的研究范围居中，最一般层次的研究范围最大。三者之间的关系是互相依存、互相补充的对立统一关系，而哲学方法论的概括和总结是最一般的方法论，它对一般的科学方法和具体科学方法有重要的指导意义。这要求研究者在运用单一的研究类型时，不仅要从当前的研究出发，而且要考虑到三者之间的联系和关系，更好地进行特殊教育研究。

二、按照研究的目的和功能划分

开展特殊教育研究，不同研究者进行的研究的目的和功能是不同的。根据研究的目的和功能对研究进行划分，我们可以将研究的类型分为基础研究、应用研究、发展研究、评价研究和预测研究五类。[①]

（一）基础研究

基础研究的主要目的在于发展和完善理论。通过研究，寻找新的事实，阐明新的理论或重新评价原有理论，它回答的是“为什么”的问题，与建立特殊教育科学的一般原理有关。基础研究提供解决特殊教育问题的理论，应用研究提供事实材料去支持和完善理论，或促进新理论的产生。例如，在特殊教育研究中，探究加德纳的多元智能理论是否适用于评价特殊儿童的研究，旨在阐明多元智能理论的含义以及它对特殊儿童的影响。基础理论研究促进了特殊教育研究中理论的发展与变革，对理论的传播与推广产生了重要的影响。

（二）应用研究

应用研究具有直接的实际应用价值，可解决某些特定的实际问题或提供直接有用的知识，回答的是“是什么”的问题。目前绝大多数特殊教育研究是应用研究。应用研究过程往往需要基础理论研究补充现有知识的缺陷。如果应用研究只限于解决当前的具体问题，而不试图从基础研究角度探究其根本原理，所得到的结果就可能只会解决局部问题，而不能得到广泛应用。例如，在特殊教育研究中，探究特殊儿童的最佳学

---

① 金哲华、俞爱宗：《教育科学研究方法》，19 页，北京，科学出版社，2011。

习方式和策略，旨在为特殊儿童的教育教学提供直接可用的学习方式和策略。应用研究从特殊教育的实践出发，解决教育实践中产生的教育问题，有利于推动特殊教育实践的发展与进步。

(三)发展研究

发展研究的主要目的是发展用于学校的有效策略，回答的是“如何改进”的问题。例如，在教育研究中，探究如何提高特殊教育学校的办学效率的研究，旨在寻找有效的策略提高学校的办学效率。发展研究对推动特殊教育学校的变革有巨大的促进作用，其研究存在的目的指向学校。因此，在推动特殊教育发展的进程中，研究者应该多采用发展研究，关注使学校进步的策略研究，由学校的变革带动特殊教育及特殊儿童的进步与发展。

(四)评价研究

评价研究是通过收集和分析资料，对一定的教育目标和教育活动的相关价值做出判断，回答的是“怎么样”的问题。在特殊教育活动中，不可避免地存在价值判断的过程，某一教育目标是否适当、某一教育活动是否有必要继续下去等问题都需要通过评价获得结果，然后进行改善。因此，在特殊教育研究中，应发挥评价研究的作用，推动特殊教育沿着正确的方向前进。

(五)预测研究

预测研究的主要目的在于分析事物未来发展的前景和趋势，回答的是“将会怎么样”的问题。特殊教育的发展立足于当下，也需不断探索未来的发展趋势，因此预测研究不可或缺。预测研究，有助于研究者较清晰地察觉特殊教育未来发展的趋势和动向，为特殊教育的当前发展提供动力。

三、按照研究的方法论划分

一般而言，按照研究的方法论我们可以将特殊教育学科领域中的研究分为质性研究和量化研究两种。[①] 随着研究技术的发展和研究要求的提高，研究者不再只满足于单纯的质性研究或者量化研究，于是在研究的发展过程中逐渐出现了混合研究。本书在论述过程中将混合研究视为特殊教育学科领域的第三种研究进行介绍。因此，下面介绍质性研究、量化研究以及混合研究。

---

① 徐红：《现代教育研究方法》，14 页，北京，科学出版社，2018。

(一)质性研究

质性研究是以研究者本人作为研究工具，在自然情境下采用多种资料收集方法对社会现象进行整体性探究，使用归纳法分析资料和形成理论，通过与研究对象互动对其行为和意义建构获得解释性理解的一种活动。[①] 质性研究方法在特殊教育研究中有其独特性且意义重大，主要是指特殊儿童的异质性特征和发展性特点要求研究者对他们进行整体性探究。此外，质性研究关注特殊儿童的生理和心理成长，试图解读特殊儿童行为背后的原因，有助于更深入地了解特殊儿童的身心发展特征，从而促进特殊教育教学的发展与变革。开展质性研究要遵从特殊教育研究的过程，首要任务是提出合适的研究问题。陈向明认为，提出一个合适的研究问题包括确定研究现象、寻找研究的问题、选择合适的问题类型、对研究问题做出界定和表述四个过程，强调了研究的问题应该概念清楚，层次分明，以便在收集资料、分析资料和建立结论时能够有明确的方向。[②] 在资料收集和分析阶段，要时刻牢记质性研究区别于其他研究的特征之一是研究工具和方法不同，研究者本身作为研究工具，这就要求研究者深入被研究者的生活和学习中，通过近距离观察、面对面的访谈等方式获取第一手资料。在与被研究者的互动中，研究者应该尽量保持研究的客观性，实事求是地记录和收集相应的资料；研究者必须根据事实说话，不可代入个人的主动臆断和感情色彩。

(二)量化研究

在教育科学研究中，量化研究是指通过实验、调查、测验、结构观察以及已有的数量化资料，对教育现象进行客观研究，并依据所得结果进行相应的统计推断，使研究结果具有普遍适应性的一种活动。[③] 量化研究方法以其数量化、精确化、形式化和可操作性等特点受到了社会科学领域学者的关注，它在特殊教育领域有广泛的运用范围，它有利于充分探究特殊儿童的整体情况，是大数据时代下获取关于特殊教育信息的最有效的研究方式之一。量化研究包括问题的提出和研究假设的确立、研究对象的选择和抽样、研究变量的控制、资料的收集、资料的整理和分析以及验证假设六个步骤[④]，这要求研究者在进行量化研究的过程中，遵循这六个步骤，循序渐进地完成研究。在进行特殊教育研究的量化研究过程中，研究者需注意有关量化研究的局限性，合理评

---

① 陈向明：《质的研究方法与社会科学研究》，12页，北京，教育科学出版社，2000。

② 陈向明：《质的教育研究中研究问题的界定》，载《教育评论》，1999(1)。

③ 胡中锋、黎雪琼：《论教育研究中质的研究与量的研究的整合》，载《华南师范大学学报(社会科学版)》，2006(6)。

④ 胡中锋、黎雪琼：《论教育研究中质的研究与量的研究的整合》，载《华南师范大学学报(社会科学版)》，2006(6)。

价量化研究并寻求适用的范围，加强对量化研究者的综合素质的培养以及量化研究和质性研究整合的可能性与必然性等问题。[①] 当然，在进行量化研究的过程中，研究者需关注量化研究本身，尽可能地发挥量化研究的最大优势，尽量克服量化研究存在的缺点与不足，这也对量化研究的研究者提出了较高的要求。

（三）混合研究

混合研究通常指的是在一项研究中使用质性研究和量化研究相结合的研究设计，需要注意的是两种研究方式的使用不是对等的关系，研究者应该根据研究需要，适当选择以其中一种研究方式为主，另外一种研究方式为辅的研究设计。由于单一的质性研究缺乏客观的数据支持，而单一的量化研究难以捕捉更多的信息，于是混合法越来越受到教育研究者的青睐，更多的研究者在研究中选择混合法进行研究。主要原因在于混合法的使用，能有效地弥补单一研究范式的不足，更有利于阐明研究问题。混合法的优势得到了研究者的广泛认可。例如，有研究者从两者在方法论原则、研究程序和步骤、收集资料的方法上都存在差别方面论证了两者是既有区别又互相补充的研究方法，把质性研究和量化研究结合起来是科学研究的必然要求。[②] 此外，在当前国际上关于混合研究设计的使用策略方面，“三角测量法”得到了普遍关注，它指的是在同意向研究中结合使用多元的研究资料、研究者、研究理论和研究方法来分析同一问题，以取得对所研究问题的全面、深入的了解。[③] 这同样说明了越来越多的研究者倾向于采用混合研究，并且在混合研究中探索出更多的能全面阐释研究问题的方式方法。当然，混合法的运用也要贴合研究者的研究对象和研究目的，而不是为了使用混合法而选择混合法。

第三节
特殊教育研究的过程

研究是一种有目的、有计划的系统的探索过程，整个研究过程可以按照一定的程

① 胡中锋、黎雪琼：《论教育研究中质的研究与量的研究的整合》，载《华南师范大学学报(社会科学版)》，2006(6)。

② 嘎日达：《论科学研究中质与量的两种取向和方法》，载《北京大学学报(哲学社会科学版)》，2004(1)。

③ 孙进：《作为质的研究与量的研究相结合的“三角测量法”——国际研究回顾与综述》，载《南京社会科学》，2006(10)。

序进行。[①] 一般认为，特殊教育研究的过程主要包括发现并确定研究问题、提出并记录研究假设、权衡并选择研究工具与方法、设计并拟定研究方案、收集与分析研究资料、撰写与完善研究报告。研究者需遵循这一研究过程进行特殊教育研究。

一、发现并确定研究问题

特殊教育研究需要围绕一个研究问题来开展。发现并确定研究问题是特殊教育研究的关键。首先，研究者需要在教育领域发现问题。对于任何一项研究来说，研究问题有两个来源。一是直接经验，即研究者的教育实践。教育实践是研究问题最直观、最快捷的来源之一。研究者通过与特殊儿童等的直接接触，关注到实践中存在的困惑与难题，并且将它们不断凝练，思考它们是否具有研究价值，这样研究者就能轻易地发现研究问题了。二是间接经验，即研究者并不通过亲身实践的方式发现研究问题。这里主要指从文献中获取研究问题。通过分析文献，研究者可以轻松地了解到某一研究领域当前的研究动向与研究不足，这样既可以避免重复无用的研究，又能为研究者下一步的研究设计提供理论依据。然而文献分析是一项复杂的工程，文献的类型多，内容杂，如果研究者需要在短期内发现研究问题，那么就需要有技巧地筛选及阅读符合自己研究预想的文献，采用精读与略读相结合的方式查阅并分析文献内容。此外，研究者可以结合自己的兴趣点来发现问题，从自己感兴趣的研究角度入手，然后结合实践与书本知识找到问题，这样既能满足个体的心理需求又能实现研究的目的，可谓一举两得。其次，研究者需要根据研究的目的确定研究问题。研究是一个需要全神贯注的过程，这就要求研究者在发现不同的问题后快速聚焦一个研究问题，进而保持相应的专注力，制订严密的研究计划，开展具体的研究。

二、提出并记录研究假设

研究假设是对研究结果的猜想与预判断，一个好的研究假设指明了研究的方向。如果研究假设不能真实地反映研究问题，那么就可能导致整个研究都缺乏可信度。因此，在确定了研究问题之后，研究者需提出并拟定相应的研究假设。首先，研究假设的提出与研究问题息息相关，这就要求研究者构建研究问题与研究假设之间的直接联系，将研究问题变得具体、可操作。具体指的是研究假设不是空中楼阁，它必须由大到小、由面到点不断细化，越是具体的研究假设越有利于研究者开展研究活动；可操作指的是研究假设是可以通过一定的研究工具和方法来衡量的。当然不是所有的研究

---

① 解腊梅:《中小学教师怎样进行课题研究(一)》，载《教育理论与实践》，2008(2)。

都需要研究假设，但对于需要研究假设的研究来说，研究者需提出好的研究假设。当研究者不太能确定自己所提出的研究假设是否是好的假设时，他可以思考自己所提出的研究假设是否能够反映问题的真实一面，是否能使他人信服。同时，研究者可以咨询其他研究人员和教育者，通过与同行的交流、探讨提出并确认研究假设。其次，在提出研究假设后，研究者需记录确定的研究假设。好记性不如烂笔头，况且，对于一个问题，研究者可能会提出不同的研究假设。那么当研究假设产生时，研究者的当务之急是记录所想、所言的研究假设，这样做不仅有利于研究者通过数据或资料去验证自己已提出的研究假设，也有利于研究者发现自身在提出研究假设的过程中存在的问题并及时进行调整。

三、权衡并选择研究工具与方法

研究工具与方法为研究活动的开展提供了保障，研究工具与方法的使用是否恰当在一定程度上决定了研究活动能否顺利进行。“工欲善其事必先利其器”，研究者想要获得完美的研究结论，就一定要学会权衡并选择合适的研究工具与方法。第一，研究工具与方法是丰富多元的，研究者需权衡不同的研究工具与方法。权衡的标准要贴合研究的背景、研究的目的、研究的对象等多方面内容，研究者不可凭个人的主观臆断与兴趣爱好任意选择研究所用的工具与方法，这是不符合研究的逻辑规律的，正确的做法是综合以往的研究结果与当前的研究特点来衡量。权衡的方式也需符合当前的研究要求，不是以工具自身的好或优进行取舍的，恰恰相反，研究者应该选择适用的并有利于当前研究的研究工具与方法，这样才能保证研究工作的正常进行。需要注意的是，最好的研究工具与方法不一定是最合适的，当然也没有任何一项研究工具是绝对好的或坏的，任何研究工具与方法都存在利和弊，研究者需要做的是发挥研究工具与方法的最大优势以减少或弥补它们存在的不足。第二，权衡研究工具与方法不是为了确定工具与方法本身的问题，而是为研究选择合适的利器。一般来说，一项研究选择1～2个研究工具与方法即可。然而每项研究所涉及的范围和广度不同，所选择的工具与方法的数量也会有所不同，这是无可厚非的，研究者只需要根据自己的研究需要进行选择就好。需要注意的是，研究者在选择的过程中应实事求是，按需选择，切不可过量而为。

四、设计并拟定研究方案

研究方案是对整个研究活动的概括，它可以为研究提供清晰的思路和研究的步骤，指引着研究活动的方向。设计并拟定恰当的研究方案便于研究者进行研究实践，实施研究策略，有利于研究者有计划、有目的地进行研究，解决问题。因此，在开展研究活动的具体操作之前，我们需要设计并拟定恰当的研究方案。首先，研究者需明确研究方案的具体组成部分。一般而言，研究方案的设计包括撰写研究的所有内容，主要包括研究实施前的准备、研究实施中的操作计划、研究实施后的写作与总结三部分。研究实施前的准备内容包括研究问题的提出、研究假设的确定、研究目标与内容的明晰、研究工具的选择等；研究实施中的操作计划内容包括研究对象、研究场地、研究时间、实施频率的选择、研究数据的获取等；研究实施后的写作与总结内容包括研究资料的分析、研究报告的撰写、研究对象的回访等。其次，研究者在设计和拟定研究方案的过程中应遵循全面性与具体化的原则。全面性要求研究方案应估计到研究活动的方方面面，这不仅涉及研究活动中直接参与的人，如研究者与被研究者，而且涉及与研究活动相关的人员，如研究过程中提供场地的人员等。研究者应把这些可能影响研究的因素纳入研究方案中，并寻找相应的沟通与问题解决策略。具体化原则要求研究方案不是泛泛而谈的，而是简洁具体的。

五、收集与分析研究资料

收集与分析研究资料是特殊教育研究中的突破点，它关系到整个研究的成败。在研究实践活动结束后，首先，研究者需要将研究资料收集回来。资料的收集不是无序的、任意的。研究者应依据研究所需按照一定的标准和方式进行收集，这样有利于多次查找和分析。研究者最好要对研究资料进行归类。一般而言，研究资料包括文本类资料和数据类资料。文本类资料如问卷、标准化测量文本、访谈转录等；数据资料如采用 E-Prime 程序测试得到的反应时和正确率数据等。不同的资料类型在收集过程中应区别对待。然而，有时候会发生研究资料丢失的现象，建议研究者在收集资料的过程中，通过多种方式和途径保存好难得的研究资料。收集资料的重要目的是分析研究资料，研究者只有精准地分析研究资料才能保证研究结果与结论的精确度。因此，研究者要认真处理研究资料。有研究者认为，处理科研资料的一般程序包括筛选原始资料、整理原始资料、验证资料的信度和效度、分析研究资料、得出结论或验证假设。[①]我们这里所说的分析资料是广义上的概念，包含了处理科研资料的整个过程，它发生在资料的收集过程之后，因此研究者在分析特殊教育研究资料时需按照处理科研资料的一般程序，如庖丁解牛一样，不断分析问题，最终得到问题的结论或验证假设。

---

① 宋艳：《中小学教师怎样进行课题研究（九）——教育科研资料的处理与分析》，载《教育理论与实践》，2008(9)。

六、撰写与完善研究报告

撰写与完善研究报告是特殊教育研究的重要一环，它是研究结果最直观的呈现方式，也是展示个人研究技巧最突出的方式。研究结果与结论是否能通过研究者的文字在更大的范围进行传播与分享，在很大程度上与研究者所写的研究报告有关。因此，在撰写与完善研究报告的过程中，研究者应做到以下几点。第一，注意研究报告的结构。一般而言，一份完整的研究报告包括引言、研究方法、研究结果、研究分析与讨论、研究结论、附录几个部分，并且每个部分呈现的内容和要求都不一样。因此，研究者应根据各部分的要求和自己所得结果来撰写，不可任意妄为，自创风格。第二，坚持不断修改与完善。一份好的研究报告不是一次就能写好的，好的研究报告往往是需要不断修改、完善的。因此，研究者在撰写研究报告时，要主动地、自觉地参考前人的撰写经验，然后再修改所写的研究报告。第三，注重报告的逻辑和语言。研究报告的撰写对研究者的逻辑和语言要求甚高。在逻辑层面，研究者需要注意问题之间的先后关系、内在与外在关系等，从不同的角度思考问题。在研究方案的拟定过程中，研究者可以根据整理出的研究报告的提纲，结合已有的文献资料展开对问题的论述。在论述问题时，研究者尤其要注意研究报告的逻辑性。在语言层面，研究报告要实事求是，真实反映研究的结果，因此研究者不可用太过华丽的辞藻或修饰性的语句。

第四节
特殊教育研究的原则

特殊教育研究是以发现或发展科学知识体系为导向的，通过对特殊教育现象的解释、预测和控制，促进一般化原理、原则的发展。特殊教育研究要取得实效，必须要在遵循基本原则的前提下，把握研究的过程，明确研究的意义。教育研究的原则适用于特殊教育，主要包括客观性、创新性、理论联系实际与伦理性。其中，伦理性至关重要。

一、客观性

客观性原则是指在特殊教育研究中，应当以实事求是的态度，排除因研究者自身价值观、好恶、愿望、立场等各种主观因素所致偏差的影响，力求了解事实真相。需要明确的是，特殊教育研究是存在价值涉入的，这并不违背客观性的原则。客观性的要求是尽量减少或排除价值涉入对研究的影响，这就要求研究者尽量保持价值中立的态度。客观性原则是开展特殊教育研究的根本原则，应贯穿于特殊教育研究的全过程中，研究者无论开展哪一种研究，都应遵循客观性原则。客观性原则要求研究者在研究过程中应做到以下几点。第一，要从特殊教育的客观事实出发，采取多种途径收集详尽的与特殊教育被研究者相关的资料，防止主观臆断。尤其是在研究初始阶段，如果研究者没有足够的事实依据，就不能提出合理的假设与研究框架。为了保证特殊教育研究的客观性原则得到贯彻，研究者可以采取三角互证的方式对收集的研究资料进行考察。第二，在整个研究过程中，对所研究的特殊教育问题和特殊教育对象不可抱有任何偏见与成见，对观察和收集的事实材料应当如实地记录，处理材料和概括结论时要严格遵循逻辑规律，杜绝随意联系、牵强附会。特殊教育的规律是不能主观臆造的，只能从特殊教育的客观事实中凝练出来。第三，在对特殊教育的研究结果进行评价时，要全面考虑特殊教育的研究对象、研究者、研究工具和研究过程等各方面情况，客观、公正地评估研究结果的价值。不可往任意夸大和贬低研究结论的价值的两个极端发展。

二、创新性

创新性原则是指特殊教育研究应当具有高度的创造性和相对的新颖性，这绝不是对已有研究结果和结论的简单重复。这要求研究者在进行特殊教育研究的过程中，其研究至少在研究课题、研究的视角、采用的方法、得到的结论之中的某一点或某一方面是新颖的，是特殊教育中前人未曾探讨和未曾获得的新发现。因为创新性原则是特殊教育研究本身价值的直观体现，一项具有较高创新性的特殊教育研究，其研究本身的价值也会很高，所以特殊教育研究应遵从创新性原则，研究者也应将创新性原则贯穿于特殊教育研究的全过程中。创新性原则体现在特殊教育研究的不同方面，研究者可以从三方面实现研究的创新。第一，从特殊教育的选题出发，使选题富有创意。例如，可以将其他学科的观点和思想引入特殊教育的选题，以多元结合的方式实现选题的创新。第二，从特殊教育研究的视角和方法出发，使研究视角和方法不同于前人。例如，可以将其他研究中涉及的新方法和新视角引入当前的特殊教育研究以实现方法和视角的创新。第三，从研究的结论出发，获得前人未曾获得的新发现。要想获得前人未曾获得的新发现，这要求研究者具有发散思维，从不同角度思考当前的特殊教育问题，寻求新的突破，将已有的结论不断升华，从而提炼出新的结果与结论。

三、理论联系实际

理论联系实际原则指的是特殊教育研究应当从当前的客观现实状况及客观的实际需要出发，不论针对何种特殊教育现象和特殊教育问题，都应通过客观现象和问题的复杂联系看到特殊教育的本质；对不同的特殊教育问题做具体分析，分析的角度与方式需贴合特殊教育问题事实，然后在分析之后得出符合特殊教育事实的规律性认识。这是指从特殊教育的现状出发进行特殊教育研究，然后在研究中将研究的结果和结论上升为特殊教育理论，并且形成的特殊教育理论应纳入特殊教育实践，以此作为相关领域实践活动的指南，并在实践活动中进一步检验、修正、完善已有的对特殊教育的认识。特殊教育研究保持鲜活生命力的关键原则即理论联系实际原则，只有在实践中不断检验特殊教育理论才能使特殊教育研究不断向前。因此，在特殊教育研究中，研究者需要严格贯彻这一原则。这要求研究者做到以下几点。第一，关注开展研究的现实生活基础，任何研究都有实践的基础。特殊教育研究者只有脚踏实地，从特殊教育实际生活中来，到特殊教育实际生活中去，才能保证研究是有生命力的。尤其是研究者在确定特殊教育研究选题时，更应注意选题的现实生活基础，不要盲目选择。第二，特殊教育的本质与特殊教育的对象和环境息息相关，这要求研究者要注意特殊教育的研究对象与当前环境的相互作用，用联系的观点看问题，从而正确揭示特殊教育研究问题的本质。第三，特殊教育研究包括实践研究与理论研究，研究者在关注特殊教育实践对形成特殊教育理论的重要性的同时更要加强理论对实践的指导作用，发挥理论的优势。

四、伦理性

伦理性原则是指在特殊教育研究中，研究者承担着保护被研究者的义务，需要保障被研究者的生理和心理不受到侵害；保障被研究者依法享有一切应有的权利并且使其权益免受特殊教育研究活动的干扰和侵害；保障特殊教育的研究结果是合法地、正当地运用在被研究者的教育事业中的。遵循伦理性原则是特殊教育研究者的义务，这个原则是保障特殊教育研究活动朝着有利于被研究者的方向发展的重要原则，因此在特殊教育研究中，研究者需要充分认识并尊重被研究者，包括尊重被研究者的一切合理要求，这要求研究者做到以下几点。第一，以被研究者为中心，坚持以人为本的理论基础，尊重被研究者的研究意愿。被研究者有权利决定是否参与到特殊教育研究中，研究者在进行研究前应询问被研究者参与研究的意愿，绝不能在被研究者不允许的情况下进行研究。这是对被研究者自我决定权利的尊重。第二，被研究者可以在研究的任一阶段决定是否继续研究。如果被研究者在研究中感到自身的权利受到侵害，或者是因为生理、心理的原因试图退出研究，那么研究者就应根据被研究者的意愿进行调整，不可强迫被研究者继续研究，这同样是对被研究者自我决定权利的尊重。第三，被研究者对具体的研究内容享有知情权，有权利了解特殊教育研究的目的、方法、结果等各项与研究有关的内容。研究者应该在研究开展前主动告知被研究者当前研究的具体情况，而不是向被研究者隐瞒研究的相关信息。第四，被研究者对研究中的问题有不作答的权利，这要求研究者在研究过程中要尊重被研究者答题的意愿。第五，被研究者享有隐私权，有权利拒绝回答与个人隐私相关的内容，这要求研究者在研究活动中要尊重被研究者的隐私权，尽量不问与隐私相关但与研究无关的内容。

本章小结

走进特殊教育研究，首先要理解特殊教育研究区别于其他研究的独特性，它凸显了特殊教育研究独一无二的价值和意义。其次，要识别不同的特殊教育研究类型。因为特殊教育研究是丰富多样的，为了清晰地分辨特殊教育研究的不同类型，所以对特殊教育研究进行了划分，当然不同的教育者遵从不同的分类标准，其类型的划分也存在差异。再次，特殊教育研究需要遵循一定的过程，研究的起点是问题的发现和提出，研究的终点是研究报告的撰写和完善。最后，要恪守特殊教育研究的基本原则。

复习思考题

一、单项选择题

1. 特殊教育的特性不包括(　　)。

A. 研究问题的复杂性　　B. 研究对象的异质性

C. 研究目的的独特性　　D. 研究评价的专门性

2. 特殊教育的原则包括(　　)。

A. 任意性　　B. 单一性

C. 能动性　　D. 伦理性

3. 以下哪个不是按照研究的性质划分的研究类型？(　　)

A. 质性研究　　B. 量化研究

C. 混合研究　　D. 基础研究

二、简答题

1. 从教育理论发展或教育实践改善是否迫切需要及研究者本人有无研究

的欲望和热情这两个维度可以将教育问题分为哪几个类型?

2. 简述特殊教育研究的客观性的主要观点。

3. 影响特殊教育实施的局限性的因素有哪些?

三、论述题

1. 阐述特殊教育研究的基本过程。

2. 特殊教育研究的伦理性的含义和具体做法是什么? 试举例说明。

本章阅读书目

1. 裴娣娜. 教育研究方法导论. 合肥: 安徽教育出版社, 1995.

2. 王晓柳, 邱学青. 特殊教育研究方法. 南京: 南京师范大学出版社, 1998.

3. 李秉德. 教育科学研究方法. 北京: 人民教育出版社, 1986.

4. 韩延伦. 教育研究方法. 北京: 高等教育出版社, 2011.

5. 邵光华, 张振新. 教育研究方法. 北京: 高等教育出版社, 2012.

6. 胡中锋. 教育科学研究方法. 北京: 清华大学出版社, 2011.

7. 金哲华, 俞爱宗. 教育科学研究方法. 北京: 科学出版社, 2011.

8. 徐红. 现代教育研究方法. 北京: 科学出版社, 2018.

主要参考文献

[1]陈向明. 质的研究方法与社会科学研究[M]. 北京: 教育科学出版社, 2000.

[2]陈向明. 质的教育研究中研究问题的界定[J]. 教育评论, 1999(1).

[3]丁煌. 科学方法辞典[M]. 延吉: 延边大学出版社, 1992.

[4]嘎日达. 论科学研究中质与量的两种取向和方法[J]. 北京大学学报(哲学社会科学版), 2004(1).

[5]郭文斌, 陈秋珠. 特殊教育研究热点知识图谱[J]. 华东师范大学学报(教育科学版), 2012, 30(3).

[6]胡中锋, 黎雪琼. 论教育研究中质的研究与量的研究的整合[J]. 华南师范大学学报(社会科学版), 2006(6).

[7]胡中锋. 教育科学研究方法[M]. 北京: 清华大学出版社, 2011.

[8]金哲华, 俞爱宗. 教育科学研究方法[M]. 北京: 科学出版社, 2011.

[9]李爱民. 论教育研究问题及其确立[J]. 当代教育科学, 2005(1).

[10]孙进．作为质的研究与量的研究相结合的“三角测量法”——国际研究回顾与综述[J]. 南京社会科学，2006(10).

[11]宋艳．中小学教师怎样进行课题研究(九)——教育科研资料的处理与分析[J]. 教育理论与实践，2008(9).

[12]吴康宁．教育研究应研究什么样的“问题”——兼谈“真”问题的判断标准[J]. 教育研究，2002(11).

[13]解腊梅．中小学教师怎样进行课题研究(一)[J]. 教育理论与实践，2008(2).

[14]徐红．现代教育研究方法[M]. 北京：科学出版社，2018.

第二章

特殊教育研究的发展

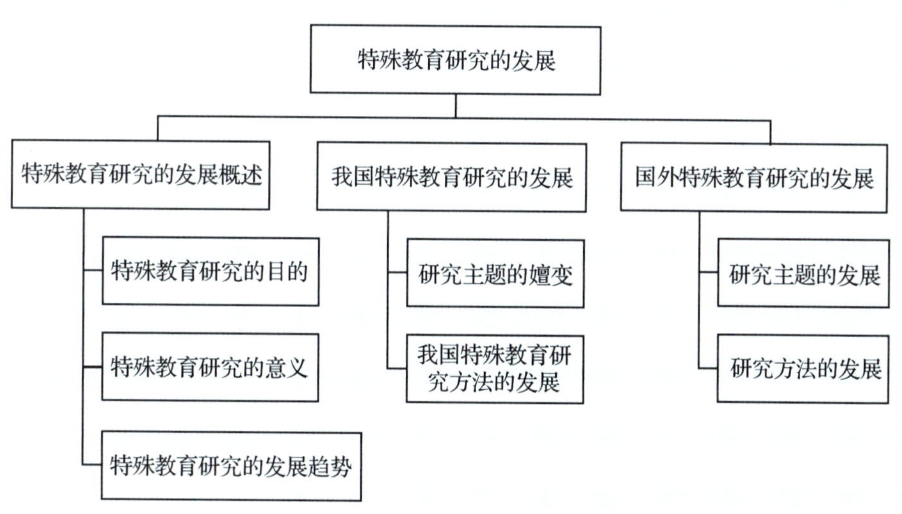

导　读

特殊教育学是一门典型的交叉型学科，是以各类身心障碍或有特殊才能儿童的身心发展特点和教育教学为主要研究对象的学科，涉及教育学、心理学、生理学、社会学、医学、法学等多个学科门类。由于其研究对象的特殊性，其研究方法在发展过程中也呈现出了特殊性。探究国内外特殊教育研究发展的趋势与特征对特殊教育研究的规范性、科学性发展具有重要意义。本章主要探讨的是特殊教育研究的发展，旨在帮助学习者对特殊教育研究的问题与方法形成科学的认知，并掌握相关的知识和技能。学习本章，重点是了解国内外特殊教育研究的热点主题及研究方法的发展趋势；难点是掌握特殊教育研究的各类方法的应用，这是开展科学的特殊教育研究的前提之一。学完本章，你应该做到：(1)了解特殊教育研究的目的与意义；(2)明晰国内外特殊教育研究的发展现状及前沿趋势；(3)掌握国内外特殊教育研究发展中的特点与不足；(4)基本形成严谨、科学的研究与学习思维。

第一节
特殊教育研究的发展概述

自2008年5月《残疾人权利公约》生效以来，世界各国残疾人士平等参与政治、经济、社会和文化生活的权利得到了进一步保障①，特殊教育相关研究也得到了发展。近十年来，我国立足于特殊教育的人本价值与民生价值定位，以全面提升特殊教育质量、推进教育公平为核心，围绕特殊教育教师专业成长、课程建设、区域均衡发展、融合教育等议题，加强对特殊教育投入、管理等支持保障体系的建设②，特殊教育的科学研究迎来了新的发展契机。在马克思主义世界观和方法论的指导下，以北京师范大学为首的多所高等院校、中央教育科学研究院领导的各级教育科学研究机构、中国教育学会特殊教育分会和中国高等教育学会特殊教育研究分会、基层特殊教育学校等开展了各具特色的特殊教育研究③，研究成果可谓是“百花齐放”。为了解特殊教育研究的发展

---

① 张爱宁：《国际法对残疾人的保护——兼评联合国〈残疾人权利公约〉》，载《政法论坛》，2010，28(4)。

② 王培峰：《特殊教育政策：正义及其局限》，237页，南京，南京大学出版社，2015。

③ 雷江华：《改革开放40年我国特殊教育重要进展与未来展望》，载《现代特殊教育》，2019(23)。

情况、进一步提高特殊教育质量，准确梳理、分析2010—2019年国内外特殊教育相关研究的研究进展、热点及主要研究方法，反思研究局限与困境，明确未来的研究重点与方向是很有必要的。

一、特殊教育研究的目的

特殊教育是全民教育的重要组成部分，是使用一般或特别设计的课程、教材、教法、组织形式和设备对特殊儿童(青少年)所进行的可以达到一般的或特殊的培养目标的教育。[①] 特殊教育研究和所有的科学研究一样，以发现或发展科学知识体系为导向，通过对特殊教育现象的解释、预测和控制，促进一般化原理、原则的发展。[②] 特殊教育中的科学研究能促进特殊教育学科体系的构建，并指导特殊教育工作者进行实践活动。提高特殊教育质量，离不开特殊教育的科学研究。为促进特殊教育研究的发展，特殊教育工作者有必要了解当前国内外特殊教育研究的发展情况，掌握本领域的研究热点与主要的研究方法。本章将探讨国内外2010—2019年特殊教育研究主题和研究方法的发展情况，让读者了解2010—2019年国内外特殊教育研究的发展脉络、现状、热点、前沿趋势及存在的问题与不足，以展望我国特殊教育研究的发展态势。

二、特殊教育研究的意义

(一)丰富文献资源

特殊教育有关研究的来源广泛，如期刊、书籍和网站等，梳理当前的研究发展情况有助于构建一个可靠且有效的文献库。一方面，有助于教师、相关专业人员、父母和政策制定者快速地获得他们在特殊教育领域中遇到的诸多问题的可能的解决办法，减少许多不必要的麻烦。例如，了解各类特殊儿童的认知特点、干预策略或辅助技术的有效性、学校改革的进展与困境等。特殊教育工作者能够利用研究者已发表的大量研究成果来回答相关问题，或为完善政策和实践活动提供有益的信息。另一方面，研究者可在先前研究的基础上进行扩展，以更深入和全面地进行科学研究，丰富各领域的研究成果。当文献库中积累了有关同一主题的多个高质量研究后，文献库对教学活动和政策发展的指导意义便会明确。例如，教师通过文献库大量阅读有关某一辅助技术应用于教育实践的文献，可了解该辅助技术的适用对象、使用程序和应用效果等。

---

① 杜晓新、宋永宁：《特殊教育研究方法》(第二版)，1页，北京，北京大学出版社，2015。

② 雷江华：《学前特殊儿童教育》，325页，武汉，华中师范大学出版社，2008。

(二)促进理论发展

发展学科理论是特殊教育研究的关键任务之一。社会科学中的理论是基于概念逻辑和一系列观察与研究来解释人们的行为、表现、互动及感受的方式及原因的。学科理论为研究提供了理论基础或研究目的，通过将相关理论应用于所研究的问题中，研究者可以得出研究结果的逻辑预测或假设，即验证理论。此外，理论也可以用来解释研究结果。当某个理论已通过多项研究验证，特殊教育工作者则可基于该理论进行实践活动。如果研究结果与某个理论相悖，研究者则需重新审查该理论，最后完善或放弃该理论，使它与研究结果相对应。① 因此，分析特殊教育领域研究者的研究有助于促进学科理论的丰富与完善。此外，特殊教育学与教育学、心理学、生理学、社会学、医学、法学等多门学科有密切联系，在进行科学研究时往往需要跨学科的研究视角。其他学科的研究者也可通过分析特殊教育研究的发展现状与趋势，在各领域中获得重要的研究启示。例如，康复专业的研究者可通过了解特殊教育的研究热点，促进医学领域相关研究的发展，丰富理论。

(三)指导实践活动

分析特殊教育研究的发展情况，有助于指导特殊教育工作者进行实践活动。如前所述，个别研究发现了可能的有效干预策略，这一策略通过随后的系列研究构建为理论，并在专业文献库中形成某一研究主题，进而该策略被确定为有效的干预策略。了解特殊教育研究的发展情况，特殊教育工作者便要不断更新专业知识，为特殊儿童提供优质的服务。例如，教师将经过有效的科学研究验证的干预策略和教学方法应用于教育实践活动中；政策制定者可依据研究发现修订和完善政策法规；研究者可了解当前国内外的研究热点、趋势、局限以及各研究主题中常用的研究方法，进一步丰富特殊教育研究。

三、特殊教育研究的发展趋势

本章重点从研究主题和研究方法两个方面探究 2010—2019 年国内外特殊教育研究的发展趋势。使用文献计量方法，分别对所选用的国内外期刊中于 2010—2019 年发表的所有特殊教育研究文献，以及 2010—2019 年与特殊教育相关的国家级、部级研究项目进行量化分析，探寻 2010—2019 年国内外特殊教育研究领域的现状，以期客观呈现

---

① Rumrill P. D., Cook B. G. & Stevenson N. A., *Research in Special Education: Designs, Methods, and Applications*, Springfield, Charles Thomas Publisher, 2020, pp. 11-16.

本领域的研究发展情况。

进行特殊教育研究主题的聚焦分析及发展趋势的探讨有助于研究者对国内外特殊教育研究的进展与发展趋势进行整体把握。同时，特殊教育研究方法的使用与其研究发展有着紧密的联系。国内外特殊教育研究者在研究方法的使用上既有共性也有差异，通过对国内外特殊教育的相关期刊中2010—2019年发表的文章所用的研究方法进行分析，分别总结国内外特殊教育研究方法的发展特点。

第二节
我国特殊教育研究的发展

2010年颁布的《国家中长期教育改革和发展规划纲要(2010—2020年)》(以下简称《发展纲要》)明确指出，我国需“关心和支持特殊教育，完善特殊教育体系，健全特殊教育保障机制”。近年来，《特殊教育提升计划(2014—2016年)》《第二期特殊教育提升计划(2017—2020年)》相继出台，为我国特殊教育事业的进一步发展奠定了坚实的基础，同时也催生了越来越多的研究者全方位、多层次地开展特殊教育研究，进行特殊教育实践。而随着特殊教育相关政策的不断发展与推进，特殊教育的研究主题和研究方法同样也发生了相应改变。

一、研究主题的嬗变

2010—2019年，特殊教育研究文献的数量不断增多，刊发特殊教育相关研究内容的期刊类别也有增加。目前，我国主要刊发特殊教育研究内容的期刊为《中国特殊教育》，发表特殊教育研究内容的核心期刊多为教育类核心期刊，如《教育学报》《教育发展研究》《教育研究与实验》等。为了明确2010—2019年我国特殊教育研究主题的变化特点和趋势，下面主要以《中国特殊教育》期刊发表的文献和教育类核心期刊发表的有特殊教育研究内容的文献为依据，以《发展纲要》和“特殊教育提升计划”提出的时间为分界点，分别阐明2010—2013年、2014—2016年、2017—2019年特殊教育研究主题的变化，最后采用全局观，整体剖析特殊教育研究主题的嬗变特点和趋势。

(一)核心研究主题

1. 共同焦点

通过比较 2010—2013 年、2014—2016 年、2017—2019 年、2010—2019 年各核心期刊中关于特殊教育研究的关键词(见表 2-1),我们发现特殊教育具有相对稳定的研究主题。

表 2-1　特殊教育研究高频主题词及百分比

年份	2010—2013	2014—2016	2017—2019	2010—2019
高频主题(前 10)	融合教育(17.39%)	孤独症谱系障碍(17.34%)	孤独症谱系障碍(18.60%)	融合教育(17.96%)
	特殊儿童(15.33%)	融合教育(16.41%)	融合教育(17.76%)	孤独症谱系障碍(16.45%)
	孤独症谱系障碍(13.50%)	特殊教育教师(15.17%)	特殊教育教师(13.95%)	特殊教育教师(14.19%)
	听力障碍(9.84%)	特殊儿童(13.93%)	特殊儿童(11.63%)	特殊儿童(13.87%)
	特殊教育教师(9.61%)	听力障碍(7.74%)	国外(9.77%)	国外(8.82%)
	国外(8.92%)	国外(6.81%)	听力障碍(7.44%)	听力障碍(8.17%)
	随班就读(8.47%)	干预(6.50%)	随班就读(6.98%)	随班就读(7.63%)
	特殊教育学校(5.95%)	随班就读(5.88%)	特殊教育学校(5.12%)	特殊教育学校(5.91%)
	手语(5.95%)	特殊教育学校(5.57%)	职业适应(4.65%)	干预(3.66%)
	高等特殊教育(5.03%)	医教结合(4.64%)	干预(4.19%)	学习障碍(3.33%)

由表 2-1 可以看出,融合教育、孤独症谱系障碍、特殊教育教师、特殊儿童(包括智力障碍、视力障碍等)、国外(主要指欧美国家)、听力障碍、随班就读、特殊教育学校八个研究主题所占比重较大且均位于表中前九位(仅 2014—2016 年其中一个主题排名第九,2010—2013 年、2017—2019 年、2010—2019 年排名均在前八位)。一方面,在特殊教育研究的核心主题中,2010—2019 年"融合教育"所占比重为 17.96%,"孤独谱系障碍"所占比重为 16.45%,"特殊教育教师"所占比重为 14.19%,"特殊儿童"所占比重为 13.87%。这四大研究主题的百分比为 62.47%。由此可见,"融合教育""孤独症谱系障碍""特殊教育教师""特殊儿童"在特殊教育研究中占有重要地位。另一方面,在特殊教育研究的核心主题中,2010—2019 年"国外"所占比重为 8.82%,"听力障碍"所占比重为 8.17%,"随班就读"所占比重为 7.63%,"特殊教育学校"所占比重

为5.91%。与前四个核心主题相关，所占比重相对不高，但这四大研究主题的百分比为30.53%。这说明"国外""听力障碍""随班就读""特殊教育学校"同样是研究者关注的重要研究主题。整体观之，2010—2019年特殊教育研究的核心主题所占比重之和为93%，该数据充分说明了研究者对核心主题的关注及重视。

具体而言，对特殊教育研究的核心主题再次进行同类合并，可以发现2010—2019年我国特殊教育研究主要关注"融合教育""特殊儿童""特殊教育教师""特殊教育学校""国外特殊教育"五方面。其中，"国外特殊教育"方面的内容主要是介绍或借鉴美国(65.85%)和英国(17.50%)特殊教育方面的相关经验。

2. 年度差异

不同时期的特殊教育研究，其核心主题的关注内容是不一样的。这表明研究主题是有差异的，其差异主要体现为研究主题所占比重不同。以2010—2013年和2014—2016年的八个研究高频主题词为例(图2-1)，2010—2013年，"孤独症谱系障碍"研究主题所占比重为13.50%，2014—2016年"孤独症谱系障碍"所占比重则为17.34%。从纵向来看，"孤独症谱系障碍"的关注度提高了，2014—2016年的研究成果多于2010—2013年的研究成果；从横向来看，"孤独症谱系障碍"一跃成为2014—2016年关注度最高的研究主题，而在2010—2013年其关注度次于"融合教育"和"特殊儿童"。这再次说明了各阶段研究主题之间是存在差异的。通过对比2010—2013年、2014—2016年的数据可以发现，关注度提高的研究主题有"孤独症谱系障碍"和"特殊教育教师"，其他研究主题的关注度均有下降趋势。比较2014—2016年、2017—2019年的数据可以发现，关注度提高的研究主题有"融合教育""孤独症谱系障碍""国外""随班就读"，其他研究主题的关注度均有下降趋势。比较2010—2013年、2014—2016年、2017—2019年的数据可以发现，"孤独症谱系障碍"的关注度呈不断上升趋势；"特殊儿童""听力障碍""特殊教育学校"的关注度有所降低；关注度先降后升的研究主题是"融合教育""国外""随班就读"；关注度先升后降的研究主题是"特殊教育教师"。通过以上比较，可以清晰地看到，不同的研究时期，尽管特殊教育研究具有相同的八个研究主题，但并不完全同质。研究者需要明确的是每个时期各个研究主题的关注度是不同的。

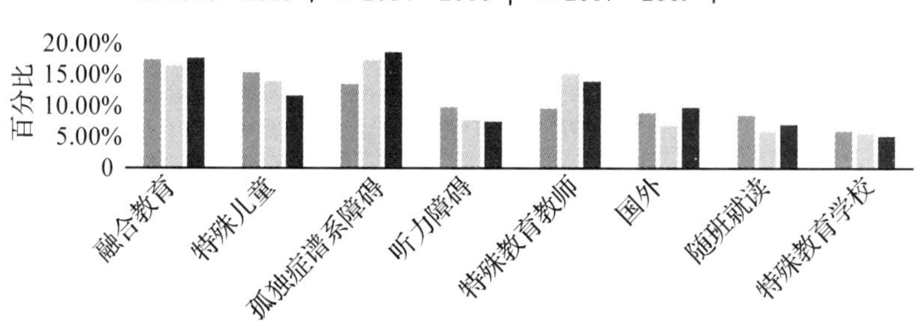

图2-1　不同时期相同高频主题所占比重比较

(二)特色研究主题

前文强调了特殊教育研究具有核心主题。除此之外，特殊教育研究的不同时期也具有独特的研究主题。由表 2-1 可以发现，某些高频主题仅在某一时期内出现，成为该时期的特色研究主题，如“手语”仅在 2010—2013 年的高频主题中出现，“医教结合”仅在 2014—2016 年的高频主题词中出现等。2010—2013 年，特殊教育研究的特色研究主题包括“手语”和“高等特殊教育”。例如，黄丽娇基于第二语言学习理论探讨了聋校语言教学的社会文化模式，她认为明确汉语学习是听障者第二语言习得这一基本事实，是对听障者语言、文化的尊重，也是听障学校语言教学的内在要求[①]；麻一青和孙颖则对我国残疾人高等教育现状进行了介绍和分析，认为我国残疾人高等教育已初步形成有效的管理模式，但仍存在政策支持不够、法律保障不足、基础建设欠缺、学生就业困难等问题。[②] 2014—2016 年，特殊教育研究的特色研究主题包括“干预”和“医教结合”。例如，刘理阳等人综述了有关孤独症个体静态表情和动态表情识别障碍研究及其影响因素与神经机制，总结了以“移情—系统化”理论为基础的临床干预方法及其优缺点，并展望了孤独症谱系障碍儿童面部表情识别的未来研究方向[③]；张洁华等人对融合教育背景下上海市宝山区特殊教育医教结合的管理机制进行了研究，并在此基础上提出搭建特殊教育医教结合支持保障体系等建议。[④] 2017—2019 年，特殊教育研究的特色研究主题包括“职业适应”。例如，雷雳和王雁针对 S 市 17 所特殊教育学校的 286 名特殊教育教师的职业适应现状进行了调查，并探讨了它与心理弹性的关系，基于研究结果提出了重视特殊教育教师心理弹性建设、着重培养特殊教育教师自强和坚韧的品质等建议。[⑤] 2010—2019 年的特色研究主题包括了“学习障碍”。例如，马兰花和石学云采用 Bicomb 及 SPSS 软件对国内 2006—2013 年有关学习障碍研究的文献进行了关键词词频分析和共词分析，结果发现在这一时期内学习障碍研究的热点领域和前沿问题包括：学习障碍的类型、认知加工机制、成因分析、诊断评估与教育干预等。[⑥]

---

① 黄丽娇：《聋校语言教学的社会文化模式探讨——基于第二语言习得理论的启示》，载《中国特殊教育》，2013(12)。

② 麻一青、孙颖：《残疾人高等教育现状及发展对策》，载《中国特殊教育》，2012(7)。

③ 刘理阳、莫书亮、梁良、闵园园：《孤独症谱系障碍儿童面部表情识别障碍及临床干预》，载《中国特殊教育》，2014(2)。

④ 张洁华、朱剑平、吴筱雅：《融合教育背景下上海市宝山区特殊教育医教结合管理机制的策略研究》，载《中国特殊教育》，2016(1)。

⑤ 雷雳、王雁：《特教教师职业适应现状及与心理弹性关系的实证研究——基于 S 市特殊教育学校的调查》，载《中国特殊教育》，2017(3)。

⑥ 马兰花、石学云：《2006 年～2013 年我国学习障碍研究热点领域分析》，载《中国特殊教育》，2014(11)。

(三)突现研究主题

特殊教育研究主题嬗变存在的又一规律是研究主题具有阶段性。一方面，有的研究主题并非一直广受关注，它会在某一特定的时间节点突现，而后又在一段时期内消失，从出现到消失的这一阶段，说明该研究主题的关注度较高。另一方面，这些研究主题的突现与消失并不意味着研究者之后不再进行相应主题的研究，而有可能是研究者在措辞、表达等语言方面进行了修正，或者是受其他因素影响而未将它作为研究主题来呈现，故在研究中不再着重强调。例如，在过去的研究中，研究者多用“聋生”一词，而近年来，出于对“污名化”和伦理性等多方面因素的考虑，研究者会用“听障学生”一词替换“聋生”。正如表 2-2 所示，2010—2013 年突现了五个研究主题：“心理健康”研究主题首次出现的时间为 2011 年，2013 年该研究主题不再出现；“教师”“聋人大学生”“聋生”首先出现的时间为 2011 年，结束的时间为 2012 年；“思考”研究主题首次出现的时间为 2013 年，结束的时间为 2015 年，这里的“思考”主要是指对国外特殊教育经验的借鉴以及对我国特殊教育现状、未来的总结与展望。2014—2016 年突现了三个研究主题，“执行功能”“实验研究”“早期干预”三个研究主题突现的时间为 2016 年，结束的时间为 2017 年。

表 2-2　2010—2019 年期刊中突现的研究主题

研究主题	突现的时间	结束的时间
心理健康	2011 年	2013 年
教师	2011 年	2012 年
聋人大学生	2011 年	2012 年
聋生	2011 年	2012 年
执行功能	2016 年	2017 年
实验研究	2016 年	2017 年
早期干预	2016 年	2017 年

(四)学科研究主题

随着我国特殊教育事业的发展，特殊教育研究也逐渐受到重视，除了本学科研究人员的高度关注外，越来越多其他学科的研究人员也广泛参与到特殊教育研究中。从特殊教育相关立项项目来看，特殊教育研究涉及教育学、心理学、语言学、社会学、艺术学、体育科学以及交叉学科(综合研究)等不同学科，项目类别涵盖了全国教育科学规划项目、全国社会科学基金项目以及教育部人文社会科学项目等。以教育部人文社会科学项目为例，2010—2019 年教育部人文社会科学研究一般项目(规划基金项目、青年基金项目、自筹经费项目)中有关特殊教育的立项项目共176个，其中孤独症谱系障碍相关项目40个，学习障碍相关项目22个，听力障碍相关项目31个，其他障碍类型相关项目(包括智力障碍、视力障碍等)27个，融合教育相关项目14个，特殊教育教师相关项目11个以及特殊教育社会支持相关项目31个。从学科角度来看，在上述176个特殊教育研究项目中，学科立项分布情况如下：教育学68个，心理学32个，交叉学科(综合研究)31个，语言学22个，体育科学12个，社会学5个，艺术学4个，历史学1个，管理学1个。在学科研究主题的内容方面，2010—2019年教育部人文社会科学研究项目中有关特殊教育的立项情况表明，不同学科的研究人员对涉及孤独症谱系障碍(自闭症)、学习障碍以及听力障碍等相关研究主题较为关注。此外，融合教育和社会支持也是不同学科的研究人员在特殊教育研究领域中所探讨的重点内容(表2-3至表2-9)。

表2-3　孤独症谱系障碍相关项目(40个)

年份	学科	项目名称	项目类别	申请人	学校名称
2010	教育学	自闭症儿童随班就读普校课堂小组合作学习可行性分析及策略建构研究	规划	熊絮茸	徐州医学院
2010	心理学	孤独症儿童心理理论两成分模型及其发展机制研究	青年	俞蓉蓉	浙江工业大学
2011	教育学	中西方文化视野下的自闭症教育干预策略研究	青年	李芳	天津体育学院
2012	教育学	自闭症谱系障碍儿童融合教育支持系统研究	青年	苏雪云	华东师范大学
2012	教育学	自闭症儿童孤岛能力的形成机制及教育应用研究——以超凡的视觉空间领域为例	青年	曹漱芹	浙江师范大学
2012	教育学	自闭症儿童心理理论发展机制及综合干预成效研究	青年	徐胜	重庆师范大学
2012	心理学	孤独症谱系障碍面孔加工的本族效应：加工模式与神经机制	青年	易莉	中山大学
2013	交叉学科(综合研究)	智能机器人NAO辅助自闭症患者社会能力发展的研究	青年	王崇颖	南开大学
2013	心理学	自闭症面孔加工干预系统的构建与绩效评估	青年	宋永宁	华东师范大学
2014	交叉学科(综合研究)	基于孤独症儿童有声语料分析的语言治疗研究	规划	王梅	北京联合大学
2014	交叉学科(综合研究)	孤独症儿童面部表情识别的干预辅具设计与应用研究	规划	刘艳虹	北京师范大学
2014	交叉学科(综合研究)	信息技术辅助的孤独症儿童早期干预方法研究	规划	陈靓影	华中师范大学

续表

年份	学科	项目名称	项目类别	申请人	学校名称
2014	教育学	情境影响自闭症儿童运用眼睛注视线索习得词语的研究	青年	荆伟	陕西师范大学
2014	教育学	自闭症谱系障碍儿童的威胁知觉及其教育应用研究	青年	林云强	浙江师范大学
2014	体育科学	体育干预对自闭症儿童社会化的影响研究	青年	裴晶晶	吉林大学
2015	教育学	自闭症谱系障碍儿童融合教育家校共同体及其支持体系研究——基于生态系统论视角	规划	熊絮茸	徐州医学院
2015	心理学	孤独症谱系障碍的认知诊断研究	青年	郭磊	西南大学
2015	交叉学科（综合研究）	音乐训练模式应用于孤独症儿童康复的探索与效应	青年	王昕	乐山师范学院
2016	交叉学科（综合研究）	多种定向练习与 ADHD 儿童认知康复的关系研究	青年	刘阳	西安理工大学
2017	教育学	自闭症谱系障碍儿童自我基本情绪觉知及其干预研究	青年	连福鑫	杭州师范大学
2017	教育学	情绪主题绘本对 3—6 岁自闭症谱系障碍儿童情绪理解的影响——来自眼动追踪研究的证据	青年	王薇	杭州师范大学
2017	教育学	自闭症儿童的内隐学习及神经基础研究：来自知觉—动作和人工语法领域的证据	青年	李菲菲	浙江师范大学
2017	心理学	自闭症儿童早期非言语行为与共同注意的关系：社交手势干预的实证研究	青年	侯舒艨	哈尔滨工业大学
2017	心理学	无口语孤独症谱系障碍儿童对视听言语的感知：眼动研究的证据	青年	石利娟	湖南科技大学
2017	心理学	父母奖惩行为在 ADHD 儿童核心缺陷发展中的作用机制：基于双通道理论的追踪研究	青年	谷莉	天津师范大学
2017	体育科学	体育影响孤独症谱系障碍儿童心理理论和执行功能的 15 年跟踪：生态效度的视角	规划	丹豫晋	太原科技大学
2017	交叉学科（综合研究）	运用机器人技术研究自闭症谱系障碍儿童的社会交往训练课程	规划	陈东帆	华东师范大学
2018	语言学	自闭症儿童汉语情绪韵律的产出和感知研究	青年	王婷	同济大学
2018	教育学	孤独症儿童象征性游戏的干预研究——基于提升动机操作	规划	刘艳虹	北京师范大学

续表

年份	学科	项目名称	项目类别	申请人	学校名称
2018	教育学	差序格局视角下的自闭症儿童家长抗逆力研究	青年	赵梅菊	中华女子学院
2018	心理学	动作对自闭症儿童认知能力的促进作用研究	规划	王丽娟	东北师范大学
2018	交叉学科（综合研究）	视觉提示策略下自闭症儿童干预 APP 交互设计研究	规划	张丙辰	江苏师范大学
2018	交叉学科（综合研究）	微视频在自闭症儿童发展中有效设计与应用研究	青年	李银玲	哈尔滨师范大学
2018	交叉学科（综合研究）	“互联网＋”自闭症家庭精准帮扶的协同机制与实现模式研究	青年	李晓娟	浙江财经大学
2019	语言学	汉语自闭症谱系障碍对含意理解的影响因素研究	青年	柳恒爽	广东外语外贸大学
2019	语言学	具身认知视域下汉语自闭症儿童的词汇语义加工研究	青年	宋宜琪	南京师范大学
2019	教育学	自闭症幼儿的情绪理解干预及基于近红外脑成像技术的评测研究	青年	李艳玮	南京晓庄学院
2019	心理学	自闭症谱系障碍个体父母的人格特征及认知神经机制研究	青年	孟景	重庆师范大学
2019	体育科学	基于 CPRT 指导策略的自闭症儿童体育干预研究	青年	庞艳丽	华中师范大学
2019	交叉学科（综合研究）	高功能自闭症儿童语用干预的实证研究	青年	石静	广东外语外贸大学

表 2-4　学习障碍相关项目(22 个)

年份	学科	项目名称	项目类别	申请人	学校名称
2010	心理学	数字模块化缺陷假设的发展性计算障碍常模制定及初步诊断	青年	赵晖	北京师范大学
2010	心理学	不同亚型数学学习障碍儿童的工作记忆特征及其对数学基本能力的影响	青年	张妍	哈尔滨工程大学
2011	教育学	学习障碍儿童认知效率发展的心理机制及其应用研究	青年	周巧	重庆师范大学
2011	心理学	学习困难中学生的认知加工特征及其与学业智力关系模型研究	青年	蔡丹	上海师范大学
2012	交叉学科（综合研究）	小学数学问题解决认知过程模拟及学习障碍诊断与干预研究	青年	魏雪峰	鲁东大学
2012	教育学	义务教育阶段学习困难学生教育援助系统研究	规划	姜晓宇	四川师范大学

续表

年份	学科	项目名称	项目类别	申请人	学校名称
2012	心理学	学业不良儿童前瞻记忆的特点、机制与干预	规划	陈幼贞	福建师范大学
2012	心理学	工作记忆训练对阅读障碍儿童言语加工影响的脑机制研究	青年	朱冬梅	江汉大学
2012	心理学	汉语阅读障碍儿童形—音捆绑机制研究	青年	林敏	厦门大学
2013	教育学	大学生学习障碍问题实证研究——自我效能感的中介效应分析	青年	龙三平	南京财经大学
2013	心理学	不同亚型学习障碍儿童情绪理解及其对社会信息加工的影响	青年	张修竹	哈尔滨师范大学
2013	心理学	不同亚类型汉语阅读障碍儿童的眼动特征研究	青年	熊建萍	河南师范大学
2014	教育学	认知行为改变策略对学习困难儿童焦虑情绪的干预模式研究	规划	陈羿君	苏州大学
2015	心理学	汉语阅读理解困难儿童的认知特点及三种干预训练的有效性研究	青年	高秋凤	深圳大学
2015	交叉学科（综合研究）	促进学习困难小学生脑执行功能改善的运动干预方案开发与应用研究	规划	殷恒婵	北京师范大学
2016	心理学	初中数学学习困难学生执行功能缺陷及干预研究	规划	焦彩珍	西北师范大学
2017	心理学	汉字书写促进发展性阅读障碍儿童阅读的神经机制研究	青年	李婵	辽宁石油化工大学
2018	教育学	学习障碍学生自我调节能力的干预研究	青年	何吴明	岭南师范学院
2018	心理学	单纯近似数量系统训练对干预发展性计算障碍儿童的作用研究	青年	何云凤	辽宁大学
2019	心理学	发展性阅读障碍儿童视觉空间注意缺陷及干预研究	规划	隋雪	辽宁师范大学
2019	心理学	动作对汉语发展性阅读障碍儿童的工作记忆促进作用研究	青年	李广政	江苏师范大学
2019	心理学	基于多巴胺系统的发展性阅读障碍的遗传与代谢机制及干预研究	青年	王政军	陕西师范大学

表 2-5　听力障碍相关项目(31 个)

年份	学科	项目名称	项目类别	申请人	学校名称
2011	教育学	我国聋人大学生职业竞争力现状及就业对策研究	规划	童欣	天津理工大学

续表

年份	学科	项目名称	项目类别	申请人	学校名称
2011	语言学	中国聋人手语的加工：来自认知神经科学的证据	青年	陆爱桃	华南师范大学
2012	语言学	中国手语数据库建设的研究	规划	李凯	天津理工大学
2013	语言学	口语训练在听障儿童唇读汉语语音技能发展中的作用	规划	雷江华	华中师范大学
2014	语言学	中国手语空间隐喻加工神经机制的ERP研究	青年	姚登峰	北京联合大学
2014	语言学	人工耳蜗术后儿童汉语语言能力及特征的实证研究	青年	张伟锋	南京特殊教育职业技术学院
2015	语言学	中国手语规范与推广背景下的中国手语方言基本词汇对比调查研究	规划	衣玉敏	金陵科技学院
2015	语言学	听障儿童言语韵律的重音特征研究	青年	刘叙一	上海商学院
2015	语言学	语前聋儿汉语元音习得研究	青年	陈彦婷	天津理工大学
2015	语言学	中国手语构词规律的认知心理实证性研究	青年	傅敏	浙江特殊教育职业学院
2015	教育学	人工耳蜗术后儿童电声双模式配戴的中枢听觉处理机制研究	青年	赵航	华东师范大学
2016	语言学	语前聋儿普通话声调发展研究	青年	陈彧	天津理工大学
2016	交叉学科（综合研究）	听障学生阅读教育网页的眼动特征及其应用策略研究	青年	任强	湖州师范学院
2016	交叉学科（综合研究）	听障儿童的噪音特征、影响因素及其干预对策	青年	肖永涛	浙江中医药大学
2017	语言学	基于语料库的中国手语词类问题研究	规划	倪兰	上海大学
2017	语言学	中国聋人大学生英语能力量表研制	规划	王正胜	天津理工大学
2017	语言学	认知视角下聋人手语文化心理研究	青年	张帆	浙江特殊教育职业学院
2017	教育学	自主学习视角下基于SPOC的听障大学生混合学习效果研究	青年	刘志丽	北京联合大学
2017	心理学	聋哑学生的听力丧失对其时间知觉的影响研究	规划	张锋	河南大学
2017	心理学	听障儿童三维场景中自我参照框架的加工能力及训练	青年	王爱君	苏州大学
2018	语言学	学龄前聋儿语言处理机制及其应用研究	青年	杨影	滨州医学院
2018	语言学	基于语料库的中国手语话语韵律单位研究	青年	朱潇	鲁东大学

续表

年份	学科	项目名称	项目类别	申请人	学校名称
2018	语言学	聋人学生和健听学生汉语词汇认知加工的比较研究	青年	王晓芸	浙江工商大学
2018	艺术学	“三位一体”聋人美术人才培养模式研究	规划	全玲	长春大学
2018	艺术学	基于听障儿童言语康复的绘本设计研究	青年	王宇	长春大学
2018	教育学	中国聋儿家庭抗逆力生成模型建构与实践研究	青年	刘颖	成都大学
2019	语言学	聋童汉语词汇加工中的视觉注意发展机制及其干预研究	青年	刘璐	鲁东大学
2019	教育学	听障儿童数学认知能力的发展及其影响因素的模型建构研究	规划	陈丽兰	海南师范大学
2019	心理学	聋人大学生公平感的心理机制研究	青年	杜雪	重庆师范大学
2019	交叉学科（综合研究）	人工耳蜗植入儿童的大脑可塑性及其对言语和阅读发展的影响研究	规划	张林军	北京语言大学
2019	交叉学科（综合研究）	手语产生中语义编码的认知机制研究	青年	陈穗清	广州大学

表 2-6 其他障碍类型相关项目(部分)

年份	学科	项目名称	项目类别	申请人	学校名称
2011	教育学	幼儿语言发展及语言发展障碍的早期检测和干预	青年	马维毅	电子科技大学
2011	心理学	青少年抑郁障碍与品行障碍共病的实证及多维病因学模型研究	规划	耿耀国	郑州大学
2011	心理学	我国注意缺陷与多动儿童社会功能发展特征及运动干预机制的构建与实践	青年	孙拥军	沈阳体育学院
2011	心理学	注意缺陷多动障碍儿童的干预研究	青年	杨双	苏州大学
2013	交叉学科（综合研究）	注意缺陷多动障碍儿童“热”执行功能对注意的影响及其发展研究	青年	李杨	哈尔滨医科大学
2013	交叉学科（综合研究）	贫困地区婴幼儿智力低下的诊断敏感指标筛选及诊断标准研究	青年	李静	西北大学
2014	交叉学科（综合研究）	不同亚型注意缺陷多动障碍儿童脑电特征与行为问题动态模型构建及干预评价指标研究	青年	石统昆	嘉兴学院
2015	教育学	基于空间表征建构的盲人定向行走训练研究	青年	谌小猛	华南师范大学
2015	教育学	多动症儿童早期读写能力发展研究	青年	李苗	陕西师范大学

续表

年份	学科	项目名称	项目类别	申请人	学校名称
2016	语言学	语言学视角下失语症患者语块能力康复状况的跟踪研究	规划	周荣	哈尔滨理工大学
2016	教育学	对重度残疾儿童实施“送教上门”教育的支持保障研究	规划	王培峰	南京特殊教育师范学院
2016	教育学	多重残疾学生课程研究	规划	盛永进	南京特殊教育师范学院
2017	教育学	家庭环境对智障儿童社会适应能力影响的机制及教育对策	规划	孙圣涛	上海师范大学
2017	教育学	盲生社交焦虑障碍360度评估体系的建构与应用	青年	韦嘉	四川师范大学
2017	交叉学科（综合研究）	3—6岁汉语特定型语言障碍儿童词汇获得研究规划基金项目	规划	郑荔	南京师范大学
2017	交叉学科（综合研究）	医教结合背景下嗓音障碍评估工具的探索研究	自筹	金河庚	华东师范大学
2018	语言学	汉语非流利型失语者言语障碍模式及康复研究	规划	王海燕	曲阜师范大学
2018	艺术学	公益普惠背景下学龄前视障儿童玩教具系统设计研究	青年	胡新明	广东海洋大学
2018	体育科学	健康中国视域下我国智障儿童青少年体力活动与健康促进研究	青年	刘洋	山东中医药大学
2018	交叉学科（综合研究）	情境对焦虑障碍个体表情加工认知偏差的影响——认知行为疗法的干预研究	青年	宋素涛	济南大学
2019	艺术学	面向视障者的触觉图形感知认识研究	规划	宋华	武昌首义学院
2019	教育学	原型理论视野下智力障碍儿童亲社会行为研究	规划	张玉红	新疆师范大学
2019	教育学	工作记忆的执行功能训练对提升轻中度智障儿童认知能力的影响研究	青年	黄赛	广州大学
2019	教育学	培智学校义务教育课程建设现状与提升策略研究	青年	蔺红春	淮北师范大学
2019	教育学	基于社交机器人的行为障碍儿童非语言交流机制研究	青年	刘丽	宁波财经学院
2019	教育学	特殊教育学校中脑瘫儿童运动功能训练与精准体育教学的整合研究	青年	王疆娜	山东体育学院

表 2-7 融合教育相关项目(14 个)

年份	学科	项目名称	项目类别	申请人	学校名称
2010	教育学	全纳教育视阈下学校特殊体育课程体系构建的研究	青年	马德森	青岛农业大学
2011	教育学	融合教育幼儿园微系统结构建模与应用研究	青年	李伟亚	浙江师范大学
2013	教育学	融合教育理念下特殊儿童社区教育的实践研究	规划	朱梅	枣庄学院
2014	教育学	随班就读学生学习状况研究	规划	刘春玲	华东师范大学
2014	教育学	中部地区残疾儿童随班就读保障体系构建研究	规划	李玉向	郑州师范学院
2014	教育学	融合教育背景下建构学校积极行为支持系统的研究	青年	刘宇洁	北京联合大学
2014	心理学	普小学生对随班就读弱智生的言语偏差及其抑制研究	青年	刘峰	渭南师范学院
2015	教育学	融合教育背景下听障儿童同伴交往及其教育干预研究	青年	谢钰涵	四川师范大学
2016	教育学	京津冀协同发展背景下河北省融合教育发展路径研究	规划	隋春玲	唐山师范学院
2017	教育学	基于循证的随班就读教育质量评价指标体系构建及应用研究	青年	李芳	天津体育学院
2017	教育学	教育生态学视野下融合教育学校残疾学生课堂参与研究	青年	关文军	新疆师范大学
2019	教育学	融合教育背景下特殊教育资源中心建设标准与运行机制研究	规划	李拉	南京特殊教育师范学院
2019	教育学	基于校内外统筹的西北大中城市全纳学区就学需求及可资空间计划研究	青年	刘冬	西安科技大学
2019	教育学	西藏残疾儿童随班就读保障机制研究	青年	敖勇前	西藏民族大学

表 2-8 特殊教育教师相关项目(11 个)

年份	学科	项目名称	项目类别	申请人	学校名称
2010	心理学	特殊教育教师职业压力的情绪应对策略研究	青年	王滔	重庆师范大学
2011	教育学	多维视野下中国特殊教育教师的职业素质研究	规划	王辉	南京特殊教育职业技术学院
2011	教育学	高校全纳教育教师教育师资现状及对策的国际比较研究	规划	冯燕	绍兴文理学院
2012	教育学	特殊教育教师胜任特征与特殊教育教师资格认证制度研究	青年	石学云	陕西师范大学

续表

年份	学科	项目名称	项目类别	申请人	学校名称
2013	教育学	我国特殊教育教师职前培养的问题与对策研究	规划	刘全礼	北京联合大学
2015	教育学	高师特殊教育专业实践教学体系的研究	规划	朱友涵	南京特殊教育职业技术学院
2016	教育学	特殊教育教师培养课程实施案例教学之行动研究	规划	曾雅茹	泉州师范学院
2017	教育学	民族地区特殊学校教师身份认同研究：以内蒙古自治区为例	青年	伊丽斯克	内蒙古师范大学
2017	体育科学	我国特殊体育专业教师缺失成因及其对策研究	规划	马勇	南京特殊教育师范学院
2019	教育学	特殊教育教师专业资格证书制度的国际比较与本土实现路径研究	规划	郑晓坤	长春大学
2019	交叉学科（综合研究）	ICF 功能康复视域下复合型特殊教育教师职前培养理念与实践路径研究	规划	王姣艳	南京特殊教育师范学院

表 2-9　特殊教育社会支持相关项目(部分)

年份	学科	项目名称	项目类别	申请人	学校名称
2010	教育学	残疾人教育法律制度研究	青年	申素平	中国人民大学
2010	社会学	我国特殊教育公平发展研究	青年	庞文	东北林业大学
2011	教育学	联合国《残疾人权利公约》实施背景下我国特殊教育立法问题的研究	规划	兰继军	陕西师范大学
2011	历史学	中国残疾人事业发展史(上古—1949 年)	规划	陆德阳	上海交通大学
2012	管理学	我国残疾儿童福利制度评估与转型研究——基于培育残疾儿童参与社会能力的视角	青年	高圆圆	吉林大学
2012	交叉学科（综合研究）	基于效应评估视角的我国残疾人托养服务社会支持体系研究	青年	徐宏	山东经济学院
2013	交叉学科（综合研究）	中外残疾学生体育权利现状比较研究	青年	黄世昌	湘潭大学
2013	教育学	特殊儿童生涯发展整合性支持模式研究	规划	申仁洪	重庆师范大学
2013	教育学	中国特殊教育的百年发展研究(1912—2012 年)	青年	郭方玲	山东体育学院
2013	社会学	残疾大学生社会适应与社会工作介入：理论视野与实践模式	青年	吴填	南京特殊教育职业技术学院
2015	社会学	残障儿童家庭抗逆力生成研究	规划	华红琴	上海大学

续表

年份	学科	项目名称	项目类别	申请人	学校名称
2015	体育科学	我国特殊体育教育理论体系的构建研究	规划	何敏学	辽宁师范大学
2015	交叉学科（综合研究）	音乐治疗在特殊早期教育中的应用	青年	郝莉	沈阳音乐学院
2016	体育科学	政府购买残疾人康复体育服务的研究——以杭州为例	青年	阮力	浙江特殊教育职业学院
2016	交叉学科（综合研究）	基于感觉统合理论的特殊儿童康复景观设计研究	青年	吴曼	南京林业大学
2017	教育学	西部残疾儿童学前教育需求与教育供给的实证研究	规划	陈秋珠	陕西师范大学
2018	社会学	精准扶贫视域下弱势群体儿童的教育补偿与政策支持研究	规划	周国华	浙江师范大学
2018	教育学	特殊教育学校义务教育数学课程标准与教学实施一致性研究	规划	田寅生	南京特殊教育师范学院
2018	教育学	学前特殊儿童家庭抗逆力的生成机制及社会支持体系构建研究	青年	田波琼	重庆师范大学
2018	交叉学科（综合研究）	社会融合视角下残疾污名问题研究	青年	孔令玲	滨州医学院
2018	交叉学科（综合研究）	政府购买模式下残疾人康复服务供给机制创新研究	青年	李鹏	南京特殊教育师范学院
2019	社会学	西部地区0—3岁残障高危儿童早期干预状况、家庭支持需求与服务体系建构研究	青年	玉苗	桂林理工大学
2019	教育学	残障学生的教育获得感研究	规划	庞文	东北林业大学
2019	教育学	转型期弱势群体教育利益补偿机制的政策研究	青年	衣华亮	南京信息工程大学
2019	体育科学	全面建成小康社会背景下我国残疾人群众体育权益保障体系研究	青年	舒川	江西科技师范大学
2019	体育科学	我国残疾青少年健康体适能指标体系的构建研究	青年	陈华卫	南京航空航天大学
2019	体育科学	社会生态学视域下我国残疾学生体力活动与体质健康促进研究	青年	窦丽	南京林业大学
2019	体育科学	残疾人体育政策治理和中国模式研究	青年	关志逊	浙江师范大学
2019	交叉学科（综合研究）	个体特质对处境不利青少年学生心理适应性的调节机制研究：来自神经生理学的证据	青年	许有云	南京特殊教育师范学院

在学科研究主题的分布方面，根据不同学科的立项数目，可以初步了解各学科在特殊教育研究中的比重，其中占比较大的学科为：教育学(38.64%)、心理学(18.18%)、交叉学科(综合研究)(17.61%)以及语言学(12.50%)。教育学作为特殊教育学的一级学科，在特殊教育研究学科分布中的地位不言而喻；而心理学、语言学等学科在特殊教育研究中地位的凸显则表明，特殊教育研究除了受到本学科研究人员的深度关注外，也越来越多地受到其他学科研究人员的关注。不同学科研究主题的分布情况见表2-10。

表2-10　不同学科研究主题的分布情况

学科	项目数	占比	研究主题(词频)
教育学	68	38.64%	儿童(26)、教育(26)、孤独症(13)、特殊教育(12)、障碍(12)、干预(9)、融合教育(9)、融合(9)、学习(10)、教师(8)、建构(6)、特殊教育教师(6)、孤独症儿童(6)、对策(5)、机制研究(5)、学校(6)、情绪(5)、视野(4)、认知(4)、策略(4)、教学(4)
心理学	32	18.18%	儿童(19)、障碍(18)、发展性障碍儿童(11)、干预(10)、加工机制研究(7)、阅读障碍儿童(6)、缺陷(6)、孤独症(4)、认知特征(5)、汉语(4)、记忆(4)、训练(4)、学习(4)、发展性阅读障碍儿童(3)、模型(3)、神经(3)
交叉学科(综合研究)	31	17.61%	儿童(15)、干预(9)、孤独症(6)、障碍(7)、孤独症(4)、认知(5)、康复(5)、设计(4)、孤独症儿童(3)、诊断(3)、学生(3)、特征(3)、模式(3)、辅助(2)、表情(2)、嗓音(2)、音乐治疗(2)
语言学	22	12.50%	手语(9)、汉语(9)、中国手语(7)、聋人(4)、认知(5)、儿童(5)、加工(5)、聋儿(3)、韵律(3)、孤独症(3)、词汇(3)、康复(2)、心理(2)、语料库(2)、神经科学(1)、基本词(1)、隐喻(1)、重音(1)、元音(1)、口语(1)
体育科学	12	6.82%	体育(9)、儿童(4)、残疾人(3)、健康(4)、孤独症(2)、视域(2)、干预(2)、学生(2)、模式(2)、理论(2)、体力(2)、青少年(2)、残疾(2)、脑瘫(1)、孤独症(1)、社会化(1)、康复(1)、教学(1)
社会学	5	2.84%	儿童(3)、残障(2)、家庭(2)、抗逆(1)、精准扶贫(1)、弱势群体(1)、高危群体(1)
艺术学	4	2.27%	儿童(2)、设计(2)、聋人(1)、普惠(1)、美术(1)、教具(1)、视障(1)、康复(1)、触觉(1)、图形感知(1)
历史学	1	0.57%	残疾人事业发展史(1)
管理学	1	0.57%	我国残疾儿童福利制度(1)、参与社会能力(1)

在明确特殊教育研究所涉及学科的基础上，对各学科立项项目的研究主题进行提

炼，以深入了解不同学科背景下特殊教育研究的主要内容。根据主题词频的统计结果（表 2-10），以下将就特殊教育研究中主要学科的研究主题做简要介绍。

1. 教育学学科研究主题

在特殊教育研究中，教育学学科研究主题主要包括孤独症儿童教育、融合教育、特殊教育教师培养、特殊教育教学策略研究、特殊学校建设等。例如，在孤独症儿童融合教育方面，熊絮茸等人研究了孤独症儿童随班就读普校课堂小组合作学习可行性分析及策略建构，苏雪云等人开展了孤独症谱系障碍儿童融合教育支持系统研究；在特殊教育教师培养方面，冯燕等人从国际比较的角度，探讨了高校全纳教育教师教育师资现状及对策，刘全礼等人则着重研究了我国特殊教育教师职前培养的问题与对策；在特殊教育教学及学校建设方面，田寅生等人探讨了特殊教育学校义务教育数学课程标准与教学实施的一致性，蔺红春等人则进一步分析了培智学校义务教育课程建设现状与提升策略。

2. 心理学学科研究主题

心理学学科的研究人员在特殊教育研究领域中所探讨的研究主题主要包括：发展性阅读障碍儿童，记忆特征，认知特点，加工机制（社会信息、自我参照、言语等）。例如，朱冬梅等人进行了工作记忆训练对阅读障碍儿童言语加工影响的脑机制研究；李婵等人开展了汉字书写促进发展性阅读障碍儿童阅读的神经机制研究；李广政等人探讨了动作对汉语发展性阅读障碍儿童的工作记忆的促进作用。

3. 交叉学科（综合研究）研究主题

在特殊教育研究领域中，交叉学科（综合研究）的不断发展极大地推动了特殊教育研究的进步，体现了特殊教育研究向综合性发展的趋势。研究人员从多学科的立场和视角出发来研究特殊教育的理论与实践问题，所关注的研究主题既有新颖性，同时也具有综合性和复杂性。例如，在信息化背景下，现代化信息技术与特殊教育交叉融合，陈靓影等人研究了如何利用信息技术辅助孤独症儿童的早期干预，陈东帆等人运用机器人技术研究孤独症谱系障碍儿童的社会交往训练课程；又如，音乐治疗与早期干预结合，郝莉等人将音乐治疗应用在特殊早期教育中，王昕等人探索了将音乐训练模式应用于孤独症儿童康复的效应；也有研究人员分析了不同特殊儿童的脑电及眼动特征，如石统昆等人开展了不同亚型注意缺陷多动障碍儿童脑电特征与行为问题动态模型构建及干预评价指标研究，任强等人进行了听障学生阅读教育网页的眼动特征及其应用策略研究。

4. 语言学学科研究主题

听障人士言语和语言能力的发展与训练除了受到特殊教育学科研究人员的关注外，同样也引起了语言学学科研究人员的研究兴趣，他们所探究的主题包括：手语，汉语，语音（重音、元音等），口语等。例如，雷江华等人研究了口语训练在听障儿童唇读汉语语音技能发展中的作用；傅敏等人采用实证研究方法，探讨了中国手语构词规律的认知心理；刘璐等人进行了听障儿童汉语词汇加工中的视觉注意发展机制及其干预研究。

5. 其他学科研究主题

特殊教育研究涉及的其他学科包括体育科学、社会学、艺术学、历史学、管理学等，各学科研究人员均在各自的学科基础上进一步对特殊教育研究的相关研究主题进行了探讨。例如，在体育科学学科研究主题中，何敏学等人研究了如何构建我国特殊体育教育理论体系，刘洋等人进行了健康中国视域下我国智障儿童青少年体力活动与健康促进研究；在社会学学科研究主题中，华红琴等人研究了残障儿童家庭抗逆力的生成，吴填等人从理论视野与实践模式的角度出发，探讨了残疾大学生的社会适应与社会工作介入；在艺术学等其他学科研究主题中，宋华等人研究了面向视障者的触觉图形感知认识，胡新明等人探讨了公益普惠背景下学龄前视障儿童玩教具系统的设计，高圆圆等人则基于培育残疾儿童参与社会能力的视角，研究了我国残疾儿童福利制度的评估与转型。

二、我国特殊教育研究方法的发展

随着我国特殊教育的发展以及与国际的合作更加密切，特殊教育领域的研究内容呈现出与其他学科的内容相融合的趋势，其研究方法也开始走向多样化。通过对2010—2019年中国知网(China National Knowledge Infrastructure，CNKI)数据库中有关特殊教育的研究所用的研究方法进行分析，我们总结出我国特殊教育研究方法的发展具有以下特点。

(一)重视思辨研究

德国学者布列钦卡(W. Brezinka)将教育学分为三种：一是教育哲学，二是教育科学，三是实践教育学。[①] 刘良华根据布列钦卡的分类将教育研究方法分为三大类：一是哲学研究或者思辨研究，一般采用文献研究法；二是实证研究，主要包含量化研究和质性研究，量化研究主要包括实验法、问卷法、测量法、文献计量法，质性研究主要包括观察法、访谈法及作品分析法；三是实践研究，主要包括行动研究和个案研究。[②] 本文依照这一分类标准，将2010—2019年在CNKI数据库中有关特殊教育的研究所用

① [德]沃尔夫冈·布列钦卡：《教育知识的哲学》，28页，杨明全、宋时春译，上海，华东师范大学出版社，2006。

② 刘良华：《教育研究方法》，3页，上海，华东师范大学出版社，2014。

的研究方法进行分类。根据表 2-11 可知，我国 2010—2019 年的研究比较重视思辨研究，理论性的文章合计 1 045 篇，约占整体文献数量的 62%，理论性文章主要包括文献综述、研究综述、国外经验及启示等类型，其中介绍国外经验及启示的文章数量较多，可以看出我国研究者对吸收、借鉴国外优秀经验非常重视；采用实证研究和实践研究的文章分别为 614 篇、40 篇，分别占整体文献数量的 36%，2%。虽然思辨研究的数量占主导地位，但我国研究者在研究特殊教育这一领域时一直在不断尝试采用不同类型的研究方式，试图从不同的视角来研究特殊教育问题。

表 2-11 研究方法类型分布(2010—2019 年)

年份	思辨研究	实证研究	实践研究
2010	93(58%)	61(38%)	7(4%)
2011	111(61%)	69(38%)	3(1%)
2012	87(53%)	72(44%)	4(3%)
2013	141(68%)	65(31%)	2(1%)
2014	124(68%)	56(31%)	2(1%)
2015	98(59%)	65(39%)	4(2%)
2016	91(57%)	65(40%)	5(3%)
2017	112(66%)	54(32%)	4(2%)
2018	92(59%)	58(37%)	5(4%)
2019	96(64%)	49(33%)	4(3%)
总计	1 045(62%)	614(36%)	40(2%)

(二)聚焦实证研究

由表 2-12 可知，在我国特殊教育研究中，除了理论研究，实证研究也是研究者常使用的研究方法。相对于理论研究，实证研究能够提供清晰且有说服力的证据来证明其研究的结果，因此，采用实证研究的文献在整体文献中所占的比例也比较大。而在实证研究中，量化研究更受人们重视和关注。根据表 2-12 可知，在 2010—2019 年这十年中，采用量化研究的文献数量远远高于采用质性研究和混合研究的文献数量。在量化研究中采用实验法的总计有 208 篇，采用问卷法的总计有 191 篇，分别约占总量的 35%和 34%。

在量化研究中实验法占主要地位，研究者更倾向于用实验的方法来探究特殊儿童思维和行为等的深层原因。通过对 201 篇采用实验法的文章进行分析，我们总结出了在 2010—2019 年实验法经过研究者不断地发展和反思所呈现出的一些突出特点。

表 2-12　实证研究方法分布

年份	量化研究				质性研究			混合研究
	实验法	问卷法	测量法	文献计量	访谈法	观察法	作品分析法	综合运用多种研究方法
2010	24(39%)	20(33%)	4(7%)	1(2%)	0(0%)	0(0%)	3(5%)	9(15%)
2011	25(36%)	21(30%)	3(4%)	4(6%)	2(3%)	1(1%)	4(6%)	9(13%)
2012	25(35%)	31(43%)	2(3%)	7(10%)	1(1%)	0(0%)	2(3%)	4(6%)
2013	20(29%)	22(34%)	6(9%)	6(9%)	4(6%)	2(3%)	3(5%)	3(5%)
2014	22(38%)	20(36%)	4(7%)	6(11%)	1(2%)	0(0%)	0(0%)	4(7%)
2015	18(25%)	24(37%)	6(9%)	14(22%)	1(2%)	0(0%)	0(0%)	4(6%)
2016	27(42%)	22(34%)	2(3%)	6(9%)	4(6%)	0(0%)	2(3%)	2(3%)
2017	23(41%)	13(24%)	9(17%)	6(11%)	1(2%)	0(0%)	1(2%)	2(4%)
2018	21(33%)	18(31%)	2(3%)	9(16%)	3(5%)	0(0%)	4(7%)	3(5%)
2019	24(53%)	14(31%)	0(0)	5(11%)	0(0)	0(0)	2(4%)	0(0)
总计	208(35%)	191(34%)	38(7%)	59(10%)	17(3%)	3(1%)	20(4%)	40(7%)

首先，研究方法由简单到复杂。过去在采用研究方法时，研究者大多会采用简单的研究设计来进行研究。例如，在 2009 年，金星和韦小满在研究培智学校学生亲社会行为时采用的是单因素完全随机实验①；而在近几年的研究中，研究者开始采用混合实验设计，这样既能减少被试的数量，同时 F 检验的精度也相对较高。例如，林青、赵航等人在对比唐氏综合征儿童和普通儿童的言语短时记忆差异时采用 2×3 两因素混合实验设计，在研究两组被试不同任务成绩的差值时采用了 2×2 两因素混合实验设计。

其次，研究对象由多到少。在 2010—2019 年后，大多数研究还是采用群组实验的方式进行对比实验。但是随着特殊教育研究专业化的发展，研究者发现特殊教育对象的异质性大，且样本数量小，常规的研究方法并不能满足现有的研究需求。杜晓新也提出，单一被试研究法“是以极少量的被试为研究对象的，符合特殊教育研究的客观情况，因此是适合特殊教育研究的一种方法”。② 韦小满和杨希洁的研究发现，2015 年后采用单一被试研究法的文章的数量明显增加。③ 例如，李欢和郭晓倩等人采用了单一被试实验设计中的跨被试的多基线设计并结合交替处理设计来研究录像示范法与现场示

① 金星、韦小满：《培智学校学生亲社会行为的实验研究》，载《中国特殊教育》，2010(10)。

② 杜晓新：《单一被试实验法在特殊教育研究中的应用》，载《中国特殊教育》，2001(1)。

③ 韦小满、杨希洁：《单一被试研究法在我国特殊教育研究中应用的回顾与前瞻》，载《中国特殊教育》，2018(7)。

范法在幼儿园游戏情境中对学前孤独症儿童社交沟通能力的干预效果的差异[①]；宋璐伶和曹漱芹采用A—B—A—B个案研究设计，对一名高功能孤独症儿童实施积木游戏治疗干预，来研究积木游戏对孤独症儿童社交能力的影响效果。[②] 但是可能由于我国研究者对单一被试研究的了解程度还不够深，所以采用的方法比较简单。

最后，研究手段不断更新。实验研究不再仅仅局限于传统的实验工具，而是开始采用一些先进的电子设备，如生理多导仪、眼动仪等。通过文献检索，我们发现2010—2019年CNKI上的有关眼动研究的文献有20篇左右，主题包括刺激意图对孤独症谱系障碍儿童的社会定向作用、面孔刺激对孤独症谱系障碍儿童的面部表情识别、发展性阅读障碍儿童阅读过程、注意缺陷多动障碍的执行功能等。例如，隋雪、方娴等人采用眼动记录技术，对发展性阅读障碍儿童和正常儿童阅读过程中的眼动行为进行了研究。[③]

质性研究一般采用观察与田野考察等手段对现象进行描述与解读，并在此基础上形成一般性的概念或理论。我国特殊教育的发展虽然一直遵循实证主义精神，但缺少属于特殊教育的自己的理论，而质性研究最大的优势就在于能够生成理论，创新理论。同时随着"融合教育"思想在我国的兴起，特殊教育的研究更加强调"以人为本"，且特殊儿童群体具有较强的异质性和独特性，需要研究者真正参与他们的生活，解读他们的行为及内心世界，努力改善他们的生存状态，这就更加需要从质性的角度去分析问题。[④] 在质性研究中采用最多的方法是访谈法和作品分析法，分别有17篇和20篇，约占总量的3%和4%。虽然有学者有意识地将质性研究方法应用到特殊教育研究中，但是单独应用质性研究方法的文献还很少。[⑤] 例如，杨希洁等人在对随班就读教师对孤独症儿童课堂问题行为的认知的研究中，就采用了访谈法和课堂观察法，通过对比和验证访谈与观察得到的材料，来更好地分析教师课堂行为背后的感受和想法。[⑥] 虽然有学者尝试用质性研究来解释特殊教育现象与问题，但研究数量很少。因此，质性研究在特殊教育领域中的应用需得到重视。

混合研究在我国特殊教育研究中开始得到重视。混合研究的运用能够使量化研究

---

① 李欢、郭晓倩、彭燕：《录像示范法与现场示范法对学前自闭症儿童社交沟通能力干预效果的比较研究》，载《中国特殊教育》，2018(11)。

② 宋璐伶、曹漱芹：《积木游戏治疗提升高功能自闭症儿童社交能力的成效及有效要素分析》，载《中国特殊教育》，2018(9)。

③ 隋雪、方娴、任晓倩等：《发展性阅读障碍儿童阅读过程中的眼动特征》，载《中国特殊教育》，2018(6)。

④ 邓猛、苏慧：《质的研究范式与特殊教育研究：基于方法论的反思与倡议》，载《中国特殊教育》，2011(10)。

⑤ 蒋强、孙时进、李成彦：《我国特殊教育发展现状的文献计量学分析——基于2003—2012年〈中国特殊教育〉载文》，载《中国特殊教育》，2013(10)。

⑥ 杨希洁、彭燕、刘颂等：《随班就读自闭症学生问题行为类型及其表现形式、功能的研究》，载《中国特殊教育》，2018(8)。

和质性研究优势互补，质性研究可以为量化研究提供深层次的材料，而量化研究可以为质性研究提供实证性的数据，在此基础上也为一些问题的研究提供更多的证据。混合研究设计一般包括一致性平行设计、解释性时序设计、探索性时序设计、嵌入式设计、变革性设计和多阶段设计。根据数据统计，2010—2019 年大约有 40 篇文献采用了混合研究的方法。例如，汪斯斯、邓猛等人采用了混合研究中的解释性时序设计，通过量化问卷和质性访谈两种研究方法，研究了我国培智教育教师对智力残疾学生自我决定的认识和实践。① 关文军则采用探索性时序设计，在访谈基础上自行编制了《融合课堂教学情况调查问卷》，来调查残疾学生在融合教育学校典型课堂教学活动中的参与情况及教师提供相关支持的情况。② 但是，从对 40 篇文献的分析来看，研究大多数都是采用问卷与访谈相结合的方式，混合研究所采用的方法过于单一。

(三)发展实验研究

根据表 2-13 可知，我国 2010—2019 年来一直有研究者在尝试采用个案研究和行动研究来分析我国特殊教育在发展实践中遇到的问题，但是数量很少。2010—2019 年 CNKI 上的文献数据显示，采用个案研究和行动研究的分别有 19 篇和 14 篇，平均每年只有一到两个研究采用了相关方法，这里谈到的个案研究是指传统意义上的通过对个案进行描述性的叙事来展示研究成果。例如，王辉、汪斯斯等人通过深度访谈与实物资料收集来对特殊教育学校校长进行个案研究，以挖掘特殊教育学校校长专业成长的支持体系。③ 行动研究主要是指研究者基于学校实践展开的研究，研究者通过分析实践过程中的成果与问题来总结经验，为接下来的实践提供理论和实践基础。例如，俞林亚以行动研究的方式分析了在杭州市提升随班就读质量的实践，经过两年的实践研究总结出了一套随班就读的运行机制和管理制度，这对我国随班就读的发展具有一定的借鉴意义。④

表 2-13　实践研究方法分布

研究类型	2010 年	2011 年	2012 年	2013 年	2014 年	2015 年	2016 年	2017 年	2018 年	2019 年	总计
个案研究	1	1	3	2	1	2	2	2	2	3	19
行动研究	3	2	1	0	1	1	3	1	1	1	14

由前文可知，我国特殊教育研究多以理论研究为主，涉及行动研究和个案研究的

---

① 汪斯斯、邓猛：《智力残疾学生自我决定课程实践模式及启示》，载《中国特殊教育》，2015(5)。

② 关文军：《融合教育学校残疾学生课堂参与的特点及教师提供的支持研究》，载《中国特殊教育》，2017(12)。

③ 王辉、汪斯斯、王雁：《特殊教育学校校长专业成长的个案研究》，载《中国特殊教育》，2016(11)。

④ 俞林亚：《提升区域随班就读质量的实践研究》，载《中国特殊教育》，2016(4)。

相对较少，这就导致理论与实践的断层。研究者将优秀的国内外经验进行总结和分析。对国内研究的内容进行剖析和解读，目的在于为实践提供扎实的理论基础，然而行动研究和个案研究这类实践研究的缺乏，导致理论成为空谈，相关研究并没有在真正意义上去指导我国特殊教育的实践。故今后的学者可以利用质性研究方法以及行动研究、个案研究等多种研究方法对我国特殊教育进行深入研究，通过将理论与实践深层次地结合，来为我国特殊教育事业的发展提出建设性意见，从而更加突出我国特殊教育的专业特色。

(四)总结

根据以上所分析的特点，可以看出我国特殊教育领域在研究方法的发展上取得了一些成果和进步，但仍然处于发展中且非成熟的阶段。为了使特殊教育研究能够更好地为特殊教育服务，我们必须在现有的基础上不断改进。下面将根据上述发展特点并结合相关文献中的内容提出几点建议，以推动我国在特殊教育领域实现长足发展。

第一，以理论为基础，将理论与实践相结合。从总体上来看，近年来我国特殊教育研究取得了较大的发展，主要是以理论性研究为主，大量的理论性文章都通过文献分析等方法对以往的研究成果进行总结和分析，进而了解该领域研究的整体状况，同时找出以往研究的优点与不足，并对未来的研究进行展望；或是对国外先进的理论或者实践进行介绍，并讨论它们对我国的启示。但仅仅将研究停留在对国内外文献进行分析上是远远不够的，研究者还需在前人研究的基础上再次进行深入的调查、实验。后续研究应在加强对基础理论的实证检验及实践应用的基础上，进一步增强对研究领域的延伸与拓展，综合运用多种研究方法，丰富特殊教育研究成果。①

第二，重视质性研究，将“质”与“量”相结合。根据上述数据以及文献分析可以看出，我国特殊教育领域对质性研究在重视程度及运用的规范性上都有所欠缺。定量研究所占比重较大，而单纯地运用质性研究方法的研究则比较少，并且在这些为数不多的质性研究中，叙述故事与堆砌资料的较多，系统的理论归纳与提升较少；而量化研究则表现为数据的堆砌，利用数据进行推理性的分析、反思与理论探索的较少，本土化理论的生成与扩展更少。② 同时占比较大的实验研究也呈现出了方法简单、实验信度和效度不高等问题。因此，一方面，我们要积极推进我国特殊教育领域研究范式的转变，在坚持实证精神的基础之上，尝试用叙事研究等质性研究方法来丰富我国的特殊教育实践，探索具有本土化特征的特殊教育理论模式；另一方面，要将质性研究与量

---

① 侯洁、张茂聪：《中国特殊教育研究发展现状与问题——基于CNKI学术期刊2007—2016年特殊教育主题文献的可视化解读》，载《中国特殊教育》，2017(4)。

② 邓猛、苏慧：《质的研究范式与特殊教育研究：基于方法论的反思与倡议》，载《中国特殊教育》，2011(10)。

化研究相结合，通过两者的融合，取长补短，使研究不仅有可靠的证据，也能有对问题更加深刻的理解。同时，研究者要加强对研究方法的学习和了解，从而进一步提高研究的质量。

第三，创新研究技术，推进跨领域研究。特殊教育要发展需要不断融入新的血液，创新研究手段，提升研究水平。通过文献检索可知，我国特殊教育文献中对特殊群体的病因、诊断和干预的综述性文献多，而临床研究偏少；应用国外的量表和测试工具的多，原创性的少；理论借鉴和启示类的文献多，实践研究类的文献少。上述这些问题，显然不能满足我国特殊教育未来发展的需要。为了让特殊教育研究更好地服务社会，我们应重视多种研究方法和技术的综合应用。与此同时，各学科之间的交叉融合对推进特殊教育的发展也起着重要的作用。例如，神经科学正在影响教育学、心理学的发展，产生了神经教育学、神经心理学等前沿交叉研究领域。① 因此，特殊教育未来的发展可能向特殊儿童神经科学这一方向延伸，人们可以将它与神经科学相结合来研究特殊教育和特殊群体心理学。

第三节 国外特殊教育研究的发展

上一节我们围绕国内特殊教育研究主题与研究方法在 2010—2019 年的发展进行了分析，本节将主要关注国外特殊教育研究在 2010—2019 年的发展。本节选取特殊教育领域被社会科学索引杂志(Social Science Citation Index)收录的 4 个核心期刊《特殊性》(*Exceptionality*)、《特殊儿童》(*Exceptional Children*)、《特殊教育杂志》(*The Journal of Special Education*)、《英国特殊教育杂志》(*British Journal of Special Education*)于 2010—2019 年刊发的所有文献共 820 篇进行整理、分析，重点从研究主题和研究方法两方面探究 2010—2019 年国外特殊教育研究的发展趋势。选取上述四个杂志的标准是杂志的名称和刊用稿件的主题与方法不存在明显偏好，如《孤独症谱系障碍杂志》(*Journal of Autism Spectrum Disorders*)、《教师教育与特殊教育》(*Teacher Education and Special Education*)等，同时选择本领域认可度较大、影响因子较高的杂志，以期更准确地了解国外特殊教育研究的发展进程与趋势。下文将主要围绕国外特殊教

① 蒋强、孙时进、李成彦：《我国特殊教育发展现状的文献计量学分析——基于 2003—2012 年〈中国特殊教育〉载文》，载《中国特殊教育》，2013(10)。

育研究主题的发展以及研究方法的变化趋势来进行介绍。

一、研究主题的发展

研究主题是集中体现教育研究发展趋势的重要指标之一，对国外特殊教育研究主题的聚焦分析及对其发展趋势的探讨有助于研究人员整体把握国外特殊教育研究进展与发展趋势。通过对2010—2019年发表的819篇文献进行分析，我们发现国外特殊教育研究主题涉及特殊儿童的教育与发展、特殊教育教师以及家长参与等各个方面。下文主要围绕国外特殊教育研究中凸显的核心主题，分析各主题2010—2019年的发展历程。为从横向与纵向两个维度分析国外特殊教育研究核心主题的发展情况，下文主要从核心主题的分布情况、核心主题的变化情况、部分核心主题的聚焦以及针对不同障碍类别的核心主题聚焦四方面入手做简要介绍。

(一)研究主题的横向分布

由国外特殊教育研究主题的统计数据可知(表2-14)，国外特殊教育研究共包括“课程与教学”“学业表现”“干预”“融合教育”“转衔服务”“特殊教育教师”“家长参与”“政策法规”“特殊教育发展”这九大核心主题。

表2-14 国外特殊教育研究主题的统计

研究主题	课程与教学	学业表现	干预	融合教育	转衔服务	特殊教育教师	家长参与	政策法规	特殊教育发展	其他	合计
文献数量	191篇(23.3%)	46篇(5.6%)	229篇(28.0%)	110篇(13.4%)	42篇(5.1%)	50篇(6.1%)	34篇(4.2%)	20篇(2.4%)	45篇(5.5%)	52篇(6.3%)	819篇(100.0%)

其中，关于特殊儿童教育与发展的有“课程与教学”“学业表现”“干预”“融合教育”“转衔服务”这五大核心主题，分别占比23.3%，5.6%，28.0%，13.4%，5.1%，共占75.4%，这些也是国外特殊教育研究的重点内容。此外，国外学者也关注到了有关特殊儿童教育与发展的重要群体，关注特殊教育教师的发展和家长的参与，以及当地特殊教育政策法规的制定与特殊教育发展情况。不过“特殊教育教师”“家长参与”“政策法规”“特殊教育发展”这四大核心主题的占比分别为6.1%，4.2%，2.4%，5.5%，其比例之和仅为18.2%，其研究显著少于特殊儿童教育与发展方面的研究。另外，在余下的52篇(6.3%)非核心主题的文献中，涉及了特殊儿童的校园欺凌①、种族歧视②以

① Michael T. H., Sheri B., Charisse L. N., et al., “Comparative Study of Bullying Victimization Among Students in General and Special Education,” *Exceptional Children*, 2015, 81(2), pp. 176-193.

② John J. H. & Laurie U. deBettencourt., “Educating Culturally and Linguistically Diverse Exceptional Learners: The Need for Continued Advocacy,” *Exceptionality*, 2018, 26(3), pp. 176-189.

及针对某种疾病(羊痫风[①]、唐氏综合征[②])为公众提供特殊教育支持与服务等内容。

(二)研究主题的纵向变化

为了进一步明晰国外学者对不同核心主题的关注程度，以及2010—2019年国外特殊教育研究核心主题的发展趋势，特统计了各个核心主题每年的占比情况，并在每一年中按照各主题所占比例的多少进行排序，得出表2-15。

首先，从比例来看，各核心主题的研究数量占比是逐年变化的。例如，“课程与教学”这一主题在2010—2019年的占比分别为33.8%，26.5%，16.7%，30.0%，28.6%，21.7%，17.3%，26.5%，19.0%，14.0%，每一年的比例均不一样。然而，单从各核心主题每年的占比情况无法准确地把握它们在每一年中的实际受关注程度。例如，在2011年与2017年，“课程与教学”主题的占比均为26.5%，但在年度排名上，“课程与教学”在2011年排名第二，在2017年则排名第一。因此，在分析各研究主题的受关注程度时，我们需要综合考虑各核心主题的文献数量占比以及该比例的年度排名两方面内容。

表2-15　国外特殊教育研究核心主题的发展

年份	2010	2011	2012	2013	2014
核心主题	课程与教学(33.8%) 干预(23.4%) 其他(10.4%) 融合教育(9.1%) 政策法规(6.5%) 特殊教育发展(6.5%) 特殊教育教师(3.9%) 家长参与(3.9%) 学业表现(1.3%) 转衔服务(1.3%)	干预(36.1%) 课程与教学(26.5%) 融合教育(13.3%) 学业表现(4.8%) 转衔服务(4.8%) 其他(4.8%) 政策法规(3.6%) 特殊教育教师(3.6%) 家长参与(2.4%)	干预(27.4%) 课程与教学(16.7%) 融合教育(14.3%) 学业表现(14.3%) 转衔服务(8.3%) 其他(6.0%) 特殊教育教师(6.0%) 家长参与(2.4%) 政策法规(2.4%) 特殊教育发展(2.4%)	课程与教学(30.0%) 干预(25.0%) 融合教育(11.3%) 特殊教育教师(11.3%) 特殊教育发展(7.5%) 学业表现(3.8%) 转衔服务(3.8%) 家长参与(3.8%) 政策法规(2.5%) 其他(2.5%)	课程与教学(28.6%) 干预(26.2%) 融合教育(14.3%) 其他(11.9%) 转衔服务(4.8%) 学业表现(4.8%) 特殊教育教师(3.6%) 特殊教育发展(3.6%) 家长参与(1.2%) 政策法规(1.2%)

① Jillian R. & Cheryl W., “Caregivers of School Children with Epilepsy: Findings of a Phenomenological Study,” *British Journal of Special Education*, 2011, 38(4), pp. 169-177.

② Janet H. & Angela F., “Improving the Reading Skills of Young People with Duchenne Muscular Dystrophy in Preparation for Adulthood,” *British Journal of Special Education*, 2014, 41(2), pp. 172-190.

续表

年份	2015	2016	2017	2018	2019
核心主题	干预(31.3%) 课程与教学(21.7%) 融合教育(9.6%) 学业表现(7.2%) 特殊教育教师(7.2%) 转衔服务(6.0%) 家长参与(6.0%) 特殊教育发展(4.8%) 其他(4.8%) 政策法规(1.2%)	干预(27.2%) 融合教育(18.5%) 课程与教学(17.3%) 特殊教育教师(8.6%) 学业表现(7.4%) 家长参与(6.2%) 其他(6.2%) 转衔服务(6.2%) 特殊教育发展(2.5%)	课程与教学(26.5%) 干预(22.9%) 融合教育(9.6%) 特殊教育发展(9.6%) 家长参与(7.2%) 转衔服务(6.0%) 特殊教育教师(6.0%) 学业表现(4.8%) 政策法规(3.6%) 其他(3.6%)	干预(32.9%) 课程与教学(19.0%) 融合教育(10.1%) 其他(10.1%) 转衔服务(8.9%) 特殊教育发展(7.6%) 家长参与(5.1%) 学业表现(2.5%) 特殊教育教师(2.5%) 政策法规(1.3%)	干预(26.7%) 融合教育(23.3%) 课程与教学(14.0%) 特殊教育发展(10.5%) 特殊教育教师(8.1%) 学业表现(5.8%) 家长参与(3.5%) 其他(3.5%) 转衔服务(2.3%) 政策法规(2.3%)

整体看来，国外特殊教育研究学者在2010—2019年来持续关注的核心主题是特殊儿童教育与发展领域的“课程与教学”“干预”“融合教育”(十年的排名几乎总在前三)，而他们对其他核心主题的关注程度则呈阶段变化。对于前三位之外的其他核心主题来说，2010年，国外学者致力于特殊教育领域政策法规的制定；2011年开始关注特殊儿童的学业表现以及转衔服务；2013年开始关注特殊教育教师的发展并于之后3年持续关注“学业表现”“转衔服务”“特殊教育教师”这三大主题；2017年较为关注“家长参与”这一话题；2018年开始关注其他有特殊教育需要的儿童并为他们提供教育服务与支持；且后3年主要集中于对2010—2019年特殊教育发展历程进行总结。

(三)部分核心主题的聚焦

通过前文对九大核心主题的整体分析，我们得出了2010—2019年国外特殊教育研究核心的三大研究主题，即“课程与教学”“干预”“融合教育”。从2010—2019年涉及该三大研究主题的文献数量来看，“干预”的增长幅度最大，且文献数量也是最多的；“课程与教学”次之；而“融合教育”的增长幅度较前两者小，并于后两年受到了更多的关注(图2-2)。

另外，单从总体数据来看，这些研究主题的核心焦点并不明确。故为了进一步了解这三大研究主题在2010—2019年的研究焦点，下文将对这三大研究主题的子主题做进一步分析和说明。

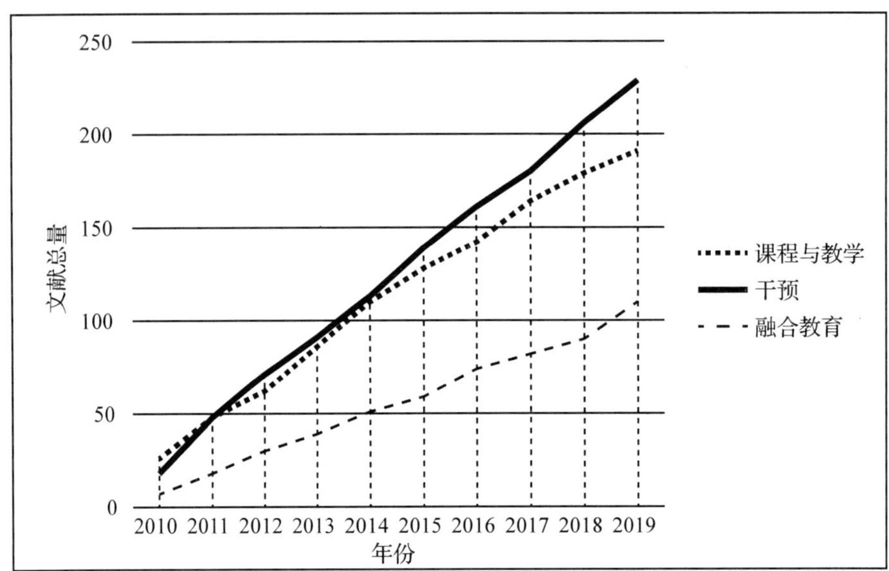

图 2-2　三大研究主题的文献数量变化趋势

1. 课程与教学

据统计，"课程与教学"主题主要包括课程、教学策略、教学辅助技术、教学评估四个方面，其中涉及教学策略与教学评估的研究最多(图 2-3)。在教学策略方面，主要包括小组指导(group instruction)①、同伴支持(peer support)②、个别化教学(individualized education program，IEP)③等教学形式以及阅读④、写作⑤、数学⑥等教学内容。另外，循证实践(evidence-based practice)⑦作为一种沟通理论与实践的教学研究方法，也受到了国外学者的广泛关注。在教学评估方面，有关于特殊儿童障碍类别与程度的诊断评估⑧，

---

① Elif T. I. & Bunyamin B.，"Small Group Instruction for Students with Autism：General Case Training and Obervational Learning，"*The Journal of Special Education*，2010，44(1)，pp. 50-63.

② Craig T.，Torbjörn F.，Kiah E.，et al.，"A Realist Evaluation of Peer Mentoring Support for University Students with Autism，"*British Journal of Special Education*，2018，45(4)，pp. 412-434.

③ Jennifer K. & Ann M. M.，"Individual Education Plan Goals and Services for Adolescents with Autism：Impact of Age And Educational Setting，"*The Journal of Special Education*，2010，44(3)，pp. 146-160.

④ Alison G. B.，Sharon V.，Janette K，et al.，"Collaborative Strategic Reading for Students with Learning Disabilities in Upper Elementary Classrooms，"*Exceptional Children*，2016，82(4)，pp. 409-427.

⑤ Lauren L. F.，Linda H. M. & Charles A. H.，"Improving Narrative Writing Skills of Secondary Students with Disabilities Using Strategy Instruction，"*Exceptionality*，2017，25(4)，pp. 217-234.

⑥ Brian A. B.，Xin M.，Linda G.，et al.，"Effects of Blended Instructional Models on Math Performance，"*Exceptional Children*，2014，80(4)，pp. 423-437.

⑦ Lindsay M. F.，Melissa A. C.，Daniel M. M.，et al.，"Is Performance Feedback for Educators an Evidence-Based Practice? A Systematic Review and Evaluation Based on Single-Case Research，"*Exceptional Children*，2015，81(2)，pp. 227-246.

⑧ Rachel K. H.，Jonathan M. C. & Lisa A. R.，"Considering Identification and Service Provision for Students with Autism Spectrum Disorders within the Context of Response to Intervention，"*Exceptionality*，2013，21(1)，pp. 34-50.

还有为了测试特殊儿童的学业表现的教学测验①，也涉及一些测试干预方法的效果评估(response to intervention)②。

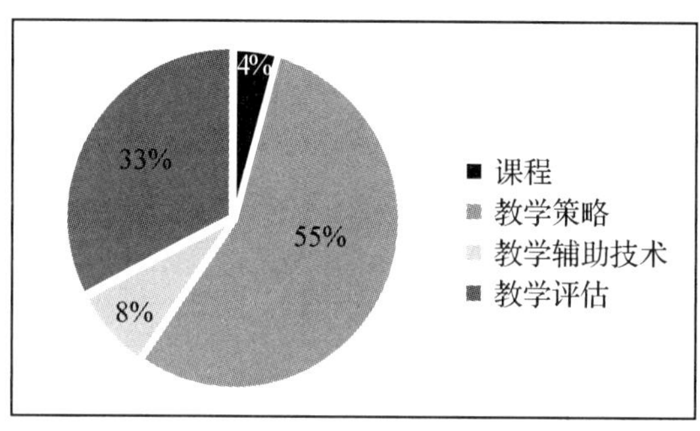

图 2-3 课程与教学

2. 干预

在特殊儿童的干预方面，国外的研究主要涉及阅读干预③、识字干预④、写作干预⑤、言语干预⑥、数学干预⑦、自我决策⑧、行为干预⑨、社会交往⑩等干预内容，且主要关注阅读干预、自我决策、行为干预这三大干预内容。由图 2-4 可知，近一半(占比之和为 44%)的干预研究针对特殊儿童的语言发展，其中阅读干预最多(占比

---

① Joseph J., Margaret S., Allen G. H., et al., "Curriculum-based Measurement of Reading Growth: Weekly Versus Intermittent Progress Monitoring," *Exceptional Children*, 2017, 84(1), pp. 42-54.

② Rebecca G. L. B., Cynthia O. V. & Zhen C., "Examining Response to Intervention Using a Framework of Best Practice from Early Childhood Special Education," *Exceptionality*, 2013, 21(1), pp. 51-67.

③ Julie B., Mariola M., Kendra B. N., et al., "Multilevel Analysis of Multiple-Baseline Data Evaluating Precision Teaching as an Intervention for Improving Fluency in Foundational Reading Skills for at Risk Readers," *Exceptionality*, 2018, 26(3), pp. 137-161.

④ Zhen C., Cynthia O. V. & Kevin M. A., "Using an iPad Application to Promote Early Literacy Development in Young Children With Disabilities," *The Journal of Special Education*, 2015, 48(4), pp. 268-278.

⑤ Shawn M. D., Richard M. K. & Linda H. M., "Effects of Sentence Instruction and Frequency Building to a Performance Criterion on Elementary-aged Students With Behavioral Concerns and EBD," *Exceptionality*, 2015, 23(1), pp. 34-53.

⑥ Mark P. M., "Facilitated Communication and IIs Legitimacy-twenty-first Century Developments," *Exceptionality*, 2010, 18(1), pp. 31-41.

⑦ Minyi S. D., Brian R. B. & Robin D., "The Impact of Tier 2 Mathematics Instruction on Second Graders with Mathematics Difficulties," *Exceptionality*, 2015, 23(2), pp. 124-145.

⑧ Michael L. W., Brian H. A., Dalun Z., et al., "Personal Self-Determination and Moderating Variables That Impact Efforts to Promote Self-Determination," *Exceptionality*, 2011, 19(1), pp. 19-30.

⑨ Timothy J. L., Stacey E. L., Jones, Robert H. H., et al., "School-wide Positive Behavior Support and Students with Emotional/Behavioral Disorders: Implications for Prevention, Identification and Intervention," *Exceptionality*, 2010, 18(2), pp. 82-93.

⑩ Goele B., Hilde C., Sip J. P., et al., "Quality of Reciprocated Friendships of Students with Special Educational Needs in Mainstream Seventh Grade," *Exceptionality*, 2015, 23(1), pp. 54-72.

22%)；其次，特殊儿童自我决策能力与问题行为的干预研究分别占比15%，13%，这说明这两大方面也受到了国外学者的格外关注；另外，数学干预、社会交往以及其他干预(如生活技能[①]、运动技能[②])也在干预研究中有所涉及，但从总体来看受到的关注较少。

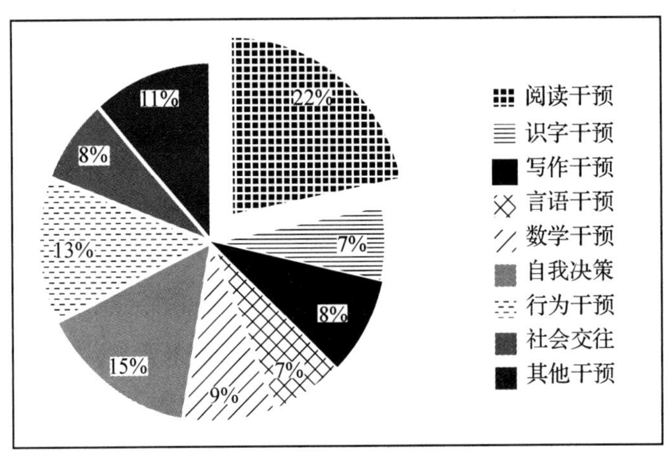

图 2-4　干预内容

3. 融合教育

“融合教育”是目前国内外特殊教育领域都较为关注的核心话题，其发展离不开公众对融合教育理念的认识与理解，也离不开为了满足特殊儿童的教育需要而在特殊学校或普通学校进行的融合教育实践。从国外关于“融合教育”这一主题的研究数据来看，其中约34%的研究主要探讨人们对特殊儿童的态度[③]以及如何消除人们对特殊儿童的偏见[④]，并会进一步为大众普及融合教育理念；另外约66%的研究则致力于融合教育理念的贯彻与实践，如为有特殊教育需要的儿童提供最少受限制的环境[⑤]，培训融合教

---

① Tessa S. W. & Mark W., "Evaluating the Effectiveness of Roadside Instruction in Teaching Youth with Visual Impairments Street Crossings," *The Journal of Special Education*, 2014, 48(1), pp. 46-58.

② Imogen J. A. & Emma R., "Barriers to Dance Training for Young People with Disabilities?" *British Journal of Special Education*, 2013, 40(2), pp. 80-85.

③ Bernadette C. & Kirstie M., "Comparing Children'S Attitudes Towards Disability," *British Journal of Special Education*, 2013, 40(3), pp. 124-129.

④ Katherine R. C., "Time to End the Bias Towards Inclusive Education?" *British Journal of Special Education*, 2011, 38(3), pp. 112-119.

⑤ Michael R., Angie S. & Jason M., "How to Determine the Least Restrictive Environment for Students with Disabilities," *Exceptionality*, 2010, 18(3), pp. 151-163.

育师资[①]，以及为融合班级设计融合课程[②]等(图 2-5)。

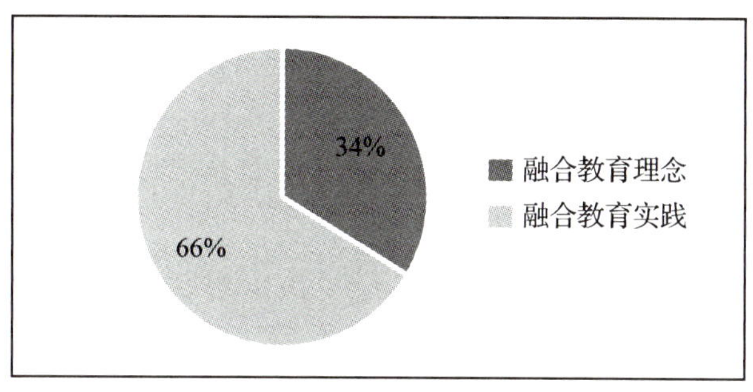

图 2-5　融合教育

(四)基于障碍类别的聚焦

特殊儿童的教育与干预是特殊教育领域的重点研究内容，上文已经分析了国外特殊儿童教育与干预的整体情况，为了进一步明晰国外对于不同障碍类别儿童的教学差异，下文将结合前文对核心研究主题的分析，从特殊儿童障碍类别的维度探讨国外各障碍类别特殊儿童的教育与干预情况，主要包括障碍类别的整体描述、各障碍类别特殊儿童的教育与干预两个部分。

1. 障碍类别的整体描述

由表 2-16 可知，国外特殊教育研究中涉及的特殊儿童障碍类别包括"视力障碍""听力障碍""孤独症谱系障碍""智力与发展障碍""学习障碍""情绪行为障碍"六大核心障碍。此外，在统计的文献数据中，也有少数涉及因某种疾病而需要特殊教育支持的特殊儿童[③]，以及一些需要接受特殊教育的天赋儿童[④]。2010—2019 年，在六大核心障碍类别中，国外探索的最多的是"孤独症谱系障碍"，占比为 35.0%，超过总数的 1/3；其次是"学习障碍""智力与发展障碍""情绪行为障碍"，分别占比为 20.7%，14.6%，12.6%。然而，国外关于"听力障碍"与"视力障碍"这两类障碍类别儿童的研究并不多，分别占比为 5.7%，4.9%。

纵向来看，2010 年的研究主要关注"孤独症谱系障碍"与"学习障碍"，分别占比

---

① Wendy S. & Neil H.，"The Deployment，Training and Teacher Relationships of Teaching Assistants Supporting Pupils with Autistic Spectrum Disorders (ASD) in Mainstream Secondary Schools，"*British Journal of Special Education*，2011，38(3)，pp. 112-119.

② Lisa M.，Margo A. M. & Thomas E. S.，"Curriculum Enhancements in Inclusive Secondary Social Studies Classrooms，"*Exceptionality*，2011，19(2)，pp. 61-74.

③ Jillian R. & Cheryl W.，"Caregivers of School Children with Epilepsy：Findings of a Phenomenological Study，"*British journal of Special Education*，2011，38(4)，pp. 169-177.

④ Anneliese C. B.，Sara E. T.，Kevin D. B.，et al.，"Gifted'n the' Hood：Gender and Giftedness as Predictors of Social Risk among Low-income Students，"*Exceptionality*，2018，26(3)，pp. 190-208.

38.9%，27.8%；2011 年，“学习障碍(28.6%)”的相关研究超过“孤独症谱系障碍(14.3%)”的相关研究，同时，“智力与发展障碍(28.6%)”也受到了更多的关注；2012 年，关于“孤独症谱系障碍”的研究再次增多，增至 39.1%，位居当年第一，与此同时，“情绪行为障碍(21.7%)”受到越来越多的关注；而在之后的几年中，“孤独症谱系障碍”儿童几乎是每年最受关注的教学与干预对象(除了在 2017 年低于“学习障碍”之外)，而“学习障碍”儿童、“智力与发展障碍”儿童与“情绪行为障碍”儿童的受关注程度也一直交替，并保持在前四位。至于“视力障碍”“听力障碍”“其他特殊需要”这三类障碍类别的特殊儿童，其受关注程度在 2010—2019 年都比较低，其中，“视力障碍”的相关研究主要集中于 2011—2014 年，“听力障碍”的相关研究主要集中于 2014—2017 年，而“其他特殊需要”的相关研究并未呈现集中趋势。

表 2-16　国外特殊儿童障碍类别的统计

年份	2010	2011	2012	2013
障碍类别	孤独症谱系障碍(38.9%) 学习障碍(27.8%) 情绪行为障(16.7%) 智力与发展障碍(11.1%) 其他特殊需要(5.6%)	学习障碍(28.6%) 智力发展障碍(28.6%) 孤独症谱系障碍(14.3%) 情绪行为障碍(9.5%) 其他特殊需要(9.5%) 视力障碍(4.8%) 听力障碍(4.8%)	孤独症谱系障碍(39.1%) 情绪行为障碍(21.7%) 智力与发展障碍(13.0%) 学习障碍(13.0%) 视力障碍(13.0%)	孤独症谱系障碍(33.3%) 学习障碍(29.2%) 智力与发展障碍(12.5%) 情绪行为障碍(8.3%) 其他特殊需要(8.3%) 视力障碍(4.2%) 听力障碍(4.2%)
年份	2014	2015	2016	2017
障碍类别	孤独症谱系障碍(32.4%) 情绪行为障碍(17.6%) 学习障碍(14.7%) 听力障碍(11.8%) 智力与发展障碍(11.8%) 视力障碍(8.8%) 其他特殊需要(2.9%)	孤独症谱系障碍(36.7%) 智力与发展障碍(16.7%) 学习障碍(16.7%) 情绪行为障碍(13.3%) 听力障碍(10.0%) 其他特殊需要(6.7%)	孤独症谱系障碍(45.2%) 智力与发展障碍(16.1%) 学习障碍(16.1%) 情绪行为障碍(9.7%) 视力障碍(6.5%) 听力障碍(3.2%) 其他特殊需要(3.2%)	学习障碍(26.3%) 孤独症谱系障碍(21.1%) 听力障碍(15.8%) 情绪行为障碍(15.8%) 智力与发展障碍(5.3%) 其他特殊需要(15.8%)
年份	2018	2019	2010—2019	
障碍类别	孤独症谱系障碍(40.9%) 学习障碍(22.7%) 智力与发展障碍(13.6%) 视力障碍(9.1%) 听力障碍(4.5%) 情绪行为障碍(4.5%) 其他特殊需要(4.5%)	孤独症谱系障碍(41.7%) 学习障碍(20.8%) 智力与发展障碍(16.7%) 其他特殊需要(12.5%) 情绪行为障碍(8.3%)	孤独症谱系障碍(35.0%) 学习障碍(20.7%) 智力与发展障碍(14.6%) 情绪行为障碍(12.6%) 其他特殊需要(6.5%) 听力障碍(5.7%) 视力障碍(4.9%)	

整体来看，2010—2019年国外对各障碍类别的研究数量在前5年呈上升趋势，在后5年呈下降趋势。“视觉障碍”“听觉障碍”“其他特殊需要”这三个类别的研究在每一年中几乎都是较少的，而关于“孤独症谱系障碍”儿童的研究在每一年中都是较多的，而剩下三个类别的研究文献的数量每年差别不大。由此可见，国外对特殊儿童的研究主要聚焦于“孤独症谱系障碍”与“智力与发展障碍”这两种障碍类别，关注“学习障碍”儿童与“情绪行为障碍”儿童，而对“视力障碍”与“听力障碍”这两种障碍类别的研究相对较少。

2. 各障碍类别特殊儿童的教育与干预

由于障碍类别不同，不同类别特殊儿童的教育与干预的内容和方式也存在较大差异，下文将结合前文内容具体分析国外特殊教育研究中“孤独症谱系障碍”“智力与发展障碍”“学习障碍”“情绪行为障碍”“视力障碍”“听力障碍”这六大障碍类别儿童的教育与干预情况。

(1)孤独症谱系障碍。据统计，国外对孤独症谱系障碍儿童的教育与干预主要涉及课程与教学、干预、融合教育、转衔服务以及评估鉴定五个方面。具体来看，课程与教学主题下的研究绝大部分针对教学策略展开，主要探索了小组指导①、同伴支持②以及个别化③几种教学形式。而对孤独症谱系障碍儿童的干预主要侧重于对其语言能力的提升④、问题行为的矫正⑤，以及自我管理能力⑥与社会交往能力的培养⑦。在孤独症谱系障碍儿童的融合教育方面，国外研究主要涉及融合教育学校的创立⑧、融合师资的培训⑨，

---

① Elif T. I. & Bunyamin B.，“Small Group Instruction for Students with Autism：General Case Training and Observational Learning，”*The Journal of Special Education*，2010，44(1)，pp. 50-63.

② Craig T.，Torbjörn F.，Kiah E.，et al.，“A Realist Evaluation of Peer Mentoring Support for University Students with Autism，”*British Journal of Special Education*，2018，45(4)，pp. 412-434.

③ Jennifer K. & Ann M. M.，“Individual Education Plan Goals and Services for Adolescents with Autism：Impact of Age and Educational Setting，”*The Journal of Special Education*，2010，44(3)，pp. 146-160.

④ Kathleen A. C.，“The Relationship Among Oral Language，Decoding Skills，and Reading Comprehension in Children with Autism，”*Exceptionality*，2014，22(3)，pp. 141-157.

⑤ Emma H.，Sheri K.，Jackie C.，et al.，“Using Behaviour Contracts to Decrease Antisocial Behaviour in Four Boys with an Autistic Spectrum Disorder at Home and at School，”*British Journal of Special Education*，2011，38(4)，pp. 201-208.

⑥ Patricia K. H. & Keith W. A.，“A Parent-Implemented，Technology-Mediated Approach to Increasing Self-Management Homework Skills in Middle School Students With Autism，”*Exceptionality*，2018，26(2)，pp. 119-136.

⑦ Howard G.，Kimberly C. & Naomi J. B. Schneider.，“A New Framework for Systematic Reviews：Application to Social Skills Interventions for Preschoolers with Autism，”*Exceptional Children*，2014，80(3)，pp. 264-288.

⑧ Keith M. & Sean S.，“Designed by the Pupils，for the Pupils：An Autism-Friendly School，”*British Journal of Special Education*，2017，43(4)，pp. 330-357.

⑨ Rebecca W. & Damian M.，“Reflections on the Value of Autistic Participation in a Tri-national Teacher-training Project Through Discourses of Acceptance，Othering and Power，”*British Journal of Special Education*，2018，45(2)，pp. 157-171.

以及融合教学的开展①等内容，而转衔服务则包括从小学到初中②、从初中到高中③，以及从学校到就业④等各个阶段的衔接。此外，在孤独症谱系障碍儿童的相关研究中，还涉及孤独症谱系障碍儿童的生活质量调查⑤、种族歧视对其生活的影响⑥等。

(2)智力与发展障碍。总体来看，国外学者在智力与发展障碍儿童的教育与干预方面所关注的干预方向与孤独症谱系障碍儿童的较为相似，均注重儿童的语言能力训练以及自我决策能力的培养⑦，并且也有较多的研究聚焦于智力与发展障碍儿童的融合教育和转衔问题。

(3)学习障碍。学习障碍是指排除了视觉障碍、听觉障碍或运动障碍、智力迟钝或情绪上的干扰，以及环境、文化、经济等不利因素之后，个体存在一个或多个基本心理过程紊乱，并在理解或者使用语言(口语、书面语)，或学习数学时，表现出不完美的听、想、说、读、写、拼以及计算能力，主要障碍类型包括知觉障碍、脑损伤、轻微脑功能障碍、诵读困难和发育性失语症等。⑧ 国外关于学习障碍儿童的研究主要集中于促进学习障碍儿童的语言发展与数学学习上，其中，语言发展涉及阅读干预⑨、识字干预⑩、写作干预⑪及言语干预⑫等内容，而数学学习板块的教育与干预主要是训练数学学习困

---

① Ryan B.，"'Why single me out?' Peer Mentoring，Autism and Inclusion in Mainstream Secondary Schools，"*British Journal of Special Education*，2016，43(3)，pp. 272-288.

② Rachel P. & Robert B.，"Parental Perspectives on the Transition to Secondary School for Students with Asperger Syndrome and High-functioning Autism：A Pilot Survey Study，"*British Journal of Special Education*，2016，43(1)，pp. 75-91.

③ Megan M. G.，Julie L. T.，Richard C. U.，et al.，"Involvement in Transition Planning Meetings Among High School Students With Autism Spectrum Disorders，"*The Journal of Special Education*，2014，47(4)，pp. 256-264.

④ Ewelina R.，"Destination unknown? Transition to Adulthood for People with Autism Spectrum Disorders，"*British Journal of Special Education*，2012，39(2)，pp. 87-93.

⑤ Tinneke M.，Herbert R.，"The Quality of Life of Siblings of Children with Autism Spectrum Disorder，"*Exceptional Children*，2011，78(1)，pp. 41-55.

⑥ Jason C. T.，Michael P. K.，Candace M.，et al.，"Racial Disparity in Administrative Autism Identification Across the United States During 2000 and 2007，"*The Journal of Special Education*，2014，48(3)，pp. 155-166.

⑦ Hill M. W.，Carl C.，Michael L. W.，et al.，"A Social-ecological Approach to Promote Self-determination，"*Exceptionality*，2011，19(1)，pp. 6-18.

⑧ Jennifer H. L. & Kristin S.，"Identifying Best Practice in a Shifting Landscape：Making Sense of RTI in the Context of SLD Identification，"*Exceptionality*，2013，21(1)，pp. 5-18.

⑨ Julie B.，Mariola M.，Kendra B. N.，et al.，"Multilevel Analysis of Multiple-baseline Data Evaluating Precision Teaching as an Intervention for Improving Fluency in Foundational Reading Skills for at Risk Readers，"*Exceptionality*，2018，26(3)，pp. 137-161.

⑩ Zhen C.，Cynthia O. V. & Kevin M. A.，"Using an iPad Application to Promote Early Literacy Development in Young Children with Disabilities，"*The Journal of Special Education*，2015，48(4)，pp. 268-278.

⑪ Shawn M. D.，Richard M. K. & Linda H. M.，"Effects of Sentence Instruction and Frequency Building to a Performance Criterion on Elementary-aged Students with Behavioral Concerns and EBD，"*Exceptionality*，2015，23(1)，pp. 34-53.

⑫ Mark P. M.，"Facilitated Communication and Its Legitimacy-twenty-first Century Developments，"*Exceptionality*，2010，18(1)，pp. 31-41.

难儿童的数学符号识别等基础数学能力和比例、测量等进阶数学能力。[①]

(4)情绪行为障碍。情绪行为障碍是指排除智力、感官与健康等因素后，个体无法与同龄人或教师建立并保持良好的人际关系，长期存在抑郁情绪与问题行为，以致影响其日常生活与社会参与。[②] 因此，国外对情绪行为障碍儿童的教育与干预也主要集中于语言发展、社会交往以及行为干预三个方面，尤其是在如何解决这类儿童在教学过程中的行为问题以及教师如何提供教学支持等方面做了较多研究。[③]

(5)视力障碍与听力障碍。2010—2019 年，国外涉及视力障碍与听力障碍这两大类别的研究总体较少。对视力障碍儿童的相关研究主要集中在该类儿童的干预方面，其干预内容主要涉及语言发展、空间技能、运动技能以及生活技能(如盲童过马路的训练[④])，其中关于空间技能的研究最多。另外，听力障碍儿童的相关研究则主要集中在该类儿童的语言发展与社会交往两个方面，但最为关注的是其语言能力的发展，教学与干预内容涉及识字、写作、手语等各方面内容。

整体来看，国外学者在对各类障碍儿童进行教育与干预时，基本上能从其障碍特征入手，着重解决其主要问题。例如，对孤独症谱系障碍儿童、智力与发展障碍儿童的教育与干预集中在语言能力的训练，以及自我决策能力与社会交往能力的培训上；对情绪行为障碍儿童的教育与干预主要集中在行为干预方面；对视力障碍儿童的教育与干预集中在空间技能的培养上；对听力障碍儿童的教育与干预主要集中在语言能力与社会交往能力的提升方面。

二、研究方法的发展

2010—2019 年，国外的特殊教育研究不断发展，而研究方法的使用与其研究发展有着紧密的联系。本部分内容旨在通过对国外特殊教育四大期刊上 2010—2019 年发表的文献所用的研究方法进行分析，总结国外特殊教育研究方法的发展情况。

---

① Asha K. J., Amy E. Lein, Soo-Hyun Im, et al., "Mathematical Interventions for Secondary Students with Learning Disabilities and Mathematics Difficulties: A Meta-Analysis," *Exceptional Children*, 2018, 84(2), pp. 177-196.

② Frank M. G., Katherine K. H., Emily P. C. et al., "Screening, Assessment, Treatment, and Outcome Evaluation of Behavioral Difficulties in an RTI Model," *Exceptionality*, 2013, 21(1), pp. 19-33.

③ Thomas W. F., Jill V. H., Robert A. P., et al., "Supporting Early Adolescent Learning and Social Strengths: Promoting Productive Contexts for Students at-risk for EBD during the Transition to Middle School," *Exceptionality*, 2010, 18(2), pp. 94-106.

④ Tessa S. W. & Mark W., "Evaluating the Effectiveness of Roadside Instruction in Teaching Youth with Visual Impairments Street Crossings," *The Journal of Special Education*, 2014, 48(1), pp. 46-58.

(一)研究方法的整体概况

在特殊教育领域，国外研究人员使用的研究方法和我国研究人员使用的研究方法有一些共同特点，同时也存在一些差异。按照上一节国内研究方法发展中所介绍的分类标准，本节也将从思辨研究、实证研究以及实践研究三个类别入手对国外研究方法进行分类。其中，思辨研究或者哲学研究主要使用文献研究法；实证研究包含量化研究和质性研究，量化研究主要包括实验法、问卷法、测量法、数据分析法，质性研究主要包括观察法、访谈法及作品分析法；实践研究主要包括行动研究和个案研究。① 由表 2-17 可知，实证方面的研究文献合计 577 篇，占所统计文献的 70.4%，而思辨研究与实践研究较少，分别占比为 26.5%，3.2%，这说明国外在研究方法的选择上尤其偏向实证研究，其次是思辨研究，而实践研究则较少涉及。结合国外特殊教育研究的核心研究主题来看，关于特殊儿童“干预”“课程与教学”方面的研究占比最多，这些研究一般需要采用实证的方法以检测干预或教学效果，从而可以解释国外偏重实证研究这一现象的原因。

表 2-17 国外特殊教育研究方法统计

年份	2010	2011	2012	2013	2014	2015	2016	2017	2018	2019	合计
思辨研究	34 (44.7%)	17 (20.5%)	14 (16.7%)	24 (29.6%)	21 (25.6%)	14 (16.7%)	16 (19.3%)	32 (38.6%)	24 (30.8%)	21 (24.4%)	217 (26.5%)
实证研究	39 (51.3%)	65 (78.3%)	69 (82.1%)	50 (61.7%)	58 (70.7%)	69 (82.1%)	63 (75.9%)	47 (56.6%)	54 (69.2%)	63 (73.3%)	577 (70.4%)
实践研究	3 (3.9%)	1 (1.2%)	1 (1.2%)	7 (8.6%)	3 (3.7%)	1 (1.2%)	4 (4.8%)	4 (4.8%)	0 (0.0%)	2 (2.3%)	26 (3.2%)
合计	76 (9.3%)	83 (10.1%)	84 (10.2%)	81 (9.9%)	82 (10.0%)	84 (10.2%)	83 (10.1%)	83 (10.1%)	78 (9.5%)	86 (10.5%)	820 (100.0%)

纵向来看(见图 2-6)，2010—2019 年国外采用这三大研究方法的研究的数量均呈现波动趋势，而且，思辨研究与实证研究的变化趋势刚好相反，即当思辨研究方法的使用量下降时，实证研究方法的使用量皆呈上升趋势。例如，国外思辨研究在 2010—2012 年、2013—2015 年以及 2017－2019 年这三个区间内皆呈下降趋势，而实证研究在这三个区间内皆呈上升趋势。若再结合前文中的核心研究主题来看，可发现在 2010 年、2013 年与 2017 年这三年，国外特殊教育研究中有较多关于“特殊教育发展”的主题，涉及这一主题的研究一般采用文献综述法进行研究。

---

① 刘良华:《教育研究方法》，3 页，上海，华东师范大学出版社，2014。

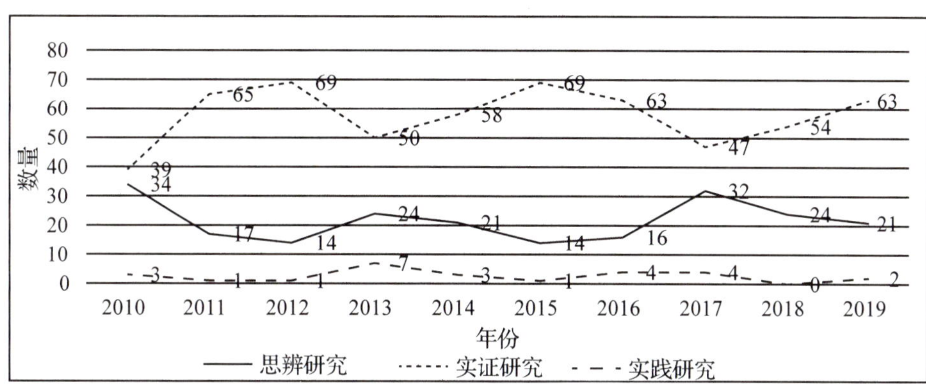

图 2-6　国外研究方法 2010—2019 年的发展趋势

整体来看，国外特殊教育研究中研究方法的使用与其研究主题在很大程度上是相对应的，研究者在关注国外特殊教育研究时，可结合这两个部分来观察。

（二）实证研究的具体分析

实证研究是国外研究者最常使用的研究方法，为了进一步了解国外学者对实证研究中的具体方法的使用情况，特对 2010—2019 年这十年来国外使用实证研究的文献进行更为具体的统计与分析（见表 2-18）。根据表 2-18 可知，国外研究者采用量化研究的研究数量为 71.3%，远多于采用质性研究（17.0%）和混合研究（11.8%）的研究数量，这与我国相似。

从 2010—2019 年的总数量来看，实证研究中最常使用的方法有量化研究维度下的实验法、数据分析法与问卷法，质性研究维度下的访谈法以及混合研究中的混合研究方法。由表 2-18 可知，在量化研究中，采用实验法的研究数量最多，总计有 215 篇，约占实证研究总量的 37.3%；其次，数据分析法和问卷法在量化研究中也较常被研究者采用，分别有 91 篇和 67 篇，约占实证研究总量的 15.8%和 11.6%，而采用测量法的文献仅占 6.6%，说明这种方法较少被研究者采用。在质性研究中，采用访谈法的研究数量最多，总计有 53 篇，约占总量的 9.2%，多于采用观察法、作品分析法以及其他质性研究方法的文献数量之和。最后，实证研究中使用混合研究方法的文献合计 68 篇，约占实证研究总量的 11.8%。文献的篇数总量为 577 篇。

表 2-18　实证研究具体方法的统计

量化研究（71.3%）				质性研究（17.0%）				混合研究（11.8%）
实验法	问卷法	测量法	数据分析法	观察法	访谈法	作品分析法	其他	混合研究方法
215 （37.3%）	67 （11.6%）	38 （6.6%）	91 （15.8%）	14 （2.4%）	53 （9.2%）	16 （2.8%）	15 （2.6%）	68 （11.8%）

结合各种具体研究方法在每个年份中的百分比与排名来看(见表 2-19)，实验法在每个年份中的使用量均排第一，而问卷法、混合研究方法以及数据分析法也多位于前四位，说明量化研究一直以来呈现出较稳定的发展趋势。另外，在 2018 年和 2019 年的数据中，采用访谈法的研究分别占比为 14.8%和 14.3%，均位居第三位，说明近年来在国外质性研究方法日益受到重视。

表 2-19　实证研究具体方法的发展

年份	2010	2011	2012	2013	2014
研究方法	实验法(38.5%) 问卷法(17.9%) 数据分析法(17.9%) 测量法(12.8%) 混合研究方法(5.1%) 观察法(2.6%) 访谈法(2.6%) 作品分析法(2.6%)	实验法(30.8%) 混合研究方法(18.5%) 数据分析法(16.9%) 问卷法(10.8%) 访谈法(10.8%) 测量法(3.1%) 观察法(7.7%) 其他(1.5%)	实验法(39.1%) 数据分析法(18.8%) 混合研究方法(8.7%) 问卷法(8.7%) 测量法(8.7%) 访谈法(8.7%) 观察法(2.9%) 其他(2.9%) 作品分析法(1.4%)	实验法(36.0%) 混合研究方法(20.0%) 测量法(12.0%) 访谈法(12.0%) 问卷法(10.0%) 数据分析法(8.0%) 作品分析法(2.0%)	实验法(44.8%) 数据分析法(13.8%) 访谈法(13.8%) 混合研究方法(8.6%) 测量法(8.6%) 问卷法(6.9%) 作品分析法(1.7%) 其他(1.7%)
年份	2015	2016	2017	2018	2019
研究方法	实验法(37.7%) 混合研究方法(18.8%) 问卷法(11.6%) 数据分析法(11.6%) 访谈法(5.8%) 作品分析法(5.8%) 测量法(4.3%) 其他(4.3%)	实验法(30.2%) 问卷法(14.3%) 混合研究方法(12.7%) 数据分析法(11.1%) 测量法(9.5%) 作品分析法(7.9%) 其他(7.9%) 访谈法(4.8%) 观察法(1.6%)	实验法(36.2%) 数据分析法(31.9%) 混合研究方法(10.6%) 问卷法(10.6%) 测量法(2.1%) 观察法(2.1%) 访谈法(2.1%) 作品分析法(2.1%) 其他(2.1%)	实验法(40.7%) 问卷法(14.8%) 访谈法(14.8%) 数据分析法(13.0%) 混合研究方法(5.6%) 作品分析法(3.7%) 其他(3.7%) 测量法(1.9%) 观察法(1.9%)	实验法(39.7%) 数据分析法(17.5%) 访谈法(14.3%) 混合研究方法(6.3%) 问卷法(12.7%) 测量法(4.8%) 观察法(4.8%)

为更加直观地呈现实证研究各具体研究方法的发展趋势，特绘制图 2-7 与图 2-8 分别展示三大实证研究方法的发展以及部分具体研究方法的变化趋势。由图 2-7 可知，国外三大实证研究方法均呈现出了阶段发展趋势，存在明显的上升期与下降期。其中，采用量化研究方法的文献数量存在三个上升期与两个下降期，即在第一个三年期(2010—2012 年)、第二个三年期(2013—2015 年)以及最后一个三年期(2017—2019 年)均呈现出了上涨趋势，而在 2012—2013 年与 2015—2017 年呈现出了下降趋势。而采

用质性研究方法的研究数量存在2010—2011年、2013—2016年、2017—2019年三个上升期，以及2011—2013年、2016—2017年两个下降期。采用混合研究方法的研究数量及变化趋势与两者大致相反，在前5年大体呈增长趋势，后5年大体呈下降趋势。

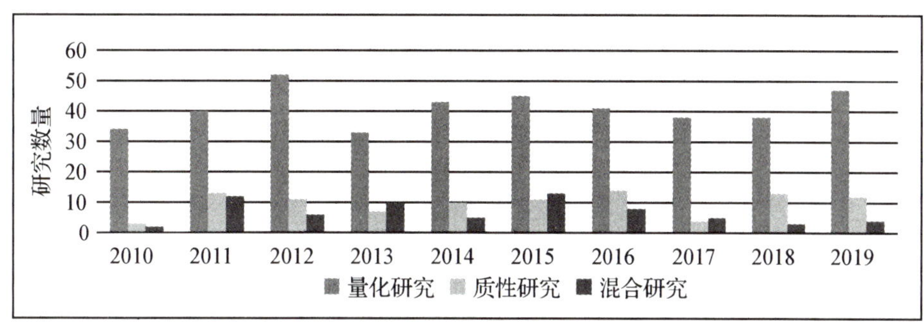

图 2-7　三大实证研究方法的发展

从具体的研究方法来看，由图2-8可知，在每一年度中，实验法的使用率均排第一位，其变化趋势与量化研究方法的趋势基本一致；在前3年与最后3年中，数据分析法被较多研究采用，2017年其使用率最高；而在中间的4年中使用较多的是问卷法、访谈法以及混合研究方法这三类非量化研究方法。

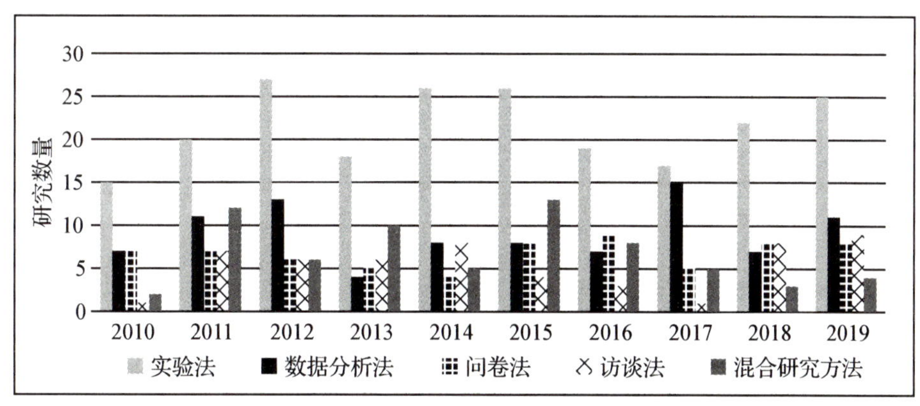

图 2-8　五大实证研究具体方法的发展

(三)实验法的特别聚焦

依据前文可知，国外特殊教育研究中实证主义的量化研究方法最为常用，其中，接近一半的研究采用了实验法。据统计，411篇采用量化研究的文献中有215篇均使用了实验法这一具体研究方法。下面将详细分析国外2010—2019年对实验法的使用情况。

教育实验研究根据被试的分组方式，可以分为单一个案、单组设计、多组对照以及随机配对等不同的实验设计类型；根据对被试的施测时间，也有前后测、后测以及多次测试等不同的实验设计方式。① 在国外的特殊教育研究中，研究者主要采用了单一个案设计②（single subject design）、单组前后测设计③（one-group pretest-post test trial）、单组时间序列设计④（a multiple baseline design）、多组对照设计⑤（pretest-post test control group design）以及随机对照组设计⑥（randomized controlled trial）这五种实验设计方法。

根据表 2-20 可知，国外学者在使用实验法时采用最多的实验设计类型是随机对照组设计，其研究数量占比为 29.8%，接近总数的 1/3。其次，单一个案设计与单组时间序列设计分别占比为 23.7%与 24.7%，也是被使用较多的设计方式，而单组前后测设计与多组对照设计的使用率较前三种较少，分别占比为 7.9%与 8.8%。

表 2-20　实验法的不同设计类型

设计类型	2010	2011	2012	2013	2014	2015	2016	2017	2018	2019	合计
单一个案设计	2	5	4	6	10	7	8	4	4	1	51 (23.7%)
单组前后测设计	2	1	2	0	3	3	2	1	1	2	17 (7.9%)
单组时间序列设计	4	5	11	7	3	7	4	1	5	6	53 (24.7%)
多组对照设计	0	4	4	1	4	1	0	1	3	1	19 (8.8%)
随机对照组设计	6	4	4	4	6	8	5	10	7	10	64 (29.8%)
其他类型	1	1	2	0	0	0	0	0	2	5	11 (5.1%)
合计	15 (7.0%)	20 (9.3%)	27 (12.6%)	18 (8.4%)	26 (12.1%)	26 (12.1%)	19 (8.8%)	17 (7.9%)	22 (10.2%)	25 (11.6%)	215 (100.0%)

① 杨小微：《教育研究方法》，85 页，北京，人民教育出版社，2005。

② Shawn M. D., Richard M. K. & Linda H. M., "Effects of Sentence Instruction and Frequency Building to a Performance Criterion on Elementary-aged Students with Behavioral Concerns and EBD," *Exceptionality*, 2015, 23(1), pp. 34-53。

③ Cynthia J. C., Michael H. E. & Lori S., "Preschool Behavioral and Emotional Rating Scale (PreBERS): Test-retest and Inter-rater Reliability for Children with Disabilities," *Exceptionality*, 2010, 18(2), pp. 58-69.

④ Kati L., Ockjean K. & Robert R., "Paraeducator-led Strategy Instruction for Struggling Writers," *Exceptionality*, 2012, 20(4), pp. 250-265.

⑤ Seungsoo Y. & Sohee P., "Developmental Differences in Curriculum-Based Measurement (CBM) Reading aloud Growth Rates between English-speaking Students and English Language Learners in Grade 8," *Exceptionality*, 2014, 22(2), pp. 91-110.

⑥ North C., "Examining the Underrepresentation of Asian Americans in Special Education: New Trends from California School Districts," *Exceptionality*, 2018, 26(1), pp. 1-19.

从实验设计的发展趋势来看，国外特殊教育实验研究在前3年中最常采用单组时间序列设计，中间4年热衷于采用单一个案设计，而最后3年则主要采用随机对照组设计。由此可见，国外研究者更倾向于使用像随机对照组设计这类简单易操作，能够有效控制误差，而且是较为经济的设计方式。①

(四)总结

根据前文对国外特殊教育研究方法的统计与分析，我们可以看出国外特殊教育研究方法的使用具有以下特点。第一，根据统计结果可知，国外特殊教育研究中使用实证研究方法的文献约占总量的3/4，且在最近几年也呈现出了上升趋势，可见，国外研究者更倾向于使用实证主义的思想来探索特殊教育问题。毕竟，教育现象与教育问题的复杂性与实践性决定了认识教育需要以实证研究为基本手段。② 第二，在实证主义的研究维度下，量化研究较质性研究受到了更多的关注，尤其是量化研究中的实验法，这说明国外研究者在解决教育问题时更愿意从实际出发，用数据去证实研究推论，用实验去验证研究假设。第三，质性研究的数量和比例虽然相对量化研究的较小，但总体也呈上升趋势，有利于特殊教育研究的深化与发展，这也是我国特殊教育研究者需要注意的方面，我们需要更加关注质性研究的发展，加强“质”与“量”的结合。第四，国外特殊教育研究中采用思辨研究与实践研究的文献数量较少，两者一共约占总量的1/4，且思辨研究在后3年也呈现出了下降趋势，或可表明国外研究者需要加强对特殊教育研究发展的总结与反思，从其实践研究的数量也可以看出，理论与实践的联系尚有不足，因此，我国在进行特殊教育问题研究时，要更加重视理论与实践的结合，以及对研究成果的反思与检验。

本章小结

了解特殊教育研究的发展，既有利于学科理论体系的建设，也对特殊教育工作者的实践活动具有较大的指导意义。国内外特殊教育研究在2010—2019年取得了较大的发展与进步，研究主题日益丰富，研究方法也逐渐多元。但比较而言，我国特殊教育研究在理论联系实际、“质”与“量”的结合、跨领域研究等方面还有待进一步发展，未来的特殊教育研究应针对以上不足之处做出进一步的改进与提升。

---

① Dakin H. & Gray A., “Economic Evaluation of Factorial Randomised Controlled Trials: Challenges, Methods and Recommendations,”*Statistics in Medicine*, 2017, 36(18), pp. 2814-2830.

② 吕洪波、郑金洲：《教育实证研究离我们还有多远?》，载《河北师范大学学报(教育科学版)》，2016，18(1)。

复习思考题

一、简答题

1. 根据布列钦卡的分类方法，可将教育研究方法分为哪几类?

2. 2010—2019 年国内外特殊教育研究的核心主题有哪些?

3. 简述 2010—2019 年国内外特殊教育研究方法的发展趋势。

二、论述题

1. 请思考一个你感兴趣的特殊教育研究问题，选择一个研究方法，并谈谈理由。

2. 联系实际，谈谈目前我国特殊教育研究尚存在的不足之处。试举例说明。

3. 结合国外特殊教育研究状况，并联系我国特殊教育发展现状，你能得出哪些启示?

本章阅读书目

1. 王培峰．特殊教育政策：正义及其局限．南京：南京大学出版社，2015.

2. 王晓柳，邱学青．特殊教育研究方法．南京：南京师范大学出版社，1998.

3. 杜晓新，宋永宁．特殊教育研究方法．2 版．北京：北京大学出版社，2015.

4. 雷江华．学前特殊儿童教育．武汉：华中师范大学出版社，2008.

5. 沃尔夫冈·布列钦卡．教育知识哲学．杨明全，宋时春，译．上海：华东师范大学出版社，2006.

6. 刘良华．教育研究方法．上海：华东师范大学出版社，2014.

7. 杨小微．教育研究方法．北京：人民教育出版社，2005.

8. Donna M. M. & John A. M. Research and evaluation methods in special education. Thousand Oaks：Sage，2003.

9. Richard R.，Ian G. Doing research in special education：Ideas into practice. New York：Routledge，2013.

10. Jennifer D. & Seamus H. Reviewing research in special education：Making the evidence work for practitioners. New York：Routledge，2013.

主要参考文献

[1]邓猛，苏慧．质的研究范式与特殊教育研究：基于方法论的反思与倡议[J]．中国特殊教育，2011(10)．

[2] 杜晓新．单一被试实验法在特殊教育研究中的应用[J]．中国特殊教育，2001(1)．

[3]侯洁，张茂聪．中国特殊教育研究发展现状与问题——基于 CNKI 学术期刊 2007—2016 年特殊教育主题文献的可视化解读[J]．中国特殊教育，2017(4)．

[4] 黄丽娇．聋校语言教学的社会文化模式探讨——基于第二语言习得理论的启示[J]．中国特殊教育，2013(12)．

[5]蒋强，孙时进，李成彦．我国特殊教育发展现状的文献计量学分析——基于 2003—2012 年《中国特殊教育》载文[J]．中国特殊教育，2013(10)．

[6] 雷江华．改革开放 40 年我国特殊教育重要进展与未来展望[J]．现代特殊教育，2019(23)．

[7] 雷雳，王雁．特教教师职业适应现状及与心理弹性关系的实证研究——基于 S 市特殊教育学校的调查[J]．中国特殊教育，2017(3)．

[8] 刘理阳，莫书亮，梁良，等．孤独症谱系障碍儿童面部表情识别障碍及临床干预[J]．中国特殊教育，2014(2)．

[9] 麻一青，孙颖．残疾人高等教育现状及发展对策[J]．中国特殊教育，2012(7)．

[10] 马兰花，石学云．2006 年～2013 年我国学习障碍研究热点领域分析[J]．中国特殊教育，2014(11)．

[11]韦小满，杨希洁．单一被试研究法在我国特殊教育研究中应用的回顾与前瞻[J]．中国特殊教育，2018(7)．

[12] 张洁华，朱剑平，吴筱雅．融合教育背景下上海市宝山区特殊教育医教结合管理机制的策略研究[J]．中国特殊教育，2016(1)．

[13]Craig T.，Torbjörn F.，Kiah E.，et al.，A realist evaluation of peer mentoring support for university students with autism：Peer mentoring at University[J]. British Journey of Special Education，2018，45(4).

[14]Elif T. I. & Bunyamin B. Small group instruction for students with autism：General case training and observational learning[J]. The Journal of

Special Education, 2010, 44(1).

[15]Emma H. , Sheri K. , Jackie C. , et al. , Using behaviour contracts to decrease antisocial behaviour in four boys with an autistic spectrum disorder at home and at school[J]. British Journal of Special Education, 2011, 38(4).

[16]Janet H. & Angela F. Improving the reading skills of young people with Duchenne muscular dystrophy in preparation for adulthood[J]. British Journal of Special Education, 2014, 41(2).

[17]Jennifer K. & Ann M. M. Individual education plan goals and services for adolescents with autism: Impact of age and educational setting[J]. The Journal of Special Education, 2010, 44(3).

[18]Jillian R. & Cheryl W. Caregivers of school children with epilepsy: Findings of a phenomenological study[J]. British Journal of Special Education, 2011, 38(4).

[19]John J. H. & Laurie U. deBettencourt. Educating culturally and linguistically diverse exceptional learners: The need for continued advocacy[J]. Exceptionality, 2018, 26(3).

[20] Kathleen A. C. The relationship among oral language, decoding skills, and reading comprehension in children with autism[J]. Exceptionality, 2014, 22(3).

[21] Michael T. H. , Sheri B. , Charisse L. N. , et al. , Comparative study of bullying victimization among students in general and special education [J]. Exceptional Children, 2015, 81(2).

[22] Patricia K. H. & Keith W. A. A parent-implemented, technology-mediated approach to increasing self-management homework skills in middle school students with autism[J]. Exceptionality, 2018, 26(2).

[23] Rumrill Jr P. D. , Cook B. G. , Stevenson N. A. Research in Special Education: Designs, Methods, and Applications[M]. Springfield: Charles Thomas Publisher, 2020.

第三章

特殊教育研究方法概观

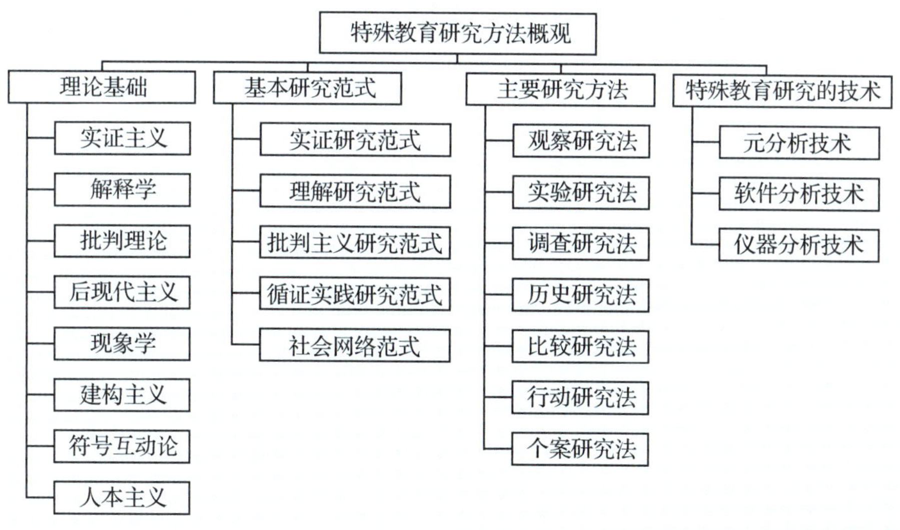

导　读

所谓方法，即为达到一定的目的而采取的途径、步骤和手段等。方法运用得当可使特殊教育研究事半功倍。特殊教育专业人员在长期的实践过程中虽然没有发现特殊教育学科独特的方法论，但较好地遵循了实证科学研究的精神与传统。社会科学共有的方法论、学术规范与具体的操作技术也是特殊教育学科所应遵循的。[①] 本章探讨的特殊教育研究方法源自教育研究方法，与它有共性，但也有自己的独特性。学习本章，重点是学习特殊教育主要的研究设计，这关乎学习者是否能正确地进行研究实践；难点是理解研究方法背后的不同理论基础。只有充分掌握了方法的理论基础，才能正确地在实践中运用。学完本章，你应该做到：(1)了解与区分特殊教育研究方法的理论基础；(2)掌握并会运用特殊教育研究的研究范式；(3)学会根据不同的研究需求采用不同的研究方法进行研究设计。(4)灵活使用教育技术完善特殊教育研究设计。

第一节 理论基础

特殊教育研究的理论基础是特殊教育学科发展的基石与指南，明确特殊教育研究的理论基础对特殊教育的发展至关重要。特殊教育学的理论基础一般包括哲学基础、心理学基础、康复学基础、教育学基础和社会学基础。[②] 为了促进特殊教育学科和特殊教育研究的发展，研究者需要明确特殊教育研究的理论基础。目前，从不同的视角出发，对于特殊教育研究的理论基础，研究者有不同的见解。这里主要介绍几种研究者和教育者普遍认同的理论基础。

一、实证主义

实证主义是特殊教育研究的理论基础之一，是古希腊以来西方哲学中的重要传统，

① 邓猛、苏慧：《质的研究范式与特殊教育研究：基于方法论的反思与倡议》，载《中国特殊教育》，2011(10)。

② 钱志亮：《谈盲校课程设置的理论基础——兼探索我国特殊教育学科的理论基础》，载《中国特殊教育》，1999(1)。

所以实证主义是一种哲学思潮。我们的所有学科可以说都是从哲学中产生的，因此，我们可以将哲学视为所有学科的理论基础，将实证主义视为特殊教育研究的理论基础符合历史和哲学的发展。17 世纪的欧洲实证主义开始散发光芒，18 世纪之后人们开始探讨唯理论与唯经验论，两者表面对立的背后隐藏着一种深刻的一致性，即对关于世界的偶然知识与关于永恒之物的必然知识的严格区分。① 实证主义的基本思想源于 17 世纪以来西欧哲学中一直存在的经验主义传统，同时实证主义思潮的兴起也与欧洲 18 世纪启蒙运动以及近代自然科学尤其是经典物理学的巨大成果有着密切的关系。② 实证主义主要有两种形式。一是以孔德为代表的 19 世纪的实证主义，通过寻求实证的知识，把人的认识从关于世界的神学的和形而上学的观念中解放出来，达到方法论上的统一，并使人们拥有“科学”的观念；二是 20 世纪的逻辑实证主义，这是第二代的实证主义，它把问题中心转变成考察用以描述和把握事情、事件事实的语言问题。③ 实证主义是强调感觉经验、排斥形而上学传统的哲学派别，尽管两种实证主义的形式各异，但均对特殊教育研究有所启发。第一，特殊教育研究不是空中楼阁，不应该完全从形而上学的角度出发，因此，研究者应在特殊教育研究中寻找实证的知识，通过对特殊教育现象进行观察、归纳完善知识的客观性，寻找科学定律。第二，语言是表述特殊教育研究的最直接的工具，通过语言，特殊教育研究的一切成果和成绩都能以最快的速度传播和分享出去，因此在特殊教育研究中要发挥语言的作用。

二、解释学

解释学是特殊教育研究的理论基础之一，是一种了解和解释理论、文本的哲学理论。解释学最初作为一个方法论分支出现在我们的视野中，在文艺复兴和宗教改革的影响之下，解释学逐渐发展成为一门以解释为核心的方法论学科，通过解释理论和文本来阐明问题，从理论与文本本身来看待理论与文本。自解释学发展以来，关于如何看待“理解”的问题，形成了传统解释学与现代解释学(哲学解释学)的分野。④ 一方面，传统解释学认为，意义或真理早已存在于文本里，是文本的作者已经赋予和给定的，读者可以越过时空的距离，去恢复文本固有的、不变的意义，即作者的原意。“理解与解释历史是对已失去的进行重建”。⑤ 正如在特殊教育研究中，如果研究者采用文本分析的方式进行研究的话，就应该寻找文本作者的原意和最真实的表达，减少因个人主

① 江怡：《什么是实证主义：对它的一种史前史考察》，载《云南大学学报(社会科学版)》，2003，2(5)。
② 陈时见、刘揖建：《比较教育研究范式的发展及其走向》，载《比较教育研究》，2006，27(6)。
③ 米俊绒、殷杰：《实证主义与社会科学》，载《科学技术与辩证法》，2008，25(3)。
④ 张增田、靳玉乐：《论解释学视域中的课程实施》，载《比较教育研究》，2004，25(6)。
⑤ 殷鼎：《理解的命运》，1 页，北京，生活·读书·新知三联书店，1988。

观臆断和情感介入产生的文本解释与翻译。特殊教育研究是一个不断求真、不断接近真理的过程，对文本或者研究本身固有的、不变的意义的探求符合研究求真的本质。另一方面，哲学解释学作为一门后起的现代哲学，是在对传统解释学进行反思和批判的基础上产生的。哲学解释学基于“人被抛掷到历史中”的立场，肯定了“前见”或“成见”在理解中的合法性。[①] 这意味着在特殊教育研究中要对形成的文本理解进行反思和批判，而不是故步自封。

三、批判理论

批判理论是特殊教育研究的理论基础之一，特殊教育研究中的批判，主要是指社会批判理论，它在理论上是指针对教育现象、教育理论、教育研究方法等问题进行的反思。[②] 社会批判理论思想家的共同追求在于：通过社会批判建构一种关于现代社会总体发展的历史哲学；立足于对现实趋势的批判分析，执着于未来社会的重建与解放。[③] 在本体论上，批判主义认为，现实存在着矛盾，矛盾使事物变化，形成否定之否定。实体是一种实现的过程，而不是事物的现实状态。在认识论上，批判主义强调主观论和互动的观点，也就是研究者和研究参与者之间是互动的、不可分割的，特别是需要站在研究参与者的角度去理解并排除虚假意识。在方法论上，批判主义强调对话与辩证的方式，强调通过对话的过程，对不公平和不正义的社会进行批判与再建构，并将它作为社会改革的源泉。批判理论对特殊教育研究的要求或启发如下。第一，特殊教育研究需要关注特殊教育现象、特殊教育理论、特殊教育研究方法，并且从理论上进行反思，用批判的眼光看待现象、理论和方法的发展，将批判性思维纳入反思过程，通过分析、评估、推论、说明、自我校准的方式达到反思的目的。第二，特殊教育研究要格外关注研究参与者视角，通过对话互动辩证地剖析特殊教育现象、问题，减少研究者的主观臆断和过度联想。同时，研究者要树立批判性思维、意识，培养批判性能力，敢于质疑已有的研究成果和研究方法等，走出特殊教育研究的常规定式，勇于尝试开展创新性研究。第三，关注特殊教育研究的现实趋势，通过对特殊教育现实的审视和批判，寻找特殊教育研究未来发展的策略，拓展特殊教育研究的视野并运用辩证思维进行理性思考。批判理论对特殊教育研究的发展与进步而言至关重要，只有辩证地去看，从多方寻求论证才能使特殊教育研究的发展不陷入盲目与故步自封的境地。

---

① 张增田、靳玉乐：《论解释学视域中的课程实施》，载《比较教育研究》，2004，25(6)。

② 叶飞：《批判思维与当前教育学研究的范式转换》，载《教育研究与实验》，2008(1)。

③ 李和佳、高兆明：《社会批判理论的范式演进：从福柯、哈贝马斯到霍耐特》，载《哲学研究》，2008(5)。

四、后现代主义

后现代主义是特殊教育研究的理论基础之一。“后现代主义”一词最早出现于1934年出版的费德里柯・德・奥尼斯的《1882—1923年西班牙、拉美诗选》中，是作者用来描述现代主义内部发生的逆动的词汇。[①] 后现代主义对现代性的批判主要表现在两个方面：一个是对自启蒙运动以来所形成的至高权威——“理性”进行的批判；另一个是对主张社会现实中存在着可被归为基本的、原则性的要素的“中心”的批判。[②] 后现代主义自发展以来，并没有形成明确的理论纲领，但存在着共有的理论特征。其一，后现代主义注重“解构”观念，如解构文本、意义、表征和符号，对文本的解释不仅包括作者自身的意图，同样也是读者的反应。文学中强调“一千个读者，一千个哈姆雷特”，同样对特殊教育研究文本的解读也存在不同的理解，这就是读者的反馈。后现代主义对解构观念的重视否定传统“普遍基础”的思维观念。其二，后现代主义注重“碎片化”，这是解构的本体论和理论体系，是指将完整的东西分解成诸多碎块，要求研究者在进行特殊教育研究的过程中，将特殊教育问题和特殊教育现象碎片化，以“庖丁解牛”的方式逐渐达到研究目的。其三，后现代主义强调“去中心”，在事实中引入多元性和不确定性。这一要求强调了在特殊教育研究中应以多元的角度思考特殊教育事实和问题，把握住问题和现象的不确定性。

五、现象学

特殊教育研究的现象学的理论基础是广义上的现象学。区别于胡塞尔现象学。现象学在20世纪获得了广泛传播，出现了“现象学运动”，现象学是人文思潮之一。现象学运动指的是“西方现代同研究、阐述和应用现象学哲学有关的学术思潮及学术活动的总称”，致力于回答“真理性认识如何可能”这一核心问题。[③] 第一，现象学的理论基础要求研究者有怀疑的态度，呈现在研究者视野中的现象是“纯粹”的现象，其特征是不稳定的。研究者需要通过特殊教育事实的表象获取真理性的认知，看到特殊教育事实的本质。第二，现象学的理论基础要求研究者看到现象与本质之间的联系，本质是现象的内在表现内容，现象是本质的外在表现形式，两者之间是共生的，不可割裂特殊教育现象看特殊教育本质，也不可割裂特殊教育本质而仅仅关注特殊教育现象。第三，

① 王治河：《后现代哲学思潮研究》(增补本)，3页，北京，北京大学出版社，2006。

② 李少奇：《后现代主义思潮影响下的大学生思想政治教育研究》，载《西南民族大学学报(人文社会科学版)》，2013(10)。

③ 程从柱、吴秋芬、周采：《当代中国教育学研究：广义现象学的认识论透视》，载《教育研究》，2013(5)。

现象学的理论基础要求研究者在考察特殊教育现象与本质的过程中，看到个别特殊教育现象的价值，从个别的特殊教育现象抽象到一般的特殊教育本质。第四，现象学的理论基础要求研究者注重发挥特殊教育情境和语言在特殊教育研究中的重要作用，以最直观的特殊教育情境和最直接的语言将特殊教育研究表述清楚。第五，现象学的理论基础要求研究者注重特殊教育研究与生活世界的联系。

六、建构主义

特殊教育研究的理论基础之一是建构主义。建构主义类似建筑的过程，是不断在原有基础上搭建知识的过程。建构主义兴起于 20 世纪 80 年代，自发展以来，形成了皮亚杰学派、维果茨基学派、社会建构主义学派和整体建构主义学派四个学派。从建构主义的形式来划分，建构主义可以分为个人建构主义、激进建构主义、社会建构主义、社会建构论、批判建构主义、语境建构主义六种形式。[①] 尽管各理论学派和理论形式在对建构主义的阐释上有所差异，但均在论述中强调了认知主体的主动性。在本体论上，建构主义持相对主义的态度，认为事实是多元的、建构的和整体的，而且会因人们知觉的改变而产生变化。在认识论上，建构主义主张交往互动，亦即研究者和研究参与者之间是互动且不可分割的；知识的形成和发展是经“协商”的过程而来的，知识的产生是为了“描述和了解”社会实践。在方法论上，有学者表示建构主义采用“诠释”的观点，使用非标准化的工具和质性方法研究现象；另外，反复、分析、批判、再反复、再分析等持续辩证的过程，引导研究者和研究参与者“共享建构”的产生，使知识得以有意义地延伸。[②] 在特殊教育研究中贯彻建构主义，研究者应基于原有的研究知识和经验生成研究意义，建构特殊教育研究理解的过程，这包括以下内容。第一，在社会文化的互动中完成特殊教育研究。任何研究、事业的发展都是处在社会文化的大环境之中的，如果特殊教育研究要符合社会发展的趋势，那么特殊教育研究就应该立足于与社会文化的互动，在互动中完成特殊教育研究。第二，发挥研究者的主动性。研究者可以采用探索法和发现法建构特殊教育知识的意义，主动收集并分析有关的信息和资料，建构未来知识和已有的知识、经验之间的联系去探究特殊教育研究，最终实现特殊教育意义的建构。

七、符号互动论

特殊教育的理论基础包含宏观和微观两个层面，符号互动论是特殊教育微观层面

---

① 罗英豪：《建构主义理论研究综述》，载《上海行政学院学报》，2006，7(5)。

② 钮文英：《质性研究方法与论文写作》，46 页，台北，双叶书廊有限公司，2014。

的理论基础，它出现于21世纪初期。符号互动论的核心是“符号”，它强调特殊教育人员之间能够通过制造和利用符号进行交往。符号互动论的主要观点包括：第一，个体的心理、自我和社会是一个不可分割的整体，是人际互动的过程；第二，语言是心理和自我形成的主要机制，尤其是自然语言；第三，社会过程的内化成为心理，是人的“自我互动”的过程；第四，个体在自我互动的过程中具有主动性；第五，个体自身对情境的定义影响个体的行为。①

在符号互动论基础上的特殊教育研究需要关注学校和课程的作用以及特殊儿童自我概念的成熟。首先，学校作为特殊儿童接受教育的重要场所，承担着特殊儿童社会化的功能，将学校纳入特殊教育研究中有利于促进特殊儿童的社会化，也能考察学校教育对特殊儿童的影响；并且教师作为学校教育的重要实施者，同样要纳入特殊教育研究。其次，课程是教师与特殊儿童产生互动关系的动态情境，将课程纳入特殊教育研究要求研究者看到课程与其他因素之间的互动关系，这可被称为一种动态的生态系统。最后，特殊儿童作为特殊教育研究的对象，在研究过程中需要突出对特殊儿童自我概念的探究与分析。

八、人本主义

“人本主义”一词来自拉丁文的“humanitas”，“humanitas”最早出现在古罗马作家西塞罗和格利乌斯的著作中，意思是指“人性”“人情”“万物之灵”。人本主义自发展以来，在不同的历史阶段往往有不同的理论形态和理论特色，基本上具有三方面的含义。第一，是将人本主义作为世界观和历史观来看待，主要通过人本观来解释世界的变化和社会历史的发展；第二，是将人本主义作为人本精神或人文精神，围绕人的理性和非理性来弘扬人文精神；第三，是把人本主义作为人生观和价值观来看待，倡导对人生价值目标的追求。② 人本主义理论是由美国心理学家马斯洛创立的，是美国当代心理学主要流派之一。人本主义强调个人的自我表现、个体的自主性、爱、个体的创造性、个体的责任感等重要的精神品质。在教学中，人本主义教学思想关注的不仅是教学中认知的发展，还关注教学中学生情感、兴趣、动机的发展规律，注重对学生内在心理世界的了解，以顺应学生的兴趣、需要、经验以及个性差异，从而开发学生的潜能，激发其认知与情感相互作用，重视创造力、认知、动机、情感等心理因素对行为的约束作用。在特殊教育研究中，研究者应该遵循人本主义的理论基础，强调“以人为本”“以儿童为中心”。研究中强调的伦理性原则同样符合人本主义的理论基础。

---

① 魏景：《对符号互动论的教育学反思》，载《内蒙古师范大学学报(教育科学版)》，2009，22(5)。

② 胡敏中：《论人本主义》，载《北京师范大学学报(社会科学版)》，1995(4)。

第二节 基本研究范式

科学范式是指在一定的时间范围内，能为研究者群体提供样板问题及其解决方案的普遍公认的科学成就。[①] 教育研究范式不是一成不变的，它在科学研究的进程中完善、发展，最终也可能会退出，并且个体对范式的诠释可能也会有所不同。[②] 已有学者对特殊教育研究范式进行了界定，有的研究者认为特殊教育研究范式是特殊教育研究共同体基于特殊教育研究传统和共同的学科信仰，遵循相同的思维方式，所拥有的独特的话语体系。[③] 还有研究者认为特殊教育研究范式指的是特殊教育研究者共同认可的教育信念、价值观点以及共同采用的研究方法和程序。[④] 本书借鉴已有研究者对特殊教育研究范式概念界定的共识，强调特殊教育研究范式是特殊教育研究者的共同思维准则和行为规范。在进行特殊教育研究时，研究者需要遵循对应的特殊教育研究范式。不同的研究者对特殊教育研究范式的分类不同，故特殊教育研究的基本范式也较多，这里主要阐述几种特殊教育研究中常用的基本范式，主要包括实证研究范式、理解研究范式、批判主义研究范式、循证实践研究范式以及社会网络范式。

一、实证研究范式

实证研究范式是实证主义在教育研究中的最佳实践成果，在教育研究中表现出了四个特点。其一，指教育活动的客观性、必然性和普遍性；其二，指实证研究范式是以自然科学的方法和程序，尤其是以量化方法来处理教育现象的；其三，指坚持教育研究中的价值中立；其四，指教育研究的任务是建立教育科学。[⑤]

在特殊教育研究中采用实证研究范式，这要求研究者遵从实证主义的基本理念和要求，在研究的各个阶段贯彻实证主义。首先，尊重特殊教育活动的客观存在，不主

---

① Thomas S. Kuhn, *The Structure of Scientific Revolutions*, (3rd edition), Chicago, University of Chicago Press, 1996, p. 10.

② 祝智庭、沈德梅：《基于大数据的教育技术研究新范式》，载《电化教育研究》，2013(10)。

③ 杨柳：《西方特殊教育研究范式及其发展走向》，载《教师教育学报》，2015，2(4)。

④ 王培峰：《特殊教育研究的范式与困境》，载《现代教育科学》，2011(6)。

⑤ 冯建军：《教育研究范式：从二元对立到多元整合》，载《教育理论与实践》，2003，23(10)。

观臆断任何特殊教育事实存在，对任何特殊教育现象和特殊教育问题的叙述与讨论都要从客观事实出发。其次，在研究过程中采用自然科学的方法和工具对特殊教育现象进行研究，通过量化的形式进行分析。再次，在特殊教育研究中，研究者减少自我的价值涉入和情感，尽量保持中立的价值观。研究者在采用实证研究范式的过程中尤其需要谨记此要求，这不仅是为了保证研究结果具有较高的信度和效度，也是对研究者专业素养的要求。最后，要在特殊教育研究中建立特殊教育科学，用大视野、大格局审视特殊教育研究的发展与进步。

目前，实证研究范式广泛运用在特殊教育研究领域，并且效果显著。例如，周念丽和方俊明采用了实证研究范式，探究了上海市的早期融合教育的发展，发现了早期融合教育体现了医教结合的思想，早期筛查、早期干预和早期教育三位一体，是需要多个部门相互配合以及全社会共同参与的系统工程。[①] 采用实证研究范式得到的这一结论有利于进一步推进医教结合的行政工作和融合教育的实践进程。又如，李欢与汪甜甜通过实证研究范式探究了我国残疾人高等教育区域布局的协调性，提出了促进残疾人高等教育的发展需要提升整体协调性、促进各省的多元发展，注重规模扩大与结构优化、质量的协同性等具体可行的建议。[②] 这也有利于促进我国越来越多的残疾人走向高等教育。在特殊教育研究中采用实证研究范式的事例不胜枚举，其成果也较多，这在一定程度上说明了实证研究范式被特殊教育研究者认可与接纳。在未来的特殊教育研究中，研究者需要不断探寻该研究范式的效用，促进特殊教育研究的发展与进步。

二、理解研究范式

理解研究范式即解释主义的研究范式，是相对于实证研究范式而产生和确立的。它继承了精神科学的传统，以解释主义为理论渊源，与实证主义相反，解释主义的研究范式强调其整体性。[③] 理解研究范式在教育研究中表现出了五个特点。其一，指教育活动是有目的、有意识的人为活动，具有主观性和价值性；其二，指理解研究范式把教育作为一个整体来看待，将各因素结合起来来考察教育现象，以揭示教育行为背后所蕴含的价值和意义；其三，指理解研究范式对教育研究中人种志的研究、质性研究、叙事研究、田野研究、现象学方法产生了重大影响；其四，指研究的主题在于教育行为所蕴含的生命意义，重视被研究者的生活史和环境对他们的影响，重视教育行为的

① 周念丽、方俊明：《医教结合背景下早期融合教育的实证研究》，载《上海教育科研》，2012(7)。
② 李欢、汪甜甜：《我国残疾人高等教育区域布局协调性的实证研究》，载《中国特殊教育》，2018(8)。
③ 冯建军：《西方教育研究范式的变革与发展趋向》，载《教育研究》，1998(1)。

个体性和情境性；其五，指理解研究范式更重要的教育目的在于了解和解释教育事实背后的意义。①

在特殊教育研究中采用理解研究范式，要求研究者遵从解释主义的基本理念和要求，在研究的各个阶段贯彻解释主义。首先，重视特殊教育活动的主观性和价值性，突出表现特殊教育研究对整个教育研究发展的重要价值和意义。特殊教育研究的存在不仅能带动特殊教育事业的发展，同样对整个教育的发展也有相应的贡献。其次，从整体上把握教育活动和教育事实，不仅关注特殊教育现象，而且通过特殊教育现象看到特殊教育的本质和意义。正如开展特殊教育研究是现象，但其本质也不仅仅是为了研究。再次，采用多种适合理解研究范式的研究类型进行特殊教育研究。例如，质性研究、叙事研究等，这些都是特殊教育研究中经常会用到的研究类型。最后，特殊教育研究的对象是特殊儿童，理解研究范式要求研究者关注特殊儿童教育行为背后蕴含的生命意义，从特殊儿童的生活、环境等多方面来考察教育现象和教育行为，探寻行为背后的真正意义。

从当前的特殊教育研究领域来看，理解研究范式也是研究者经常使用的范式之一，理解研究范式多运用在特殊教育质性研究和叙事研究中。例如，傅王倩、肖非以理解研究范式为基础，采用质性研究的方法考察了随班就读儿童的“回流”现象，另辟蹊径从普通学校层面切入分析了“回流”现象背后的深层原因。② 特殊儿童的教育回流现象是我国融合教育中长期存在的问题之一，他们通过解释和意义阐释的方式明确了问题存在的原因，便于人们在实践中减少或解决教育回流现象。又如，周敏、杨昌勇同样以理解研究范式为基础，采用叙事研究的方法分析了教师专业化发展的阶段与历程，说明了特殊教育教师要成为专家型教师需要具备和明确教育信念、专业知识、教学方法、教学规范、克服困难的意志以及引导学生的品质等。③ 这一研究结果也为促进特殊教育教师不断走向专业化提出了有效的建议，促进了特殊教育教师理论和实践方面的共同发展。综合当前丰富的研究结果来看，理解研究范式有利于更深入地探究特殊教育理论和特殊教育实践，能够促进当前的研究整体发展与完善，因此在特殊教育研究中研究者需重视该研究范式的价值，灵活使用理解研究范式。

三、批判主义研究范式

批判主义研究范式在教育研究中表现出了四个特点。其一，指对教育的研究需关

① 冯建军：《教育研究范式：从二元对立到多元整合》，载《教育理论与实践》，2003，23(10)。

② 傅王倩、肖非：《随班就读儿童回流现象的质性研究》，载《中国特殊教育》，2016(3)。

③ 周敏、杨昌勇：《一位特殊教育专家型教师成长的叙事研究》，载《教育学术月刊》，2017(5)。

注教育过程自身和它与社会关系的整体性；其二，指教育研究注意的是教育事实背后的意义，并且要以社会冲突为基本线索来考察教育现象；其三，指教育研究的任务是促进教育者和学习者解放思想；其四，指在研究方法上以辩证法统合解释和理解、量化和质性研究。①

在特殊教育研究中采用批判主义研究范式，这要求研究者遵从批判主义的基本理念和要求，在研究的各个阶段贯彻批判主义。首先，关注并重视特殊教育的整个过程以及特殊教育与社会的联系。特殊教育学科是教育学的分支，是教育中的重要一环，是教育事业与社会事业的一部分，教育事业与社会政治、经济、文化等密切相关，与社会之间是紧密相连的。因此，在教育研究中，不应该将特殊教育研究割裂出来来看待，而是应该将特殊教育置身于社会的大背景下整体把握特殊教育。其次，特殊教育研究应该聚焦于特殊教育事实所产生的意义，考察特殊教育现象不是单独从教育的角度去思考，而是要将特殊教育事实放入社会冲突的巨大网络中。再次，批判主义研究范式阐明教育的目的是培养学习者解放思想，那么在特殊教育研究中，一切研究都应注重对特殊儿童或被研究者的意识的培养，从精神层面培养特殊儿童。最后，在特殊教育研究中要综合运用多种研究方法或研究类型，以辩证法为核心，其他研究方法共用，形成一核多元的研究方法系统。

四、循证实践研究范式

循证实践(evidence-based practice，EBP)，亦被称为“基于证据的实践”或“证据本位的实践”。目前，循证实践已成为社会学、心理学和教育学等领域中干预和服务的“黄金标准”。在特殊教育领域，包括美国特殊儿童委员会(Council for Exceptional Children，CEC)在内的权威机构均已认识到遵循科学证据来进行决策的紧迫感，相关法律法规甚至对特殊教育领域实施循证实践做了明确规定。② 循证实践主张把最佳研究证据纳入实践视野，这有利于平衡研究者的研究和实践者个人经验对实践的影响；循证实践也成为解决研究与实践脱节的问题的重要路径。③ 循证实践研究范式的基本过程包括问题形成、寻找当前最佳证据、证据评价、调增和运用证据以及结果评价。

在特殊教育研究中采用循证实践研究范式，要求研究者遵从循证实践的基本理念和要求，在研究的各个阶段贯彻循证实践。研究者需统合特殊教育研究与实践的联系，从特殊教育实践的角度衡量与考察特殊教育研究，从特殊教育研究的角度思索和判断

---

① 冯建军：《西方教育研究范式的变革与发展趋向》，载《教育研究》，1998(1)。

② 王波、肖非：《特殊教育的循证实践取向》，载《中国特殊教育》，2013(8)。

③ Chwalisz K.，“Evidence-Based Practice：A Framework for Twenty-First-Century Scientist-Practitioner Training，”*Counseling Psychologist*，2003，31(31)，pp. 497-528.

特殊教育实践，防止特殊教育实践与特殊教育研究脱节。以往的观点常常会将特殊教育研究与特殊教育实践割裂开来，认为特殊教育研究高于实践，特殊教育研究无法在实践中得到证明。很显然这些观念存在的可能原因是人们未看到特殊教育研究的价值，认为特殊教育是束之高阁的事物，这也是为何循证实践研究范式会越来越被推崇。我们强调特殊教育研究与特殊教育实践是共生且不可分离的，因此在研究过程中，研究者要时刻将特殊教育研究放入特殊教育实践中加以考察。

目前，我国特殊教育研究中采用循证实践研究范式的研究相对来说不多，但从世界范围来看，国际特殊教育循证研究已经相对比较普遍。李欢、杨赛男通过软件分析的方式发现，国际特殊教育循证研究的热点主要集中在孤独症、智力障碍、学习障碍以及口吃的循证干预四个领域，相关研究成果有利于指导我国特殊教育理论和实践的发展，未来我国特殊教育循证研究需要提出循证标准，在教育决策中纳入循证理念以及加强特殊教育实证研究。① 在我国特殊教育研究中，循证实践研究范式的研究成果相对较少的原因之一是设立循证实践标准存在困难。傅王倩、黄晓磊等人认为标准的设立面对着特殊教育人文性与技术性的争论、标准设立是否合理以及循证实践标准在教育实践中的效用问题三大困境，只有解决了这三大困境，才能真正提升特殊教育实践的有效性。② 为此，在未来的特殊教育研究中，研究者应致力于推广循证实践研究范式，从而提升特殊教育实践的有效性，并且推动特殊教育研究的发展。

五、社会网络范式

社会网络范式是特殊教育研究范式中相对新颖的范式，该范式是在融合教育的大背景下产生的。社会网络范式是从社会学的视角出发建构的特殊教育研究范式，强调用社会结构特征分析个体社会行为和制度的形成与演变机制。③ 社会网络范式的特征表现为：社会关系的结构特征要比社会成员的心理、生理属性更有解释力；人类的态度和行为规范是社会网络位置影响的结果，应通过网络结构提供限制或机会，而不是用假定的内在驱力来解释个体行为；社会网络为成员提供接近和获得其他资源的机会，社会网络结构影响网络资源的传递与分配。④ 社会网络的理论视角包括关系强度理论、

---

① 李欢、杨赛男：《国际特殊教育循证研究的热点领域分析——基于 SSCI 10 种特殊教育期刊近 10 年文献计量分析》，载《比较教育研究》，2016，38(11)。

② 傅王倩、黄晓磊、肖非：《特殊教育中循证实践标准设立的困境与应对》，载《比较教育研究》，2018，40(7)。

③ 靳小怡、任义科、杜海峰：《农民工社会网络与观念变迁》，31 页，北京，社会科学文献出版社，2014。

④ 张文宏：《社会网络分析的范式特征：兼论网络结构观与地位结构观的联系和区别》，载《江海学刊》，2007(5)。

嵌入性理论、社会资本理论。① 社会网络范式对特殊教育研究范式的转型具有重要意义，它扩展了特殊教育研究的理论视角，创新了特殊教育研究的方法，丰富了特殊教育研究的内容。② 在未来的特殊教育研究中，研究者可以广泛地利用社会网络范式分析特殊教育问题。

第三节 主要研究方法

整体看来，适用于教育研究的研究方法基本上都适用于特殊教育研究。在我国，部分学者认为教育研究的方法主要包括观察法、文献法、测验法、调查法、统计法、图表法、历史法、比较法、分析法和综合法、归纳法和演绎法、实验法、个案法。③ 当前在特殊教育研究中，单一被试的研究方法被广泛运用，因此，这里主要简述观察研究法、实验研究法、调查研究法、历史研究法、比较研究法、行动研究法、个案研究法七种常用的研究方法。其中在实验研究法部分将重点介绍实验研究法的一般逻辑和单一被试实验研究逻辑。

一、观察研究法

观察研究法是教育者凭借自身的感觉器官和其他辅助工具，在教育活动的自然状态下对研究对象进行有目的、有计划的考察与研究的方法。在教育研究中，观察研究法一般可分为两种：一种被称为实验观察法；另一种被称为参与观察法，也称自然观察法。④ 实验观察法是在对观察的情境做实验控制的条件下，观察其结果。参与观察法是研究对象在自然状态下，研究者参与某一情境进行的观察。观察研究法具有自然性、客观性和直接性。根据观察记录方式的不同，观察研究法可以分为三类：描述性观察法、取样观察法、评价观察法。在特殊教育研究中，运用观察研究法的基本程序包括

---

① 皮悦明、王庭照：《融合教育背景下我国特殊教育研究的范式及其转型——兼论社会网络范式》，载《中国特殊教育》，2018(12)。

② 皮悦明、王庭照：《融合教育背景下我国特殊教育研究的范式及其转型——兼论社会网络范式》，载《中国特殊教育》，2018(12)。

③ 张济正：《学校管理学导论》(修订本)，33页，上海，华东师范大学出版社，1990。

④ 张艳：《中小学教师怎样进行课题研究(六)——教育科研方法之教育观察法》，载《教育理论与实践》，2008(6)。

明确观察的目的，制订观察计划与方案，实施观察，记录并收集资料，整理、分析观察资料。运用观察研究法应注意：选择最佳观察位置，善于抓住观察对象的偶然的或特殊的反应，注意观察与分析相结合，坚持观察的客观性，做好观察前的准备工作。观察研究法多在自然情境中开展，要求简单易行，程序清晰易懂，对特殊儿童的干预及影响程度较低，并且研究者在使用其他研究方法之前总会不自觉地先使用观察研究法观察研究对象。因而观察研究法得以在特殊教育研究中广泛使用。

作为最基本的研究方法之一，观察研究法贯穿于多数研究中。通常来看，观察研究法一般会与其他研究方法结合使用。例如，张福娟、苏雪云在收集特殊儿童个案研究资料的过程中，通过综合使用观察研究法、访谈法和档案资料法来保证研究资料的多样性和有效性，并且这在个案研究中也是比较常见的。① 不可否认，单独使用观察研究法同样能获取丰富的资料，得出严谨的研究结论。例如，谢婧使用观察研究法，通过长期的观察记录探究了随班就读学生在语文课堂中的非学习性行为。② 这一研究也说明了观察研究法适用于课堂教育教学。

二、实验研究法

(一)一般实验研究法

实验研究法是科学研究的基本方法之一，其根本特点是在高度控制的环境中，通过操作因素来研究变量之间的因果关系。③ 教育实验研究法有五个主要特点：其一，实验者与教育者合二为一；其二，教育实验的被试是一定群体的学生，进行教育实验不能损害学生的身心健康；其三，教育实验的场景不是专门的实验室，因此教育实验不如实验室实验那样精确、严密；其四，教育实验要确认教育现象之间的因果联系；其五，教育实验的周期较长。④ 一项成功的教育实验应当准确地把握以下三个要素，即操纵自变量、观测因变量、控制无关变量。教育实验研究法的一般步骤和其他教育研究方法的步骤大致相同，包括选题、制定实验方案、实施实验、撰写实验报告。运用教育实验研究法应遵循以下五个要求：第一，实验设计要符合基本的道德规范；第二，必须提出实验假设；第三，确定实验的自变量，严格控制无关变量；第四，教育实验需反复进行；第五，实验研究法应与其他研究方法综合应用。实验研究法因其信度和

---

① 张福娟、苏雪云：《特殊儿童个案研究资料收集的方法》，载《心理科学》，2001，24(6)。

② 谢婧：《关于随班就读学生语文课堂非学习性行为的观察研究》，载《小学教学研究》，2017(5)。

③ 肖晞、王琳：《国际关系研究中的实验法》，载《国际观察》，2017(2)。

④ 贾霞萍：《中小学教师怎样进行课题研究(四)——教育科研方法之教育实验研究法》，载《教育理论与实践》，2008(4)。

效度比较高、控制程度良好等优点，在特殊教育研究领域中被广泛使用。

在特殊教育研究中，运用实验研究法的研究结果较多。例如，雷江华、宫慧娜等人利用实验研究法探究了听觉辅助在聋校听障学生汉语唇读理解中的作用，表明了听障学生的汉语唇读理解能力受语言级别、听觉辅助影响明显。① 这也启示教育者和相关工作者在听障学生的语言训练与课堂教学过程中关注语言级别及听觉辅助对听障儿童的影响，这也进一步促进了特殊教育实践的发展。又如，郭文斌为了探究不同教学模式对特殊教育概论课程的教学效果的影响，也为后继特殊教育概论课程课堂教学改革提供先期的研究支持，同样采用了实验研究法进行了探究。② 以上研究成果说明了实验研究法在特殊教育研究中效用明显。

（二）单一被试实验研究法

单一被试实验（single subject experiment）研究法指的是用一个或少数几个被试开展实验研究的方法。它强调用科学的方法，对不同数量的研究对象进行连续性测量，以建构自变量与因变量的因果关系。③ 由于特殊教育研究的样本容量小，被试异质性高，并大量应用以操作性条件反射为理论基础的行为矫正策略，故单一被试与小样本实验设计是一个重要的研究方法。④ 单一被试实验研究法非常适合用来研究特殊儿童，尤其是在评价特殊儿童干预效果是否有效方面。⑤ 对于使用实验研究法进行单一被试研究的设计，克雷格和梅茨（J. R. Craig & L. P. Metze）⑥在《心理学研究方法》中，由简到繁提出了以下几种类型及模式：A—B设计、A—B—A设计、A—B—A—B设计、A—B—A—B—A—B设计、A—B—C—B设计、多基线设计。单一被试实验的发展与运用受两个因素限制：一是其效度；二是如何对其实验结果做出主观判断，从而明确定量分析的问题。因此单一被试实验在实施中应注意提高数据的可靠性、判断极限数据的适当性、确定多重极限实验设计研究对象的原则等问题。⑦

单一被试适用于特殊教育研究，尤其对特殊儿童的干预效果最佳。在应用单一被试方法评价干预效果时应注意：第一，要适当扩大样本容量以提高评价结论的信度；第二，如果干预的目标行为具有可逆性，最好选用A—B—A—B设计以提高评估结论

---

① 雷江华、宫慧娜、贾玲等：《听觉辅助在听障学生汉语唇读理解中的作用》，载《中国特殊教育》，2017（10）。

② 郭文斌：《特殊教育概论课程中PBL+EMB+CBL教学效果之实验研究》，载《高教探索》，2016（9）。

③ 杜晓新：《单一被试实验与元分析技术》，载《心理科学》，2003（6）。

④ 方俊明：《特殊教育学》，526页，北京，人民教育出版社，2005。

⑤ 韦小满、刘宇洁、杨希洁：《单一被试实验法在特殊儿童干预效果评价中的应用》，载《中国特殊教育》，2014（4）。

⑥ 周谦：《心理科学方法学》，341～347页，北京，中国科学技术出版社，1994。

⑦ 杜晓新：《单一被试实验法在特殊教育研究中的应用》，载《中国特殊教育》，2001（1）。

的内部效度；第三，如果干预的目标行为不具有可逆性，最好选用多基线设计以提高评价结论的外部效度；第四，在实验后期增加一个追踪期以便检验干预效果的稳定性和持久性。① 研究中应尽量减少这些不利因素的影响，这样才能在一定程度上获得最有效的研究结果。近几年来，在特殊教育研究中，人们对单一被试实验研究法的关注度越来越高，研究成果也越来越多。例如，张朝、方俊明采用单一被试的方式对孤独症儿童进行听觉统合治疗，证明了听觉统合治疗在孤独症儿童的近期治疗中是有效果的。② 单一被试不仅实现了研究的目的，而且更重要的是通过翻译被试的方式也能达到干预、康复的目标，这也在一定程度上增加了单一被试的使用率。

三、调查研究法

调查研究法指的是特殊教育研究者为了深入了解特殊教育实际情况，研究其中的现象和问题，探索特殊教育规律而采用的系统步骤和方法。其一般程序可以分为三个阶段，即准备阶段、实施阶段和总结阶段。③ 准备阶段即设计调查方案，包括选定调查课题、明确调查目的、确定调查内容、选择调查方法、抽取调查样本、安排调查步骤和时间、进行预测性调查七项内容。实施阶段即调查、收集资料的阶段，在实施调查时要注意严格执行指导语，要忠于事实，要深入细致。总结阶段即结果的分析、整理与呈现阶段，需注意检查、汇总、分析及撰写调查报告。常用的两种教育调查研究法主要包括问卷调查法、访谈调查法。调查研究法是特殊教育研究中普遍使用的研究方法之一，人们经常使用问卷调查法与访谈调查法来达到研究目的，并且很多时候常常会将两种方法结合起来使用，通过问卷获取大量的资料和数据，然后以访谈补充问卷问题的深度，从而弥补单一方式存在的不足。

在特殊教育研究中，通常通过调查研究法获取大量的数据。例如，为了解医教结合试验区的建设情况，马珍珍、陈东珍等人采用自编问卷对上海所有区县医教结合工作的制度建设、工作情况、队伍建设、保障系统等多方面进行了调查。④ 又如，为了解国内特殊教育教师职业素养的现状，张茂林、王辉利用调查研究法对全国东部、中部、西部三大地区 110 所特殊教育学校的 2 215 名教师进行了调查。⑤ 通过调查，研究者可

---

① 韦小满、刘宇洁、杨希洁：《单一被试实验法在特殊儿童干预效果评价中的应用》，载《中国特殊教育》，2014(4)。

② 张朝、方俊明：《听觉统合治疗自闭症儿童的单一被试研究》，载《中国妇幼保健》，2012，27(2)。

③ 岳亮萍：《中小学教师怎样进行课题研究(三)——教育科研方法之教育调查研究法》，载《教育理论与实践》，2008(3)。

④ 马珍珍、陈东珍、蔡蓓瑛等：《上海市特殊教育医教结合工作情况的现状调研》，载《中国特殊教育》，2012(4)。

⑤ 张茂林、王辉：《国内特殊教育教师职业素质现况调查与分析》，载《中国特殊教育》，2015(7)。

以对研究对象有全面的了解，对进一步的决策和实践都具有一定的指导意义。

四、历史研究法

历史研究法的目的在于通过研究、解释与分析过去所发生的现象，了解历史事件的因果关系及脉络，进而了解现在并预测未来；在教育研究中，人们以历史研究法来研究教育现象与问题，探索与揭示教育的发展规律。[①] 在教育研究中，运用历史研究法需要注意以下四方面：第一，历史研究法要求研究者一定要广泛收集材料，尤其要重视对原始材料的收集，仔细核查材料的真实性；第二，历史研究法要求研究者能够深入具体的社会情境中进行分析与思考；第三，历史研究法要求研究者关注材料的时间性和地域性；第四，历史研究法要求研究者综合看待材料的价值。[②]

利用历史研究法，人们在历史的长河中可以审视我国特殊教育的发展与变化，关注过去发生的特殊教育现象，剖析历史事件的真相，从中发现特殊教育发展的规律和本质，这对当下和未来特殊教育的发展有较大的影响。长期以来，我国特殊教育的发展滞后于普通教育的发展，在很大程度上人们缺乏对自身从事的特殊教育事业的正确认知，因此，在特殊教育研究中采用历史研究法是十分重要的举措之一。只有通过对历史的剖析，我们才能从中汲取经验与教训，才能破旧立新，使特殊教育真正实现进步。因此，通过历史研究法研究特殊教育现象和问题，探索与解释特殊教育的发展规律是相对比较合适的途径和方式之一。

历史研究法通过历史的视角审视特殊教育的发展，是对过去经验的总结和深化，有利于进一步完善特殊教育实践。在特殊教育研究中，采用历史研究法的研究成果较多。例如，肖非从历史的视角探究了美国特殊教育法律的发展历史，总结了影响美国特殊教育立法的因素及存在的一些重要规定。[③] 对美国特殊教育法律的发展进行分析，对我国制定相应的特殊教育法律具有很好的借鉴意义。又如，张伟峰、杜晓新基于西方历史进程借助历史研究法考察了特殊教育与医学的关联性，强调了域外历史的特征对我国特殊教育与康复改革发展具有十分重要的意义。[④] 再如，王雁、朱楠基于历史研究法，审视了我国自成立以来特殊教育学科从无到有并且不断壮大的跨越式发展，强调了我国的特殊教育学科在本土化理论和实践积淀上仍有待提高，中国特色的特殊教

---

① 牛蒙刚、李素敏：《历史研究法在教育研究运用中的易犯错误》，载《现代教育论丛》，2017(1)。

② 陈志刚：《历史研究法在教育研究运用中应注意的要求》，载《教育科学研究》，2013(6)。

③ 肖非：《美国特殊教育立法的发展——历史的视角》，载《中国特殊教育》，2004(3)。

④ 张伟锋、杜晓新：《特殊教育与医学的关联性考察及启示：基于西方历史进程》，载《外国中小学教育》，2017(10)。

育学科体系的建设仍有很长的路要走。[①] 因此，我们只有将特殊教育研究置于历史的长河中，不断深思，不断反思，它才能有更长远的发展。

五、比较研究法

比较研究法就是特殊教育工作者或研究者根据一定的标准，对某类特殊教育现象在不同情况下的不同表现进行比较研究，找出其中的异同之处，从而得出结论的一种方法。教育比较研究法有助于人们获得新的发明、发现，促进教育科学研究的发展[②]；可以为制定正确的教育发展规划与战略提供科学依据；可以探索和揭示教育规律，把握教育发展的时代趋向。使用比较研究法的步骤包括确定比较什么，如何比较，比较的标准，比较的目的和内容等。其中，确定比较的问题是进行比较研究的前提；制定比较的标准是进行比较研究的依据；收集、整理资料并加以分类、解释是进行比较研究的基础；比较分析是进行比较研究的重要环节；得出比较结论，从中得到借鉴或启示是比较研究的目的。使用比较研究法有五个基本要求：比较材料必须准确、真实、可靠，比较材料要具有可比性，比较材料要具有客观性、全面性或广泛性，坚持本质的比较，比较研究法要与其他研究方法结合使用。比较研究法在教育科学研究中使用比较广，一般在教育中、在国家教育体制方面、在中小学学制的制定中、在教育史的研究中会使用到比较研究法。

比较研究法在宏观的特殊教育研究领域中运用广泛，尤其在涉及我国与国外特殊教育发展经验的比较和借鉴时会使用。在已有的特殊教育研究中，有关国际特殊教育比较的研究成果相对丰富。例如，冯帮、杨茜为了为我国的特殊教育教师城乡一体化提供相应的改进策略与建议，采用了比较研究法，比较了中美特殊教育教师城乡一体化的背景、教师的结构、教师培训、教师专业化和教师待遇等方面内容。[③] 通过与国外特殊教育进行比较，我国才能利用国际视野审视我国特殊教育事业的发展，从而趋利避害，取长补短，更有效地推动我国特殊教育的发展。

六、行动研究法

行动研究法是有目的、有计划地对教育行动中的具体问题进行系统探究以提高教育行动有效性的研究方法或研究类型。行动研究法的特征包括为行动而研究，在行动

---

① 王雁、朱楠：《70年的跨越：特殊教育学学科发展》，载《教育研究》，2019，40(10)。

② 刘忠政：《论教育比较研究法》，载《海南大学学报(人文社会科学版)》，2008，26(1)。

③ 冯帮、杨茜：《中美特教教师城乡一体化的比较研究》，载《中国特殊教育》，2015(3)。

中研究，由行动者研究。[①] 行动研究法包括选题—计划—观察—反思—撰写报告五个环节。其中，选题源自教育问题；计划包括确定行动研究的总体设想和目标，选择实现研究目标的方式方法、策略及手段，确认采取何种形式开展研究，明确收集资料和数据的方法途径；观察需监控行动的全过程，收集的资料要能反应研究过程和效果；反思的工作包括归纳、整理和描述，评估与解释；撰写报考以文字形式总结和公开自己的研究过程与研究成果。教育行动研究方式因它在解决教育理论脱离教育实践、促进教师专业发展、推动课程改革等方面的作用而受到倡导，促进了我国教育研究的发展。[②]

教育行动研究推动了大量的一线特殊教育教师参与到特殊教育的研究中，扩展了特殊教育研究人员的范围，有利于在特殊教育研究领域构建专业的研究团队。行动研究法紧密联系了特殊教育实践与特殊教育理论，对特殊教育研究发展有重要意义，对特殊儿童的教育教学影响深远。目前，在特殊教育研究中，由于行动研究法的时间跨度比较长，教育研究成果具有针对性，其实践指导意义更大。例如，俞林亚为了探究融合教育背景下培智学校智能转变问题，开展了历时三年半的行动研究，对学校原有的办学理念、组织管理框架、师资队伍以及教学环境等方面进行了调整[③]，这一行动研究对未来该类培智学校智能转变具有深远意义。

七、个案研究法

个案研究法就是广泛收集个例的资料，深入了解个例现状及发展历程，对单一研究对象的典型特征进行深入而缜密的全面研究和分析，确定问题症结，进而提出矫正建议的一种研究方法。个案研究法通常也被称为个案法、案例研究法。个案研究法具有如下五个特点：第一，个案的典型性和问题的普遍性；第二，结果的描述性与过程的跟踪性；第三，情境的自然性与活动的灵活性；第四，方法的多元性；第五，注重分析的科学性。[④] 个案研究法包括以下几个步骤：第一，形成研究问题，选择研究个案；第二，收集个案资料和数据；第三，个案资料的整理和分析；第四，撰写个案研究报告。其中，在资料收集过程中应遵循数据来源要广泛、建立个案研究的数据库、建立证据链三条原则。

---

① 荆雁凌：《中小学教师怎样进行课题研究(八)——教育科研方法之教育行动研究法》，载《教育理论与实践》，2008(8)。

② 卢立涛、井祥贵：《教育行动研究在中国：审视与反思》，载《教育学报》，2012，8(1)。

③ 俞林亚：《融合教育背景下培智学校职能转变的行动研究——以浙江省杭州市杨绫子学校为例》，载《中国特殊教育》，2014(12).

④ 徐冰鸥：《中小学教师怎样进行课题研究(五)——教育科研方法之个案研究法》，载《教育理论与实践》，2008(5)。

在特殊教育研究中，个案研究法因为可操作性强，原理简单易懂，对教学具有极强的实践意义以及有利于教师的专业成长等，所以颇受研究者的喜欢。个案研究法贴合特殊儿童的身心发展特征，可以抓住其典型特征与行为，有利于在研究中促进特殊儿童的成长。在当前的特殊教育研究中，个案研究成果颇丰，对具体的教育教学具有较强的指导意义。例如，连福鑫、陈淑君为了明确特殊教育学校个别化教育计划实践存在的问题，采用个案研究法探究了一所学校制订与实施个别化教育的初衷、过程及成效，确定了影响个别化教育计划制订与实施的因素。[①] 这有效地促进了个别化教育计划制订与实施的规范化。

第四节 特殊教育研究的技术

特殊教育研究需要技术的参与，通过各种各样技术的辅助和支持使研究结果更加具有说服力。有研究者认为在社会学研究的各种技术中，最主要的技术包括针对文献统计的元分析技术、针对数据处理的软件分析技术和仪器分析技术。

一、元分析技术

作为一种统计测量技术，元分析技术指的是通过综合的、量化的形式分析某一既定的研究主题的已有的、大量的研究结果，整合研究中存在的不一致的研究结果，然后给出具有普遍性的结论，其中对研究结果进行整合能够得出单一的研究中不能获得的共同效应。[②] 通过元分析技术的介入，研究者可以得到关于某一主题的一个综合性的、全面性的认知。元分析技术的运用遵循一定的计算标准，主要包括计算样本的效应值、效应值的齐性检验、建立多水平分析模型检验各研究结果之间的变异程度。其中，样本的效应值是元分析中的重要指标，计算样本的效应值也是元分析过程的起点，研究者应该格外重视。运用元分析技术应遵循特殊教育的研究步骤。第一，研究者要明确元分析的目的，清楚地界定研究的核心目的是什么。第二，进行全面的、彻底的

---

① 连福鑫、陈淑君：《理想与现实：特殊教育学校个别化教育计划实践个案研究》，载《中国特殊教育》，2015(7)。

② 陈本友、黄希庭：《从元分析看传统心理统计的局限性》，载《心理学探新》，2005，25(2)。

文献搜索，可以通过书籍、杂志、报纸、报告、论文、电子传媒信息等多种途径搜索与研究主题相关的文献资料。研究者不能仅局限在当前的研究领域中，也需要跨越到其他研究领域，保证收集的文献基本上是广泛的。第三，研究者需要确定并找到适合的研究和文献，至于适合的标准主要是贴合元分析的目的。第四，研究者需要定义变量以及对变量进行编码。元分析中一般包括物种变量，即识别背景特征的标量、识别样本特征的标量、识别研究特征的变量、识别统计特征的变量。[①][②] 第五，研究者需要录入研究数据，可以直接采用元分析软件包录入。第六，研究者需要运用多种统计技术来展现研究所获得的数据。

元分析技术是心理学、教育等学科领域内出现的一种重要的研究方法，目前存在量性元分析和质性元分析两种形式。研究发现，量性元分析在特殊教育中应用的具体过程包括提出研究假设、检索文献、编码分类、统计与分析数据；质性元分析在特殊教育中的应用比较有限，但是质性元分析的应用对特殊教育领域而言将是很有价值和前景的。[③] 目前，在特殊教育中运用元分析技术进行研究的成果不多。盖笑松、兰公瑞和刘希平采用元分析技术对国内1996—2008年的62项注意缺陷/多动障碍干预研究结果进行了分析，结果发现干预措施取得了显著的干预效果，其中药物治疗与行为疗法相结合具有很好的疗效，对于注意缺陷/多动障碍来说，学业指标的效果量是最大的。[④] 黄珊、陈玉和佘丽采用元分析技术探讨了中国台湾智障者社交技能训练单一个案研究的现状，采用了不重叠百分比，对不同干预取向与方法、参与者特征、介入方法等进行了分析，为之后的智障者社交层面的干预提出了相关建议，希望在干预取向和方法上兼顾认知与行为，在干预对象上增加不同学龄、不同性别和不同残疾程度的智障者，在干预方法上将自然情境与模拟情境进行优势互补。[⑤] 为了考察融合教育情境下孤独症谱系障碍儿童社会交往同伴介入法的干预效果，连福鑫和王雁对国外23篇单一被试研究文献采用的元分析技术进行分析，参照的元分析指标包括相关研究总体干预、位置及泛化Tau效应值，同时分析了被试的特征、同伴特征及干预特征对孤独症谱系障碍儿童的影响。结果发现同伴介入法有效提高了孤独症谱系障碍儿童的社交能力，且有较高的维持和泛化效应。[⑥] 为了清晰地掌握我国融合教师培养的动向和培训的效果，陈

---

① Hox J. J. *Multilevel Analysis*：*Techniques and Applications*. Lawrence Erlbaum Assn，2002，pp. 139-155.

② Fredric M. W. *Meta-analysis*：*Quantitative Method for Research Synthesis*. Sage Publication，Inc，1986.

③ 张晶、雷江华：《元分析在特殊教育中的应用》，载《绥化学院学报》，2015，35(1)。

④ 盖笑松、兰公瑞、刘希平：《国内注意缺陷/多动障碍儿童干预效果的元分析》，载《心理学报》，2008，40(11)。

⑤ 黄珊、陈玉、佘丽：《中国台湾社交技能教学对智障者介入成效的元分析——以单一被试实验研究法为例》，载《中国特殊教育》，2017(11)。

⑥ 连福鑫、王雁：《融合环境下自闭症谱系障碍儿童社会交往同伴介入干预研究元分析》，载《教育学报》，2017，13(3)。

国华和李茂粉对2007—2017年的相关研究进行了元分析，为我国融合教育教师职前培训提出了较多的建议。① 从目前的研究动向来看，研究者采用元分析技术进行文献的整理和分析，意在清晰地把握特殊教育相关领域的动向和研究进展；随着元分析技术的不断深入和推进，特殊教育领域将会出现越来越多的研究成果。

二、软件分析技术

在特殊教育研究中，研究者往往需要面对大量的数据并需要对数据进行处理，但通过人工计算的方式既费力又费时，因此，软件分析技术的引入必不可少。软件分析技术能提高研究者的研究效率，也能解放研究者的双手，让研究者把更多的时间和精力投入更多的特殊教育研究中。在特殊教育研究中引入的软件分析技术比较多，比较常用的是SPSS(Statistical Product and Service Solutions)软件。SPSS即统计产品与服务解决方案，该软件属于组合式软件包，是最早采用图形菜单驱动界面的软件，它最突出的特点是操作界面极为友好，结果输出相对美观、漂亮。SPSS软件的基本功能包括数据管理、统计分析、图表分析、输出管理等。SPSS统计分析过程包括描述性统计、均值比较、一般线性模型、相关分析、回归分析、对数线性模型、聚类分析、数据简化、生存分析、时间序列分析、多重响应等。SPSS软件集数据整理、分析功能于一身，适用于特殊教育研究。它最突出的特点在于它本身的统计功能比较齐全，数据及统计命令输出比较方便，输出的信息多，同时计算的速度也比较快，因而是在特殊教育研究中统计分析数据的有力工具。尽管对于研究者来说，SPSS软件操作相对简单，但是研究者不可轻视SPSS软件，首先要学习SPSS软件的相关操作知识、基本常识、运算原理等，这样才能在整理、分析数据时做到程序恰当，计算正确，保证后期的分析是有理有据的。

软件分析技术的引入，推动了特殊教育研究朝着现代化的方向发展，打破了原有的依赖于研究者个体的传统研究框架，越来越多的实施难度大、数据复杂的研究得以攻克。例如，雷江华、宫慧娜、贾玲等借助SPSS软件分析技术分析了听觉辅助在听障学生汉语唇读理解中的作用，不仅了解了听障学生在汉字、词语和语句等不同语言级别中的汉语唇读理解能力，而且发现了听觉辅助对听障学生汉语唇读理解和沟通交往所产生的有利影响。② 朱楠、彭盼盼和邹荣运用结构方程模型探讨了家庭社会经济水平、特殊儿童家长所感知到的社会支持和亲子关系之间的关系，验证了社会支持在家

① 陈光华、李茂粉：《国际融合教师教育模式研究的回顾——基于近10年文献的元分析》，载《中国特殊教育》，2019(8)。

② 雷江华、宫慧娜、贾玲等：《听觉辅助在听障学生汉语唇读理解中的作用》，载《中国特殊教育》，2017(10)。

庭社会经济水平和亲子关系之间的中介作用。[①] 这些研究结果为特殊教育的发展提供了良好的基础，也正是有了软件分析技术的支持，特殊教育领域才能频繁结出硕果。

三、仪器分析技术

随着社会科学研究的进步以及多学科融合的发展，许多应用在心理学研究领域的分析技术不断引入特殊教育研究，尤其是借助相关仪器进行的研究分析技术，这里我们将它们统称为仪器分析技术。在特殊教育研究中使用的仪器分析技术包括认知神经科学技术、眼动研究技术、行为观察技术、虚拟现实技术、生物电技术等。认知神经科学技术是比较广泛的概念，包括了脑功能成像技术和脑电生理技术。其中，脑功能成像技术有功能磁共振成像、正电子发射计算机断层显像、单光子发射计算机断层显像和光成像技术。脑电生理技术有脑电图、事件相关电位、脑磁图技术。眼动研究是通过眼动仪记录被试在完成心理任务时眼球运动的信息来研究相关的心理活动及规律。目前，主要有三种类型的眼动仪。第一种是头盔式的眼动仪，此类眼动仪分辨率高，适合有关阅读的研究；第二种是托架式的眼动仪，使用此类眼动仪的被研究者不用佩戴头盔，适用于特殊儿童；第三种是红外感应式眼动仪，分辨率较低，适合对精度要求不高的应用研究。[②] 行为观察技术是通过数字化的摄像机实时记录被观察人员的行为动作、姿势、面部表情、情绪和语音等信息，利用计算机对采集的数据进行数字化处理，并通过行为分析软件、表情识别软件、语音分析软件等进行统计、分析、评估，来达到对行为、表情、情绪进行客观分析和研究的目的的技术。虚拟现实技术是指用计算机生成一种特殊环境，人们可以通过使用各种特殊装置将自己“投射”到这个环境中，并通过操作、控制环境，来实现特殊的目的。生物电技术是利用相关的电子仪器设备记录我们身体内部的生理过程、生物电活动等信息并加以放大，放大后的机体电活动信息以视觉或听觉形式呈现出来，通过这些客观信息指标来探索和研究人的心理现象与活动规律的技术。[③] 使用仪器分析技术进行特殊教育研究对研究者的能力和研究素养要求较高，因此研究者需熟练掌握相关的仪器使用知识，并要不断提升自身的研究能力。

随着科学技术在特殊教育领域的应用，眼动研究技术得到了越来越多的研究者的支持，研究成果也在不断丰富。例如，陈朝阳、刘志方、苏永强等利用眼动研究技术，考察了中文听障读者利用语境预测性信息促进词汇加工的过程特点，结果发现听障读

---

① 朱楠、彭盼盼、邹荣：《特殊儿童家庭社会经济地位、社会支持对亲子关系的影响》，载《中国特殊教育》，2015(9)。

② 曾祥炎：《现代心理学研究技术发展与应用概况》，载《中山大学学报论丛》，2007，27(9)。

③ 曾祥炎：《现代心理学研究技术发展与应用概况》，载《中山大学学报论丛》，2007，27(9)。

者在利用语境预测性信息促进词汇加工方面与健听读者有所差异，相对于低阅读技能听障读者，高阅读技能听障读者识别词汇时能更多地利用语境预测信息。[①] 又如，陈飞虎和赵广平借助 Tobii 眼动仪(高精度)记录了孤独症儿童的眼动轨迹，探究了视频材料中双眼注视视差的情绪面孔相关性，结果发现双眼注视视差随着刺激和时间变化而变化，在不同的情绪面孔下，孤独症儿童的双眼注视视差均存在显著差异，这揭示了孤独症儿童对情绪面孔感知的特异性。[②] 再如，付福音、陈朝阳和刘志方通过眼动研究技术，采用移动窗口范式，以双字词为掩蔽单元，探究了听障者中文阅读知觉广度与词汇加工的特点，结果发现了听障者阅读知觉广度及词汇加工有独特的特点。[③]

本章小结

梳理特殊教育研究方法的相关内容，我们了解了特殊教育研究的多种理论基础，遵从不同的理论基础，得到的特殊教育研究视野是不同的，因此我们需要整合特殊教育的理论基础，用整体观来看待特殊教育的理论基础。特殊教育的基本研究范式有四种，研究者可以根据研究的需要采用对应的研究范式进行研究。特殊教育研究有多种研究方法，研究者在使用过程中根据研究需要选择主要的方法，建议研究者综合使用互补的研究方法。特殊教育研究中有三类分析技术，研究者同样可根据研究内容来进行选择。

复习思考题

一、单项选择题

1. 强调整体性的研究范式是(　　)。

A. 实证主义研究范式　　B. 解释主义研究范式

C. 批判主义研究范式　　D. 循证实践研究范式

2. 在社会学、心理学和教育学等领域中干预和服务的“黄金标准”是(　　)。

A. 实证主义　　B. 建构主义　　C. 循证实践　　D. 解释主义

---

① 陈朝阳、刘志方、苏永强等：《高低阅读技能聋生词汇加工的语境预测性效应特点：眼动证据》，载《心理发展与教育》，2018，34(6)。

② 陈飞虎、赵广平：《视频材料中双眼注视视差的情绪面孔相关性：双眼协调》，载《心理学通讯》，2018，1(3)。

③ 付福音、陈朝阳、刘志方：《聋生读者的阅读知觉广度与词汇加工特点：眼动证据》，载《应用心理学》，2019，25(2)。

二、简答题

1. 简述循证实践的含义和特点。

2. 简述单一被试在评价特殊儿童干预效果时应注意什么。

3. 简述元分析技术的含义和特点。

三、论述题

1. 阐述解释学及解释学范式。

2. 简述三种特殊教育研究的主要方法。试举例说明。

本章阅读书目

1. 裴娣娜．教育研究方法导论．合肥：安徽教育出版社，1997.

2. 王晓柳，邱学青．特殊教育研究方法．南京：南京师范大学出版社，1998.

3. 李秉德．教育科学研究方法．2 版．北京：人民教育出版社，2001.

4. 韩延伦．教育研究方法．北京：高等教育出版社，2011.

5. 邵光华，张振新．教育研究方法．北京：高等教育出版社，2012.

主要参考文献

[1]陈志刚．历史研究法在教育研究运用中应注意的要求[J]. 教育科学研究，2013(6).

[2]陈本友，黄希庭．从元分析看传统心理统计的局限性[J]. 心理学探新，2005，25(2).

[3]陈时见，刘揖建．比较教育研究范式的发展及其走向[J]. 比较教育研究，2006，27(6).

[4]程从柱，吴秋芬，周采．当代中国教育学研究：广义现象学的认识论透视[J]. 教育研究，2013(5).

[5]陈朝阳，刘志方，苏永强，等．高低阅读技能聋生词汇加工的语境预测性效应特点：眼动证据[J]. 心理发展与教育，2018，34(6).

[6]陈光华，李茂粉．国际融合教师教育模式研究的回顾——基于近 10 年文献的元分析[J]. 中国特殊教育，2019(8).

[7]陈飞虎，赵广平．视频材料中双眼注视视差的情绪面孔相关性：双眼协调[J]. 心理学通讯，2018，1(3).

[8]邓猛，苏慧．质的研究范式与特殊教育研究：基于方法论的反思与倡

议[J]. 中国特殊教育，2011(10).

[9]杜晓新．单一被试实验法在特殊教育研究中的应用[J]. 中国特殊教育，2001(1).

[10]杜晓新．单一被试实验与元分析技术[J]. 心理科学，2003(6)。

[11]邓猛，肖非．全纳教育的哲学基础：批判与反思[J]. 教育研究与实验，2008(5).

[12]邓猛，颜廷睿．社会理论视野下的特殊教育学探讨[J]. 教育学报，2016，12(6).

[13]方俊明．特殊教育学[M]. 北京：人民教育出版社，2005.

[14]冯建军．教育研究范式：从二元对立到多元整合[J]. 教育理论与实践，2003，23(10).

[15]冯建军．西方教育研究范式的变革与发展趋向[J]. 教育研究，1998(1).

[16]傅王倩，肖非．随班就读儿童回流现象的质性研究[J]. 中国特殊教育，2016(3).

[17]傅王倩，黄晓磊，肖非．特殊教育中循证实践标准设立的困境与应对[J]. 比较教育研究，2018，40(7).

[18]冯帮，杨茜．中美特教教师城乡一体化的比较研究[J]. 中国特殊教育，2015(3).

[19]付福音，陈朝阳，刘志方．聋生读者的阅读知觉广度与词汇加工特点：眼动证据[J]. 应用心理学，2019，25(2).

[20]郭文斌．特殊教育概论课程中 PBL＋EMB＋CBL 教学效果之实验研究[J]. 高教探索，2016(9).

[21]盖笑松，兰公瑞，刘希平．国内注意缺陷/多动障碍儿童干预效果的元分析[J]. 心理学报，2008，40(11).

[22]胡敏中．论人本主义[J]. 北京师范大学学报(社会科学版)，1995(4).

[23]黄珊，陈玉，佘丽．中国台湾社交技能教学对智障者介入成效的元分析——以单一被试实验研究法为例[J]. 中国特殊教育，2017(11).

[24]贾霞萍．中小学教师怎样进行课题研究(四)——教育科研方法之教育实验研究法[J]. 教育理论与实践，2008(4).

[25]江怡．什么是实证主义：对它的一种史前史考察[J]. 云南大学学报(社会科学版)，2003，2(5).

第二部分　质性研究

至今质性研究的发展已有一百多年，它广泛应用到教育领域也有半个世纪的历史了。自20世纪90年代被引入中国后，质性研究为我国的教育研究带来了一股新风，催生了大量的以经验现象为基础的实证研究。近年来，随着特殊教育发展的不断深入，研究者越来越重视对质性研究的应用与探讨。本部分将简要梳理质性研究的概念、特点、类型和发展，之后会呈现质性研究的研究过程，然后结合具体的研究示例进行分析，最后在此基础上进行批判性反思。

第四章

特殊教育质性研究概述

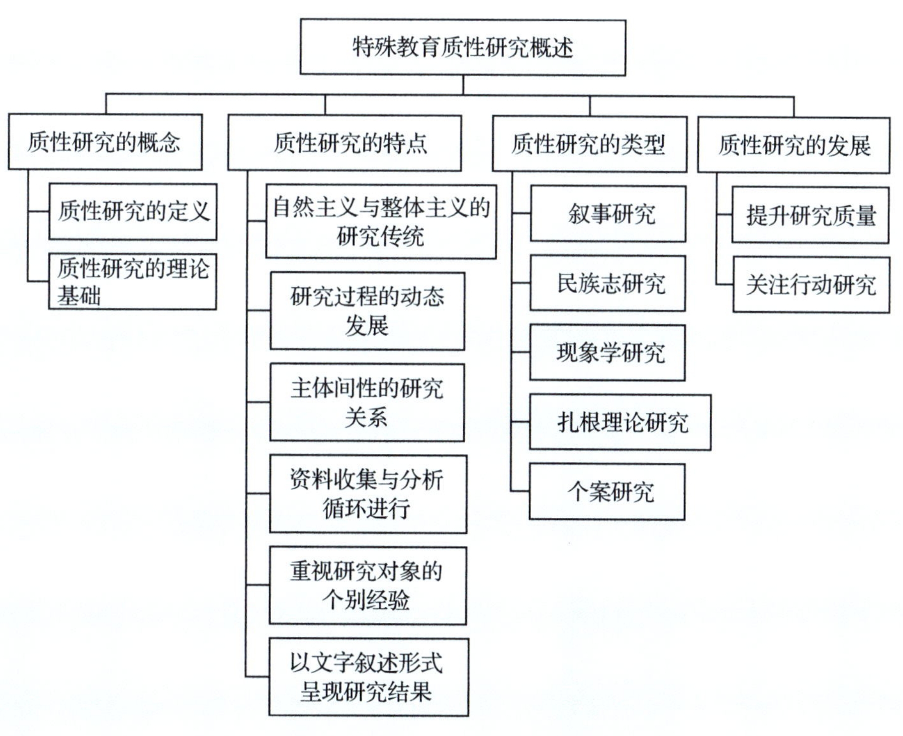

导　读

长期以来，教育研究多是以量化研究为典范的，量化研究帮助人们解决了许多实际的教育问题，并逐渐成为一种主流的研究方法。质性研究的发展则源于对量化研究的批判。传统的实验或行为科学强调的是一种归纳性的调查过程，旨在求得实证的类化，再加以公式化或建构成理论，且大部分的量化研究倾向于将生命分割成细碎的抽象片段和单位，文字则多用以说明某种特定的互动方式，较少用来说明这些互动所蕴含的深层意义；反观质性研究，它是基于对“自然情境”和“意义建构”的关切的，且注重过程的描述与归纳的分析，这正好契合特殊教育研究对人文价值的追求。因此，在教育研究领域，特别是特殊教育研究领域，质性研究越来越受到关注。

第一节 质性研究的概念

质性研究(qualitative research)，也被翻译为质化研究、质的研究等，目前被广泛应用于社会科学研究领域，且越来越多地被应用于教育和特殊教育研究领域。

一、质性研究的定义

关于质性研究的定义，目前并没有一个特别明确或准确的定义，不同的研究者有着不同的理解。陈向明认为质性研究可以被认为是，以研究者本人作为研究工具，在自然情境下采用多种资料收集方法(如深度访谈、开放式观察、实物分析等)，对社会现象进行整体性研究，主要使用归纳法分析资料和形成理论，通过与研究对象互动对其行为和意义建构获得解释性理解的一种活动。① 仇立平认为质性研究主要是对社会现象的质的分析和研究，通过对社会现象发展过程及其特征的深入分析，对社会现象进行历史的、详细的考察，解释社会现象的本质和变化发展的规律。② 日本学者高木广文认为质性研究指的是对于存在于研究参与者(资讯提供者)内心世界的现象的

① 陈向明:《质的研究方法与社会科学研究》，12页，北京，教育科学出版社，2000。

② 仇立平:《社会研究方法》，33页，重庆，重庆大学出版社，2008。

相关文本，研究者本身以主观的方式解释后进行再建(构造化)的研究。[①] 可以看到这些学者均是从质性研究的"方法"的角度来下定义的，是对质性研究者从事研究的具体实践来进行描述和总结的，也就是指研究者置身于研究情境中，研究者本人作为研究的工具，通过多种方法收集现实资料对社会现象和个人生活进行深度描述与解释性理解，并力求从当事人的角度对现实社会和个人生活意义进行建构的过程。质性研究是相对于量化研究而言的，它与量化研究一起共同构成了社会科学研究方法的基础。

质性研究是一个跨学科、超学科的领域，它并非来自一种哲学，一个社会理论，或一种研究传统，而是受到了很多不同的社会思潮、学术理论和研究方法的影响。[②] 加拿大学者马克思·范梅南(Max van Manen)曾经有一个形象的比喻，"质性研究好像一把大伞"。更具体来说，质性研究就好像是一颗参天大树，下面掩盖着各种各样的方法分支，如民族志、历史研究、扎根理论方法、叙事研究和行动研究等研究方法，也包括访谈法、观察法、焦点团体讨论、文献法等收集资料的方法，还涉及实证主义、建构主义和批判主义等不同的理论范式。但整体来说，质性研究本质上是对人文价值的追求与主观意义的建构，与特殊教育的核心理念吻合。作为社会科学分支之一的特殊教育学科，需要加强质性研究。[③]

二、质性研究的理论基础

质性研究是一个大的概念，它包括多种研究形式，这些具体的研究形式能够帮助我们在尽可能少地对自然场景进行干扰的情况下理解和解释各种社会现象的意义。[④] 在质性研究中存在很多不同的建构理论的方式，研究者个人所受训练、所属的流派不同，看问题的方式不同，研究的情境不同，都可能使研究者采取不同的对待和处理理论的方式。本节主要依据以下几种理论取向(建构主义、后实证主义、批判主义)来剖析质性研究的理论基础，具体见表 4-1。

---

① 高木广文：《探索质性研究的科学性》，21 页，蔡淑娟译，台北，合记图书出版社，2014。

② 陈向明：《教育研究方法》，228 页，北京，教育科学出版社，2013。

③ 邓猛：《质的研究范式与特殊教育研究：基于方法论的反思与倡议》，载《中国特殊教育》，2011(10)。

④ [美]莎兰·B. 麦瑞尔姆：《质化方法在教育研究中的应用：个案研究的扩展》，6 页，于泽元译，重庆，重庆大学出版社，2008。

表 4-1 质性研究范式的不同理论取向

理论基础	建构主义	后实证主义	批判主义
本体论	相对主义——现实具有地方性的特点，是具体地被建构出来的。	批判的现实主义——现实是“真实的”，但只能被不完全地、可能性地得以了解。	历史的现实主义——真实的现实是由社会、政治、文化、经济、种族和性别等价值观念塑造而成的，是在时间中结晶而成的。
认识论	交往的/主观的认识论；研究结果是创造出来的。	修正的二元论/客观主义的认识论；批判的传统/研究群体；研究结果有可能是真实的。	交往的/主观的认识论，研究结果受到价值观念的过滤。
方法论	阐释的/辩证的方法论。	修正过的实验主义的/操纵的方法论；批判的多元论；对假设进行证伪；可以使用质性研究方法。	对话的/辩证的方法论。

(一)建构主义

在建构主义者看来，所谓“事实”是多元的，因历史、地域、情境、个人经验等因素的不同而有所不同。因此，用这种方式建构起来的“事实”不存在“真实”与否的问题，而只存在“合适”与否的问题；因为我们只可能判断某一个行为或一种想法是否达到了自己的预期，而无法知道它们是否“真实”。[①] 建构主义对质性研究的指导意义在于，研究者的主要目的不是找出日常生活中各种现象或行动的真实本质，而是说明与诠释这些经验与行动是如何被建构的。这种意义的建构过程主要依靠研究者与研究对象的对话与辩证过程来完成。[②] 当我们要了解一个人的行为时，必须先了解此人如何感知他所处的世界；而当我们根据一项事实看待某个人的行为时，必须考虑到该事实对我们和他而言，可能产生的意义是不同的，也就是相同的事实对每个人的意义可能是不同的。建构主义认为每个人看到的“事实”是不同的，是人们各自“主观的真实”，它是一个选择、重新建构和诠释的产物，而且随着“视框”(framing)和“情境脉络”(context)的转移，可能会有不同的事实。[③]

---

① 陈向明：《质的研究方法与社会科学研究》，16 页，北京，教育科学出版社，2000。
② 范明林、吴军：《质性研究》，38 页，上海，格致出版社；上海人民出版社，2009。
③ 钮文英：《质性研究方法与论文写作》，43 页，台北，双叶书廊有限公司，2014。

(二)后实证主义

后实证主义的主要倡导者为波普尔(Popper)，它缘起于对实证主义的反省与批判，但仍保留着实证主义对客观、精确、预测以及控制的重视。简单地说，后实证主义是一种“批判的现实主义”。它认为客观实体是存在的，但是其真实性不可能被人们所穷尽。客观真理虽然存在，但是它不可能被人们证实。它就像一个被遮蔽在云雾中的山顶，一个人到达此处时，由于看不清周围的景物，因此无法轻易地确定自己是否已经站在山顶上。①

在本体论上，后实证主义认为客体是真实存在的，只是研究者很难百分之百地发现客体的真实本质。在认识论上，后实证主义主张“修正的二元论和客观主义的认识论”，认为在研究过程中，绝对的客观和中立是不可能存在的。研究者其实无法摆脱个人知觉在研究过程中扮演的角色，只能相对接近客观真实。在方法论上，后实证主义认为真理无法通过直接验证的方式来证明，研究者只能在实际生活情境中广泛地收集资料，不断地去证伪，进而尽可能地发现真理。

(三)批判主义

批判主义所持的是一种“历史的现实主义”，认为真实的现实是由社会、政治、文化、经济、种族和性别等因素塑造的，因此会随着时空背景的不同而在本质上有所差异。例如，在残障研究领域，蒲嘉锡(Pugach)认为障碍是一种社会建构，为了进一步了解障碍，人们必须从障碍者所处的社会文化脉络来入手研究。举例来说，从1800年人们称智力障碍者为白痴(idiot)，强调智力障碍是先天能力的缺陷，转变到现在称他们为“智力障碍者”(persons with intellectual disability)，采用“以人为先的语言”，主张智力障碍是在其能力和所处环境的互动之下现有的功能表现，而不是先天或一成不变的状态，经过一段时间适当的支持后，他们各方面的功能通常会有所改善，此转变是长时间受到社会、政治、文化、经济等因素影响的结果。②

建构主义对质性研究的指导意义在于，研究者只有通过在研究过程中与研究对象进行对话，才能扭转研究对象在历史文化社会脉络下产生的错误认知，进而从被压抑的思想与被压迫的经验中获得解放，最终达到社会改革或社会变迁的目标。③ 批判主义取向的质性研究，较多关注性别、种族和阶层等议题，亦即社会价值和组织如何在学校和其他教育机构中产生，或人们如何在社会中产生他们的选择和行动。④

---

① 陈向明：《质的研究方法与社会科学研究》，15页，北京，教育科学出版社，2000。

② 钮文英：《质性研究方法与论文写作》，38页，台北，双叶书廊有限公司，2014。

③ 范明林、吴军：《质性研究》，14页，上海，格致出版社；上海人民出版社，2009。

④ 钮文英：《质性研究方法与论文写作》，39页，台北，双叶书廊有限公司，2014。

第二节
质性研究的特点

质性研究的核心概念与量化研究的核心概念有较大差异，见表 4-2。所有类型的质性研究都基于这一核心的哲学假设，即现实是由个人与社会世界的互动所建构的。质性研究者的兴趣在于理解人们所建构的意义，也就是说，他们是怎么理解他们的世界的，亦即他们在这个世界上的体验。① 所以尽管质性研究的类型多样，包罗万象，但整体来看，一些基本的特点是质性研究所共有的。

表 4-2 质性研究与量化研究的特点对照表②

对照点	质性研究	量化研究
研究关注点	质(本质、根本)	量(多少、多大)
哲学基础	现象学、符号互动论	实证主义、逻辑经验论
相关术语	田野、民族志、自然主义、扎根、建构主义	实验、经验、统计
研究目标	理解、描述、发现、意义、提出假设	预测、控制、描述、确认、检验假设
设计特点	灵活、参与、即兴	预定、结构化的
样本	小、非随机、目的性强、理论化	大、随机、代表性强
资料收集	研究者本身是基本的工具，访谈、观察、文件	无生命的题单(量表、测量、调查、问卷、计算机)
分析模式	归纳(由研究者进行)	演绎(通过统计方法进行)
结果	比较的、整体的、宽泛的(expensive)、描述丰富的	精确的、数字化的

① [美]莎兰・B. 麦瑞尔姆：《质化方法在教育研究中的应用：个案研究的扩展》，5 页，于泽元译，重庆，重庆大学出版社，2008。

② [美]莎兰・B. 麦瑞尔姆：《质化方法在教育研究中的应用：个案研究的扩展》，5 页，于泽元译，重庆，重庆大学出版社，2008。

一、自然主义与整体主义的研究传统

质性研究必须在自然情境下进行，是对个人的“生活世界”亦即社会组织的日常运行进行的研究。[①] 正如巴顿的解释：“质性研究是对情境的独特性进行理解的一种努力，这种独特性是特定场景亦即场景中的互动所展现出来的。[②] 这种理解只止于其本身，因此，它并不是试图去预测将来会发生什么，而是要去理解场景的本质——那种场景对于参与者意味着什么，他们的生活像什么样子，对他们而言正在发生着什么，他们的意义是什么，在那种特定的场景中世界看上去像什么，等等。而且，通过质性研究的分析研究者可以比较忠实地和对此场景感兴趣的其他人进行交流……分析，努力追求一种深度的理解。”也就是在自然情境中，研究者与研究对象直接接触，在当时当地面对面与研究对象对话。在质性研究中，研究者本身就是一个研究工具，需要驻扎在实地，了解事件发生和发展的全过程。

质性研究也重视整体主义的传统，即要求研究者注重社会现象的整体性和相关性，对所发生的事情进行整体的、关联式的考察，而不是截取某个片段。质性研究者认为，任何事件都不能脱离其环境而被理解，理解涉及整体中各个部分之间的互动关系，对部分的理解必然依赖于对整体的把握，而对整体的把握又必须依赖于对部分的理解——这便形成了一个“阐释的循环”。[③]

二、研究过程的动态发展

质性研究是一个对多重现实或同一现实的不同呈现的探究和建构过程，研究过程是动态发展的。研究设计灵活，有弹性，研究实施不是按照一个事先计划好的、固定的方案来行事的，而是要根据实际情况以及对现象的认识不断调整。质性研究的研究域并不是实验室里的人工设置的情境，而是行为主体在日常生活中的行为和互动。整个研究的焦点可以在资料收集过程中逐渐形成，而不是在研究开始就设定等待研究者回答的问题或等待研究结果验证的假说。因此，研究者不必受到事先设定的“科学规范”的严格约束，他们在建构新的研究结果的同时也在建构着新的研究方法和思路。质性研究进行的是发现之旅，旨在探索(如探索极少被了解的现象，产生新的观点)，描述(如描述有兴趣了解的现象及其产生的过程和脉络，发现和描述与先前研究相互矛盾

---

① 陈向明：《质的研究方法与社会科学研究》，7页，北京，教育科学出版社，2000。

② [美]莎兰·B. 麦瑞尔姆：《质化方法在教育研究中的应用：个案研究的扩展》，5页，于泽元译，重庆，重庆大学出版社，2008。

③ 陈向明：《质的研究方法与社会科学研究》，7页，北京，教育科学出版社，2000。

的资料)，解释(如发展解释某个现象的理论)。质性研究是一种“过程和发现导向”的研究。①

三、主体间性的研究关系

质性研究关注研究者与被研究者之间的主体间性和“视域融合”。由于质性研究是通过研究者的眼睛看世界的，即“社会实在”要经过当事人的解释，因此研究者只有掌握被研究者个人的解释，才能明白被研究者行事的动机，以此形成解释性理解。所以质性研究对研究者与被研究者之间的关系非常重视。② 研究者与被研究者之间形成了主体间性的研究关系，研究者通过与研究者之间的互动，理解被研究者的行为及其意义解释。这种在研究场地和其成员进行的沟通，是质性研究中知识生产的一个重要部分，而不是像在量化研究方法中将这些沟通看作干扰因素，尽量设法去排除。

研究者与被研究者的主体间性是研究过程的一部分。研究者在研究场地的行为与观察、印象、好恶和各种感觉等，在研究者自身的反思下，都变成了研究过程中的资料，构成了诠释的一部分，并且被记录在研究日志或背景脉络中。③ 质性研究者和被研究者之间的关系是不可分离的、互动的，这是一种“内在主导”的研究，也就是研究者和被研究者共同主导整个探究过程，他们扮演主动的角色，甚至强调研究者和被研究者“互为主体性”，搭建互动关系，共同建构研究的结果。④

四、资料收集与分析循环进行

质性研究的过程是非线性的、循环的、动态的、开放的和弹性的，研究者必须参照收集的资料，持续定义研究的方向，而资料收集和分析则是循环进行的。质性研究在实施过程中，对收集到的资料会进行及时的分析、处理，在分析资料的基础上，不断调整后续资料的收集甚至调整研究设计。通过收集资料、分析资料、再收集资料、再分析资料，直到信息饱和，即可停止资料的收集。资料呈现的主要手法是深描，即通过缜密的细节来表现被研究者的文化传统、价值观念、行为规范、兴趣、利益和动机。⑤ 在这个过程中，研究者始终要明确资料收集的正确类型，以便能对资料产生诠释性解读，包括资料的详细程度以及运用研究参与者的视角进行描述等。在资料分析过

---

① 钮文英：《质性研究方法与论文写作》，54 页，台北，双叶书廊有限公司，2014。

② 李晓凤、佘双好：《质性研究方法》，12 页，武汉，武汉大学出版社，2006。

③ [德]伍威·弗里克：《质性研究导引》，13 页，孙进译，重庆，重庆大学出版社，2011。

④ 钮文英：《质性研究方法与论文写作》，59 页，台北，双叶书廊有限公司，2014。

⑤ 李晓凤、佘双好：《质性研究方法》，12 页，武汉，武汉大学出版社，2006。

程中，研究者则必须坚守持续比较、分析归纳和理论触觉的原则，通过分割资料和重组资料来实现研究目标。

五、重视研究对象的个别经验

质性研究追求开放性的研究方法，这样才能充分应对研究对象的复杂性。研究对象并不等同于单一的变数，进而进行孤立的处理，而是被看作在日常脉络当中整体而错综复杂的关联因素，不容许进行孤立的处理，而必须全面关照。因此，个体特殊而例外的情形与个人往往成为质性研究探讨的对象。例如，民族志取向的质性研究关注对人群的研究，努力理解一群人如何共同形成并维持一种文化；现象学取向的质性研究力图探究、描述、分析个人生活经历的意义：他们如何理解自己的生活经历，描述、感受、评判、记忆、弄清其意义并与他人谈论。[①] 这一群人的文化或者这一个人的生活经历，可能不带有普遍适用性，可能是独特的，但质性研究旨在分析这种独特性，进而找到一种经验的本质，这种本质是可以与有类似文化或类似经历的其他人群或其他人共同分享的。

六、以文字叙述形式呈现研究结果

质性研究中一个很重要的部分就是以文本与记录作为根据，包括从田野笔记与逐字稿，到描述与解释，以及最后提出研究发现与整个研究全貌。因此，如何将复杂的社会状况，或各种文本、视频等资料转换成文字叙述来呈现研究结果，是质性研究中的主要问题。质性研究者收集到的资料趋于多元化，包括访谈录音、观察日志、视频、图片等，这些最后都要以文本的形式呈现。量化研究大多用数据和表格来说明，而质性研究则必须使用系统的、全面的资料来说明研究者的观点，需要提供足够的细节向读者说明研究过程和结果。因此，质性研究的整个研究结果有研究者对背景的描述，有行动者的参与亦即研究者感兴趣的活动。另外，参与者自己的语言资料、直接引用的文件资料、影像资料的片段或摘要等，都可以被用来支持研究的结果。[②]

---

① ［美］马歇尔、罗斯曼：《设计质性研究：有效研究计划的全程指导》，26页，何江穗译，重庆，重庆大学出版社，2015。

② ［美］莎兰·B. 麦瑞尔姆：《质化方法在教育研究中的应用：个案研究的扩展》，6页，于泽元译，重庆，重庆大学出版社，2008。

第三节
质性研究的类型

质性研究是一个涵盖诸多不同变体的大概念，不同的学者从不同的角度对它进行了分类，并赋予了不同的名称。例如，雅各布从对教育学的研究出发，描述了六种质性研究传统：人类行为学、生态心理学、整体论民族志、认知人类学、沟通民族志和象征互动论。[①] 而巴顿则采取了一种不同的视角，即根据“特定的研究者提出问题的种类”来确定质性研究的类型。它界定了十种观点，分别是民族志、现象学、解释学、民族方法学、符号互动论、生态心理学、系统理论、混沌理论、诠释的以及定向研究。[②] 尽管这些类型我们在教育质性研究的例子中都能找到，但是相对来说，在教育质性研究中，以下五种研究类型使用较多，因此本节着重针对这五种类型进行简要叙述。

一、叙事研究

叙事研究指的是任何运用或分析叙事资料的研究，这些资料可以以故事的形式(通过访谈或者文学作品收集的生活故事)来收集，也可以以另外一种不同的形式(人类学家记录他所观察的故事的田野札记或者个人信件)来收集，可以是研究的目的，也可以是研究其他问题的手段。[③] 社会学领域的叙事研究，根植于米勒 1959 年的社会学理论，成为交叉于传记、历史和社会之间的研究方法。邵志飞(Shaw)和戈尔德(Gould)提到，叙事研究在早期社会工作领域发展时，是一种治疗模式，如叙事治疗、叙事家庭治疗，借助叙事，案主不只沟通了对事件的主观经验，其本身也是一种重建破碎自我、解构并重写生命故事的方式；后来它成为研究的方法，并且成为“口述历史”研究者采取的方法。[④] 目前叙事研究已成为人类学、社会学、教育学、心理学等领域采用的一种质性研究方法。

教育叙事研究，是指在教育背景中包含某种类型叙事素材的分析研究，它借由影片、

---

① [美]马歇尔、罗斯曼：《设计质性研究：有效研究计划的全程指导》，23 页，何江穗译，重庆，重庆大学出版社，2015。

② [美]莎兰·B. 麦瑞尔姆：《质化方法在教育研究中的应用：个案研究的扩展》，8 页，于泽元译，重庆，重庆大学出版社，2008。

③ [以]利布里奇、[以]图沃－玛沙奇、[以]奇尔波：《叙事研究：阅读、分析和诠释》，2 页，王红艳主译，重庆，重庆大学出版社，2008。

④ 钮文英：《质性研究方法与论文写作》，342 页，台北，双叶书廊有限公司，2014。

传记、图片、对话等刺激，触发当事人进行故事叙说，并以当事人的叙说内容为文本数据进行分析，以期反映出故事叙说者本身的重要生活经历及生命主体。[①] 教育叙事研究与其他质性研究方法的区别在于，教育叙事研究关注的是作为个体的人的个人经历，有时也关注社会经历，因此，教育叙事研究更关注微观分析；另外，教育叙事研究的目标是了解和认识作为个体的人，因此，教育叙事研究的目的不是要形成一种可以运用到他人身上的理论，而仅仅是了解个体的经历故事及其背后隐藏的该个体的意义。[②]

叙事研究作为在科学与人文这两极之间的一个中间道路，已逐渐成为教育研究中的一个核心学术话语方式，对教育的重要意义在于：它把有关生活性质的理论思想引入活生生的教育经验中，并通过对生活(如教与学)经验的叙述加深人们对教育及其意义的理解。[③]

案例分享：《特殊教育和我：朴永馨口述史》[④]

《特殊教育和我：朴永馨口述史》是北京师范大学特殊教育专业朴永馨教授以个人成长经历为主要线索，通过采访者的访谈、记录和文字加工，最终得到的一部口述史。朴永馨先生是中华人民共和国成立后从事特殊教育的第一代工作者，是当代中国特殊教育的亲历者、见证者、研究者和倡导者，被誉为此专业“第一人”。

在这部口述史中，朴永馨先生口述回忆自己近50年的职业生涯，主线虽是“小我”的个体命运，却让人清晰地看到了中国特殊教育发展的历史脉络，以及个人成长经历中折射出的社会变迁和历史复杂性。从中，读者不仅可以触摸到半个世纪以来中国特殊教育的发展历程，也可以领略到那一代成长起来的特殊教育者所置身的时代氛围和独特的生命体验。因此，在以时间顺序追溯口述者不同人生阶段的同时，又以特殊教育领域重要事件的发生发展作为主题和线索，将个人的成长经历与特殊教育发展史交织与融合在一起，是这部口述史最重要的特色。[⑤]

二、民族志研究

民族志(也称人种志，ethnography)研究的字义解释是“描绘民族、种族或人类”，是指人类学研究者收集与记录特定民族、种族或人类的文化和社会资料，并且以社会或文化人类学的理论，解释此类观察结果的一种研究方法。[⑥] 民族志研究必须以田野为

① 张希希：《教育叙事研究是什么》，载《教育研究》，2006(2)。

② 张希希：《教育叙事研究是什么》，载《教育研究》，2006(2)。

③ 丁钢：《声音与经验：教育叙事探究》，10页，北京，教育科学出版社，2008。

④ 朴永馨：《特殊教育和我：朴永馨口述史》，江小英等整理，北京，北京师范大学出版社，2017。

⑤ 孙会：《〈特殊教育和我：朴永馨口述史〉：个人史与特殊教育史的交织与重合》，载《现代传记究》，2018(2)。

⑥ 钮文英：《质性研究方法与论文写作》，300页，台北，双叶书廊有限公司，2014。

依据，在有真实的人际生活的环境中进行，而非在研究者可以控制被观察或被测量的行为要素的实验室中进行；民族志研究是个人化的，由每天、面对面接触研究对象的研究者来进行，因此研究者不但是研究对象生活的参与者，也是观察者；民族志研究方法是多因性的，通过使用两种或更多的资料收集技巧，可能是质性的或量化的，在结论中予以三角交叉验证，或由得出结论的多种方式来强化结论；民族志研究是归纳性的，所进行的方式就是运用不断累积的描述性细节，以建立概括性的类型或解释性的理论，研究的焦点并不是验证根据现存理论或模式所推出的假设；民族志研究是对话式的，研究者的结论及诠释可接受研究对象的公评，即便在形成过程中也是如此；民族志研究是全观的，旨在尽可能地完整描绘研究团体。①

田野作业是所有民族志研究设计中重要的要素，典型的民族志研究需要半年至两年甚至更长时间的田野作业，要充分收集足够精确的资料来确保对研究发现的信心。民族志学者的工作不单单是从局内人的视角来收集信息，还要从局外人的社会科学的视角出发去解释这些资料。民族志研究的特点见表 4-3。

表 4-3　民族志研究的特点②

民族志研究的特点
极为强调探明特定社会现象的特质，而不是去验证有关这一现象的假设。
倾向于运用“非结构化的”资料。所谓“非结构化的”资料是指，这些资料在收集期间尚没有被研究者按照一组固定的分析范畴编码。
详尽地研究少量的案例，有时只是研究一个案例。
对资料的分析包括对人类行为的意义与功能的明确诠释，其结果主要表现为口头上的描述与解释，量化方法与统计分析在此至多扮演一种次要的角色。

民族志研究在教育研究领域多用来探究学校的结构与文化，教室的文化与气氛，学生的次级文化和社会化历程，教师生涯和角色行为的行为历程，课程存在的社会情境和潜在课程，教师采取的策略(如教学策略、行为管理策略)和其背后的理念与意义，学生的反应策略(如对教师教学或行为管理策略的反应)，教师对学生、课程和教学的观点、态度与信念，或学生对教师和其教学的观点、态度与信念，以及哪些特定的情境会影响它们。③

案例分享：《梦想的陨落：特殊学校聋生教育需求研究》④

在融合教育背景下，聋校教育作为聋生缺陷补偿、潜能开发的重要平台，是否满

① Michael Angrosino：《民族志与观察研究法》，22 页，张可婷译，台北，韦伯文化国际出版有限公司，2010。

② [德]伍威·弗里克：《质性研究导引》，189 页，孙进译，重庆，重庆大学出版社，2011。

③ 钮文英：《质性研究方法与论文写作》，300 页，台北，双叶书廊有限公司，2014。

④ 杨运强：《梦想的陨落：特殊学校聋生教育需求研究》，博士学位论文，华东师范大学，2013。

足了聋生的教育需求？聋生在兼具解放和限制功能的聋校中的情况如何？聋校教育当前扮演的实际角色和发挥的作用究竟是什么？带着这些问题，该研究以聋生是谁及聋生的需求为出发点，以Z大学特殊教育学院的聋生为主要选样范围，借助于教师身份的优势确定具有各自典型特点的19位聋生为研究对象，以生活史研究、教育人种志和实地研究方法作为收集、整理及分析资料的主要工具，依靠真诚低调的态度取得聋生信任，借助手语翻译架起沟通的桥梁，在日常平等的交往中实现与聋生的心灵沟通，并以走进聋生家庭、实地调研聋校、与聋教育专家对话、进入聋人网络交流平台等方式，丰富、验证以聋生教育需求及其遭遇的困难为核心问题的资料收集工作，试图寻找聋人不幸社会遭遇和边缘生存的答案。

就像维克多·特纳所说的，“如果谁想最彻底地了解一个群体，他就必须与该群体成员共同生活”。[①] 要想感受一个群体此时此地的生活就不能站在远方遥望，研究者需要投入他们火热的生活世界，进入故事角色然后抛弃研究者的身份成为他们的一分子，唯有如此才可能正确呈现他们的世界。聋生的叙说不可避免地会出现偏差、失衡和不完整，这些资料的缺陷通过研究者长时间的细致观察和深入了解可以得到弥补。在使用民族志研究透视聋生世界的同时，研究者不仅可以发现那些研究现场未被发现的“富矿”和被有意无意放弃的潜在资源，聋生的认同还可使研究者顺利找到了解他们的方法。

三、现象学研究

不同于实证主义者所强调的外在世界是可以独立于人类意识而存在的，现象学鼻祖胡塞尔认为应该重视人类内在意向性。胡塞尔认为科学经验方法并不是认识事物的唯一准则，也并不认同将事实等同于实有的论调。

现象学强调的“现象”是事物本质的彰显，是由对外在的关注转移至对内在的意识的反思。现象学研究的目的是将生活体验的实质以文本的形式表述出来。通过这种转变，文本的效果立刻成为有意义事物的重新体验和反思性拥有：通过文本，读者自己的生活经验就会被充分激活，产生与文本的“对话”。[②] 因此要进入受访者真实的生活世界，深入了解其生活经验的本质，研究者必须首先排除其主观偏见，以客观的态度进行描述，来展现现象的原貌。

教育现象学研究是西方教育者由于不满教育中盛行的实证主义、理性主义和技术

① 转引自芭芭拉、泰德拉克：《从参与观察到观察参与：叙事民族志的出现》，载《满族研究》，2002(2)。

② [加]范梅南：《生活体验研究——人文科学视野中的教育学》，46页，宋广文等译，北京，教育科学出版社，2003。

主义等科学主义范式而提出的一种新的研究取向。① 在《欧洲科学的危机与超越论的现象学》中，胡塞尔指出现象学研究的任务是发展“生活世界的纯粹本质说”，亦即现象学研究的任务在于思考和指明，在于先验地看生活世界是如何起基础作用的。胡塞尔强调知识的根源乃物自身，即日常生活中经验到事物本身，而存在只在自我意识的层面，且与意义密不可分。② 于是，我们看到了现象学研究中的两个重要概念——生活世界及意义，这是现象学方法的重要起点。

生活世界是现象学方法最主要的理论基础，突破实证主义的异化，返回知识最初的来源。胡塞尔对生活世界的阐释如下：

生活世界是一种本来自明性的范畴，一切自明地呈现出来的事物，都被当作在知觉中直接出现的事物自身，在记忆中被回想成事物自己，或在其他知觉方式中呈现出来的事物自身。

也就是说，生活世界的经验是主观的、相对的，由此所表述的仅为意见，还不能达到知识的层次，但它的确是一切自明性的源泉，以此为出发点，寻求符合逻辑与客观性的自明性，才是科学的成立之道。进一步来说，生活世界的原初自明性，在历史的过程中发挥着基础和统一的作用；生活世界作为各个世界间交互作用的基础与结果，各个世界则在生活世界中获得统一，也因此，生活世界是永远处于循环变动的过程中未臻完备的体系；同时，在这个过程中，生活世界也具有某些相对稳定的因素，人的某些基本欲望和需求，以日常的生活世界为出发点，到科学世界、哲学世界，再延向生活世界，来来回回地求索，如此，我们才能逐步理解高层次的价值观念，求得人与人之间互为主体的理解。③

作为胡塞尔的学生，海德格尔在《存在与时间》中也宣称，他所提出的是“存在问题”的研究，即“存在意义的问题”。④ 所谓意义，内在于种种不同的知觉体验(判断、喜爱、记忆等)之中，而当我们纯粹地探询此体验本身时，即用现象学研究它时，给予我们的不是自在的客体，而是意义；也就是说，意义是通过主体在生活世界中的种种实践活动被给予的。而意义的产生，有赖于意识的意向作用，也就是人所具有的意向性。关于对象的意义，可从意向的体验中导引出来，此意义关乎客体事件或对象，但仍属意义层次，是与意识相连的，而非离开意识而独自存在的客体事物。意向性即“我”朝向某物的方式，或事物在意识中给予的方式，是我们从自己经验的内在性质及“第一手”知识了解的东西，它的性质是我们经验自有的、独立的主观经验。因此，进一步来

---

① 朱光明、陈向明：《理解教育现象学的研究方法》，载《外国教育研究》，2006(11)。

② [德]胡塞尔：《欧洲科学的危机与超越论的现象学》，558页，王炳文译，北京，商务印书馆，2009。

③ 张庆雄：《生活世界是人类主体间交流的基础》，载《哲学杂志》，1997(20)。

④ [德]马丁·海德格尔：《存在与时间》，36页，陈嘉映、王庆节译，北京，生活·读书·新知三联书店，1987。

说，现象学研究所探讨的不是事物自在的存在，它的“什么”，是它对意识的意向显现的方式，它的“怎么”，或说“如何”，关心的是意义和意义的有效性。[①]

案例分享：《残障大学生“名师访谈”的教育现象学研究》[②]

关注残障大学生的心理健康和人格成长，是特殊教育的重要主题，因此，“名师访谈”作为一种创新性的教育实践活动便应运而生。该研究通过山东省某高校特殊教育学院开展的“名师访谈”活动，对“名师访谈”这一教育实践活动进行了现象学分析，对残障大学生的体验分享进行了分析总结，发现“名师访谈”活动在以下六个方面给参与采访的学生带来了帮助，分别是人生观的熏陶、生活态度的启迪、学习方法和态度的教导、人际关系的帮助、对自我的认同和未来方向的指引。

从教育现象学的角度来看，教育是人与人之间共同的精神建构的过程，是一种思想间的交流、理解和沟通，而人的思想、精神是通过语言实现的。“可靠的对话需要真正的对话者”，教师应该在教育的情境中把学生作为真正的对话者，唯有如此，对话式的教育形式才有可能实现。[③]

四、扎根理论研究

扎根理论研究是质性研究革命的先声，最早是由美国社会学家格拉瑟和斯特劳斯在《扎根理论的发现》一书中提出的。[④] 扎根理论研究并不是一种理论研究，而是一种方法，这种方法能够让研究者审视自己的“扎根理论”。扎根理论研究是“一种用于发展理论的研究方法”，它根植于系统收集和分析的资料之中，同时这种方法又是从所研究的现象中归纳出来的。[⑤] 也就是说，它是在与被研究对象密切相关的资料收集和分析过程中，发现、发展和证实理论的。在这个过程中，资料的收集、分析和理论本身相互之间是一种彼此互惠的关系，研究者并不是一开始就有了理论，并试图去证实它的，而是从特定的研究领域出发，并将与此有关的研究实体围绕着特定的领域呈现出来，不断比较、分析，最后发掘和提炼概念与理论，并进一步阐释和修正。因此理论是被建立在资料的基础上的，而扎根理论研究所建立起来的理论，是扎实地将其根基建立在资料之上的。

扎根理论研究具有五个主要特征：(1)强调发展理论；(2)使用理论取样；(3)系统

---

① 张汝伦：《现象学方法的多重含义》，载《哲学杂志》，1997(20)。

② 王丽萍、刘志敏、王友磊等：《残障大学生“名师访谈”的教育现象学研究》，载《现代特殊育(高等教育研究)》，2019(12)。

③ 宁虹、钟亚妮：《现象学教育学探析》，载《教育研究》，2002(8)。

④ 范明林、吴军：《质性研究》，76页，上海，格致出版社；上海人民出版社，2009。

⑤ 阮曾媛琪：《中国就业妇女社会支持网络研究：“扎根理论”研究方法的应用》，20页，熊跃根译，北京，北京大学出版社，2002。

地收集资料；(4)对研究资料进行互动的思考；(5)采取系统的编码程序。[①] 扎根理论研究具备“理论的”特征，强调发展理论，因此普遍适用于较少被探究、概念仍相当模糊的研究主题，可通过对资料的分析去建立新的理论。扎根理论使用理论取样，视环境决定参与者的特质、数量，如何进行理论取样等，取样的过程和数量相对具有弹性，一般选取直到资料饱和为止。扎根理论研究以研究者为主要工具，收集资料的方法包括访谈、观察等，通过系统地收集资料，进而进行理论的建构，在这个过程中能够容忍资料收集和分析过程中的一些模糊状况。扎根理论特别强调研究者对研究资料的互动性思考，研究者从资料收集刚开始便需要与资料不断地进行互动，来全面掌握研究现象的主要特质。扎根理论研究过程具备分析和循环的特征，借着系统的编码程序分析资料，才能更进一步厘清关系，建构理论。

案例分享：《听障学生“沟通与交往课程”实施现状与对策研究》[②]

在本案例中，研究者首先以问卷法和访谈法为获取研究所需要的丰富的“数据”资料的工具，其次对访谈资料进行了初始编码、聚焦编码和轴心编码，最后基于原始资料构建了一个扎根理论，为听障学生沟通与交往课程的理论体系建设提供了参考意见。

通过该研究案例我们可以发现，扎根理论是一种自下而上建构理论的方法，理论是扎根于“数据”之中的，这个数据需要研究者针对研究对象进行广泛的收集，如可以采取深度访谈的方法来获得大量的、丰富的研究资料，资料收集完毕后，通过对资料进行开放式编码、聚焦编码和轴心编码，实现质性建模，最终构建理论并呈现研究结果。

五、个案研究

个案研究，又名案例研究。作为社会学研究中的一项基本研究方法，个案研究具有悠久的历史。随着学科之间的互动和交流，个案研究目前已经成为人文社会科学研究中最重要的研究取向之一。[③]

从一滴水中可以看到整个太阳，从一粒沙中反映出整个世界。个案研究是指对某一个体、某一群体或某一组织在较长时间里连续进行调查，从而研究其行为发展变化的全过程。个案研究是在探讨个案在特定情境脉络下的活动性质，并以此来了解个案的独特性和复杂性，研究的焦点在于了解事件或现象的过程而非结果，注重以整体的观点来了解事件或现象的情境脉络而非特殊的变项。

个案研究的目的在于通过解释和批判问题产生的原因，来采取有效策略解决问题。

---

① 钮文英：《质性研究方法与论文写作》，379页，台北，双叶书廊有限公司，2014。

② 柯琲：《听障学生“沟通与交往课程”实施现状与对策研究》，硕士学位论文，华中师范大学，2015。

③ 卢晖临、李雪：《如何走出个案——从个案研究到扩展个案研究》，载《中国社会科学》，2007(1)。

其研究对象是个别的，但不是完全孤立的个案，而是整体中的个别对象。因此，对个别对象的研究势必需要在一定程度上反映出个别的特征和规律，也总结整体的特征和规律。个案研究既能够解决该研究对象的问题，也能够为其他同类型的研究对象的问题研究提供参考依据；或者研究者通过对一个个案的研究，揭示出一般的普遍规律。当然，个案研究的取样较少，是否具有普遍的适用性，还需要谨慎地思考和分析。为了使个案研究能够具有普遍的适用性，研究者在选择研究对象的时候就应该尽量选择具有典型性的个案，尽可能清楚地描述个案的整体背景，这样才能够更好地使研究结论得到推广。

个案研究最重要的是，要对研究对象进行全面性、通盘性的理解。个案研究通过讲述研究中个案的一个个“故事”或者一个个“发展变化”，来帮助读者更好地理解研究中的样本。个案研究既可以研究个案的现在，也可以研究个案的过去，甚至可以追踪个案的未来发展。由于个案研究的对象不多，因此研究者有相对充裕的时间对研究问题中涉及的各项变量和情境进行长期的追踪与透彻、深入的分析。例如，在对特殊儿童行为问题进行个案研究的过程中，为了清楚了解个案问题行为中的相关因素，研究者收集了家长的访谈资料、个案的心理评估结果、行为观察记录数据以全面判断问题行为出现的原因，然后根据这些因素制定长达一个学期的干预训练，并进行干预前后的对照和比较，帮助读者对该个案有全面的认识和理解。

个案研究鼓励研究者利用多种资料来源、多种类型的数据以及多种研究方法。个案研究资料的收集方法相当多元，包括教育与心理测量、访谈调查、问卷调查、行为观察、教育实验、实物分析以及档案记录等多种研究方法，对于数据的分析既可以采用质性方法，借由文本描述、故事展现来探讨个案的情况，也可以使用量的统计分析来呈现个案的发展变化，亦可以通过两者的结合来丰富研究过程和研究结论。总之，借由不同研究方法的融合应尽力呈现个案的行为活动和发展变化，厘清事物发展本质，提升研究质量。

案例分享：《基于功能性行为评估的智力障碍儿童课堂问题行为的个案研究》①

在本案例中，研究者采用了单一被试的个案研究方法，在自然教学情境下运用功能性行为评估方法对一名智力障碍儿童的课堂问题行为进行了功能性评估，并以此为依据制定并实施以积极行为为支持导向的干预，结果表明以功能性行为评估为基础的前事控制、后果控制等干预策略在改善智障儿童课堂问题行为中显示出了良好的效果。

对于样本小、被试异质性大的特殊教育研究而言，单一被试研究可有效地针对个体行为进行深入细致的分析，追踪、了解行为变化的模式和原因，判断干预措施对个

① 朱楠、张英：《基于功能性行为评估的智力障碍儿童课堂问题行为的个案研究》，载《中国特殊教育》，2014(10)。

体的有效性，这符合特殊教育研究的客观情况。但正如研究者在结尾处所提到的，虽然单一被试研究在仅有一名被试的情况下也可以进行，但与外推性个案研究的逻辑一样，也需要遵循样本的“最大化变异”原则，以提高研究结果的应用价值。

第四节 质性研究的发展

质性研究具有探索社会现象、对意义进行阐释，以及发掘总体和深层社会文化结构的作用。质性研究本身是一个跨学科、超学科的领域，被应用到与“精神科学”有关的学科中，如人类学、社会学、教育学、历史学、心理学、护理学等。它不是来自一种哲学、一个社会理论或一种研究传统的，而是受到了很多不同的社会思潮、学术理论和研究方法的影响。近年来，质性研究在理论上和实践上都得到了较大发展，其中最重要的就是人们对质性研究的质量的关切和对行动研究的关注。

一、提升研究质量

(一)尊重文化的多元性

质性研究所追求的是开放性的研究方法，能够恰如其分地面对研究对象的复杂性。因此，质性研究必须对所研究的对象保持开放，尊重文化的多元性。在探寻实际生活意义或故事的过程中，会涉及不同的主观观点与社会背景因素，这些都是质性研究在发展过程中逐渐关注的。

(二)注重研究者的反思

使用质性研究方法的研究者，会把他们在研究场地和其他成员之间的沟通当作研究的一个重要的部分，而不是像量化研究者，把这些沟通看作干扰变量，必须尽量设法予以排除。研究者在研究场地的各种感受和想法，在研究者自身的反思下也是研究的一部分。因此，质性研究强调研究者的反思，但应该占多大比例，则需要研究者在收集与分析资料期间保持自省。越来越多的质性研究发现，研究者的反思能够显现出研究的严谨性，帮助读者理解具体的研究场域。

（三）重视研究的严谨性

与所有类型的研究者一样，质性研究者常常被质疑："质性研究是一个好的研究吗？评价一个好的研究的标准是什么？"严谨性是指质性研究的发现的真实性与对其解释被信赖的程度。[①] 过去，严谨性的问题一直是质性研究的弱点，因为它无法重复验证。然而，对于质性研究者而言，重新复制不是目标，也不被认为是可行的。因此，质性研究中最关键的是可信性。一个值得信任的研究，其执行过程是精巧而重伦理的，且研究发现的呈现应尽可能地接近被研究者的经验。[②] 那么，研究者在研究过程中就需要尽可能对效度或可信性进行检验并设法排除"效度威胁"或"可行性威胁"。而这些策略则包括长期投入、多元交叉法、同辈的参与讨论、成员查核、反例分析、审查等。

除此之外，为了尽可能意识到并控制样本选择以及资料收集和解释中的过多的随意性，质性研究提倡遵循严格的程序，对各个环节都提出了要求：问题的提出、研究设计、进入现场、建立研究关系、资料的收集和分析、形成结论和建构理论、成文的方式、衡量研究质量、反思伦理道德问题等。为了提高研究质量，质性研究还尝试引入定量研究中的"信度""效度""推广度""代表性"等概念，以与质性研究者常用的标准进行对比分析。[③]

二、关注行动研究

行动研究属于社会科学研究的"第三条道路"，它以反思理性为基础，认为行动中的"知"很难用概念和语言来表达，只有在具体情境和问题解决中才能了解到行动者思维与情感的"真实"。[④]

认识世界是为了更好地改造世界，同样，理解世界也是为了丰富人文世界的内涵和意义，进而提升人文世界的实践能力。[⑤] 行动研究以改造世界为目的，强调行动者做研究，在行动中研究，为行动而研究。在行动研究中，研究者和实践者合二为一，研究的问题是实践中出现的问题，研究的成果直接运用于实践，以改进和提高实践活动的效果。施莱尔马赫特别强调："理论自身并不能控制实践，教育的人和科学理论总是在实践中发展出来的。理论只是在实践完结时才有了自己的空间。"[⑥]

---

① 李晓凤、佘双好：《质性研究方法》，276页，武汉，武汉大学出版社，2006。

② 李晓凤、佘双好：《质性研究方法》，279页，武汉，武汉大学出版社，2006。

③ ［以］利布里奇、［以］图沃－玛沙奇、［以］奇尔波：《叙事研究：阅读、分析和诠释》，4页，王红艳译，重庆，重庆大学出版社，2008。

④ 陈向明：《质性研究的新发展及其对社会科学研究的意义》，载《教育研究与实验》，2008(2)。

⑤ 余东升：《质性研究：教育研究的人文学范式》，载《高等教育研究》，2010(7)。

⑥ 余东升：《质性研究：教育研究的人文学范式》，载《高等教育研究》，2010(7)。

在具体实施过程中，行动研究一般采用质性研究方法，因为它更适合行动研究的要求。而行动研究也因为它多发生在实践领域，被越来越多的质性研究者关注并重视。质性研究对不同人群的关注，有利于处于困难中的行动者提高自信和自尊水平；质性研究对研究者个人价值观和“前理解”结构的肯定，有利于行动者发现问题和解决问题；质性研究设计灵活，可在研究过程中视情况而改变，符合行动的不确定性和结果无法预测的特点；质性研究强调研究者自我反思，符合行动者在行动中反思并及时进行调整的要求；质性研究没有对大样本和严格实验的要求，对行动者而言更具有亲和力，更容易“上手”。①

格林伍德(Greenwood)和阿博特(Abbott)对当前教育研究提出了四项疑问，认为研究和实践群体之间缺乏互动，教师和行政人员认为教育研究无法切中他们的实际工作，研究无法产生许多在真实教室中实用的改革策略，实际工作者欠缺与研究者对话和专业发展的机会。② 而行动研究就是对这些疑问的回应。行动研究结合“行动”和“研究”两者，由实际工作者在其工作情境中针对遭遇的问题和差距进行研究，发展解决问题和缩小差距的方案，并付诸行动，在过程中不断地反省、评价和修改方案，以解决实际问题，改善或增进实际工作。另外，行动研究的目标也可能是改善对实际工作的理解，增进实际知识，提升实际工作者的能力，发展实际理论，以改善实际与理论脱节的现象。

质性研究之所以越来越重视行动研究，还因为它能够比较有效地纠正传统质性研究中的一些弊端。例如，研究者单凭个人兴趣选择研究课题，研究内容脱离社会实际。结果，实际工作者一方面得不到研究者的帮助，不能从多如牛毛的科研成果中获益；另一方面，他们又因为种种原因不可能对自己面临的问题进行系统研究。外来研究者的直接介入不仅可以为实际工作者提供技术上的指导，而且有助于促进当地相关政策的改革。③

本章小结

质性研究作为社会科学研究方法的基础，所蕴含的对人文精神与价值本性的探寻和关怀，与特殊教育的权利平等、尊重差异和多元融合的价值追求相契合，与特殊教育研究领域的实践和理论发展的需要相一致。在理论基础上，质性研究存在很多不同的建构理论，其中主要有建构主义、后实证主义和批判主义。在方法特点上，尽管质性研究的类型多样，包罗万象，但整体

① 陈向明：《质性研究的新发展及其对社会科学研究的意义》，载《教育研究与实验》，2008(2)。
② 钮文英：《质性研究方法与论文写作》，401页，台北，双叶书廊有限公司，2014。
③ 陈向明：《质性研究的新发展及其对社会科学研究的意义》，载《教育研究与实验》，2008(2)。

来看，自然主义和整体主义的研究传统、研究过程的动态发展与主体间性的研究关系等基本的特点是质性研究所共有的。在具体类型上，使用较多的质性研究有叙事研究、民族志研究、现象学研究、扎根理论研究和个案研究等。在发展趋势上，质性研究在理论上和实践上都得到了较大发展，其中最重要的就是人们对质性研究的质量的关切和对行动研究的关注。

复习思考题

1. 简述各种质性研究类型的特点，并举例说明每种类型在特殊教育研究领域的应用优势。

2. 在社会科学领域中开始流行混合研究方法，那么在特殊教育研究中，应如何实现质性研究与量化研究的优势互补?

3. 质性研究中的编码与量化研究中的编码有何区别?

本章阅读书目

1. 陈向明．旅居者与“外国人”——留美中国学生跨文化人际交往研究．长沙：湖南教育出版社，1998.

2. 陈向明．教师如何作质的研究．北京：教育科学出版社，2001.

3. 斯丹纳·苛费尔(Kvale)，斯文·布林克曼(Brinkman). 质性研究访谈．范丽恒，译．北京：世界图书出版公司北京公司，2013.

4. 迈尔斯，休伯曼．质性资料的分析：方法与实践．张芬芬，译．重庆：重庆大学出版社，2008.

5. 凯西·卡麦兹．建构扎根理论：质性研究实践指南．边国英，译．重庆：重庆大学出版社，2009.

6. 徐辉富．现象学研究方法与步骤．上海：学林出版社，2008.

7. 毕恒达．教授为什么没告诉我．台北：学富文化，2005.

主要参考文献

[1]利布里奇，图沃一玛沙奇，奇尔波．叙事研究：阅读、分析和诠释[M]. 王红艳，译．重庆：重庆大学出版社，2008.

[2]陈向明．教育研究方法[M]. 北京：教育科学出版社，2013.

[3]陈向明．质的研究方法与社会科学研究[M]. 北京：教育科学出版

社，2000.

[4]陈向明．质性研究的新发展及其对社会科学研究的意义[J]. 教育研究与实验，2008(2).

[5]丁钢．声音与经验：教育叙事探究[M]. 北京：教育科学出版社，2008.

[6]范明林，吴军．质性研究[M]. 上海：格致出版社；上海人民出版社，2009.

[7]伍威·弗里克．质性研究导引[M]. 孙进，译．重庆：重庆大学出版社，2011.

[8]李晓凤，佘双好．质性研究方法[M]. 武汉：武汉大学出版社，2006.

[9]马歇尔，罗斯曼．设计质性研究：有效研究计划的全程指导[M]. 何江穗，译．重庆：重庆大学出版社，2015.

[10]钮文英．质性研究方法与论文写作[M]. 台北：双叶书廊有限公司，2014.

[11]莎兰·B. 麦瑞尔姆．质化方法在教育研究中的应用：个案研究的扩展[M]. 于泽元，译，重庆：重庆大学出版社，2008.

[12]余东升．质性研究：教育研究的人文学范式[J]. 高等教育研究，2010(7).

[13]张希希．教育叙事研究是什么[J]. 教育研究，2006(2).

[14]朱光明，陈向明．理解教育现象学的研究方法[J]. 外国教育研究，2006(11).

第五章

特殊教育质性研究过程

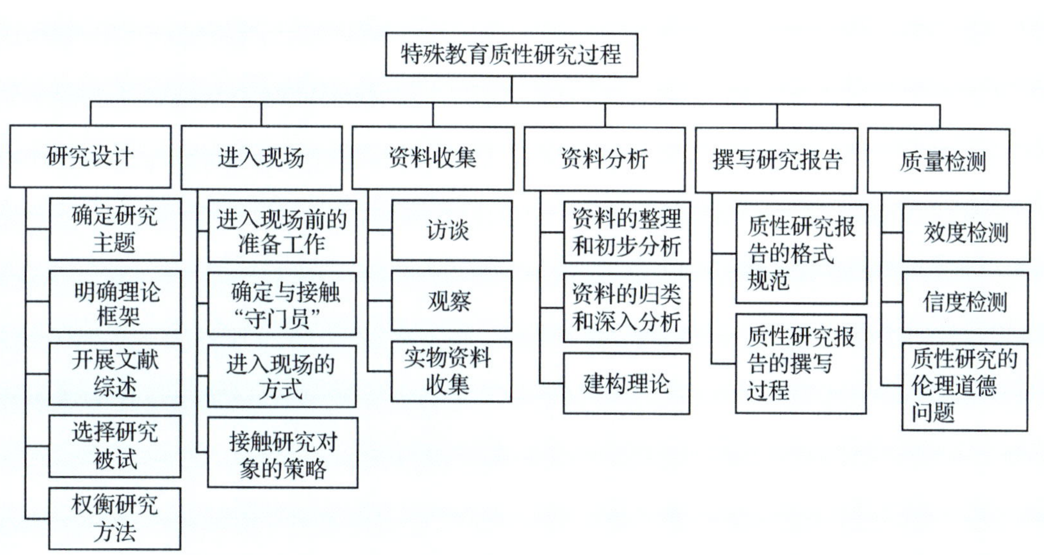

导　读

随着质性研究在特殊教育研究领域受关注程度的逐渐提升，其方法论问题也逐渐受到重视。特殊教育质性研究过程包括研究设计、进入现场、资料收集、资料分析、撰写研究报告以及质量检测六个步骤。本章具体阐述并讨论特殊教育质性研究的过程，期望读者能够通过学习本章了解质性研究的基本流程、注意事项，更重要的是，能够根据研究目标，在现实条件下，选择合适的质性研究方法。

第一节 研究设计

尽管与量化研究不同，质性研究并没有明确设定有待验证的假设，没有刻意设计与假设相关的资料收集工具，更没有事先制定一套分析程序，但从较宽泛的标准来看，质性研究反映研究中所呈现出来的秩序、系统与一致性等要素，可见质性研究确实也是经过设计的。有研究者主张研究设计应是贯穿研究各阶段的反身性过程。好的研究设计，应该有明确的焦点，且建立在明确的研究问题之上，研究设计与研究问题均能让研究简化为回答问题之必要议题。好的质性研究让研究的资源和时间皆在可以掌握的范围内，并且对抽样的决定以及为何采用特定研究方法均有明确的安排。

一、确定研究主题

选题是做好学问的关键。如同开矿，若选一座矿产资源丰富的矿山开发，则受益必大；若选择一座资源贫瘠的矿山开发，则投资再多，受益也有限。选定了好主题，则可事半功倍；选择了不好的主题，则一定事倍功半。

(一)研究问题的来源

从研究话题中提炼出研究问题是一种基本的学术能力，而研究问题从哪里来？一是来自对前人研究的文献阅读，在批判性阅读中发现前人研究中存在的问题，这些问题可能成为研究问题；二是来自日常生活的体验和经历。相对于对文献的理性阅读，日常生活中的直觉或感性认识对于研究问题的提炼而言，“就像酵母对于酿酒的重要性一样，虽然不是主要问题，但可以化腐朽为神奇”。

1. 现实社会生活

千姿百态、形形色色的社会生活是各种质性研究问题最主要、最丰富和最常见的来源。之所以有时我们难以发现，主要是因为我们常常深处其中，对它们早已“司空见惯”，常常对它们“熟视无睹”。[①] 聚焦特殊教育领域，当从理解特殊儿童与其正常发展的手足关系这一目的出发，向自己提出“为什么”的时候，我们就会从这种现象中抽出诸如“特殊儿童与正常发展手足关系研究”“特殊儿童与普通儿童手足关系比较研究”这样一些值得探讨的研究问题来。从现实社会中发现问题的关键是要善于观察，勤于思考。发现一项好的研究问题，像作家写小说一样，既要“深入生活”，也需要“灵感和火花”。“深入生活”指的是广泛地接触社会；“灵感与火花”指的是那些可以发展成为研究问题的最初的想法和思路。

2. 个人经历

个人经历和经验是人们参与社会生活的特定记录，也是人们对社会生活的认识、感受的积累和沉淀。这种经历形成了人们观察各种事物、理解各种现象的基本视角和出发点。因此，对以观察和理解社会现象为目的的社会研究来说，同样离不开个人经历和经验。比如，对一个研究者来说，看到一篇关于一名孕妇携其孤独症儿子自杀的新闻报道，他可能会一直关注着事情的进展，也可能由于忙于其他的事情就忘了。但是，如果报道的对象是他的同学及其家人，他也许会从另一个角度来看待这个现象，他也许会找出更多类似的案例，去问一些“为什么”“如何”“怎样”的问题，如“有哪些原因导致特殊儿童父母选择死亡?”“包括特殊儿童在内的家庭经历了怎样的生活历程?”等，从而选择他想探究的问题。

3. 相关文献

从学术著作、教科书的内容中，从报纸上的文章、标题中，以及从谈话记录、学习笔记中，都可获得可作为研究问题的想法、灵感。例如，带着审视的、提问的、评论的眼光阅读各种文献，就会产生一些新的想法、新的疑问，就会迸发出新的火花，而在这些新的火花中，往往能找到值得研究的问题。

(二)选题的标准[②]

为了选好题，选准题，必须明确选题时所依据的主要标准。在实践中，人们常常采用下列几条标准来作为选择研究问题的依据。

1. 重要性

重要性是指研究问题所需具备的价值或意义。对不同的研究问题来说，这种价值

---

① 风笑天：《社会学研究方法》(第三版)，47～50页，北京，中国人民大学出版社，2009。
② 风笑天：《社会学研究方法》(第三版)，52～56页，北京，中国人民大学出版社，2009。

或意义会有大有小。同时，它既可以是理论方面的，也可以是实践方面的，或者是理论与实践兼而有之的。

2. 创造性

创造性是指研究问题应具有某些新的东西，具有某种与众不同的地方，具有自己独特的特点。作为一种科学的认识活动，我们的每一项具体研究必须能够在某些方面增加人们对现实世界的认识，能够为人们了解、理解、熟悉和掌握现实社会生活中的各种现象、各种问题、各种规律提供新的东西，而不能总在同一领域、同一范围、同一层次上重复别人的研究，重提已有的结论。

3. 可行性

可行性是指研究者需要具备进行或完成某一研究的主观条件和客观条件。在许多情况下，越是具有重要价值和创新性的研究问题，它所受到的主观和客观限制往往也越多，它的可行性也越差。尤其是在特殊教育领域，如“听障青少年初次犯罪的原因研究”这一课题，无论是从重要性还是从独特性来看都是值得去研究的问题。但是，若研究者无法进入看守所、公安局，无法接近研究对象，课题则难以进行。

4. 合适性

合适性是指选择的研究问题十分适合研究者的个人特点。这种个人特点包括研究者对研究问题的兴趣，对所涉及社会生活领域的熟悉程度，以及研究者所具有的各种资源、条件与该问题的要求相符合的程度等。可能性解决的是研究的“可能性问题”，而合适性所涉及的则是研究的“最佳性”问题。

(三)研究主题的明确

所谓研究主题的明确，指的是通过对研究主题进行某种界定，给予明确的陈述，将最初头脑中比较含糊的想法，变成清楚明确的研究主题；将最初比较笼统、比较宽泛的研究范围，变成特定领域中的特定现象或特定问题。举例来说，像“孤独症儿童生存状况研究”“我国听障儿童康复问题研究”等，尽管具有很重要的研究意义，但较为缺乏可行性，其原因之一就是这些问题在主题上过于宽泛。

要使研究主题明确，可从以下两方面入手。一是缩小问题的内容范围，将一般性问题转化为特定问题来实现这一目标。例如，“听障学生道德判断发展水平研究”内容十分宽泛，我们可通过限定年龄阶段，限定研究范围，将它转化为“某市高中听障学生道德判断发展水平研究”以明确研究问题。二是通过清楚、明确地陈述研究问题来达到目标。应注意，所陈述的问题必须在研究者的能力范围之内，且既不能太宽泛，也不能太微不足道。①

---

① 风笑天：《社会学研究方法》(第三版)，57～58页，北京，中国人民大学出版社，2009。

二、明确理论框架

理论是以一种系统化的方式将经验世界中某些被挑选出来的方面概念化并组织起来的一组内在相关的命题。理论通常可划分为三个层次，即宏观层次、中观层次和微观理论。由于实践的原因，研究者在一项具体的研究中所涉及的通常是相对简单、相对具体的理论，即那些中观层次和微观层次的理论。

如何对资料进行理论性思考？

(1)"什么"以及"如何"的问题：要克制急于匆忙解释资料的冲动。不要从"为什么"这个问题出发，而要去问这里使用了"什么"文字的、行为的、情境的资源，它们是"如何"被使用的(以及产生了什么样的后果)。

(2)年表：去关注人们行为的时序，或他们叙述中所用的时间，或者随着时间流动去收集资料，以观察变化的整个过程。

(3)情境：如何将资料置于某种组织化的情境、社会过程中，或者一系列的经验当中？

(4)比较：比较法是最基本的科学方法。要持续将所有资料与其他资料做比较。若无法找到有可比性的案例，可想办法把自己的资料分成若干组，然后进行比较。

(5)含义：当呈现自己的研究的时候，要去思考如何把已发现的东西与最初的研究主题更为广泛的问题联系起来。由此，一个非常狭窄的主题就可与更广泛的社会过程相联系了。

(6)横向思维：不要在概念间树立强有力的边界，而要去探寻看似矛盾的模型、理论以及方法论之间的关系。①

三、开展文献综述

文献综述是指对到目前为止的、与某一问题领域相关的各种文献进行系统查阅和分析，以了解该领域研究状况的过程。开展文献综述能够检验现有文献并帮助研究者优化想法，可以帮助研究者具体打磨将要开展的研究的细节，也可以通过检验以前已经研究的内容，获得前人已使用的收集数据和分析数据的理论与方法。下文叙述了开展文献综述的一般步骤。②

---

① [英]大卫·希尔弗曼：《如何做质性研究》，90～91页，李雪、张劼颖译，重庆，重庆大学出版社，2009。

② [美]Ian Menter等：《教育科研实用指南》，93～100页，刘常庆、邱超译，上海，华东师范大学出版社，2015。

(一)确定研究焦点和范围

在进行文献综述的开始阶段，研究者首先需要确定自己要研究的问题是什么，是否在主题中存在专业术语的问题。例如，文献中的“辍学”是指“学生滞留”或“学生流失”，每个定义都会有些不同，实际上，“滞留”和“流失”最终都会作为“辍学”的文献在最终的综述中参考。此外，研究者还需思考要检索文献的范围。例如，研究文献是仅需本国资料即可，还是需要扩大检索范围到其他国家？研究涉及的时间范围如何？

(二)确定获得需要的文献

互联网中存在大量的文献资源，研究者需要根据自己的研究主题，确定需要的文献。文献的检索有以下策略：检索文献时，研究者应紧紧把握研究主题，避免跑题；利用各式各样的中介网站检索全网络的“子集”；寻找有关第二手数据和第一手数据的差异；考虑要使用的检索词，并根据检索情况适当调整；评价检索信息的质量，参考文献的质量胜于数量；等等。

(三)阅读和记录文献

阅读文献时应进行记录，不要侥幸依赖于自己的记忆力。在进行文献阅读时，可使用统一的参考体系，以方便再次找到它。例如，我们需要记录文献中作者的姓名、论文或书籍的标题、期刊名称、章节或页码和出版日期等，我们也可以总结或复制引文记录使用该文献的原因。

(四)判断文献质量

筛选检索的文献记录时，需要对质量做出判断。在综述中，筛选出没有达到我们设立的标准的文献。教育研究通常包括基本学术研究、应用研究、实践研究和评价研究。美国教育研究协会定义的“科学为本的研究”是，使用“严格的、系统的、客观的方法去获得可靠的和有效的知识”的研究。具体包括：(1)发展一个有逻辑的、以事实为依据的推理链；(2)有适合所提出的研究问题的方法；(3)观测的或实验的设计，以及提供稳定的和概括化的发现工具；(4)充分的数据和分析支持发现；(5)清晰详细地阐明程序和结果，包括对不同的人群区别对待；(6)与同行评议的专业规范相一致；(7)宣传发现、推广科学知识；(8)为再分析、再重复和再建立发现提供数据基础。

(五)综合发现和形成报告

当研究者已实施了一个达到研究标准的相关文献的系统检索，整理了一套对每个文献的注释记录，并且找不到任何新材料或观点时，则研究处于完成论述的状态。应注意的是，研究的过程并非线性过程，若想获得研究的进一步的发现，仍需要重新检索文献。在形成报告的时候，需要考虑：(1)综述目标；(2)根据主题，概述现有著作；(3)根据主题，批判性地评价以前的著作(不仅描述研究和政策文献，还要批判性地分析这些研究)，确保提出的主张是以事实为基础的；(4)一般和具体的结论要与研究主题相对应。

四、选择研究被试

在确定研究问题的同时，我们应考虑到研究对象选择的问题。在质性研究中，抽样不仅包括研究者，还包括时间、地点、事件、研究收集的原始资料。因此，我们需考虑以下问题：在什么地点、什么时间、向何人收集何种资料？为什么要选择这个地点，这个时间和这些人？这些对象可以提供什么信息？这些信息可以如何回应研究问题？

抽样就是从一个总体中抽取部分个体作为样本，然后用这一样本的结果去了解和推断总体。与量化研究不同，质性研究不可能也不需要进行随机抽样。质性研究的目的是就一个研究问题进行比较深入的探讨，因此样本一般较小，通常采用目的性抽样，即按照研究的目的抽取能够为研究问题提供最大信息量的研究对象。典型的抽样思路包括最大差异抽样、极端个案抽样、典型个案抽样、关键个案抽样、滚雪球式抽样、方便抽样。①

(一)最大差异抽样

最大差异抽样指的是被抽中的样本所产生的研究结果将最大限度地覆盖研究现象中的各种不同的情况。它的目的是了解在差异分布状况下事物的某一个特点具体有何种同质或异质表现。例如，研究不同类型特殊学校在教育质量方面面临的共同及不同问题，则需要在不同类型特殊学校中分别抽取一定样本。这种抽样方式可以使我们同时得到两方面的信息：(1)被抽取的各类型特殊学校教育质量的具体情况；(2)这些不同类型特殊学校教育质量的差异以及它们之间的比较意义。

(二)极端个案抽样

极端个案抽样指的是选择研究现象中非常极端的、被一般人认为是“不正常”的情况进行调查。它试图从一个极端的例子中学到能为一般情况服务的经验、教训。虽然这种现象比较极端，不具有“代表性”，但就研究目的而言，对这种独特现象的揭示可

① 陈向明：《质的研究方法与社会科学研究》，105～111页，北京，教育科学出版社，2000。

能比一个典型现象更加具有说服力。例如，研究孤独症儿童家长的压力时，选取其中自杀或自杀未遂的极端个案进行研究。虽然这些个案具有很大的极端性，但是对这些人眼中的社会问题进行揭露比一个表现平均情况的概率性抽样研究更加有力。

(三)典型个案抽样

典型个案抽样指的是选择研究现象中那些具有一定“代表性”的一般的情况。它的目的是了解研究现象的一般情况。在质性研究中，对典型个案进行研究不是为了将其结果推广到总体，而是为了说明在此类现象中一个典型的个案是什么样子的。该种研究的目的是展示和说明，而不是证实和推论。例如，我们想要了解孤独症儿童在随班就读时的适应情况，可以选择一名典型的孤独症儿童调查其适应情况。[①]

(四)关键个案抽样

关键个案抽样指的是，选择那些可以对事情产生决定性影响的个案进行研究，目的是将从这些个案中获得的结果通过逻辑推论推广到其他个案。推论的逻辑是：“如果这个事情在这里发生了，那么它也一定会在其他地方发生”或者“如果这个事情在这里没有发生，那么它在其他地方也不太可能会发生”。例如，如果我们要对一套新设计的融合教育课程方案进行实验研究，可选择一所大家公认的、可以进行该实验的好学校作为试点。若该学校无法顺利实施该方案，则我们可推断，其他学校同样无法实施该方案。

(五)滚雪球式抽样

滚雪球式抽样是通过研究对象找寻其他研究对象的抽样方式。通过局内人寻找消息灵通人士的办法，一环套一环地请研究对象推荐新的研究对象，样本像一个雪球一样越滚越大，直到收集到的信息达到饱和为止。“您认为还有谁比较了解这方面的情况?”“我还可以找谁了解情况?”

由于特殊儿童群体数量少、异质性大，采用滚雪球式的抽样方法有时更有利于研究的样本选择。然而，采用这种抽样方法，找到的信息提供者很可能是同一类人。由于所有的知情人士都是由他们的熟人或朋友介绍的，他们可能在某方面具有相同的特点。例如，在相同机构训练的孤独症儿童的家长可能在家庭教育重要性方面持相似水平的看法。此外，由于信息提供者之间是熟人，他们中有些人可能会碍于情面或为了保密而向研究者隐瞒实情。

---

① 张苗：《随班就读自闭症儿童学校适应不良有效干预的个案研究》，载《现代特殊教育》，2015(3)。

(六)方便抽样

由于受到实际情况的限制，抽样只能随研究者自己的方便进行。与其他方式相比，这种方式比较省时、省钱、省力，但是会影响研究结果的质量，这种抽样方式的可信度最低，通常是在上述抽样方式都无法使用时才不得不为之的权宜之计。由于这种抽样方式没有一定的标准，获得的研究结果往往缺乏针对性，很难在理论上进行一定程度的归纳。

五、权衡研究方法

任何有关方法的决定都必须以回答研究的问题为主要前提，而不是为了方法本身而选择方法。质性研究方法丰富多样，具体选择何种方法应根据研究问题、研究目的、研究情境、研究对象等因素而定。研究方法本身只是一种手段，它应为一定的目的服务。选择研究方法时，应尽量将研究问题与研究方法进行匹配。例如，若研究者希望对某一现象的意义进行解释，则可使用阐释学的方法；若研究问题设计现象的发生过程及具体细节，则可采用民族志的方法；若研究目的是建立理论，则可采用扎根理论的方法；若研究目的是改变现状，则可使用行动研究。

在实践方面，质性研究的方法包括以下几方面：进入现场的方式，收集资料的方法，整理和分析资料的方法，建立结论和初步理论的方式，研究结果的成文方式。在进行研究设计时，须对以上每一阶段使用的方法做出选择，并陈述选择的理由、依据。在设计进入现场的方式时，须考虑："如何进入现场？如何与被研究者取得联系？如何向被研究者介绍自己的研究？"等。选择收集资料的方法时，一条基本原则是：只要这些信息可以为研究目的服务，可用来回答研究的问题，就可作为研究资料。整理和分析资料的方法在很大程度上取决于研究问题、目的、情境和有可能获得的资源，即在特定环境下使用这些方法是否可以收集到回答研究问题所需要的资料。例如，若研究问题涉及正常发育的兄弟姐妹如何看待自己特殊的兄弟姐妹时，可采用访谈法作为收集资料的主要手段。由于研究结果尚不清楚，因此我们在选择得出结论和构建初步理论的方式时只能尝试性地讨论一些问题，如如何依据结果得出结论，如何在结论和资料证据之间建立联系，如何保证研究的结论具有一定的可信度和说服力等。最后，对研究结果的成文方式的选择做出预测，将有助于研究的进行。例如，若研究结果以文字形式来呈现，则研究者应特别注意整理访谈资料，记观察笔记；若研究结果可能需结合图片和录像来呈现，则研究者也应注意收集这方面内容。此外，在思考成文方式时，研究者还应考虑读者类型，并根据不同的读者群体选择不同的写作风格。

第二节
进入现场

相较于量化研究，质性研究更需妥善解决如何进入现场的问题。一般而言，质性研究者所寻求的接触往往比较密切，且接触的程度也比较深刻。

一、进入现场前的准备工作

在进入现场前，研究者需了解相关组织的权力机构、人员关系及相关行为规范。这点对研究者进入特殊学校、家庭等尤为重要。一般来说，特殊儿童的家长、教师可能会对某些内容更为敏感，一些特殊儿童的家庭也相对复杂。研究者需提前了解情况，避免引起相关人员的不满、愤怒等不良情绪。此外，特殊学校在某些方面与普通学校存在较大差异，研究者应提前了解并做出承诺。例如，在盲童学校，研究者在校园中应避免占用盲道、大声喧哗等，从而避免影响学生的正常学习与生活。在进入实地前，研究者可先与相关人员(如学校教师)取得联系，尽量充分地了解实地情况，听取他们所提的建议。

此外，在进入现场前，研究者应掌握一些与被研究者建立良好关系的方法，如协商研究关系中的“4C”原则：关系、交流、礼貌、合作。其中，关系指通过一定的人际关系和被研究者建立信任、友好的关系；交流指研究者应心胸坦荡，愿意与被研究者交流自己的意见和感受；礼貌指研究者应尊重被研究者的行为习惯、礼仪，注意倾听；合作指被研究者需要帮助时，研究者应主动为他们排忧解难，使研究成为一种互相受益的行为。

二、确定与接触“守门员”

研究者通常通过请求获得主管人员的许可来访问组织，这些主管人员通常被称为“守门员”。研究者在开始研究之前必须确定谁是“守门员”，每一项研究因其具体情况不同其守门员的类型也有所不同。在确定“守门员”的时候，我们首先应该了解被研究者所处环境中的权力结构及它与我们的关系。进入现场不仅是一个方法技巧的问题，而且也是一个权力协调的问题。如果我们了解了包括我们自己在内的权力运行机制，进入现场的过程对我们来说就是一个获知的过程。获知不仅需要一定的方法，而且还涉及有关人员所拥有的权力和“文化资本”。通过对权力运作机制进行了解，我们不仅可以将研究的现象放到一个更大的政治、经济和社会背景中进行考量，而且可以根据当地的实际情况确定合适的“守门员”。

“守门员”的类型包括绝对合法(需要尊重)的和自我宣称(需要避免)的。例如，如果研究者的研究涉及18岁以下的参与者，接触他们必须有绝对合法的“守门员”：参与者的父母或监护人。一般来说，在学校内部，教师、校长及其他管理者是研究者必须注意的合法“守门员”。研究者必须获得各级管理者的批准，如果研究者只是获得了被研究者本人的同意，而没有征求其管理者的意见，研究者的研究就有可能受挫。霍夫曼(Hoffmann)指出，大多数研究者都有朋友、亲戚和熟人，他们在组织中有联系。这些人可以被招募来帮助说服不情愿的“守门员”。同样，导师或同事可以用正式信笺给未来“守门员”写一封支持性的信。需注意的是，研究者一旦从“守门员”那里获得了访问权限，通常必须与之分离。① 许多组织都存在上、下级关系，如果研究者对研究较低级别的人感兴趣，他们必须尽力避免与“守门员”合作或偏袒相关人员。同时，他们还必须警惕“守门员”可能要求报告研究结果的情况。“守门员”就像一把双刃剑，既可能产生积极的作用，也可能产生消极的作用。在不同的情况下，“守门员”的作用也可能不一样。例如，在一些情境中，如果研究者首先接触“守门员”，并与其达成一定的“默契”，然后再接触被研究者，后者可能会觉得此研究“非常重要”，因此会很好地与研究者配合。如果“守门员”动用领导权力通知被研究者参与研究，后者可能会感到“受宠若惊”，从而竭力提供自己认为对方需要的信息。

“守门员”由于自己的特殊位置，通常对研究有一定的考虑或顾虑。在研究的过程中，他们有可能会想方设法地阻止研究者了解学校存在的问题，或者试图对研究者的行为进行控制或“指导”。在某些学校里校长可能认为自己是教师和学生的保护者，担心研究活动会搅乱学校的正常教学，占据教师太多的时间，影响学生的注意力，甚至影响学校日常规章制度的执行。因此，研究者可事先询问注意事项并做出承诺以消除“守门员”的担忧。

三、进入现场的方式

进入现场的方式有多种，包括在实地自然地进入、直接说明意图后进入、隐蔽地进入等，其中理想的状态是自然地、直接向被研究者说明意图后进入，而在现实条件

---

① Taylor S. J., Robert Bogdan & DeVault M. L., *Introduction to Qualitative Research Methods: A Guidebook and Resource*, 4th Edition, New Jersey, John Wiley & Sons, 2016, pp. 48-50.

下较难实现。进入现场通常是一项艰苦的工作，需要研究者的勤奋和耐心。研究者必须协商访问权限，逐渐赢得信任，并收集数据。对于研究者来说，花上几周甚至几个月的时间试图进入一个环境或被他人接受的情况并不少见。

在进入现场时，研究者如果预感到“守门员”有可能对自己的研究有顾虑，有时可以采用逐步暴露的方式。在研究开始的时候，研究者可简单地向被研究者介绍自己的研究计划，然后随着被研究者对自己信任程度的增加而逐步展开研究。在质性研究中，研究问题和方法都会随着研究的进行而不断变化，因此研究者也不必告知被研究者研究的全部内容和研究过程，甚至一些被研究者可能会对这个“堂而皇之”的计划感到不知所措而拒绝参与研究。有时，研究者在研究开始前采用自然接触被研究者的方式，再逐步暴露自己，效果比一开始就介绍更好一些。

研究者进入现场的方式受多种因素影响，如研究所在地的性质。若研究涉及某些社会机构，如特殊学校，则研究者必须事先取得被研究者和他们“守门员”的同意；若研究地点属于公共场所，则研究者需要事先了解该公共场合的相关规定和要求。

四、接触研究对象的策略

与研究对象接触时，我们可以采用多种多样的策略。进入研究现场时，研究者向被研究者交流有关信息的方式对自己进入现场会产生非常重要的影响。研究者首先应向对方做自我介绍，告诉对方自己的个人背景、研究内容和目的，研究者需要诚实地说出参与研究需要什么，以及被研究者可能面临的风险和利益，但不需要详细说明研究兴趣。应注意，研究者要避免在研究的任何方面误导被研究者，不能故意歪曲自己的意图或者说谎。同时，研究者须向对方阐明自愿原则和保密原则，明确告诉对方可以选择不参与研究，自己会为对方提供的所有信息保密。例如，研究者可以对被研究者说，“我对这里发生的所有的事情都会保密的，不会告诉其他人”。此外，研究者阐释的关于研究兴趣的确切内容应该反映出研究设计过程和研究目的。我们解释研究兴趣的一种方式是让人们知道，我们不一定对那个特定的组织或那里的特定人员感兴趣。在所有的研究中，除了对组织的评价外，研究者的兴趣范围都比特定的环境更广泛，并且关注的是一般类型的组织。例如，如果研究者想进入一所学校，应该表明他对了解一所学校是什么样的感兴趣，而不是对那所学校的性质感兴趣。

在向被研究者做介绍时，研究者可以提供以下十二方面的信息：(1)研究者的个人身份；(2)研究的内容；(3)研究的目的；(4)处理研究结果的方式；(5)选择研究地点和被研究者的方式；(6)被研究者参与此项研究的风险和好处；(7)对被研究者和研究地点保密，使用匿名；(8)研究者希望进行观察和访谈的频率；(9)当日从事研究的时限；(10)请求对观察和语言进行记录、录音或录像；(11)声明研究者不是来评论或评估对方的，而是来理解对方的；(12)声明被研究者是专家和老师，他们对研究者提出的问题所做的回答无所谓对错。[①]

有时，研究对象的选择涉及声誉问题。在特殊教育领域，我们一直对残疾学生实现融合的过程感兴趣，并不断寻求对有成功经验的学校和教师进行调查研究。例如，泰勒等人曾以一些创造性的方式来支持以社区中的残疾人的机构为研究对象进行研究。如果人们为自己的努力感到自豪，或者认为自己的做法具有独特性或创新性，那么告诉他们选择他们作为研究对象是有道理的，因为他们与众不同。在这种情况下，研究者更容易与被研究者进行深入交流。[②]

有时，被研究者可能出于某种原因拒绝研究者的请求，不愿意参与研究。他们都有自己的理由。例如，一些家长因为要照顾孩子没时间参加研究；一些家长因对研究主题不感兴趣而拒绝。拒绝本身对研究者来说是一个重要的信息，研究者应根据当时的情况反省自己在哪些方面做得不对。不管出于何种原因，研究者需设法换一种方式与被研究者协商，注意观察他们在拒绝时说的话以及他们的神情举止，并通过这些线索发现被研究者拒绝的真正原因。在质性研究中，所有东西都是资料，进入研究现场本身就是一个收集资料的过程，研究者在进入现场时使用的策略、遇到的障碍以及克服阻力的方式等都是研究的重要组成部分。

第三节 资料收集

收集资料时，有系统且有效的资料收集方法是必要的。傅王倩等人采用访谈法与实物资料收集的方法，以三名从普通学校回到特殊学校的儿童为主要研究对象，分析了回流现象背后的深层原因。[③] 孙玉梅以半结构式的深度访谈为主要研究方法，深入孤独症儿童母亲的世界，来探讨本质背后的深层意义。[④] 叶增编等人为了解特殊儿童融合现状，以一所招收特殊幼儿的私立幼儿园为研究对象，通过访谈、观察、实物资料收

---

① 陈向明：《质的研究方法与社会科学研究》，158页，北京，教育科学出版社，2000。

② Taylor S. J., Robert Bogdan & DeVault M. L., *Introduction to Qualitative Research Methods: A Guidebook and Resource*, 4th Edition, New Jersoy, John Wiley & sons, 2015, pp. 69-72.

③ 傅王倩、肖非：《随班就读儿童回流现象的质性研究》，载《中国特殊教育》，2016(3)。

④ 孙玉梅：《自闭症儿童母亲生活经验之诠释：现象学的视角》，博士学位论文，华中师范大学，2011。

集的方法，深度了解了幼儿园实施融合教育的过程和困扰。[①] 下文将阐述访谈、观察以及实物资料收集这几种具体资料收集方式。

一、访谈

访谈是质性研究中一种十分重要的收集资料的方式。访谈与日常谈话不同，是有目的的研究性谈话。在质性研究中，访谈发挥的不仅是一个简单的访谈者向受访者“收集”资料的作用，而且更重要的是它是一个交谈双方共同“建构”和共同“翻译”社会现实的过程。深度访谈包括几个阶段：首先让受访者从日常生活中脱离出来，并逐渐深层次地探讨一个或一组特定的话题，最后访谈者通过发出一系列信号使受访者回归日常生活。[②]

阶段 1：到达现场。

当研究者来到访谈地点的那一刻，访谈就开始了。访谈前的几分钟对于建立双方关系而言是至关重要的，研究者需要意识到，受访者一开始可能会感到焦虑，甚至有些敌意。在这个阶段，让受访者感到轻松、有安全感是很重要的。因此，研究者可先就一些日常话题聊起，等到受访者完全放松下来时，可继续下一阶段。

阶段 2：介绍研究主题。

在该阶段，研究者需要向受访者介绍研究主题、研究的性质和目的，重申机密性，并寻求记录采访的许可。此外，研究者还需确保访谈的环境是安静的、私密的和舒适的，避免受访者分心。

阶段 3：开始访谈。

一些研究者认为，从一个中性主题开始比从询问个人信息(如受访者年龄、婚姻关系等)开始，更容易打开受访者的心扉。但是了解一些必要的个人信息能够帮助访谈顺利进行。例如，当涉及特殊儿童家庭教育情况时，了解该儿童家庭成员组成是必要的。同时，当访谈主题是受访者熟悉的内容时，更容易调动受访者参与的积极性。因此，在访谈开始时，研究者可以一种非正式的方式询问受访者的背景信息，如他们的年龄、和谁生活在一起、是否外出工作等。一方面能够帮助受访者适应访谈节奏，了解访谈的基本模式；另一方面也能帮助研究者根据其回答情况对访谈做出相应调整。

---

① 叶增编、吴春玉、廖梅芳：《学前融合教育：理想与现实——基于一名自闭症幼儿融合教育的个案研究》，载《中国特殊教育》，2009(12)。

② Jane Ritchi，Jane Lewis，*Qualitative Research Practice*：*A Guide for Social Science Students and Researchers*，London，SAGE Publications，2003，pp. 144-147.

阶段 4：进行访谈。

在该阶段，研究者需引导受访者对一些预先设计好的主题进行深入探究，不断通过追问、观察挖掘受访者深层的想法、感受。访谈时，应避免那些对访谈者来说敏感的问题。如果必须要提，可选择在访谈后期受访者心情放松的时候提这些问题。根据敏感话题的性质，可通过这样的方式询问：受访者不需要说自己的行为，而是用一个假设性的例子来讨论这个话题。

阶段 5：结束访谈。

在访谈结束前的 5～10 分钟内，研究者可以通过一些方式示意访谈结束，让访谈逐渐回到日常社交互动的层面。比如，"最后一个话题……"或者"在最后几分钟……"。同时，研究者还要检查是否完成了全部的访谈工作，是否还存在未提及的重要问题。

阶段 6：访谈结束后。

访谈结束后，研究者应确认录音是否完成，以防出现差错。研究者应再次向受访者表示感谢，帮助受访者走出访谈模式，并再次向受访者承诺保密。

二、观察

在质性研究中，研究者在观察时需注意以下几个步骤：观察前的准备，具体的观察方法和策略，观察的记录，观察者的自我反思。

(一)观察前的准备

在观察开始之前，研究者需要先做一些必要的准备工作，如确定观察的问题、制订观察计划、设计观察提纲等。"观察的问题"是研究者在确定了研究的问题之后决定选择使用观察的方法，根据观察的需要而设计的、需要通过观察活动来回答的问题。观察的问题确定以后，我们可以着手制订一个初步的观察计划。一般来说，观察计划应该包括以下几个方面：观察的内容、对象、范围、地点、观察的时刻和时间长度、次数、观察的方式、手段、效度问题、伦理道德问题等。拟定初步计划以后，我们可以开始编制具体的观察提纲，以便将观察的内容进一步具体化。观察提纲应该遵循可观察原则和相关性原则，针对那些可以观察到的、对回答观察问题具有实质意义的事情进行观察。陈向明将观察提纲的内容分为以下六个方面。[①]

(1)谁？(有谁在场？他们是什么人？他们的角色、地位和身份是什么？有多少人在场？这是一个什么样的群体？在场的这些人在群体中各自扮演的是什么角色？谁是群体的负责人？谁是追随者？)

① 陈向明：《质的研究方法与社会科学研究》，236～240 页，北京，教育科学出版社，2000。

(2)什么?(发生了什么事情?在场的人有什么行为表现?他们说/做了什么?他们说话/做事时使用了什么样的语调和形体动作?他们相互之间的互动是怎么开始的?哪些行为是日常生活中的常规?哪些是特殊表现?不同参与者在行为上有什么差异?他们行动的类型、性质、细节、产生与发展的过程是什么?在观察期间他们的行为是否有所变化?)

(3)何时?(有关的行为或事件是什么时候发生的?这些行为或事件持续了多久?事件或行为出现的频率是多少?)

(4)何地?(这个行为或事件是在哪里发生的?这个地点有什么特色?其他地方是否也发生过类似的行为或事件?这个行为或事件与其他地方发生的行为或事件有什么不同?)

(5)如何?(这件事是如何发生的?事情的各个方面相互之间存在什么样的关系?有什么明显的规范或规则?这个事件是否与其他事件有所不同?)

(6)为什么?(为什么会发生这些事情?促使这些事情发生的原因是什么?对于发生的事情,人们有什么不同的看法?人们行为的目的、动机和态度是什么?)

(二)具体的观察方法和策略

1. 开放式观察

在质性研究中,观察的方式在不同阶段通常表现出不同的风格。一般来说,在观察的初期,研究者通常采取比较开放的方式,用一种开放的心态对研究的现场进行全方位的、整体的、感受性的观察。研究者尽量打开自己所有的感觉器官,包括视觉的、听觉的、嗅觉的、味觉的。综合运用所有的这些感觉,用自己身体的所有部分去体会现场所发生的一切。

在这个阶段,观察记录应该以全面描述为主,尽可能地记录下所有看到、听到和体会到的东西。如果研究的场景对我们来说是陌生的,初次的感觉会比较敏锐,对周围事物的新鲜感也会比较强烈,因此应该及时将这些感触记录下来。即使研究的环境对我们来说是熟悉的,我们也应该保持开放的态度。从建构主义的观点来看,人对现实的每一次理解都是一次重构。

2. 逐步聚焦

对观察的整体现场获得了一定的感性认识,明确了自己希望回答的观察问题以后,我们便可以开始聚焦了。聚焦的程度取决于研究的问题、具体的观察对象以及研究的情境等因素。一般来说,聚焦时的视野可以有狭窄单一的和开阔的两种。前者的焦点比较集中,对单一现象或行为进行集中的观察;后者的焦点比较开阔,强调对整个事件进行全方位的关注。在实际观察中,研究者应变换使用狭窄单一的视野和开阔的视野。这种方法与有的学者所说的“分析综合法”类似,即先观察事物的局部,然后再观察事物的整体；或者相反，先观察事物的整体，然后再观察事物的局部。在如此反复移动焦点、扩大或缩小视野的同时，研究者可以对观察的内容进行综合和分析。①

(三)观察的记录

实地研究最大的长处，就是研究者能够在行为现场观察和思考。在直接的观察中，把一切过程完整而真实地记录下来是很重要的。研究者应尽可能在观察的时候记录观察内容。记录内容应包括经验观察以及对它们的诠释，要记下“知道”已经发生的和“认为”已经发生的，并将不同记录加以区分。由于研究者很难将所有观察到的内容都记录下来，因此，研究者记录代表的是所观察的样本，该样本应是观察中最重要的部分而不是随机发生的事件。

在研究开始之前，有些最重要的观察是可以预料的，有些则会随着观察的推进逐渐显现。研究者可事先准备标准的记录表格，也可以事先发明一套符号速记法来使观察更加方便、快捷。要成为一个好的实地研究者就需要记好笔记，好的笔记需要小心审慎的注意力以及一些特殊技巧。

除非必要，不要过分信赖自己的记忆力。为保持资料的真实性，研究者需要尽可能在观察时或在事后尽快做笔记。

可采用分段记笔记的方法。在观察时，研究者可只做简略的记录(如用字和词组)，离开情境后，再将记录详细地重写。

尽可能地将所有回想起的细节都记下来。一般来说，在回顾并分析大量信息之前，并不能真正确定什么重要或什么不重要，所以在记录开始时看起来并不重要的东西，也许最后会变得很重要。而且，记录这些不重要细节的过程本身，可能会使研究者回忆起重要的事。观察和记录是一种专业技能，跟其他有价值的技能一样——熟能生巧。②

(四)观察者的自我反思

质性研究中的观察要达到如下几条标准。(1)准确：观察要获得相对确切的资料，即符合观察对象的实际情形。虽然持不同范式的质性研究者对什么是“准确”理解得不一样，但是他们都认为仍旧存在一个衡量是否准确的标准。(2)全面：观察要求注意事物的整体状况，特别是观察时的社会、文化、物质背景。(3)具体：观察要求细致入微，注意了解事情的细节。(4)持久：观察要长期持续地进行，追踪事情的发展过程。(5)开放：观察可以随时改变方向、目标与范围，观察本身是一个演化的过程。(6)反

---

① 陈向明：《质的研究方法与社会科学研究》，239～245页，北京，教育科学出版社，2000。

② [美]艾尔·巴比：《社会研究方法》(第11版)，307～310页，邱泽奇译，北京，华夏出版社，2009。

思：观察者要不断反思自己与被观察者的关系，要注意这一关系对观察的进程与结果所产生的影响。

三、实物资料收集

除了访谈和观察以外，质性研究中另外一种主要的收集资料的方法是实物资料收集。“实物”包括所有与研究问题有关的文字、图片、音像等，可以是人工制作的东西，也可以是经过人们加工过的自然物。这些资料可以是历史文献(如传记、史料)，也可以是现时的记录(如信件、作息时间表、学生作业)；可以是文字资料(如文件、教科书、学生成绩单、课表、日记)，也可以是影像资料(如照片、录像、录音、电影、广告)；可以是平面的资料(如书面材料)，也可以是立体的物品(如陶器、植物、路标)。

实物资料可以分为三类：正式官方类、非正式个人类、照片。正式官方类指由政府部门颁发的证件和文件，如工作证、身份证等。非正式个人类通常包括被研究者个人所写的东西，如日记、信件、自传等，还有教师写的教案、家长为自己孩子做的成长记录等。教师的教案对于了解教师的教学思想、教学构思和个人教学风格很有帮助，特别是当这些教案伴有一些教师个人的评语时。家长为孩子写的成长日记，通常会记下每一阶段孩子的成长情况，通过这些，我们不仅可以了解孩子的具体成长状态，而且可以了解父母是如何看待自己的孩子的。非正式个人类实物资料包括绘画。儿童的绘画一直被广泛运用于发展心理学研究中，作为投射测试和研究特点、行为和个性的内容，当前又被看作研究儿童的关键内容。部分原因是儿童识字和语言发展问题，调查问卷在收集他们的看法时并不是那么理想。语言和词汇的缺乏也使调查者问他们问题变得困难，通常得到的是简短的甚至只有一个字的答复。然而，相反的是，绘画是儿童很喜爱的活动，很容易和做游戏联系起来。而且，有研究者认为绘画是儿童书写的一种早期形式，因此它也被认为是倾听儿童的一种好的技巧。此外，照片被认为是一种十分有价值的实物资料，可为研究提供丰富的信息。其一，照片可提供非常清楚的描述型信息，包括场景、人物和事件的具体细节。其二，由当事人拍摄的照片可以提供了解他们世界观和人生观的有关线索，了解他们是如何看待周围世界的。其三，每张照片的拍摄都有一定的目的性，因此在对照片进行分析时，我们应考虑到拍摄人员的动机和目的以及形成这些动机和目的的历史文化背景。

实物资料与其他类型的资料相比，具有一些优点。实物可以扩大我们的意识范围，增加多种研究手段和分析视角，为我们提供一些新的概念、隐喻、形象和联想，使我们的视野更加开阔。例如，通过观察被研究者的家庭布局、陈设、整洁程度，可在一定程度上了解其家庭生活状况。同时，实物通常是在自然情境下生产出来的产品，可以提供有关被研究者言行的情境背景知识，与访谈、观察等人为方式获取的信息相比，更具有真实性。[①] 例如，王辉、汪斯斯等人采用个案研究法，选取NL特殊学校的G校长为研究对象，通过深度访谈与实物资料收集来剖析其专业成长历程，探讨其专业素养构成和专业成长路径，挖掘特殊学校校长专业成长的支持体系。[②]

需注意的是，收集实物必须获得当事人的同意。不论是个人非正式的资料还是官方正式的记录文件都有自己的“守门员”，我们在收集这些资料的时候必须了解他们是谁，如何顺利地获得他们的同意。如果他们不同意提供这些资料，我们应该尊重他们的意见。

第四节 资料分析

资料收集上来以后，研究者需要对资料进行整理和分析。整理和分析资料指的是根据研究目的对所获得的原始资料进行系统化、条理化，然后用逐步集中和浓缩的方式将资料反映出来，其最终目的是对资料进行意义解释。整理和分析资料是意义解释的必由之路，是保证研究结果“严谨”“确切”的一个重要手段。就像质性研究中其他的组成部分一样，资料的整理和分析也没有一套固定的、适用于所有情境的规则和程序。意义解释既是一项研究活动，又是一门艺术，不可能机械地、按照一套固定的程序来进行。因此，在做每一项具体的整理和分析时，研究者应针对自己的研究目的以及自己资料的特性选择合适的方法。

一、资料的整理和初步分析

整理和分析是一个整体，不能截然分成两个独立的部分。整理资料这一工作看似机械、单调，但实则为分析资料的过程。在实地收集资料的同时对资料进行整理和分析可以起到如下作用：(1)强迫研究者逐步缩小研究的范围，尽早就研究的方向和类型做出决定；(2)帮助研究者提出一些可以统揽所有资料内容的观点，发展出一些可供进一步分析的问题；(3)使研究从原始资料向理论建构的方向过渡；(4)帮助研究者在整

① 陈向明：《质的研究方法与社会科学研究》，257～266页，北京，教育科学出版社，2000。
② 王辉、汪斯斯、王雁：《特殊教育学校校长专业成长的个案研究》，载《中国特殊教育》，2016(11)。

理资料的基础上了解自己还需要哪些方面的信息，以便下一步有计划地收集资料。[①]

（一）资料的初步整理与编号

质性研究之所以要求对所有资料都进行整理，是因为这种研究认为“所有的事情都是资料”。深入分析前，研究者需对资料进行整理。比如，必须逐字逐句地整理出访谈中的录音记录，不仅包括被受访者的言语行为，而且包括他们的非言语行为（如叹气、哭、笑、沉默、语气中所表现的迟疑等）；观察笔记事后必须进行处理，对遗漏的细节进行补充，对简化的内容进行扩展；实物资料如果有不全或记录错误的地方应该及时补充或纠正。

在整理资料之前，我们可以先给每一份资料编号，然后在这个基础上建立一个编号系统。编号系统通常包括如下几方面的信息：资料的类型（如访谈、观察、实物），资料提供者的姓名、性别、职业等，收集资料的时间、地点和情境，研究者的姓名、性别和职业等，资料的排列序号等。

原始资料经过初步的整理和编号以后，我们还应将所有这些资料复印一份，以便分析时用来剪贴和分类。原件应该保持原封不动，以便今后查找。如果有计算机进行文字处理，也可以存一个备份。

（二）初步分析

初步分析包括以下几个步骤：阅读原始资料、登录、寻找“本土概念”、建立编码和归档系统。在实际操作时，登录和寻找“本土概念”两个步骤有时可以同时进行，也可以有意识地将寻找“本土概念”分出来进行重点分析。

分析资料的第一步是认真阅读原始资料，熟悉资料的内容，仔细琢磨其中的意义和相关关系。在对资料进行分析之前，研究者起码应该通读两遍资料，直到已经对资料了如指掌，完全沉浸到了与资料的互动中。登录是资料分析中最基本的一项工作，是一个将收集的资料打散，赋予其概念和意义，然后再以新的方式重新将资料组合在一起的操作过程。登录要求研究者具有敏锐的判断力、洞察力和想象力，不仅能够很快地抓住资料的性质和特点（特别是那些隐藏在语言下面的深层意义），而且可以很快地在不同概念和事物之间建立起联系。为了保留资料的“原汁原味”，登录时我们应该尽量使用被研究者自己的语言作为码号。被研究者自己的语言往往代表的是对他们自己来说有意义的“本土概念”，将被研究者自己的语言作为码号可以更加真切地表现他们的思想和情感。第一轮登录完成以后，我们可以将所有的码号都汇集起来，组成一个编码本。这是一个将所有的码号按照一定的分类标准组合起来的系统，反映的是资

---

① 陈向明：《质的研究方法与社会科学研究》，269～288页，北京，教育科学出版社，2000。

料浓缩以后的意义分布和相互关系。编码有两个主要的作用：将码号系统地排列出来，使我们了解现有码号的数量、类型以及码号所代表的意义之间的联系，由此来决定现有的码号是否合理，是否需要增加新的码号或减少旧的码号，是否需要改进码号系统的整体结构；为我们今后查找码号提供方便。对原始资料进行登录以后，我们还需要建立一个随时可以储存和调出的系统，这个系统包括一个简明的检索系统及相关的资料档案系统。检索系统可以写在一张或数张卡片上，按字母、数字或主题符号排列，以便查找或修改。档案系统是对资料进行归类的具体体现，需要经常调整和完善。对新的码号需要增加新的档案袋，对旧的不适用的码号需要取消其档案袋。如果某一个档案袋突然变得过于臃肿，这可能表明这个码号需要进一步被细化。

二、资料的归类和深入分析

对原始资料进行登录并且建立了编码本和档案袋以后，研究者需要对所有的资料按照一定的标准进行归类和深入分析。归类指的是按照编码系统将相同或相近的资料合在一起，将相异的资料区别开来，找到资料之间的联系。深入分析指的是将资料进一步浓缩，找到资料内容中的主题或故事线，在它们之间建立起必要的联系，为研究结果做出初步的结论。对资料进行归类可以有很多不同的、灵活的方式，但是必须遵循的一个重要原则是：结合研究目的的需要以及资料本身的特点选择合适的归类方式。比如，如果研究的目的是了解某地区特殊教育教师对当地特殊教育学校教育质量的看法，主要的资料收集方法是访谈，而且访谈是按照一定的主题进行的，那么对资料的整理和分析就可以采取类属分析的形式。而如果研究的目的是了解当地特殊教育学校的发展脉络，收集到的资料既有访谈资料，又有观察记录和实物，资料呈现出过程性和动态性的特点，那么对资料的整理和分析就可以采取情境分析的方式，下文将简单介绍这两种分析方式。

类属分析指的是在资料中寻找反复出现的现象以及可以解释这些现象的重要概念的一个过程。在这个过程中，具有相同属性的资料被归为同一类别，并且以一定的概念命名。类属的属性包括组成类属的要素、内部的形成结构、形成类属的原因和类属发挥的作用等。[①]

类属分析的基础是比较，因为有比较才有鉴别，才能区别此事物与他事物的异同。比较可以采取很多不同的方式，如同类比较、异类比较、横向比较、纵向比较、理论与证据比较等。通过比较设定了有关的类属以后，我们需要对类属之间存在的关系进行识别，如因果关系、时间前后关系、语义关系、逻辑关系、平行关系、包含关系、

① 陈向明：《质的研究方法与社会科学研究》，269～288页，北京，教育科学出版社，2000。

下属关系等。将类属之间存在的关系建立起来以后，我们还可以发展出一个或数个“核心类属”。核心类属是所有类属中最上位的意义单位，可以在意义上统领所有其他的类属。与此同时，每一个类属下面还可以进一步发展出下属类属，表示的是该类属所包含的意义维度和基本属性。为了使资料分析直观、明了，我们在建立不同类属之间的关系时可以使用画图的方式，如树枝形主从属结构、网状连接形结构等。

情境分析指的是：将资料放置于研究现象所处的自然情境中，按照故事发生的时序对有关事件和人物进行描述性的分析。这是一种将整体先分散再整合的方式：首先看到资料的整体情形；其次将资料打碎，进行分解；最后将分解的部分整合成一个完整的、坐落在一个真实情境中的故事。情境分析强调对事物做整体的和动态的呈现，注意寻找将资料连接成一个叙事结构的关键线索。对资料进行情境分析的主要思路是：把握资料中的有关重要信息，找到可以反映资料内容的故事线，发展出故事的有关情节，对故事进行详细的描述。进行情境分析时应该特别注意资料的语言情境和社会文化情境、故事发生的时空背景、叙述者的说话意图、资料所表达的整体意义以及各部分意义之间的相关联系。

在对资料进行分析时，类属分析和情境分析可以有机地结合起来使用。比如，在情境分析中，我们可以按照一定的意义分类系统将故事分层，使故事按照一定的主题层次展开叙述；在类属分析中，我们可以在主题下面穿插一些故事片段和轮廓分析，让这些故事性的描述对该主题的内容加以展示和说明。与此同时，我们还可以先后交替使用这两种方法，如先使用类属分析的方法对资料进行归类，然后将已经被归类过的资料置于一定的情境中做因果型或关联型的分析。此外，我们也可以先将资料进行整体性的情境分析，然后对其中的一些概念或类属进行总结性的分析。

无论是对资料进行类属分析还是情境分析，我们都需要使用一定的操作方式和分析手段对资料进行归类。在计算机软件出现之前，归类主要以手工操作为主，多使用“剪刀＋糨糊”法。研究者在资料复印件上进行登录以后，用剪刀将相关的部分剪下来，标上代码，然后分门别类地放入档案袋里。现在，随着科技的发展，手工归类已逐渐被计算机归类代替。计算机归类主要有两种方式：(1)按等级分类，即将资料中的概念按照一定的等级排列成不同的层次，类似金字塔型；(2)按网络分类，即将资料中的概念按照其内在关系组成各种不同的网状结构。在对资料进行分析的时候，质性研究者同样需要使用一些分析工具或手段，如写备忘录、日记、总结、内容摘要，以及与外界交流等。

三、建构理论

质性研究中的理论不是对社会现实的概念化和形式化，而是特定研究者从特定的角度通过特定的研究手段对特定的社会现象做出的一种解释。这种理论具有一定的时间性和地域性，必须根据具体情况的变化加以修正。虽然有的学者不重视理论在质性研究中的作用，不刻意追求理论上的建树，但是大部分人认为，建立广义的、实质的、个人的小理论还是十分重要的。这些理论不仅可以作为资料分析的最终结果，而且可以为研究本身以及有关的后续研究提供十分有益的帮助。

自下而上建构理论可以有很多不同的方式，不同的研究问题、不同的原始资料可能需要不同的操作手段和步骤。一般比较普遍的做法是：用简单的理论性语言对资料进行初步的描述、分析和综合；根据资料的特性建立初步的理论框架；按照初步建立的理论框架对资料进行系统的分析，如归类和组成逻辑故事线；对原始资料与理论框架中的概念和命题不断进行比较、对照；建立一个具有内在联系的理论体系或一套比较系统的理论假设。

在质性研究中，一个十分著名的建构理论的方法是 1967 年格拉瑟和斯特劳斯提出的扎根理论。扎根理论的主要宗旨是在经验资料的基础上建立理论。研究者在研究开始之前一般没有理论假设，会直接从原始资料中归纳出概念和命题，然后上升为理论。这是一种自下而上建立理论的方法，即在系统收集资料的基础上，寻找反映社会现象的核心概念，然后通过在这些概念之间建立起联系而形成理论。扎根理论的主要操作程序如下：对资料进行逐级登录，从资料中归纳出概念；不断地对资料和概念进行比较，系统地询问与概念有关的生成性理论问题；发展理论性概念，建立概念和概念之间的联系；理论性抽样，系统地对资料进行编码；建构理论，力求获得理论概念的密度、变异度，并使它们有高度的整合性。对资料进行逐级登录是扎根理论中最重要的一环，其中包括三个级别的编码：一级编码——开放式登录；二级编码——关联式登录，又称轴心式登录；三级编码——核心式登录，又称选择式登录。①

在一级编码(开放式登录)中，研究者被要求以一种开放的心态，尽量“悬置”个人的“倾见”和研究界的“定见”，将所有的资料按它们本身所呈现的状态进行登录。这是一个将资料打散，赋予它们概念，然后再以新的方式将资料重新组合起来的操作过程。登录的目的是从资料中发现概念类属，对类属命名，确定类属的属性和维度，然后对研究的现象命名及类属化。开放式登录的过程类似一个漏斗，开始时登录的范围比较宽，对资料内容进行逐字逐句的登录，随后不断地缩小范围，直至码号达到饱和。在这个阶段，研究者应该遵循的一条重要原则是：既什么都相信，也什么都不相信。

二级编码(关联式登录或轴心式登录)的主要任务是发现和建立概念类属之间的各种联系，以展现资料中各个部分之间的有机联系。这些联系可以是因果关系、时间先后关系、语义关系、情境关系、相似关系、差异关系、对等关系、类型关系、结构关系、功能关系、过程关系、策略关系等。在二级编码中，研究者每一次只对一个类属

① 陈向明：《质的研究方法与社会科学研究》，323～338 页，北京，教育科学出版社，2000。

进行深度分析，围绕着这一个类属寻找相关关系，因此称之为“轴心”。随着分析的不断深入，各个类属之间的各种联系变得越来越具体、明晰。在对概念类属进行关联性分析时，研究者不仅要考虑到这些概念类属本身之间的联系，而且要探寻表达这些概念类属的被研究者的意图和动机，将被研究者的言语放到当时的语境以及他们所处的社会文化背景中考虑。

三级编码(核心式登录或选择式登录)指的是：在所有已发现的概念类属中，通过系统分析选择一个“核心类属”，将分析集中到那些与该核心类属有关的码号上面。与其他类属相比，核心类属应该具有统领性，能够将大部分研究结果囊括在一个比较宽泛的理论范围之内。

第五节 撰写研究报告

资料收集与分析后的任务是撰写研究报告，就是将研究结果以某种恰当的形式传达给他人，同他人进行交流。研究报告的质量会直接影响到针对研究成果的交流和这一成果对社会的作用，因此研究者需高度重视。

一、质性研究报告的格式规范

规范的研究报告往往有较固定的格式，通常可分为引言、研究设计、结果、讨论、研究发现、小结或摘要、参考文献及附录八个部分。

(1)引言，主要说明所研究的问题及研究的意义，包括研究的缘起(或研究背景、研究动机)，研究的问题及其界定，研究的目的和意义。

(2)研究设计，即说明研究所采用的方式方法、研究程序、工具等，其中主要包括文献综述，研究的基本概念、变量、假设和理论架构，研究的总体、样本、抽样方法、抽样过程，以及研究的主要方法(包括资料收集方法和资料分析方法)。

(3)结果，即说明通过研究得到的结果。

(4)讨论，即说明所发现的结果具有哪些意义，从研究所得结果出发还能得到什么或还能做些什么。

(5)研究发现，这部分是研究报告的核心。研究者需要尽力使用洞察力与创造力来将资料概念化，以让读者能够“吸收”。研究者有许多方式来呈现研究结果，但唯一的要求是研究发现必须是易读的、严谨的。

(6)小结或摘要。

(7)参考文献。

(8)附录。

二、质性研究报告的撰写过程

(一)确定主题

研究报告的主题就是研究报告所要表达的中心问题，它是整个报告的灵魂。确定明确而适当的主题，是整个报告撰写过程顺利开展的前提。一般情况下，研究报告的主题就是该项研究的主题，即报告所要探究的中心问题。

(二)拟定提纲

撰写提纲的主要作用是厘清思路，明确报告内容，安排报告的总体结构，为实际撰写打下基础。通常，研究报告中的引言、研究设计等部分内容比较固定，拟定提纲这一步骤主要针对的是研究报告的结果部分和讨论部分。拟定的方法是对研究结果进行分解，并将分解后的每一部分具体化。

(三)选择材料

在撰写研究报告前，首先，要对所用材料进行选择，这种选择应以撰写提纲的范围和要求为依据，即应按照报告的“骨架”来选择填充“血肉”，这样才能保证所选择的材料与报告的主题密切相关。其次，要坚持精练、典型、全面的原则，做到既不漏掉重要材料，又能保证所采用的材料具有最大的代表性和最强的说服力。

(四)撰写研究报告

前三步工作为撰写研究报告提供了基本的内容要素，最后一步则要用适当的文字把它们流畅地组织在一起。具体的撰写方法通常是从头到尾一气呵成，而不要经常在一些小的环节上停下来推敲修改，以免耽误过多时间。这样做的好处是使整个报告在思想、体系结构、内容形式、行文风格等方面前后一致，浑然一体。在研究报告撰写完成后，研究者仍需从头到尾反复阅读，审查和推敲每一部分，认真修改，不断完善报告。此外，在撰写研究报告的过程中，研究者可能会发现新问题或产生新想法，这些新问题又会导致研究者去重新分析、整理和探讨研究的资料，从而进一步影响和改变研究报告的撰写过程。

第六节 质量检测

质性研究的研究质量也被称为客观性，它涉及社会科学家的研究发现，即对社会现象的描述和解释，以及研究发现与现场中人们所经历的现象二者之间的对应关系。它涉及导致研究发现的研究过程的可控性。

一、效度检测

质性研究中的效度是用来评价研究报告与实际研究的相符程度的，而不是像量化研究中的效度那样对研究方法本身进行评估。质性研究认为，客观的、固定不变的实体是不存在的，研究是一个主体间不断互动的过程。当我们说某一结果的效度比较高时，我们不是指该研究使用的方法有效，而是指对该结果的表述再现了研究过程中所有部分、方面、层次和环节之间的协调性、一致性与切合性。

在民族志的研究中，沃尔科特(Wolcott)提出了确保效度的九个必备条件：(1)研究者应避免在现场讲话，尽可能地用心倾听；(2)尽力做好最接近事实的笔记；(3)尽早开始做笔记；(4)做笔记或报告的方式要让研究对象看得懂，这意味着，要提供充分的资料给读者，以便他们可以自行推论，并且得以看出研究者推论的来龙去脉；(5)报告应该尽量完整且真诚；(6)研究者应询问当地人或其他研究者，请他们对自己的发现与报告的呈现方式发表反馈意见；(7)研究成果发表的呈现方式应合理；(8)各种维度的资料都要进行阐述；(9)报告的撰写应准确无误。①

质性研究者将那些有可能导致研究出错的因素称为“效度威胁”。对效度进行检验并设法排除“效度威胁”的具体方法一般有以下几种。②

(一)侦探法

侦探法类似侦探人员在侦破案件时所采用的方法，一步一步地对可疑现象进行侦查，找到解决案件的有关线索，然后将线索放到一起进行对比，制定最佳处理方案，

① Uwe Flick：《质性研究导论》，361～632 页，李政贤、廖志恒等译，台北，五南图书出版公司，2007。

② 陈向明：《质的研究方法与社会科学研究》，400～406 页，北京，教育科学出版社，2000。

最后对罪犯采取行动。这是一个开放渐进的过程，研究者按照研究问题的性质、目的和所依据的理论不断地对研究的各个层面和环节进行搜寻，找出有可能影响效度的“威胁”，对它进行检验，然后想办法将它排除。

（二）证伪法

与量化研究使用证实法不同，质性研究检验效度时使用的是证伪法，即在建立了一个假设之后，想尽一切办法证明这个假设是不真实的或不完全真实的，然后修改或排除这一假设，直至找到在现存条件下最为合理的假设。为了证明某一个假设是目前最合理的，我们必须在已经收集到的资料中有意识地寻找那些有可能使该假设不能成立的依据。如果我们在资料中找到了反例，就需要对原来的结论进行相应的修改，以适合原始资料的内容。经过如此不断反复的证伪过程，如果该假设被证明没有漏洞，经受住了证伪的考验，我们就可以接受其真实性。否则，我们应根据检验的结果对假设继续进行修正或否决。

（三）相关检验法

相关检验法（又称“三角检验法”）指的是，针对同一结论用不同的方法，在不同的情境和时间里，对样本中不同的人进行检验，目的是通过尽可能多的渠道对目前已经建立的结论进行检验，以求获得结论的最大真实度。比如，如果我们使用访谈的方法对某一研究现象有所发现，就可以使用观察或收集实物的方法对同一现象进行研究。如果我们在某时某地对某现象进行研究以后有所发现，可以选择在不同的时间和地点对同一现象进行研究。

（四）反馈法

反馈法指的是，研究者得出初步结论以后广泛地与自己的同行、同事、朋友和家人交换看法，听取他们的意见。我们可以将这些给予反馈的人分为两大类：一类是对研究者所研究的现象比较熟悉的人；另一类是对研究者所研究的现象不熟悉的人。不论是熟悉的人还是不熟悉的人，他们都有可能对研究的结果提出有用的看法和建议。熟悉的人对研究的现象往往有自己的看法，可以根据自己的经验提出参考意见；而不熟悉的人由于是外行，往往有一些内行人员意想不到的新角度，提出的看法可能使研究者耳目一新。

（五）参与者检验法

参与者指的是那些参与研究的被研究者；参与者检验法指的是，研究者将研究的结果反馈给被研究者，看他们有什么反应。这个工作应该尽可能早做，在得出研究的初步结论以后便将结论返给被研究者。如果被研究者对研究者所得出的结论有不同的看法，或者认为研究者误解了他们所做的事和所说的话，研究者应该尊重他们的意见，对结论进行修改。研究报告中应该有专门的篇幅报告研究者是如何将研究结果反馈给被研究者的，后者对研究结果有什么反应。

二、信度检测

信度作为评估质性研究的一种标准，其主要的应用价值就在于必须配合特定质性研究理论背景来进行评估。在质性研究中，信度的衡量常常需要配合特定质性方法，而不能将信度视为一种通用式的评估标准来使用。

研究者可通过多个角度来增进资料及分析的信度。在民族志研究中，记载资料的质量是评估该资料与后续分析信度的基础。执行这项检验的一个起点就是现场笔记。要提升此类资料的信度，可采用一种标准化的笔记做法，尤其是当有若干不同观察者参加同一项研究的时候。

在提升访谈资料的信度方面，可应用的方法有：加强对访谈人员的训练，并在第一次访谈后，检核访谈提纲。在提升观察的信度方面，应该将观察人员进入现场前的训练列入必要的准备工作中，并定期评估观察人员的实际观察情形。在提升资料分析的信度方面，应针对分析的程序与编码的方法进行训练。

总体而言，在讨论质性研究的信度时，要注意两方面的问题：(1)要能够清楚地说明资料的来源，亦即澄清其中哪些陈述是来自研究对象的说法，哪些陈述是来自研究者本身的推敲；(2)在研究人员训练与重新检核等阶段，对于各种程序的说明，包括现场研究、访谈、处理文本的程序，都应该具体而明确，以便能够针对不同访谈者或观察者的程序做法，进行对照比较。①

三、质性研究的伦理道德问题

研究是人的实践活动，也会发生道德两难的情况，要化解相关问题必须借助社会价值观和伦理原则。研究者可能会问的问题是：我有没有以某种方式欺骗他们或我有没有剥削参与者？尽管已有保护他们的措施，但是当主持单位的人可以认出彼此时，是不是有可能会伤害到他们或对他们造成损失呢？我的研究设计是否真的非常值得做？它是否值得我耗费那些研究经费呢？谁将因研究结果的公布而受益，又有谁将会因此受到损害？

---

① Uwe Flick：《质性研究导论》，352、356页，李政贤、廖志恒等译，台北，五南图书出版公司，2007。

善意被认为是总括一切的大原则，是指让科学、人性、个别研究参与者的效果达到最大限度，同时避免或减少不必要的伤害、风险或错误，这些一般性原则需要转化为实践上的意义，通常涉及三个层面，即知情同意、隐私、保密性。

质性研究中有一项重要的一般性伦理义务，就是知情同意。这个义务就是要针对被研究的个人或社会，以这些对象可以了解的语言来完整描绘出资料收集的性质以及将被使用的目的。被研究者有权利知道他们正在被研究，充分了解研究的风险和利益的情况。

由于质性研究者与被研究者必须发生接触，而且大多数情况下彼此的关系有可能变得十分亲密，因此保护被研究者的隐私在这类研究中至关重要。在研究开始之前，研究者就应该主动向被研究者许诺遵循保密原则，告诉对方自己无论在任何情况下都不会暴露他们的姓名和身份，一切与他们有关的人名、地名与机关名称都将使用匿名，必要时还会删除敏感性材料。

保密性关注的是资料，包括记录、田野笔记、访谈记录，以及为了保护隐私而如何在研究中处理资料的协议。通常在知情同意书中，应澄清该研究会怎样处理被研究者传达给研究者的信息。保密性与匿名性有关，这意味着被研究者的姓名以及其他独特的标志符号不能附在资料上。

最后，研究者应充分注意的是，对特殊儿童群体，研究者应更加注重伦理道德原则。研究者需要更加精心地对质性研究进行设计，以确保对被研究者的保护。

本章小结

在特殊教育研究领域，质性研究在不断发展。目前，已有不少质性研究方法可供研究者选用，且每种研究方法都有各自不同的前提和目的。但是，我们不能将不同研究方法视为独立的对象，而把它们和研究历程与研究对象分离开。质性研究方法和其研究历程、研究对象之间，是以某些特定方式紧密联系在一起的。本章阐述了特殊教育领域质性研究历程中各种不同的步骤，以帮助读者了解质性研究的整体全貌，同时，本章还具体阐述了不同研究方法的适用条件，以帮助读者认识各个具体的质性研究方法的概略面貌，并了解个别研究方法的优点与限制。这样可以协助读者在选择研究问题时，有能力做出最佳的策略判断。

复习思考题

1. 下列对访谈调查叙述正确的是(　　)。

A. 访谈时，追问越多越好

B. 访谈时，访谈者用眼睛、神态与受访者交流是不礼貌的

C. 访谈时，座位安排无关紧要

D. 在征得受访者允许的情况下，访谈者应尽可能使用录音

2. 在对特殊儿童群体进行研究时，采用质性研究方法侧重于(　　)。

A. 研究对象具体独特的现象

B. 对特定行为或问题进行探索研究

C. 使用问卷调查收集资料

D. 对访问结果进行数据统计

3. 以下关于“进入现场”的描述中，表述正确的是(　　)。

A. 若研究地点属于公共场所，则研究者有时不必获得被研究者的批准。

B. 若研究涉及某些社会机构，则研究者必须事先取得被研究者和他们“守门员”的同意。

C. 在有些情况下，研究者预料自己的研究会受到“守门员”拒绝，因此只能采用隐蔽地进入的方式。

本章阅读书目

1. 艾尔·巴比. 社会研究方法(第11版). 邱泽奇，译. 北京：华夏出版，2009。

2. 陈向明. 质的研究方法与社会科学研究. 北京：教育科学出版社，2000。

3. 大卫·希尔弗曼. 如何做质性研究. 李雪，张劼颖，译. 重庆：重庆大学出版社，2009。

4. 风笑天. 社会学研究方法. 3版. 北京：中国人民大学出版社，2009。

5. Ian Menter，等. 教育科研实用指南. 刘常庆，邱超，译. 上海：华东师范大学出版社，2015。

6. Jane Ritchi，Jane Lewis. Qualitative research practice：a guide for social science students and researchers. London：Sage Publications，2003.

7. Taylor S. J. , Robert Bogdan, DeVault M. L. Introduction to qualitative research methods: a guidebook and resource(4th Edition). New Fersey: John Wiley & sons. 2016.

8. Uwe Flick. 质性研究导论．李政贤，廖志恒等，译．台北：五南图书出版公司，2007。

主要参考文献

[1]张福娟，苏雪云．特殊儿童个案研究资料收集的方法[J]. 心理科学，2001(6).

[2]陈向明．“质的研究”中研究者如何进入研究现场[J]. 高等教育研究，1997(4).

[3]张苗．随班就读自闭症儿童学校适应不良有效干预的个案研究[J]. 现代特殊教育，2015(35)。

[4]叶增编，吴春玉，廖梅芳．学前融合教育：理想与现实——基于一名自闭症幼儿融合教育的个案研究[J]. 中国特殊教育，2009(12)。

[5]孙玉梅．自闭症儿童母亲生活经验之诠释：现象学的视角[D]. 武汉，华中师范大学，2011。

[6]傅王倩，肖非．随班就读儿童回流现象的质性研究[J]. 中国特殊教育，2016(3)。

[7]王辉，汪斯斯，王雁．特殊教育学校校长专业成长的个案研究[J]. 中国特殊教育，2016(11)。

第六章

特殊教育质性研究示例

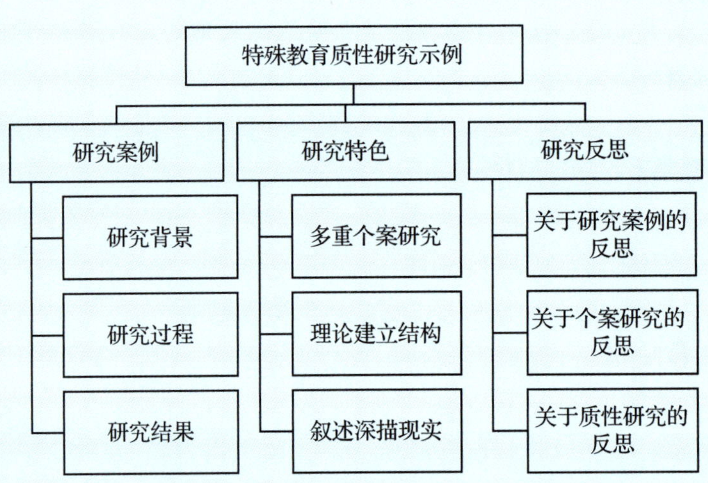

导 读

特殊教育质性研究示例可以帮助学生了解质性研究的一些原理、概念在实际应用中的作用和意义，理解在特定的社会背景、概念架构中建构理论的研究逻辑。本章以2018年发表在《教育学报》上的《融合教育背景下特殊学生家校互动模式的质性研究》[①]为例，具体分析特殊教育质性研究的过程，并展开讨论。

第一节 研究案例

融合教育是特殊教育发展的一大趋势，高质量的融合教育需要多方人员的参与和支持，尤其是需要特殊学生家庭与融合学校两大系统中诸多人员的积极互动。因此，开展融合教育背景下特殊学生家校互动的研究对特殊教育的发展而言，有一定的理论建构和实践指导意义。

一、研究背景

在融合教育不断发展的背景下，目前越来越多有特殊需要的学生进入普通班级享受平等教育，但一些教师相对缺乏特殊教育知识和技能，有些普通学生家长对特殊学生接纳度不高，特殊学生家长的权利意识逐渐苏醒，逐渐重视孩子在普通学校进行融合教育的状况。家庭和学校的良性互动是融合教育顺利开展下去的奠基石。但针对特殊学校“家校合作”的相关研究并不多，而且大多采用量化研究的方法，无法生动地描述和解释家校互动复杂、动态的过程，因此该研究聚焦特殊学生家长(母亲)和教师(班主任)之间的互动，以“互动仪式链”为理论视角，遵循质性研究范式，同时对教师和特殊学生家长进行访谈，力图深入了解二者之间的互动过程和效果，并在此基础上，分析影响互动过程和效果的因素，尝试提炼出融合教育背景下特殊学生家校互动的模式。

① 杨茹、程黎：《融合教育背景下特殊学生家校互动模式的质性研究》，载《教育学报》，2018(2)。

二、研究过程

该研究以美国当代社会学家兰德尔·柯林斯(R. Collins)的“互动仪式链”(Interaction Ritual Chains)理论为基本分析框架，它不仅是该研究编制访谈提纲、分析资料的基础，也是后续讨论的主要依据。“互动仪式链”的主要组成包括：(1)两个或两个以上的人聚焦在同一场所并相互影响；(2)对局外人设定了界限；(3)人们将其注意力集中在共同的对象或活动上，彼此拥有共同的关注焦点；(4)人们分享共同的情绪或情感体验。

研究采用质性研究中的个案研究法，为确保样本的典型性和丰富性，研究者从不同氛围的融合学校中选择了三组具有较强对比性的案例，教师的教龄为 7～15 年，教师经历各异，尽可能表现出更多的融合学校中教师和家长互动的不同特点。具体的研究对象情况详见《融合教育背景下特殊学生家校互动模式的质性研究》。

研究主要运用半结构访谈法，辅以参与式观察法、实物收集法来收集资料。每次访谈结束后及时进行转录，形成文字稿，在参与式观察中撰写观察备忘录，按照“类属—属性—维度”三级编码方式对访谈资料进行分析。

三、研究结果

研究按照“互动投入(文化资本和情感能量)—互动过程—互动效果”的叙事逻辑分别呈现三组教师与特殊学生家长所形成的互动模式，进而进一步发现柯林斯的“互动仪式链”理论能较好地解释教师与特殊学生家长之间的互动，并总结出包括互动主体、互动投入与互动过程、互动效果及其影响因素在内的互动模式(图 6-1)。

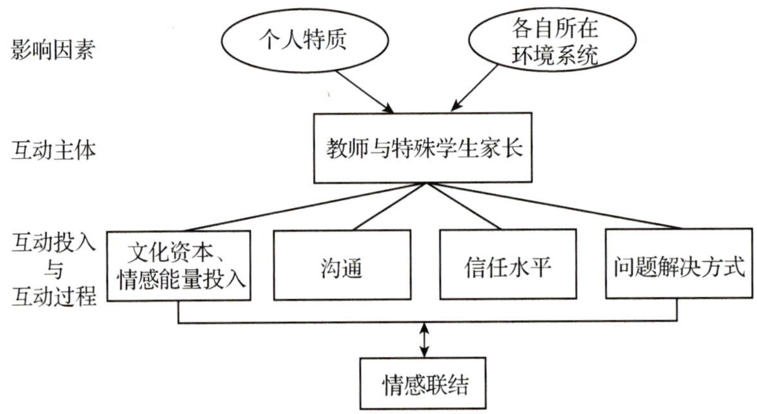

图 6-1　融合教育背景下教师与特殊学生家长的互动模式

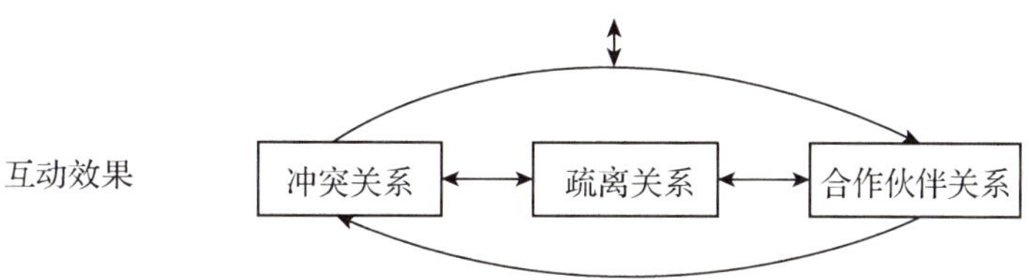

图 6-1 融合教育背景下教师与特殊学生家长的互动模式(续)

第二节 研究特色

个案研究是运用多种方法取得证据，在真实的生活情境中，对当前的现象进行缜密而深入的描述和分析；而个案是一个有时间和空间界限的系统，它可以是特定的个体，也可以是特定的群体，如机构或单位、地点、地区或社区等。[①] 该研究使用个案研究去分析融合教育背景下特殊学生家校互动的模式，是对当前融合教育过程中，家长和教师沟通互动情况的探究，研究的焦点是当前的现象，因此适合采用个案研究的方法。

一、多重个案研究

从被研究者的数量上来说，个案研究可以分为单一个案研究和多重个案研究。本研究的焦点是融合教育背景下特殊学生家校互动的情况，如果运用单一个案研究，即仅以一所学校为研究对象，即使获取的资源足够多，可能样本的丰富性也不够。因此，研究者选择了多重个案研究，根据差别复制和自愿参与原则从五所可选择的学校中选取了三组具有较强对比性的案例；三组案例所在学校的融合文化氛围不同，教师的经历、特殊学生的类型和背景各异，这些差异使得三组案例中的教师与特殊学生家长之间的互动过程呈现出了截然不同的特点。

① 钮文英：《质性研究方法与论文写作》，339 页，台北，双叶书廊有限公司，2014。

二、理论建立结构

个案研究和其他质性研究的不同在于，个案研究可以发展一个能引导资料收集和分析的理论架构，这个理论架构可以作为引导资料收集和分析的依据。该研究在前期研究架构上以美国当代社会学家兰德尔·柯林斯的“互动仪式链”理论为基本分析框架，如通过柯林斯的框架确定研究的维度和指标，在分析资料时运用柯林斯的框架来呈现资料中反映出的不同主题，并以此为轴心关联初级编码所形成的各种编码类别，最终导向对结果的探讨，同时进一步总结出三组教师与特殊学生家长的互动投入、互动过程和互动效果各异，最终分别形成了不同的互动模式。对于教师与特殊学生家长而言，所在学校的融合性支持环境、家庭社会经济水平以及个人特质等会影响二者带入互动的文化资本与情感能量水平，进而对互动过程和效果产生影响。

个案研究的品质取决于研究过程中资料收集的严谨性和丰富度，以及研究报告的可读性和清晰度。本研究在研究对象的选取、研究理论的架构以及资料的收集上均体现出了考虑与设计的全面性，因此在研究效度和信度的把握上较为严谨。另外，理论框架引领、贯穿整个研究结果，研究论文的可读性和清晰度较高，进而展现了一份高品质的个案研究。

三、叙述深描现实

如前文所述，质性研究中一个很重要的部分就是以文本与记录为根据，研究者在写作、叙述过程中需要使用系统、全面的资料来阐明观点，并提供足够的细节向读者说明研究过程和结果。在该研究中，研究者巧妙地避免了停留于个案故事本身的单一描述与表面呈现，而是与被研究者积极展开对话交流，深度描述了三组教师与特殊学生家长所面临的现实困境。在写作过程中，研究者通过“暴风雨小学的针尖老师和麦芒妈妈、山雨小学的山峰老师和流水妈妈、阳光小学的春风老师和水仙妈妈”三组形象的比喻代称来展现三所学校的融合文化氛围和教师与特殊学生家长的关系，然后按照“文化资本和情感能量投入—互动过程—互动效果”的叙事逻辑分别呈现三组案例的互动模式，总结出融合教育背景下教师与特殊学生家长所形成的三种不同类型的互动模式，最后从不同的互动主体的角度出发为今后的融合教育工作开展提出了相应的建议，真正拓展到质性研究深层的社会关怀。无论何种质性研究，都应该通过充满社会责任感的反思和带着实践旨趣的写作，来体现质性研究者为创造一个更加美好的社会而承担的责任。①

第三节
研究反思

本章所选取的研究案例采用的质性研究方法为个案研究。因此，本节主要从研究案例、个案研究和质性研究三个层面依次进行反思，希望可以给读者提供一定的启发。

一、关于研究案例的反思

（一）研究样本的层次性有待提高

从研究选取的样本来看，选取的都是普通小学的案例，缺少其他教育层级的案例，不足以概括融合教育背景下特殊学生家校互动模式，因而研究结果缺乏普遍的解释力，对读者认识更大范围的事实而言会产生一定的局限性。也许针对这一局限，研究者在后续的研究中可以通过更加深入的研究工作来进行完善，从而能够最终提升研究结果的信度和效度，也能提高推广度。

（二）案例的区域代表性有待加强

从研究内容来看，研究内容是融合教育背景下的特殊学生家校互动模式，尽管研究者依据差别复制和自愿参与原则从五所可供选择的学校中选取了三对具有较强对比性的案例，但在文中没有具体介绍案例的地区来源情况，其区域代表性有待斟酌。若能加上我国各地区的案例综合分析则会更为妥当，或者也可以针对各地区的融合教育背景下的特殊学生家校互动模式进行横向的比较与分析，进而得出研究结论。在此可借鉴费孝通的具有代表性的思路。他试图借助对不同类型村庄的比较研究来解决个案研究：如果我们用比较方法把中国农村的各种类型一个一个地描述出来，那就不需要把千千万万个农村一一地加以观察而接近于了解中国所有的农村了……通过类型比较法是有可能从个别逐步接近整体的。②

① 杨帆、陈向明：《论我国教育质性研究的本土发展及理论自觉》，载《南京社会科学》，2019(5)。
② 费孝通：《学术自述与反思》，133页，北京，生活·读书·新知三联书店，1996。

二、关于个案研究的反思

(一)个案研究在特殊教育领域的适用性

特殊教育研究对象具有较强的独特性，特殊人群因其特殊的生理和心理特征而使他们的生命历程以及生活环境相对于普通群体而言具有鲜明的特征。大规模的抽样调查在许多时候并不能很好地描述与解释他们真实的生活状态与社会行为特征，但这为个案研究提供了广阔的空间与可能。研究者进入他们的生活场域，对其独特的心理、行为和生活等方面进行深入观察、描述和解释，有利于探寻蕴含于行为之中的意义以及事件背后的本质规律。[①]

(二)个案研究常出现的问题及解决策略

近年来教育个案研究成果大量涌现，但这些成果都不同程度地存在着如下问题：未能清晰地说明选择研究方法的缘由，对研究中的抽样，资料的收集、整理和分析均存在说明比较模糊等情况[②]；具体分析和一般性提炼之间不一致或很不一致，有些内容甚至是荒谬的；随意夸大来自特殊境遇的有限概括对其他境遇的适用范围，过度宣扬研究成果对促进教育实践改善的价值。[③] 这影响了个案研究理论建构功能和实践启示功能的实现。只有提高个案研究的品质以及促进个案研究与理论家、实践者之间的多重互动，才能实现个案研究"从案例到系统"的理论概括功能和"从知识到行动"的实践指导功能。有研究者提出，超越个案的概括、多个案的累积、特征的分析性研究、立足于宏观的微观研究、个别之间的迁移和评价性认同等，是"走出个案"的可能策略和方式。[④]

三、关于质性研究的反思

(一)研究者层面

由于质性研究的过程难以标准化，容易产生不精确的观察和过于主观的推断，资

---

① 邓猛、苏慧：《质的研究范式与特殊教育研究：基于方法论的反思与倡议》，载《中国特殊教育》，2011(10)。

② 钟景迅：《教育公平的应有之义及其研究方法反思：质化研究在其中的作用和意义》，载《高等教育研究》，2013，34(3)。

③ 张立昌、南纪稳：《"走出个案"：含义、逻辑和策略》，载《教育研究》，2015，36(12)。

④ 张立昌、南纪稳：《"走出个案"：含义、逻辑和策略》，载《教育研究》，2015，36(12)。

料解释的精确性、研究结果的可信度、研究结论的客观性就会产生问题。因此，质性研究是否能成功在很大程度上依赖于研究者的学术素养，需要研究者有敏锐的问题意识、扎实的学术功底和开阔的学术视野。如果研究者带着自己的经历与感悟进入教育情境中，对于同样的问题或现象就会有不同的解读。要想客观、全面地呈现研究问题的全貌，研究者不仅需要有体贴入微的理解力和想象力，还应尽可能地从多个立场和视角来透视与挖掘研究对象的丰富内涵。

(二)研究方法层面

特殊教育研究领域应积极整合量化研究和质性研究，探索混合研究方法。教育是一种非常复杂的社会现象：一方面，教育活动是实践主体(包括教师和学生等)不断进行价值选择和实现的过程；另一方面，教育活动又以客观事实的形式展现出来，这是教育实践的一体两面。[①] 教育现象存在主观性和客观性两个方面，量化研究和质性研究对于研究者正确认识教育现象与规律而言是不可或缺的，量化研究有助于深入探讨教育活动的普遍规律和发展趋势，而质性研究有助于深刻发掘教育现象或问题的特点及原因。[②] 在特殊教育研究中，根据具体研究问题，把量化研究和质性研究结合起来，积极探索混合研究方法，充分发挥两种方法的优势，有助于加强教育研究的准确性和深刻性。

(三)研究意义层面

质性研究从一开始就是一种关注独特文化，关注处于不利地位的群体的研究方法，它尤其关注处于不利地位的群体存在的意义和价值，更强调要关怀和理解处于不利地位的群体，并以此作为研究者的一种自我觉醒。[③] 对于特殊教育的研究者而言，对处于不利地位的群体的关怀和理解是尤其重要的。尽管伴随着我国综合国力的不断增强，政府积极采取多种行政措施保障残障人群的各项权益，但不可否认的是，残障人群由于长期不被关注和认同，他们经常被排斥在社会的有意义的参与之外，他们受教育的现况与国家教育改革发展的要求及残障人群本身需要接受教育的强烈愿望相比，仍存在着差距。[④] 质性研究对特殊群体行为和情感的体察以及文化的认同，可以让社会大众了解他们的现实处境，给予他们更多的关注、理解、尊重与接纳，亦可以让政府和教育决策者听到他们的声音，进而满足他们的教育需求，这样才能真正实现教育公平。

---

① 仇立平：《社会研究方法》，32 页，重庆，重庆大学出版社，2008。

② 姚计海：《教育实证研究方法的范式问题与反思》，载《华东师范大学学报(教育科学版)》，2017，35(3)。

③ 钟景迅：《教育公平的应有主义及其研究方法反思：质化研究在其中的作用和意义》，载《高等教育研究》，2013，34(3)。

④ 陈鹏：《残疾人受教育权的保障：国际法律规范与中国实践》，载《中国教育法制评论》，2020(1)。

本章小结

本章首先对《融合教育背景下特殊学生家校互动模式的质性研究》一文的研究背景、研究过程和研究结果进行了初步的介绍与详细的解读，向读者展示了质性研究的具体开展过程，其次总结、分析了该个案研究的特色，即多重个案研究、理论建立结构和叙述深描现实，最后分别从研究案例、个案研究以及质性研究三个层面进行了深刻反思，以期帮助读者更好地理解质性研究在特殊教育研究领域中的应用。

复习思考题

1. 针对特殊教育研究对象的独特性和异质性，谈一谈如何有效开展个案研究。

2. 结合当前特殊教育研究领域存在的问题，谈一谈研究者应如何改进和提升质性研究质量。

3. 怎样理解质性研究对特殊教育实践的意义与影响?

本章阅读书目

1. 朴永馨．特殊教育和我：朴永馨口述史．江小英等整理．北京：北京师范大学出版社，2017.

2. 费孝通．江村经济．北京：北京大学出版社，2012.

3. 阎云翔．私人生活的变革：一个中国村庄里的爱情、家庭与亲密关系1949—1999. 龚小夏，译．上海：上海书店出版社，2006.

4. 吴飞．浮生取义：对华北某县自杀现象的文化解读．北京：中国人民大学出版社，2009.

5. 安妮特·拉鲁．不平等的童年：阶级、种族与家庭生活(第2版). 宋爽，张旭，译．北京：北京大学出版社，2018.

6. 威廉·富特·怀特．街角社会：一个意大利人贫民区的社会结构．黄育馥，译．北京：商务印书馆，1994.

7. 哈里·F. 沃尔科特．校长办公室的那个人：一项民族志研究．杨海燕，译．重庆：重庆大学出版社，2009.

主要参考文献

[1]陈鹏．残疾人受教育权的保障：国际法律规范与中国实践[J]. 中国教育法制评论，2020(1).

[2]仇立平．社会研究方法[M]. 重庆：重庆大学出版社，2008.

[3]邓猛，苏慧．质的研究范式与特殊教育研究：基于方法论的反思与倡议[J]. 中国特殊教育，2011(10).

[4]杨茹．程黎．融合教育背景下特殊学生家校互动模式的质性研究[J]. 教育学报，2018(4).

[5]姚计海．教育实证研究方法的范式问题与反思[J]. 华东师范大学学报(教育科学版)，2017，35(3).

[6]杨帆，陈向明．论我国教育质性研究的本土发展及理论自觉[J]. 南京社会科学，2019(5).

[7]张立昌，南纪稳．“走出个案”：含义、逻辑和策略[J]. 教育研究，2015，36(12).

[8]钟景迅．教育公平的应有之义及其研究方法反思：质化研究在其中的作用和意义[J]. 高等教育研究，2013(3).

第三部分　量化研究

量化研究以逻辑的实验经验论或实证论为基础，通过逻辑原理和推理获得科学知识，是社会科学领域中的一种基本研究范式，也是科学研究的重要步骤和方法之一。在特殊教育研究领域，随着实证主义思潮的推进，量化研究也受到了广泛的重视与应用。为加强特殊教育研究领域对量化研究的规范化应用，这一部分将通过整体概述、研究过程详述和案例剖析三个方面对量化研究进行介绍。

第七章

特殊教育量化研究概述

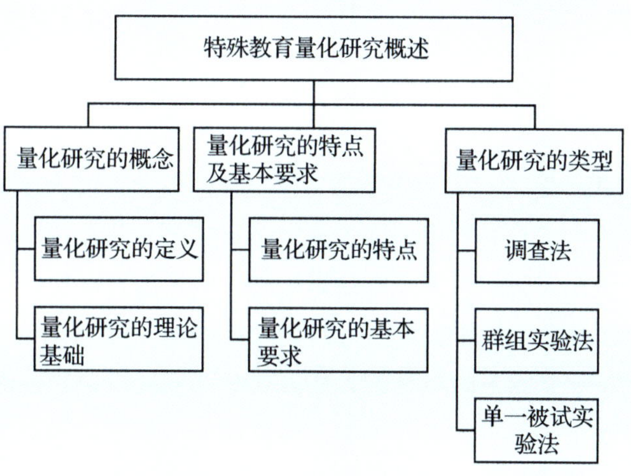

导　读

量化研究在特殊教育研究中占有重要地位。量化研究可以通过明确研究的相关变量来探讨特殊教育研究中各因素间的关系。例如，探讨某种条件下视力障碍儿童的认知加工特点，探讨工作记忆训练对听觉障碍儿童提高阅读理解能力的作用，探讨某种教学方法对促进智力障碍儿童认知能力发展的效果等，都可以采用量化研究的方式。本章主要介绍特殊教育量化研究的概念、特点、基本要求及类型等，旨在对特殊教育研究中的量化研究进行简要概述。

第一节 量化研究的概念

一、量化研究的定义

量化研究又称定量研究，一般是指对事物可以量化的部分进行测量和分析，以检验研究者关于该事物的某些理论假设的研究方法。葛鲁嘉指出量化研究的步骤是：研究者事先建立假设并确定具有因果关系的各种变量，通过概率抽样的方式选择样本，使用经过检测的标准化工具和程序采集数据，对数据进行分析，建立不同变量之间的相关关系，必要时使用实验干预手段对控制组和实验组进行对比，进而检验研究者自己的理论。[①] 量化研究通常以理论概念的建构开始，通过验证理论的过程发展出研究假设，再对假设中的变量进行观察与测量，并将观察与测量结果作为最终检验假设真实与否的基础，它体现了研究者的演绎逻辑。量化研究一般会针对一个理论，以方法论的原则和技术，加上统计的方法来进行量化分析、辩证，常采用演绎法和实证主义的研究策略。在自然科学的研究过程中，研究者一般都会采用量化研究方法。[②] 在科学研究中，量化研究可以使人们对研究对象的认识进一步精确化，从而可以更加科学地揭

① 葛鲁嘉：《心理学研究中定性研究与定量研究的定位问题》，载《西北师大学报(社会科学版)》，2007(6)。
② 林作新：《研究方法》，56～58页，北京，中国林业出版社，2009。

示规律，把握本质，厘清关系，预测事物的发展趋势。[①]

量化研究是对事物量的方面进行的分析和研究。量化研究通过对复杂教育问题做出数字描述，来反应研究对象的特征，其目的在于把握教育现象的规律性，即通过具体的数学统计、运算和量化分析，来揭示教育现象中的数量关系，掌握教育现象中的数量特征和数量变化，从量的关系上发现教育活动的本质联系及发展变化的内在规律。[②]

二、量化研究的理论基础

量化研究被看作一种实证自然科学的客观研究范式。量化研究强调的是对研究对象的量化描述，主要的研究方法包括实验研究、量表测量、统计分析等。量化研究最为主要的特征在于其客观实证的研究态度、价值中立的研究立场、客位研究的考察视角、分析主义的研究策略、量化描述的表达方式。

量的研究主要是建立在实证主义的理论基础之上的。量化研究以逻辑的实验经验论(empiricism)或实证论(positivism)为基础，通过逻辑原理和推理获得科学知识。量化研究讲究严密、客观和控制；认为事实是绝对的，只有一个由仔细的测量决定的事实；认为所有个人行为都是客观的、有目的的、可测量的；认为必须用正确的测量工具去测量行为。个人的价值观、感受或观点不能影响测量。

西方研究者认为，文艺复兴和启蒙运动之后，最能彰显近代社会特征的，无疑是科学的探索和有关科学方法的实践。而实证主义正是对这种观念的最好诠释。实证主义关于人类知识的主张，或者说它的科学观，把以物理学为代表的自然科学推向了历史舞台的中央，并使它长期占据核心地位。这也使得所有其他科学毫无例外地都以各种方式来效仿自然科学的形式和方法，以期拥有与自然科学同等的地位。从历史的视角看，实证主义主要的两种形式密切地与各个历史时期的科学需求结合在一起，构成了当时的主流科学观。

其一，是以孔德为代表的 19 世纪的实证主义。寻求实证的知识，把人的认识从关于世界的神学的和形而上学的观念中解放出来，达到方法论上的统一，并使人们拥有科学的观念。

其二，是 20 世纪的逻辑实证主义（逻辑经验主义）。逻辑实证主义是第二代的实证主义。其基本特征是把数理逻辑方法与传统的实证主义和经验主义结合起来，主要目标是取消形而上学和建立一种科学哲学 。

---

① 丁月华、陈昊、戚序：《图证设计方法论》，123～124 页，南京，东南大学出版社，2012。

② 韩延伦：《教育研究方法》，38 页，北京，高等教育出版社，2011。

第二节 量化研究的特点及基本要求

一、量化研究的特点

量化研究的特点主要是将带有一定规则的对象和事件以数的形式表现出来。[①] 在科学研究中，量化研究通过具体的数学统计、运算和量化分析，可以使人们对研究对象的认识进一步精确化，从而可以更加科学地揭示规律，把握本质，厘清关系，预测事物的发展趋势。一般而言，量化研究的特点可归纳为具有抽象性和演绎性、客观性和精确性、简约性和模拟性，注重事物发展的条件和结果等。

(一)抽象性和演绎性

从众多的事物中抽取出共同的、本质的特征，舍弃非本质的特征，就是一种抽象过程。量化研究就是一种抽象过程。量化研究的基本工具是数学方法，而数学对象是现实世界的空间形式和数量关系，即数学研究舍弃了很多的具体性质和内容，具有高度的抽象性。量化研究采用的主要是演绎法，即从一些假设的命题出发，运用逻辑的规则，导出另一命题，这个过程只与逻辑形式有关，而与具体事物的性质无关。如果在演绎过程中综合考察各种限制条件或者各种规定性要求，就在一定程度上完成了由一般到特殊、由抽象到具体的思维过程。

(二)客观性和精确性

量化研究的基础是对经验知识做量化描述，即运用一定的工具或一定的法则，对所观察对象的某种特征做数量化的描述。比如，当评价一个人的智力水平时，定性描述可以说他“比较聪明”，而量化描述则会使用智力量表，测出的结果可能是“智商为120”。对于质性描述，不同研究者可能有完全不同的评价，而量化过程不依赖于研究者，它使用的是客观指标，测量结果具有一致性，并且可以重复验证。量化研究往往是在有目的地控制某些条件的情况下，按严格的程序进行的，因此，有可能在同样的

---

① 韩延伦:《教育研究方法》，48～50页，北京，高等教育出版社，2011。

条件下，重复针对某一课题的研究过程。

(三)简约性和模拟性

量化研究的方法将研究对象及其特征抽象为变量，将一个系统内错综复杂的关系抽象为数学模型。这种数学模型舍弃了原型事物的具体内容，只抽取了事物量的特征，并以数学表达式和数学方程式的形式来呈现，具有简单、明了的特点。据此人们容易分析各个变量间的相互关系及关联程度，也可以对一个复杂现象进行因素分析，以便分离、提炼出其中具有决定作用的因素，找出主要矛盾和矛盾的主要方面。

(四)注重事物发展的条件和结果

事物发展的初始条件和最终结果相对来说容易量化，而事物发展的中间过程，涉及价值判断、社会意义、直觉思维等内容，比较难以进行量化描述。量化分析实际上是一种功能模拟，将所研究对象难以查明的机制看作一个暗箱，只研究在什么样的输入条件下，会有什么样的产品输出，而不管其中的运行过程如何。量化研究在描述事物的特征、系统的结构或模拟事物发展变量的关系方面也是独具特色的。①

二、量化研究的基本要求

量化研究的基本假设是，社会环境特征构成了独立存在的现实，而且这些特征具有相对时间和情境而言的不变性。研究者收集样本可以掌握行为方面的资料，并运用数学方法来分析这些资料。从这一基本假设出发，量化研究必须满足以下几方面的要求。(1)量化研究必须要“生产”表达现实的数字资料，量化研究的主要方式就是对研究资料进行量化分析，所以会尽可能地将研究资料数量化，并使研究资料形成数字系列。(2)量化研究必须要运用统计学的推断程序把由某一样本得出的结果推广至一个界定明确的总体中，获得一般结论。(3)撰写量化研究报告时，不能因为个人情感而影响其客观公正性。量化研究具有固定的撰写格式和要求，报告要体现资料的清晰性、客观性、信息的易获取性，并且报告中对数字资料的解释也要客观公正。

---

① 韩延伦：《教育研究方法》，68页，北京，高等教育出版社，2011。

第三节
量化研究的类型

不同的研究方法因为数据获得的方式与来源不同，对数据的处理方式也不尽相同，因此必须选用适切的统计技术来进行不同程度的分析与应用。在各种量化研究方法中，与特殊教育研究最为密切的研究方法为调查法、群组实验法、单一被试实验法，下面简要介绍这三种在特殊教育领域中常用的量化研究方法。

一、调查法

调查法是量化研究中最常用的收集资料的方法之一。该方法通过问卷等形式获得原始资料，并对所得资料进行分析、讨论，从而获得研究对象关于某种特定问题的态度或行为变化。这种方法除了被应用在学术研究中，还被大量地应用在民意调查、消费者意见收集、市场营销调查等各种领域中。① 调查法在实施过程中通常有明确的研究计划，研究计划规定了调查的目的、内容、形式以及调查对象等，它不仅提高了调查过程的严谨性，避免了随意性，而且使获得的调查资料更全面、更详细。调查法最大的优点是能够在最短的时间内收集到最多且严谨的量化数据。

问卷法是研究者采用统一的、严格设计的问卷，通过集体发放、邮寄等多种方式，让调查对象填答，从而了解有关调查对象对某些问题的态度、意见，然后比较、分析调查对象对问题的看法，并得出结论以供在研究过程中参考。问卷法要求问卷的设计目的性要强，内容要完整，逻辑要合理，以获得准确、科学的数据资料。② 其优点主要有：可在短时间内收集大量数据，具有较高的经济性；填写时间充分，调查对象可自由表达意见；标准化程度高，容易量化。其缺点主要有：对问卷的设计要求较高；对调查对象的文化程度和合作度有一定要求；灵活度不够，无法对复杂情况进行说明。

调查研究的目的在于通过样本去推测总体的特性。因此，样本的选择至关重要。例如，想要了解听障学生的汉语唇读理解能力，必须选择一群足以反映听障学生汉语

① 邱皓政：《量化研究与统计分析——SPSS(PASW)数据分析范例解析》，93～95页，重庆，重庆大学出版社，2013。

② 李志、潘丽霞：《社会科学研究方法导论》，78～80页，重庆，重庆大学出版社，2012。

唇读理解能力的样本，对他们进行调查，这样才能有效地推测全体听障学生的汉语唇读理解能力的情况。为了确保推测的准确性，调查的样本必须具备随机性、代表性，并应有足够的数量。换言之，调查研究的样本应能完全反映总体的各种特征，所收集到的统计数据应能体现总体的相关特性。例如，听障学生的年龄范围、听力损失程度、口语训练情况等，可能都会影响他们的唇读理解能力[①]，因此，在抽样时，需要对样本的基本信息有详细的了解，然后决定如何去抽样。

从测量的观点来看，调查法的主要问题在于调查对象所答内容的真实性。除了受社会赞许性的影响，选择人们所期待的答案外，有些调查对象还会避免敏感与禁忌的话题，或夸大某些个人的感受与负面的意见。因此，调查研究者必须详细评估所使用的工具与问题。从数据分析的观点来看，研究工具设计不当与执行过程的缺失无法通过统计的程序来予以补救，因此事前进行严谨的研究准备是调查研究成功的关键。

二、群组实验法

实验法是一种经过精心而严谨的设计，并在高度控制的条件下，通过操纵某些因素，来研究变量之间关系的方法。与其他研究方法相似，实验法亦在探讨多个变量之间的关系，但是实验法的变量可以明确地区分出自变量与因变量。自变量和因变量是实验研究中必须首先明确的两类研究变量，进行实验设计时，自变量和因变量可在假设意义上进行区分，即某一因变量受到自变量的影响。选择与确定实验研究中的自变量和因变量直接关系到实验的科学性及有效性。

实验法是心理学研究的主要方法，该方法主要是研究者在主动控制条件的情况下对事物进行观察。[②] 研究设计在心理实验中至关重要。在一项实验研究中，自变量、因变量确定后，到底如何进行实验，可以有完全不同的设计方法。对实验设计方法的精妙运用，体现了实验设计者的思维与逻辑。我们根据被试的分配方式和变量控制的严格程度将实验设计方法分为两类：实验设计和准实验设计。其中，实验设计主要有组内设计、组间设计、混合实验设计；准实验设计包括时间序列设计、相等时间样本设计、不等同对照组设计及事后回溯设计等。实验法通过严格的实验操作与随机分配被试实验程序，使研究者得以将实验被试随机分配到不同的实验处理中，并能控制其他条件使每一个被试在实验处理以外的情况都保持一致，然后对某一特定的行为或态度加以测量。简单来说，实验法的基本条件是将被试“随机分配”到不同的实验处理中，然后“操作自变量，观察因变量，控制干扰变量”。准实验法通常无法实现被试完全随

---

① 雷江华：《听觉障碍学生唇读的认知研究》，北京，中国社会科学出版社，2009。

② 朱滢：《实验心理学》(第 3 版)，154～157 页，北京，北京大学出版社，2014。

机分配等。

实验法的优点主要有：有利于明确因果关系，研究者通过对变量的控制和操纵，引起或者改变研究对象的心理现象，从而确定变量间的因果关系；控制程度高，实验法对研究对象、研究材料、实验程序具有较高的控制程度，保证了实验结果的科学性，这对于资料分析和假设检验来说是非常重要的；具有可重复性，实验研究要控制变量，人为地设置一定的情境，实验结果可以较好地重复出来，实验的可重复性对于获得可靠的结论来说也具有十分重要的意义。实验法的缺点主要有：容易受主观因素的影响，对研究对象的期望可以导致研究对象向别人所期望的方向改变；样本存在缺陷，实验研究所需要的被试数量较少，缺少广泛的代表性，容易导致实验所得的结论在现实社会中“失灵”，即生态效度较差；具有人为的操作性，实验环境是人为设置的，这些人为设置的环境增强了研究者对研究的控制程度，有利于确定明确的因果关系，但这意味着研究离现实较远。

实验研究的主要目的在于探讨自变量对因变量的影响。但有些因变量的变化可能是由额外变量引起的，额外变量是指实验研究中除所规定的自变量以外的一切能够影响实验结果的变量。因此，在实验研究中，当我们确定自变量和因变量后，应该使实验的其他条件(额外变量)保持恒定。只有这样，实验中的因果关系才能得到明确的说明。在实验研究中，应该要保持额外变量恒定或者消除额外变量。额外变量的控制通常采用消除法、恒定法、随机取样法、等组匹配法、抵消平衡法、统计控制法。① 实际上，额外变量是实验研究中潜在的自变量，是影响实验结果可靠性和科学性不可忽视的因素，对额外变量没有进行充分的考虑和控制，就不是一项好的实验研究。

从数据分析的观点来看，统计分析的作用是协助研究者厘清因变量分数的变动是否是受到了自变量的影响而产生的。自变量多是类别变量，因此多涉及平均数差异检验(如方差分析)。但是，由于不同的实验设计在自变量的设计与安排方面有许多差异(如使用协方差的处理)，因此要发展出不同的方差分析技术，来解决不同的实验设计问题。在各种研究方法中，实验法所涉及的统计分析最为繁复。

三、单一被试实验法

单一被试(single subject)实验法或小样本实验法是社会科学研究中的一种重要方法。单一被试实验法的出现，弥补了传统研究方法在特殊教育中的不足，它具有很高的应用价值。在特殊教育研究中，采用一般的实验与统计方法，往往会遇到两个问题。

---

① 张学民、舒华：《实验心理学纲要》，187页，北京，北京师范大学出版社，2004。

一是样本同质性问题。样本均数差异性检验要求方差齐性，方差齐性表明被试同质，而在特殊教育研究中，很难做到被试同质。例如，以一个班级内的 8 名植入人工耳蜗的听障儿童为研究对象，尽管为小样本实验，但其个体在听力损失程度、听觉损伤性质等方面的差异也不容忽视。二是样本容量问题。统计检验是以一定的样本容量为前提条件的，而在特殊教育研究中，往往难以满足对被试的数量要求。

单一被试实验法与上面提到的群组实验法相比，较适用于具有较大差异的个体。① 与传统的个案研究相比，单一被试研究法可以对单一或少数被试进行定量的评估，有利于实现量化研究与质性研究的统一。目前，许多学者认为，单一被试实验法符合特殊教育研究的现实需求，是可以广泛应用于特殊教育研究中的有效的研究方法。

单一被试实验法是以一个或几个被试为研究对象，通过相关的实验设计来研究干预是否有效的一种方法。以具有代表性的 A—B 实验设计来看，在操作层面上，它将实验分为基线期和处理期，并对被试的目标行为进行跟踪测量。从数据分析来看，通过对被试基线期与处理期的指标数据进行统计分析，进而推断实验处理是否有效，较适用于异质性较高的研究对象。

单一被试实验设计从类型上可以分为单基线实验设计、多基线实验设计以及 U 实验设计。单基线实验设计又可以分为两期实验设计和多期实验设计。两期实验设计包括 A—B 设计及其变式(B—A 设计、B_1—B_2 设计等)。多期实验设计包括 A—B—A 设计及其变式(B—A—B 设计、A—B—A—B 设计等)。多基线实验设计主要包括跨情境、跨行为、跨被试实验设计。U 实验设计可用于比较两种实验处理对改善某种心理或行为而言，哪一种实验处理更有效。

本章小结

量化研究通过对复杂的教育问题进行数字描述，来反映研究对象的特征。其目的在于把握教育现象的规律性，即通过具体的数字统计、运算和量化分析，来揭示教育现象的数字关系，掌握教育现象的数量特征和数量变化情况。在特殊教育研究中，量化研究可以帮助我们透过纷繁复杂的教育现象，通过数据统计分析的方式，清晰地把握特殊教育研究各要素之间的关系，还可以通过单一被试实验法，探究异质性较高的研究对象间的教育问题。

① 杜晓新、宋永宁：《特殊教育研究方法》(第二版)，103～105 页，北京，北京大学出版社，2015。

复习思考题

一、单项选择题

1. 量化研究通过数字的方式，来显示现实世界的空间形式和数量关系，舍弃了很多的具体性质和内容，这体现出量化研究的哪个特点？(　　)

A. 精确性　　B. 抽象性　　C. 模拟性　　D. 主观性

2. 以下哪项不是特殊教育研究中常用的量化研究方法？(　　)

A. 访谈法　　B. 调查法　　C. 群组实验法　　D. 单一被试实验法

3. 以下哪项不是单一被试实验研究的常见实验设计？(　　)

A. 单基线实验设计　　B. 系统抽样实验设计

C. 多基线实验设计　　D. U 实验设计

二、简答题

1. 请简述群组实验法与单一被试实验法的区别。

2. 请简述量化研究的特点。

3. 请简述单一被试实验与个案研究的联系与区别。

三、论述题

1. 请围绕特殊儿童某一认知发展领域，设计一份量化研究的实验设计。

2. 请围绕听障儿童的某一学业发展领域，设计一份测量工具。

本章阅读书目

1. 杜晓新，宋永宁，特殊教育研究方法 .2 版 . 北京：北京大学出版社，2015.

2. 朱滢 . 实验心理学 . 3 版 . 北京：北京大学出版社，2014.

3. 裴娣娜 . 教育研究方法导论 . 合肥：安徽教育出版社，2018.

4. 张敏强 . 教育与心理统计学 . 北京：人民教育出版社，2010.

5. 克雷格 · 肯尼迪 . 教育研究中的单一被试设计 . 韦小满，等，译 . 北京：华夏出版社，2014.

6. 曾祥炎 . E-Prime 实验设计技术 . 北京：北京师范大学出版社，2014.

7. 舒华 . 心理与教育研究中的多因素实验设计 . 北京：北京师范大学出版社，2016.

8. 王甦，汪安圣 . 认知心理学 . 北京：北京大学出版社，1992.

主要参考文献

[1]林作新．研究方法[M]. 北京：中国林业出版社，2009.

[2]丁月华，陈昊，戚序．图证设计方法论[M]. 南京：东南大学出版社，2012.

[3]韩延伦．教育研究方法[M]. 北京：高等教育出版社，2011.

[4]邱皓政．量化研究与统计分析——SPSS(PASW)数据分析范例解析[M]. 重庆：重庆大学出版社，2013.

[5]张学民，舒华．实验心理学纲要[M]. 北京：北京师范大学出版社，2004.

[6]杜晓新，宋永宁．特殊教育研究方法．2 版．北京：北京大学出版社，2015.

第八章

特殊教育量化研究过程

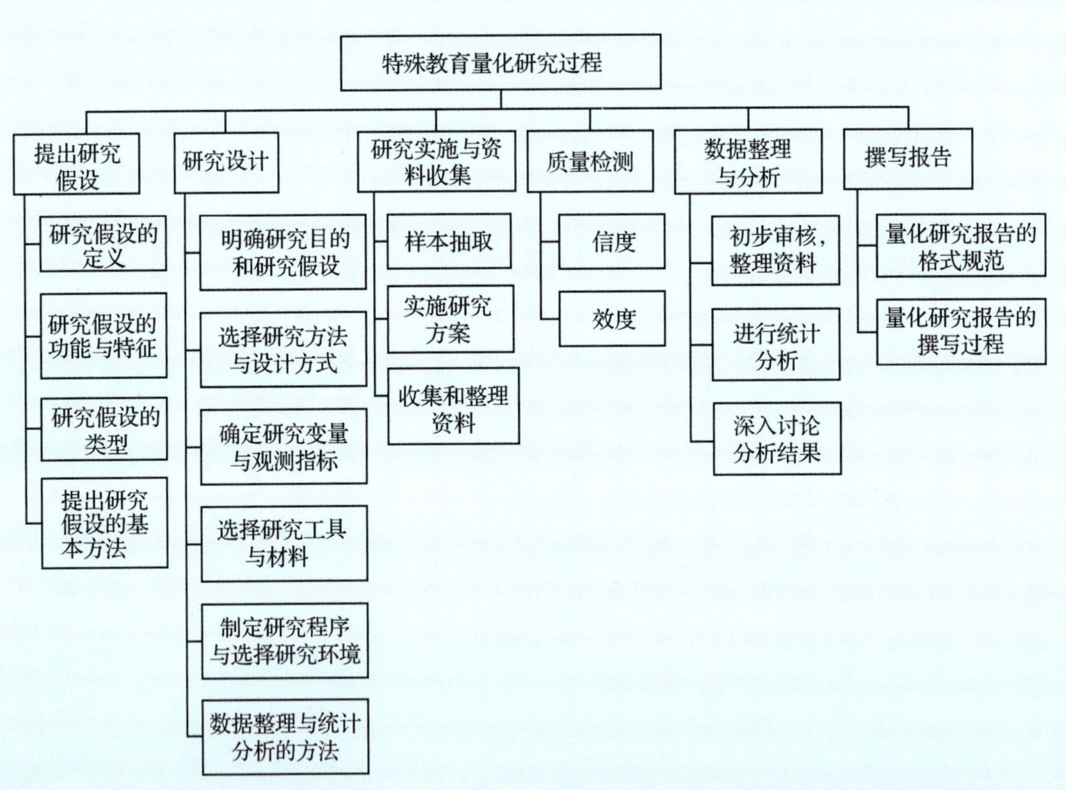

导　读

量化研究是一种科学的、客观的研究方法，其研究过程需要遵循规范的研究流程。一般而言，量化研究的开展过程可分为提出研究假设、研究设计、研究实施与资料收集、质量检测、数据整理与分析、撰写报告等环节。本章将主要介绍量化研究的主要环节，简要概述如何在特殊教育研究中开展规范的量化研究。

第一节 提出研究假设

一、研究假设的定义

研究假设是根据一定的科学知识和新的科学事实，对所研究的问题的规律或原因做出一种推测性论断和假设性解释，是在进行研究之前预先设想的、暂定的理论，是对教育研究课题涉及的主要变量的相互关系的设想。①

对各种教育问题和现象所做的尚待证明的初步解释都具有假设性质。科学研究一般都是以假设为起点的。研究假设使研究目的更明确，使研究范围更确定，使研究内容更具体，并把研究数据的收集工作限定在一个特定的方面和范围中，因此，研究假设可以起到一种纲领性作用。从某种程度上讲，科学研究的过程实质上就是检验假设的过程。研究假设的提出应满足以下几点要求。(1)假设要具有科学性。假设不能与已有的科学理论和事实相违背。假设不是胡乱猜想，提出的假设要合乎事物的规律和逻辑，假设是建立在已有的科学理论或事实的基础上的，不是毫无根据的推测和臆断。(2)假设的陈述要具有明确性。假设要以清晰、简明、准确的陈述方式，说明两个或两个以上的变量间的可能关系，切忌宽泛、冗长、模糊。一般而言，研究假设中的变量都有明确的操作性定义，研究假设中变量之间的关系是明确而具体的。(3)假设要具有可检验性。研究变量之间的关系能为研究或者以后的研究实践所证实，这是科学假设的必要条件。比如，在研究假设“努力学习的学生考试成绩会更好”中，努力可以通过

① 赵新云：《教育科学研究方法》，79页，北京，中国人民大学出版社，2009。

学习行为或者学习态度量表来测量，考试成绩可以通过考试来获得，然后对二者的关系进行分析便能证实或者证伪研究假设。而“一切问题都是可以由人解决的”这一假设由于涉及的范围太大，因此无法通过相应的研究手段来检验。①

二、研究假设的功能与特征

在量化研究的一般研究过程中，当确定了某个研究课题后，研究者就需要根据有关的科学理论，根据已有的知识和观察，根据选题时收集到的资料和事实，以及自己已有的研究结果和人类已有的创造力与想象力，对所研究的事物的本质和规律提出某些初步的设想，这些初步的设想就是我们所说的研究假设。②

(一)研究假设的功能

研究假设作为科学研究理论的先导，在量化研究过程中起着至关重要的作用。概括而言，可以归纳为以下几个方面。

首先，研究假设使研究目的更加具体，限定了范围，为课题的研究指明了方向。例如，语前聋的听障学生的唇读理解能力显著高于语后聋的听障学生的唇读理解能力；学龄早期的听障学生的唇读能力比学龄晚期的听障学生的唇读理解能力强；与无听觉辅助的听障学生相比，有听觉辅助的听障学生的唇读理解正确率显著高；等等。对于同一个研究问题，往往可以提出多个具体的研究假设。研究假设的提出使得一项研究的探索目标明确，把研究数据的收集工作限定在一个特定的方面和范围中。

其次，研究假设使研究设计方案更加合理，从而可有效指导数据资料的收集。根据假设内容的性质，设计具体的数据收集程序，然后检验研究问题的各变量之间的关系的推测是否正确。研究假设可以指导研究者收集解决问题所需要的证据和资料，使研究者在收集资料的过程中，对有价值的资料更加敏感，关注度更高，从而极大地节约了时间，也便于研究者根据收集到的有效资料更合理、更科学地设计出研究方案，使研究计划顺利开展下去。

(二)研究假设的特征

一般而言，研究假设应该具备以下特征：(1)研究假设应该是可以验证的；(2)研究假设应该叙述变量间的关系；(3)研究假设应该与大多数已知的事实相符合；(4)研究假设应尽量简洁，避免采用不必要的复杂概念；(5)研究假设可以直接解释

---

① 李志、潘丽霞：《社会科学研究方法导论》，118页，重庆，重庆大学出版社，2012。

② 董奇：《心理与教育研究方法》(修订版)，125页，北京，北京师范大学出版社，2004。

某一问题或者现象，而不必附加其他假设；(6)研究假设应尽可能地以量化或便于量化的形式来加以表述；(7)研究假设的叙述应限定范围；(8)研究假设应有一定的广度，以便导出许多推论。

三、研究假设的类型

根据研究假设的性质，研究假设可分为三类。(1)预测性假设，即对客观事物存在的某些情况，特别是差异情况做出的推测判断。(2)相关性假设，即对客观事物的相互联系的性质、方向以及密切程度做出的推测判断。(3)因果性假设，即对客观事物之间的因果联系做出的推测判断。对于同一研究问题，可以采用不同性质的假设，而不同性质的假设决定了随后的研究设计和研究方法的选择，因为对于一定性质的假设只有采用相应的设计和方法才能加以检验。

根据研究假设陈述的概括性程度，研究假设可分为两类。(1)一般假设，即对客观事物的状态、性质、相互联系的本质和运动变化规律具有较普遍的适用性的假设。例如，对于智力与学业成就的关系、工作记忆与阅读理解能力的关系，如果提出“智力与学业成就有关系”“工作记忆与阅读理解能力有关系”两个假设，那它们就是一般假设。(2)特定假设，指针对某一特定事物的某种特定状态、性质等提出的假设，它预测的是事物间的特定关系。例如，与语后聋的听障学生相比，语前聋的听障学生的汉语唇读理解的正确率显著高，这个假设就属于特定假设。因为它是对特定事物间的关系做出的特定推测。当然，应该看到，一般假设和特定假设的区别是相对的。同一假设对某些研究来说属于特定假设，而对另一些研究来说可能是一般假设。

四、提出研究假设的基本方法

(一)归纳法和演绎法

归纳法和演绎法是提出研究假设的最基本的方法。归纳法是针对观察、实验和调查所得的个别事实，概括出一般原理的一种思维方式和推理形式，其主要环节是归纳推理，即从个别到一般，从许多个别事实中概括出有关事物、现象的一般性认识或结论。因此，在用归纳法提出具体研究假设时，研究者通常需要先对特定现象或事物进行观察，然后在此基础上再提出一个更一般的假设。归纳法是科学实验的一种指导方法，如为了寻找因果关系而利用归纳法安排可重复性的实验；归纳法是整理经验材料的一种方法，如利用归纳法从材料中找出普遍性或共性，从而总结出定律和公式。

演绎法就是从一般到个别，即从某一理论或一般性陈述出发来考察某一特定的对象和现象，对这一对象或者现象的有关情况做出推论。比如，一般可以认为，随着一个人从事某一活动的能力的提高，他花在这一活动上的时间就会减少，由此，人们可以得出以下推论：由于人们能有效地活动，因此，他们在自己熟练和能胜任的工作上花费的时间较少。演绎法的主要作用是检验假设和理论。演绎法可以依据假设得出推论，同时利用观察和实验来检验假设；演绎法是逻辑论证的工具，可以为科学知识的合理性提供逻辑证明；演绎法是做出科学预见的手段，可以把一个原理运用到具体场合中，做出正确的推理。

(二)归纳法与演绎法的关系

归纳法是从个别到一般，而演绎法是从一般到个别。两者是互相对立却又互相关联的，即两者既有区别又有联系。①

1. 演绎必须以归纳为基础

人们首先运用归纳的方法，通过个别事物概括出一般原理，只有这样演绎才能从这些一般原理出发。所以说演绎是以归纳所得的结论为前提的，没有归纳就没有演绎。

2. 归纳必须以演绎为指导

人们在为归纳做准备而收集材料时，必须以一定的理论为指导，只有这样才能按照确定的方向，有目的地收集，否则就会迷失方向。此外，在对由观察、实验和调查收集到的材料进行归纳时，必须以一般原理为指导，只有这样才能按照归纳的原则进行，否则就得不出应有的结论。

3. 归纳和演绎相互渗透，相互转化

在实际的思维过程中，归纳和演绎并不是绝对分离的，在同一思维过程中，既有归纳又有演绎，二者相互联结，相互渗透，相互转化。人类的认识总是由特殊到一般(归纳)，又由一般到特殊(演绎)，如此循环往复的。

4. 归纳法与演绎法的局限性

归纳法是一种或然性推理方法，不可能做到完全归纳，总有许多对象没有被包含在内，因此，结论不一定可靠。而由演绎法推得的结论的可靠性受到了前提(归纳的结论)的制约，而前提是否正确在演绎范围内是无法确认的。

---

① 林作新：《研究方法》，27页，北京，中国林业出版社，2009。

第二节
研究设计

研究设计的内容涉及很多方面。从广义讲，研究设计是指研究者要根据研究目的，经过周密的思考而制订出的包括最后如何统计、分析收集到的数据在内的整个研究工作的具体计划和安排。在一定程度上，研究设计的合理性程度和变量水平控制的高低对整个研究设计的质量起着关键作用。①

一、明确研究目的和研究假设

在研究过程中，首先要明确研究目的和研究假设，厘清研究思路。研究目的和研究假设的性质，直接影响着被试的选择、研究变量的确定、资料的具体收集方法与具体设计方式的采用。“听障学生汉语唇读理解能力”与“孤独症儿童的视觉注意”两项研究，由于研究目的不同，它们的研究变量与指标、被试选择等也不同。同样，对于相关性的研究假设和因果性的研究假设，应采用不同的研究方法加以检验。因此，研究设计工作的第一步就是要明确研究目的和研究假设。

二、选择研究方法与设计方式

在量化研究中，可采用的收集数据的方法多种多样，如调查法、群组实验法、单一被试实验法等。每一种方法又可采用不同的设计方式，如实验法有真实验设计与准实验设计等；观察法有时间取样和事件取样等不同的设计方式。这些不同的方法和设计方式各有其优点和缺点，有其固有的适用条件。研究者在进行研究设计时，应根据研究目的，被试特点，研究的主观和客观条件(研究者的科研素养、研究时间、人力资源等)，各种方法和设计方式的优缺点与适用条件，选用最恰当的方法和设计方式去解决研究课题所提出的具体问题。由于同一研究课题往往可以用多种方法去收集数据，而每一种方法又有其优缺点，因此，在量化研究中，应提倡多种方法的综合应用，取长补短，提高研究的会聚效度。

---

① 董奇：《心理与教育研究方法》(修订版)，165 页，北京，北京师范大学出版社，2004。

三、确定研究变量与观测指标

无论采用哪种或者哪几种研究方法和设计方式去研究量化研究领域的问题，都是为了探讨一个或者多个变量与另一个或多个变量的关系，并以研究假设的形式对其性质与密切程度进行预测。因此，在选定具体方法和设计方式后，应根据研究目的与研究假设，进一步明确本课题所需要研究的变量有哪些、无关变量有哪些、研究变量的性质是因果关系的还是相关关系的。为了避免认识和观念上的分歧，保证研究结果的确定性、可比性，应考虑如何给研究变量下操作性定义和抽象定义。比如，研究听障学生的相关问题时，就要对“听障学生”概念的内涵和外延进行界定；研究听障学生的唇读理解能力，就必须对“唇读理解”概念做出具体说明，使之可以用客观、科学、可行的观测指标来测定。观测指标可以是客观的(正确率、反应时)，也可以是主观的(高兴、悲伤)。如何选用需要将研究目的、测量手段乃至结果处理方法等结合起来加以通盘考虑。总之，确定研究的具体变量和制定客观可行的观测指标，是对课题进行量化研究的重要途径，对研究工作的质量有重要影响，同时，也是科学评价研究结果的必要前提。

四、选择研究工具与材料

确定研究变量与观测指标后，研究设计工作就进入确定研究工具与材料阶段。研究工具的选取，主要有两种方式：一是购买或选用现有的研究工具和仪器，其种类很多。例如，心理与教育测量量表(韦氏成人智力测验、瑞文标准推理测验、明尼苏达多项人格测验、成就动机测验)，工具类仪器(计时器、示波器、色度计、色盲测验图、听力计)，知觉类仪器(实体镜、棒框仪、视崖)，技能类仪器(追踪仪、迷宫、斯金纳箱)等，可以根据需要购买或从中选用。二是编制，即研究者根据研究的特殊要求，自己编制有关的材料。上述两种方式，无论采取哪种方式，确定研究工具和材料时都必须全面考虑到研究目的、被试特点、研究的其他条件、各种仪器自身的特点和使用条件，从而保证所用工具和材料具有科学性、适宜性。编制的研究工具需要经过信度、效度的检验，在后面章节我们将重点对研究的信度和效度进行论述。

五、制定研究程序与选择研究环境

制定研究程序的工作主要包含以下四方面的内容：一是确定研究材料的组织与呈现方式及其顺序。例如，研究听障学生的唇读理解能力时，主试必须按照一定的操作顺序和要求呈现不同语言水平的刺激。二是安排操作研究变量的有关方法和研究程序。例如，在研究不同听觉状态对唇读理解能力的影响时，需要通过专业的听力检测，测量听障学生的听力损失程度，由此才能进行进一步的实验。三是拟定指导语。指导语主要用来向被试说明实验操作流程、在研究中应遵循的程序和应完成的有关任务。四是控制无关变量，对于具体的研究问题，其研究程序的内容和设计重点不同，应使用合适的方法控制好无关变量。

在量化研究中，研究环境对研究的内部和外部效度有重要影响。因此，在进行研究设计时，需要认真考虑和选择。研究环境可分为自然环境(课堂等)和非自然环境(实验室等)。一般来说，在自然环境中所进行的研究，其结果的外部效度高；在非自然环境中所进行的研究，其结果的内部效度高。在具体的研究中，需要根据这一特点和研究的具体目的等做出恰当的选择。

六、数据整理与统计分析的方法

开展研究设计时，要初步考虑如何对收集到的研究数据和资料进行整理、分类，用什么方法进行统计分析，并据此对收集资料的方法和内容提出进一步的要求。例如，如果研究结果将用计算机来处理，则在设计问卷时就应考虑数据录入的方便性问题。如果事先不加考虑，就可能会出现后期录入数据困难或找不到适当的统计分析方法等情况，从而影响研究工作。

第三节 研究实施与资料收集

在量化研究中，常常需要收集和统计多种信息。如何更好地收集和利用各种信息，对于量化研究而言具有重要意义，而正确的信息收集和统计方法是使研究结果具有可靠性的重要保证。抽样调查是收集信息资料的一种常用且高效的科学方法和手段，是量化研究入门者容易使用和掌握的研究方法。掌握常用的抽样技术对于量化研究而言具有重要的辅助作用。[①]

① 董奇：《心理与教育研究方法》(修订版)，175页，北京，北京师范大学出版社，2004.

一、样本抽取

(一)抽样调查的定义

抽样调查是按照一定的程序，从所研究对象的全体中抽取一部分样本进行调查和观察，并在一定条件下，运用数理统计的原理和方法，对总体的数量特征进行估计和推断。抽样的本质就是从总体中抽取有代表性的样本，根据样本的特征估计和推断总体的特征。

(二)抽样原则

样本抽取的基本原则是随机性原则。随机性原则是指在进行抽样时，总体中的每一个个体被抽取的概率是完全相等的。由于随机抽样使每个个体有相同的概率被抽取，因而有相当大的可能性使样本有和总体相同的特征结构。或者说，有最大可能使总体的某些特征在样本中得以体现，从而保证样本可代表总体。此外，遵循随机性原则进行抽样，可以对抽样误差的范围进行预测或控制，使研究者可以客观地评价研究结果的精确度和按照所要求的精确度决定样本的容量大小。

(三)抽样的一般程序

1. 规定总体

样本是从总体中抽取出来的，只有总体明确，才可能从中抽取出有代表性的样本。首先，应根据研究的目的和要求说明总体的内涵。例如，要了解听障学生的阅读理解能力，就应该明确听障学生的含义。研究的目的不同，研究的总体也会不同。其次，应根据使研究结果具有普遍适用意义的范围，也就是所要达到的外部效度的水平，确定研究总体的范围。对于上例，应该确定是全国的听障学生还是某一个省的或一个县的等。最后，应该确切地知道这个范围内总体的数量，如听障学生的年龄分布以及性别的分布等。规定总体范围时应同时兼顾到研究的外部效度和其他有关因素。如果总体限定范围过宽，虽然外部效度大大提高，但会要求研究有较大的样本容量，并会使选择有代表性的样本的工作难度加大。如果总体限定范围过窄，虽然有助于选择一个适宜的样本，但由于其结论只适用于特定的总体，故将极大地降低研究的外部效度与价值。

2. 样本容量的确定

样本容量是指样本内所包含的对象的数目。样本容量与样本的代表性有关，样本容量越大，其代表性越好；样本容量太小，就有可能使样本失去代表性。但是，确定样本容量不能一味地从样本的代表性的角度考虑，还要将样本与人力、物力等客观条件联系起来。最理想的样本容量是在达到一定代表性要求的前提下，所包含的对象数目最小的样本容量。具体样本的容量，涉及确定总体参数估算值、标准差、选定置信区间等一系列技术问题。

3．确定抽样方法并选取样本

确定抽样方法时，研究者一方面应考虑研究的目的，研究总体的特征、范围和数量，另一方面还要考虑具体抽样方法的特点，以及进行研究工作的主观条件等，然后按设计要求抽取样本。

4．统计、推论

由样本的统计数据估算出总体的有关参数，是完整的取样过程中不可缺少的一步，它关系到总体参数的可靠性、取样的误差乃至取样的效果与实际意义。根据样本结果推测总体情况时应当明确，研究结论在一般情况下只在本总体内部适用，而不能超越该总体，除非有证据表明这一总体具有许多与另一更大的总体相似的特征。

(四)取样的基本方法

研究的目的不同，研究取样的方法也不一样，下面主要介绍四种随机取样的方法，即简单随机取样、系统随机取样、分层随机取样、整群随机抽样。

1．简单随机取样

简单随机取样就是按随机原则直接从总体的 N 个单位中，抽取若干单位作为样本。它保证总体的每一个对象有同等的被抽取到的可能性，并要求它们之间是对立的。

简单随机取样的具体抽取方式有两种。(1)抽签，即把总体中的每一个个体都事先编上号码并将所有号码制作成签，充分混合后随机抽取一部分，这部分签所对应的个体就组成了一个样本。(2)利用随机数表，就是运用专门制作的随机数表。它需要随机确定一个“起点”，也可以利用计算机上的随机数字功能进行取样。

简单随机取样在理论上最符合概率论原理，简便易行，误差计算方便。在研究者对所研究总体中各类个体的比例不了解，总体中的个体之间差异程度较小，或者样本数目较大的情况下，它是一种很好的取样方法；但是它也有一些局限性。(1)事先要给研究对象编号，比较费时、费力；(2)总体的分布较为分散，会使抽取的样本的分布也比较分散，给研究带来困难；(3)当样本容量较小时，可能发生偏向，影响样本的代表性；(4)当已知研究对象的某种特征将直接影响研究结果时，要想加以控制，就不能采用简单随机取样。

2．系统随机取样

系统随机取样是先将总体各单位按某一标志顺序排列并编上序号，然后用总体单位数除以样本单位数求得抽样间隔，最后在第一个抽样间隔内随机抽取一个单位作为第一个样本单位，并按抽样距离做等距抽样，直到抽取最后一个样本单位为止。

系统随机抽样比简单随机抽样更简便，它能在总体范围内系统地抽取样本，因此样本更为准确，在一般情况下其抽样误差比简单随机抽样的抽样误差小。但如果总体中存在周期性的波动变化，系统随机取样所得的样本就可能出现系统偏差，这是运用系统随机取样时应当注意的。

3. 分层随机取样

分层随机取样就是先将总体各单位按一定标准分为若干类型(在统计上统称为层)，然后根据类型的单位数和总体的单位数的比率，确定从各类型中抽取的样本单位的数量，最后按照随机原则从各类型中抽取样本。

做好分层随机取样的关键是，分类的标准要科学，要符合实际情况。对于复杂的对象还应根据多种标准做多种分类或综合分类。分类应遵循的总原则是，各层内的变异要小，而层与层之间的变异越大越好，否则就失去了分层的意义。分层的结果必须是每一个单位都归属于一类，而不能是既可属于这一类，又可属于那一类，也不能相互交叉或有所遗漏。

分层随机取样的优点是代表性和推论的精确性较好。它适用于总体单位数量较多，且内部差异较大的研究对象。在样本数量相同时，它的抽样误差比简单随机取样、系统随机取样的抽样误差小；而在抽样误差相同时，它所需的样本单位的数量则比简单随机取样、系统随机取样所需的样本单位的数量少。但分层随机取样也有其局限性，分层随机取样需要对总体的各单位的情况有较多了解，否则就难以做出科学的分类，而这一点在实际研究前有时难以做到。如果是采用最优分配分层随机取样，还需根据前人资料或以往的研究经验或测试估计标准差，因而比较烦琐。

4. 整群随机取样

整群随机取样是先将总体各单位按一定的标准分成许多群，然后按随机原则从这些群体中抽出若干群体作为样本。

整群随机取样的优点是，样本单位比较集中，适用于某些特定的研究。例如，教学实验一般要求以班为单位进行研究，不能打乱原有的教学单位。在规模较大的调查研究中，整群随机取样易于组织，可节省人力、物力和时间。其缺点是，样本分布不均匀，其代表性较差，且抽样误差因各群体间差异明显而较大。

(五)取样误差的计算

从统计学的角度来说，样本容量与抽样误差之间并不存在线性关系，随着样本容量的增大，抽样误差减小的速度越来越慢。因此，在研究设计时，就应该考虑确定最佳样本容量的问题。

样本容量由许多因素决定，主要涉及以下三方面。(1)研究对象总体的性质。总体的容量及其分布的离散程度是决定样本容量的首要条件。一般来说，总体越大，样本容量就越大；总体的离散程度越大，样本的容量就越大。(2)研究目的和研究者的经费、经验、时间、精力等主、客观条件。例如，采用单一被试实验法就只能选取容量较小的研究样本。(3)研究允许的最大误差和推论错误的概率。

二、实施研究方案

研究方案的实施是研究工作的具体操作阶段，要求依照研究方案，按研究计划分阶段进行研究，并注意研究过程的监控和调整。为了使研究过程能够严格按照研究方案有计划地顺利进行，需要注意以下实施细则。(1)研究条件的控制：在严格符合研究设计要求的条件下进行研究，以提高研究效度。(2)操作定义的执行：严格按照操作定义进行相关操作。每一项操作，在其对象、时间、地点、强度和顺序方面，必须符合研究设计的要求。(3)研究过程的监控和调整：对研究过程应不断进行监控，发现有偏离研究方案的现象应及时调整，也可以根据具体的实施情况和效果，对研究方案进行必要的调整。(4)研究资料的收集和整理：应当按照研究设计规定的内容、项目、时间、地点和记录方式等，全面、客观和规范地收集资料，并及时进行整理和统计分析。

三、收集和整理资料

在整个研究过程中，资料的收集和整理是一项重要的工作，也是研究的基础性工作。一般来说，量化研究资料的收集主要有两个渠道：一是从文献资料入手；二是通过调查及实验等方法，通过直接与研究对象接触，获取有关的事实资料。

在量化研究过程中，收集的原始资料往往是分散的、不系统的，通过资料本身并不能直接得出研究结论，因此，需要对资料进行整理、编码和分析，使庞杂无序的原始资料逐渐系统化、条理化，为准确得出结论打下基础。例如，对由问卷所得的非数字化的答案，需要进行编码，然后才能对资料进行分析。

资料整理可以与资料收集同步进行，通过对收集的资料进行初步整理，以及与研究目的进行不断对照，能够及时发现收集到的资料存在的不足，从而有机会采取补救措施加以弥补。资料的整理也可以在收集资料后的一段时间内集中进行。在这个过程中，资料比较齐全，整理工作比较单一，整理的效度和水平相对比较高。

量化研究资料的整理主要有以下几个环节，即资料审核、资料编码、量化资料汇总与初步分析。[①②]

1. 资料审核

资料审核就是对资料进行审查和核实，“去伪存真，去粗取精”，删除原始资料中存在的虚假、差错、冗余内容，补充短缺的内容，保证资料真实、准确、有效、完整，为进一步加工、整理奠定基础。首先，量化资料的审核在量上有要求。一般来说，有效问卷回收率达到70%，问卷资料才能被认为是可用的。被试在问卷中有漏答、误答的题目，相关内容要原封不动地登记，绝不能想当然地伪造数据。其次，资料审核主要检查同一指标的数字所使用的亮度单位是否统一，不同表格内对同一指标的计算方法是否统一。最后，资料审核还包括审核被试的身份是否符合相关规定，提供的资料是否符合填写要求等。

2. 资料编码

编码就是将文字资料数字化的过程。编码的目的就是使材料信息数量化、系统化、条理化，以便于统计分析。从编码的时间来看，量化资料有两种编码方法。(1)预先编码。在设计问卷时，对答案的每一个类别都制定对应的编码值，并印在问卷上。这种方法适用于答案类别已知的问题，主要针对封闭式问题或已经是数字形式而不需要转换的问题。例如，你出现听力损失的时间是：A. 三岁以前；B. 三岁以后。(2)后编码，指问卷的编码是在问卷回收后进行的，在收集完资料再根据资料的实际情况进行编码，多用于开放性问题。例如，你认为你的手语交流水平如何?

3. 量化资料汇总与初步分析

经过编码后的资料需要使用适当的统计软件(如 Excel)进行登记，以方便借助相关的统计分析软件(如 SPSS)等进行初步的汇总和分析。根据研究目的，对分类后的各种数据进行计算、加总，汇集到有关表格中，以集中、系统地反映调查资料内部总体的数量情况。

第四节
质量检测

我们采用量化研究的方法，利用测量工具进行研究工作，而后我们又必须反过来

① 袁方:《社会研究方法教程》，430页，北京，北京大学出版社，1997。
② 邵光华、张振新:《教育研究方法》，87页，北京，高等教育出版社，2012。

自问：这个测量工作是否有效？测量出来的数值是否可信？这就是信度的和效度的问题了。许多研究工作，由于测量工具有问题，因而影响到所获得资料的效度和信度，研究的结果就会是未能发觉事实真相而白费心血。本节将从信度和效度两个角度简要介绍量化研究的质量检测的相关内容。

一、信度

(一)信度的概述

1. 信度的定义

信度是指测量的可靠性，即测量结果的一致性或稳定性。测量误差越大，测量的信度越低。因此，信度亦可被视为测验结果受测量误差影响的程度。如果测量误差不大，不同题目的得分应该趋近一致，或在不同时点下，测验分数前后一致，具有稳定性。基本上，信度并不是全有或全无的，而是一种有关程度的概念。任何一种测量，或多或少都会有误差，误差主要由概率因素支配，但也可能受到非概率因素的影响。

传统的测验观点认为，对于任何一个被测量的特质，每个人都具有一个特定的水平或强度，测验的主要目的，就是利用一套计量的尺度去反映每一个人在这个特质上的水平和强度。如果测验真的可以测到这个人的真实的特质强度，反映在测验得分上，这个分数被称为真分数。这个真分数其实是一个理论上存在的分数，代表受测者的实际心理特质内涵与真实的心理运作历程。在测验实务上，准确测得人类心理特质的真分数是所有测验的终极目标。若测量工具所得的分数(被称为观察分数)等于真分数，那么我们可以说这个测量是一个完美的、正确的测量。但是通常的测验无法如此精确，测得的分数会包含一些误差分数。如下面的关系所示：

观察分数＝真分数＋误差分数。

当误差分数为0时，观察分数可以完全反映真分数。当误差分数不为0时，必须对产生误差的情况进行了解，了解误差的统计特性，若能找出误差的分布，即可利用概率来进行估计与推论。

2. 测量误差与测量标准误

真分数的变异量与它占总变异量的比重反映了信度的大小，然而真分数一般不易测得，但误差是可以估计的。因此在测验实务上，皆是以误差的大小来估计测量的信度的。基本上，测量误差会随机波动，有时会被高估，有时会被低估，系统性的高估或低估被视为测量偏误(bias)而非测量误差。因此，测量误差被假设成一个平均数为0，方差为σ_e^2的正态分布(此假设被称为正态分布)。题目的测量误差与真分数应当彼此独立(不相关)，不同题目之间的误差也应相互独立(不相关；误差独立假设)。若将方差开方，即得测量标准误(standard error of measurement，SEM)，反映了测验受测量误差影响的程度。测量标准误的大小主要受信度影响，信度越低，标准误越大；信度越高，标准误越小。测量标准误是学者评估测量分数有无信度的主要量数，进一步可以应用于测验分数区间估计与相互比较。

产生测量误差的原因有很多，施测的环境、时间，量表的设计，受测者的心理状态，施测者本身的因素，都可能使所测得的受测者的观察分数与真分数有出入。要获得一个完全无误差的测量结果几乎是不可能的事。量表的编制者要致力于开发一个不受测量误差影响的测验工具，设置一个不受干扰的测量过程，更重要的是要能够估算出测量的结果受测量误差影响的程度，提供给他人有关误差产生的充分信息，并将这些信息应用在测验分数的解释中。

(二)信度的类型

真分数难以获知，但是误差可以估计，因此在衡量测验信度时，人们多是通过多次测量的方法求出得分波动与差异，进而来推测测量的信度的。如果测验反映真分数的能力很强，那么多次测量或以不同的题目来测量，测得的分数差异会很小，相关系数会很高；相反，如果测量的误差很大，那么多次测量或以不同的题目来测量，测得的分数差异就很大，相关系数就会很低。下面列举几种常用的信度估计方法。

对于一个测验，让同一群体受测者前后实测两次，然后求得两次测验分数的相关系数，并将相关系数作为信度的指标，称再测信度(test-retest reliability)。一个无误差的测量，前后两次测得的分数应相同，相关系数为1.00。但是由于测量误差的存在，受测者在前后两次的测量中得分不同，相关系数便不会是1.00。若误差是因为时间造成的，则信度系数反映了测量分数的稳定程度，又称稳定系数(coefficient of stability)。再测信度越高，代表测验分数越不会因为时间变动而改变。

在实际操作中，再测的时距是一个重要的因素，两次测量间隔的时间越长，信度(稳定系数)就越低。不同的时距选择，会影响误差的大小，因此再测信度的误差来源可以说是时间抽样(time sampling)。最适宜的相隔时距因测验的目的和测量的内容性质的不同而不同，少者一两周，多则几个月甚至一两年。

若测量工具中有两个内容相似的复本，令同一群被试同时接受两个复本的测量，求得所测得的两个得分的相关系数，这个相关系数被称为复本信度。复本信度的误差来源是题目差异，可以说是一种内容抽样(content sampling)的误差，因此复本信度反映的是测验分数的内部一致性或稳定性。在实施测验时有几个注意事项。第一，两个复本必须同时施测。如果两个复本施测的时间不同，其误差来源有可能是时间抽样，也可能是内容抽样。第二，两个复本的内容必须确保具有一定的相似性，题目的类型、长度、指导语、涵盖的范围等应保持一致，但是题目内容不能完全相同。如果测验所测量的内容很容易让人迁移与记忆，那么就必须避免使用复本信度。通常的做法是将两个版本的量表题目一起发展，一并检测，最后再将测验拆分成两份，而非分开独立发展。

分半信度(split-half reliability)与复本信度相似，也是通过求取两个复本间的相关系数来表示测量的信度。所不同的是，分半信度的两个复本并非独立的两个测验，而是把某一套测验以题目的单双数或者其他方法分成两部分，根据受测者在这两部分测验上的分数，求取相关系数而得到分半信度。因此，分半信度可以说是一种特殊形式的复本信度，误差的来源也是内容抽样，与复本信度相比，分半信度在操作上简单得多。

除以上介绍的几种信度外，还有内部一致性信度、评分者信度等。内部一致性信度又称内部一致性系数，是指用来测量同一个概念的多个计量指标的一致性程度，主要反映的是测验内部题目之间的信度关系，考察测验的各个题目是否测量了相同的内容或特质。评分者信度，指的是多个评分者给同一批人的答卷评分的一致性程度。在由客观性试题组成的心理测验中，答案具体而固定，无须考察评分者信度；但在投射测验、道德判断测验、创造性思维测验等测验的评分中，答案并不固定，评分时必然掺杂主观判断因素，因此在评定这些主观性题目时，评分者之间的“变异”是产生误差的重要原因之一，此时就需要考察评分者信度。

(三)影响因素

信度与误差之间具有密切的联系。误差变异越大，信度越低；误差变异越小，信度越高。探讨影响信度的因素，基本上是探讨误差的来源。使用者可以根据自己的需要以及研究设计的可行性，选用适当的信度指标。

产生测量误差的原因有很多，主要因素包括被试因素(如被试的身心健康情况、动机、注意力、持久性、做题态度)，主试因素(如非标准化的测试程序、主试的暗示、评分的主观性)，测验的情境因素(测验的环境条件，如光线、声音、空间因素等)，测验的内容因素(试题抽样不当、内部一致性低、题数过少)等。

在上述四项因素中，前三项属于程序性因素，最后一项则属于工具本身的因素，与量表编制的严谨程度有关。显然，要提高测量的可靠性，降低测量的误差，单从量表编制来着手是不够的，还需兼顾研究的执行过程与工具的开发过程。除以上因素外，样本的一致性也会影响测验的信度。

二、效度

(一)效度的定义

效度(validity)即测验的正确性，指测验或其他测量工具确实能够测得的欲测量的内容的程度，反映了测验分数的意义。测量的效度越高，测量的结果越能显示欲测量的内容的真实特征。效度是心理测验所应具备的最重要的条件，一个测验若无效度，则无论它具有其他何种条件，都无法发挥其测量功能。因此无论是选用已有测验或是自行设计、编制测量工具，都必须审慎地评估其效度，详细说明它们具有效度的证据。同时，在考虑测量的效度时，必须顾及其测量目的与特殊功能，使测量所测得的结果能够符合该测量的初始目的。

(二)效度的类型

效度包含内容效度、效标关联效度、构念效度等。内容效度(content validity)反映了测量工具本身内容范围与广度的适切程度。内容效度的评估，需要针对测量工具的目的和内容，一般以系统的逻辑方法来分析，又称逻辑效度(logical validity)，与内容效度类似的效度被称为表面效度(face validity)。

内容效度强调测量内容的广度、涵盖性与丰富性，以作为外在推论的主要依据；表面效度则重视工具外显的有效性，两者具有相辅相成的关系。在研究上为了取得被试的信任，顺利合作，良好的表面效度可确保作答的有效性，因此在测量工具的编制与取材上，必须顾及被试的经验背景与能力水平，确保测量工具具有一定水平的内容效度和表面效度。这两种效度的共同点都是缺乏实证评估的指标。

效标关联效度(criterion-related validity)又称实证效度(empirical validity)或统计效度(statistical validity)，是以测验分数和特定效标之间的相关系数来表示测量工具的有效性的。使用效标关联效度的关键在于效标(criterion)的选用。作为测验分数的有效性与意义度的参照标准，效标必须是能够反映测验分数内涵与特质的独立量，同时也必须是为社会大众或一般研究者所接受的能够具体反映某项特定内涵的指标。因此研究者除了利用理论文献的证据作为选用效标的基础外，还应提出具有说服力的主张，来支持其效标关联效度检验的评估。

测量的效标，如果是在测量的同时获得的数据，被称为同时效标，如果效标的数据需在测量完成之后再进行收集，则被称为预测效标，由这两种类型的效标所建立的效标关联效度又被称为同时效度(concurrent validity)与预测效度(predictive validity)。在实际中，同时效度由测验分数与同时获得的效标数据之间的相关来表示；预测效度则由测量分数与未来的效标测量分数间的相关表示。

结构效度(construct validity)是指测量工具能测得一个抽象概念或特质的程度。结构效度的检验必须建立在特定的理论基础之上，通过理论的澄清，引导出各项关于潜在特质或行为表现的基本假设，并以实证的方法，查核测量结果是否符合理论假设的内涵。

(三)影响因素

1. 测量过程

测量过程是影响测验分数的主要因素之一，不仅影响测量的稳定性，而且可能导致效度的丧失。例如，主试不当地控制测验情境，有意图地引导作答方向，将影响测验结果的正确性。因此施测过程的标准化是测验实施的重要原则，不遵照标准化的程序进行测量必然使效度降低，失去客观测量的意义。

2. 样本性质

效度的评估与选用的样本具有密切的关系。由同质性样本所得到的测验分数的变异量较低，在进行信度估计时不至于影响对内部一致性等指标的估计，但是可能因为测量变异量不足，导致与效标之间的相关降低，造成效度的低估。因此为提高测量的效度，宜选用异质性较高的样本。

样本的代表性也可能影响效度的评估。评估效度所使用的样本，必须能够代表某一测验所欲研究的全体对象。一般研究者在开发测量工具时，多以学生为样本，但是它实际适用的范围则可能是全体青少年，此时以学生为样本的代表性可能不足，对学生有意义的测量，不一定对其他非学生被试有相同的意义。

3. 效标因素

首先，所选测量效标的适切是效标关联效度有意义的先决条件。选用不适当的效标，可能造成效度无法显现或被低估。其次，效标本身的测量质量，即效度与信度，或是效标数据在测量过程中的严谨程度，也同样影响效度的评估。在统计上，测验本身的信度、效标的信度，以及测验与效标间的真正相关，是效度系数高低的决定因素。因此，一般均建议效标采用客观数据或行为指标，避免采用构念性的测量，以免效标与测验本身双重信效度混淆。

4. 干扰变量

结构效度的检验容易受到其他特质或干扰测量的影响，产生效度混淆。从被试本身的角度看，被试的智力、性别、兴趣、动机、情绪、态度和身心健康水平等，皆可能伴随着测量工具的标准刺激而反映在测验分数中，成为效度评估的干扰变量(moderator variable)。如果某些特质具有关键的影响，而研究者无力将其效果以统计控制或平行测量的方式来进行分割，效度可能受到影响，使得效度失去参考价值。

总而言之，效度受多方面因素影响。测验效度的提升，除依赖研究者丰富的实物操作经验之外，还必须落实测验编制与实施程序的标准化模式，留意被试的行为反应与意见，这样才能获得与测量目的及功能相符的效度。

第五节
数据整理与分析

一、初步审核，整理资料

对量化研究的数据资料进行审核、整理，是研究结果整理的关键，在审核、整理的过程中，要核实所获数据资料的真伪，删除错误的结果，保留合理的结果，并根据实际情况对缺失的数据进行补充，以保证研究结果的准确性。

在数据审核的过程中，应该从两方面入手。一是对被试个体的数据资料进行审核。检查每一个被试的资料，看数据有无缺失和遗漏，有无前后矛盾之处，结果登记中有无错行、变量输入误差等。二是对被试总体的数据资料进行审核。检查研究目的所要求的各方面的数据资料是否齐全，包括问卷、量表是否全部收回，实验要求的各方面的数据是否全部收集，收集的数据是否达标等。应检查量表或问卷数量和数据是否有遗漏、漏填，若有，则查明原因并尽量补充完整，对于达不到回收率或实验样本不够的，根据实验要求和标准，应该将数据资料作废或视作无效。

数据审核的方法有两种：计量审核和逻辑审核。计量审核，即核查研究数据资料中的各项计量资料。检查数据是否有错误或矛盾的地方，其中包括计量关系是否正确、计量单位是否一致等。例如，唇读理解正确率应该精确到各语言级别(汉语、词语、语句)的正确率；听障学生致聋时间要确定下来，是语前聋还是语后聋；等等。如果这些计量关系不正确，就应该找出原因，并加以修正或删除。逻辑审核方法是检查研究数据资料的内容是否合乎逻辑，有无不合理之处。例如，关于听障学生父母的听力状况，在其听力情况调查中只有“健听”和“聋”两个选项，分别用“1”和“2”表示，但在答案中出现了“3”和“4”等数字，这明显是错误的。对于出现逻辑错误的问题，应该认真分析出现这些错误的原因，尽量使研究数据有效。

数据资料审核后，对于一些有明显错误的数据资料，应该深入调查，分析其原因，尽量对错误进行纠正。如果无法纠正，在不影响抽样效果，保证研究数据、资料具有一定有效率(一般规定为80%以上，某些研究要求95%以上)的基础上，应对这些错误结果予以剔除。应该注意的是，研究资料的审核的正确性与研究者的水平、经验以及对研究对象的了解程度密切相关，因此，如果不能确定某些研究结果的正确性和合理性，就应该请有关方面的专家或熟悉该方面情况的其他研究者审核，切忌主观臆断。经过审核、整理后，如果数据资料不完整，如部分问卷未收回或者部分问卷没有填写完整，就应查明原因，想办法补充。一般做法是找出全部研究数据资料中有缺失、遗漏的内容，及时访问研究对象，解决其中的疑问。因此，研究结果数据的补充应在研究过程中进行，要及时，以防被试遗忘等原因导致缺失、遗漏的数据资料得不到补充，从而影响研究结果的完整性。

二、进行统计分析

对数据的统计分析要建立在对数据的初步整理上，随着科技的进步，原始数据整理后的统计工作可以由计算机代劳。而计算化的处理，必须依赖于严谨的编码输入、适当的转换，只有这样数据才能作为统计分析的数据。一般而言，数据的统计分析要经过以下几个处理过程。

(一)数据的变量赋值

数据组织是在数据整理的基础上再次进行分析，达到建立数据库的目的。对于数据要进行编码，即用数字代表分类数据。例如，听障被试的聋时间：1＝语前聋，2＝语后聋。父母的听力状态：1＝双方听障；2＝父亲听障，母亲健听；3＝母亲听障，父亲健听；4＝双方健听。区间数据和比率数据有时也需要转换成类别数据。例如，听障学生的智力水平：1＝60～79，2＝80～99，3＝100～119，4＝120～139。

(二)数据的录入

数据的录入就是将编码数据输入已经建立好的数据库中，数据录入的关键是要保证录入数据的正确性。但由于数据是由录入者录入的，因此难免会出现错误。例如，录入者在认读数据编码时出现错误，从而导致输入数据的错误；录入者在录入时按键出现错误等。数据的录入是一项比较单调、机械的工作，但它又是正确进行统计分析的前提。为避免数据录入错误，录入者必须要有高度的责任心，细致、耐心的工作态度和熟练的键盘操作技能。因此，对于录入者的培训是不可忽视的一项工作。

(三)数据的核对

数据的核对是对录入数据的进一步检验，研究者检查数据录入是否正确、录入数量是否与整理的数据保持一致、被试的人口统计学变量是否正确等。

(四)统计分析

首先研究者根据研究的目的和需要确定统计方法，其次确定与选用的统计方法相对应的程序，这要根据研究者个人的偏好及掌握计算机统计分析技术的程度来决定。统计软件包常采用 SPSS 或 SAS 等，可根据软件的功能自主选择。

三、深入讨论分析结果

对于对观测数据进行统计分析后所得到的实验结果，研究者必须坚定实事求是的科学态度，给予恰如其分的理论解释，并且解释过程必须遵循有关判定因果关系的逻辑规则，在有关变量的逻辑关系结构的基础上进行解释。我们知道，在研究之初就要针对有关问题形成明确的理论假设，必须明确设定变量之间的关系及其测量方式，这是进行假设验证的基础。实际上，对于整个研究过程，研究者最关心的有两个方面：一是理论假设，二是测量数据。数据是实验观测的结果，是在有关理论假设的结构框架内获得的，如果没有一定的理论假设框架的规范，面对一组数据我们就不可能获得任何有意义的信息；并且只有在对这些数据进行统计分析之后，在统计结论的基础上对这些数据进行解释才是有意义的。当然，这种解释不能离开数据统计结论本身，也只有建立在统计结论的基础上的解释才有更强的说服力。因此，假设验证的过程就是确定理论和数据的关系的过程。需要强调的是，由于统计结论本身就有一定的风险性，因此应对统计结果持十分谨慎的态度，避免陷入唯数据论的误区。

第六节
撰写报告

科学研究是人类最富有创造性的劳动形式之一，只有用一定的形式将研究的成果表达出来，才能使研究的成果最大限度地被他人了解和利用。量化研究的报告就是总结科研成果的一种形式，是对所从事的某项实验研究的陈述。经过前面的学习，我们已经知道了如何针对所要研究的问题进行实验设计、实验实施、收集资料和分析与讨论结果，为了进一步完善研究，需要考虑如何表达研究成果。量化研究报告如同其他科研论文一样，应该严格遵循一定的写作规范，这样研究者撰写报告的难度就会降低，同时也便于读者判断研究报告的正确性、创新性和清晰性。

撰写的研究报告必须符合量化研究的基本格式要求，下面参照《美国心理学会出版手册》和国内有关编辑手册的相关要求，以及有关期刊的征稿要求，提出量化研究报告的基本格式，并结合研究报告中存在的有关问题进行讨论。

一、量化研究报告的格式规范

量化研究报告是对自己所从事的某项研究的过程及成果的陈述，由反映研究过程的各个阶段的内容组成，包括前言(introduction)、方法(method)、结果(result)、讨论(discussion)和结论(conclusion)等主要部分。前言部分是在综述相关文献的基础上，提出所要研究的问题，叙述研究该问题的目的；方法部分是对研究所采用的被试、材料、仪器、实验设计、程序等的描述；结果部分是对研究中所发现事实的具体呈现；讨论部分则是对研究结果与前言部分所提出的研究假设之间的内在联系的解释和论证；结论部分则是对研究成果的最终总结报告。完整的研究报告应该提供关于研究的三方面的信息：首先，要详细说明研究实施的整个过程；其次，是对研究结果进行客观介绍和评估，说明采用的测量方法、统计分析手段、对结果做出的解释；最后，要说明此项研究与相关研究领域中的其他研究有什么联系。通常一篇完整的研究报告应该包括以下几方面内容：题目、作者名称和所属单位、摘要和关键词、前言、方法、结果、讨论、结论、参考文献、附录等。以下结合量化研究的特点进行具体讨论。

(一)题目

题目是对研究内容的高度概括，是对研究内容的总结，它主要有两方面的作用。第一，体现研究的中心内容和重要论点，使读者能够从题目中了解到该研究的核心内容和主要观点；第二，可供数据库系统进行检索和收录。

题目一般要说明所做的实验研究是哪方面的内容，应概括性地总结报告的主要观点，包括所研究的变量以及它们之间的相互关系。一般要求题目中既要包括自变量，还要说明因变量(如听觉辅助对听障学生汉语唇读理解的作用研究)，因此一个好的研究题目应该具备言简意赅、概念明确、层次分明、直观醒目等特征，即题目要准确地表达研究的中心内容。

(二)作者名称和所属单位

填写作者名称和所属单位属于研究报告的署名问题。署名的意义在于以下三点。(1)作者拥有著作人身权的声明。著作人身权包括发表权、署名权、修改权、保护作品完整权。署名权，即表明作者身份，在作品上署名的权利。署名权表明作者的劳动成果及作者本人都得到了社会的承认和尊重，即作者向社会声明，作者对该作品拥有著作权。(2)表示文责自负的承诺。所谓文责自负，即作品已经发表，署名者对作品在法律上、政治上、科学上和道义上负有责任，如果文章中存在剽窃、抄袭的内容，或者有政治性、技术性错误，署名者应负完全的责任。(3)便于读者与作者联系。署名即表明作者有同读者联系的意愿。

(三)摘要和关键词

摘要是对研究报告内容的全面概括，一般包括研究的问题、被试特点、研究方法、研究结果、研究结论等。一篇好的摘要应该具备以下特点：准确性、独立性、言简意赅、非评价性等。准确性是指摘要应准确地反映论文的目的和内容，不应包含论文中没有出现的内容。独立性是指摘要应自我一体，独立成篇。言简意赅是指摘要的长度一般不超过300字，所以摘要中的每一个句子都要最大限度地提供信息，且尽可能简练。非评价性是指摘要的写作要有条理和逻辑，尽量采用第三人称。

关键词是研究报告的文献检索标志，是从研究报告的题目、层级标题和正文中选出来的能表达研究报告主体概念的词和词组，它是对全文信息的高度概括。关键词的选择是否恰当，会影响论文的检索概率、研究成果的利用率和读者对文章的理解。因此，选择的关键词既要正确反映研究报告的主旨，又要符合表达规范，还要简练、明确和实用。一般正式发表的研究报告，还要在关键词的下方注明分类号(LC-library Classification)，以便于文献检索、存储和编制索引。分类号是一种情报信息检索语言，它是一套代码系统，一般由字母和阿拉伯数字组成。各学科各领域都有相应的代码，《中国图书馆分类法》(原称《中国图书馆图书分类法》)和《中国图书资料分类法》是最通用的分类标准。

(四)前言

前言是研究报告正文的第一部分，它是研究报告的重要组成部分之一，通常包括研究问题、研究背景、研究目的和理论基础等内容。

1. 研究问题

前言开始的一段文字，要提出所要研究的具体问题并描述研究策略，这是针对研究目的而提出来的具体问题。在写的时候需要考虑以下几个方面：研究的问题是什么？假设和实验设计与研究问题之间有什么关系？该研究与所属领域以前的研究有何关系？要解决什么理论问题？如何解决？

2. 研究背景

在研究问题提出以后，需要对以往的研究加以评述，展现适当的历史状况，即文献回顾，这是对相关理论和研究进行说明与总结。在论述研究背景的时候要强调相关的发现、相关的方法论问题和主要结论，即所选择的文献和自己研究的问题之间的关系是密切的、具有代表性的，应该避免面面俱到和无关紧要的细节描述。对文献的回顾和概括，主要是为自己的研究提供合理的解释和论据。因此，在研究背景的论述中要论证以前的研究和现在的研究工作之间的逻辑关系，归纳和评价先前研究中的不足及没有解决的问题，在广泛的理论基础上清晰地提出自己的研究问题。

3. 研究目的和理论基础

在提出研究问题和研究背景之后，要说明具体的研究。首先，要对研究的假设做出正式的声明，需要控制的自变量和因变量各是什么，期望得到什么样的结果，需要清楚地说明每一个研究假设的理论基础。其次，要对实验设计的变量和重要名词进行界定，并给出变量的操作性定义。研究目的是要说明所进行研究的理论和实践意义是什么，也就是要说明研究的价值、必要性和研究所探讨的方向等问题。

(五)方法

方法是研究报告正文的第二部分，主要描述量化研究是如何实施的，即研究设计，以便使其他的研究者能够清楚研究方法，准确了解研究过程。方法介绍部分主要包括研究对象、研究设备和材料、研究程序。

研究对象就是被试，也叫实验样本，在这一部分主要应说明所选取样本的大小、被试的来源、抽样方式以及分配到每一种条件下的被试数量。要清楚地说明被试的性别、年龄、教育情况以及与研究相关的其他特征(如与病理学相关的特征)。如果部分被试没有完成实验，则需要说明没有完成实验的被试数量，并解释他们没有完成实验的原因。

研究设备和材料部分要描述研究过程中所使用的实验设备或者材料以及它们在研究过程中的作用，包括实验仪器、测量工具、量表或者自制的材料。常用的实验器材，通常只需说明其厂家、名称和型号，特殊或自制设备则需要详细说明。如果是自制问卷或量表，则需要详细说明整个编制过程，如编制的理论依据、预试、项目分析、选题过程以及量表的信度和效度。

研究程序是研究的具体步骤和流程，这一部分要说明实验是如何进行的，包括指导语、分组情况、实验原则、方法步骤、需要控制的条件等，还需要对实验设计的随机化、平衡抵消和其他实验控制的特点进行描述，即详细说明为了避免变量的混淆而进行的操作和防范措施。方法部分应该写得详细而准确，以便读者能够恰当地重复和验证这个研究。

(六)结果

结果是研究报告正文的第三部分，主要是针对研究得到的数据进行概括，并进行统计分析，把结果报告出来。通常，结果部分是从研究的主要成果的陈述开始的，然后是基本的描述性统计结果，之后再给出效应量的测量结果。在结果部分，首先要简单说明主要的结果或者发现，然后将研究得到的必要数据、典型案例、观察记录等用统计表、文字、图片等客观、准确地描述出来，尽可能详细地报告数据以验证结论。但是一般不需要报告单个被试数据或者原始数据，应报告所有相关的结果，包括与假设矛盾的结果。

在结果中需要对研究中观测到的原始数据进行统计分析，使这些数据能够反映所要研究的问题。无论是描述性统计还是推论统计，都要在报告中阐明相应的统计方法和统计结果及结果的意义。例如，p 值的显著性水平的具体含义是什么。统计学意义上的显著性要包括使用的检验类型、自由度、检验结果和显著性水平等信息。也就是说，在呈现推论统计的数据(如 t 检验、F 检验等)时，还要包括实得量值或者检验值、自由度、概率以及影响的方向等信息。

(七)讨论

讨论是研究者根据研究的结果对所要解决的问题进行回答，即对研究结果进行评估、推论，解释研究结果的意义，并且指出研究结果是否支持研究假设及其原因。

讨论是研究结果的重要组成部分，它将研究的过程和研究者的观点统一起来，使之形成一个有机的整体。讨论既要在实验研究结果的基础上进行，又不能拘泥于本研究的范围。应该在统计学的原理、规则和本研究的基础上，结合相关领域的知识，对结果做出说明，解释出现的新现象；将本研究和已有研究的观点、结果进行比较，分析出异同，并说明可能的原因；综合分析本研究的结果，说明某种理论和可能的展望；还要说明在研究过程中出现的问题和限制，以及它们对研究的信度、效度等的影响，从而提出进一步的研究建议。

在讨论的开始部分，要简要地重述研究假设和主要结果，应该清楚地说明研究结果是支持还是不支持所提出的研究假设；将自己的研究结果与其他研究者的结果联系起来，分析异同，分析结果是如何证明结论的，最后还需要简要论述研究的理论意义和实践意义，有何改进，或提出新的研究问题。对于在研究方法上有创新的实验，可以在方法上进行单独论述。此外，还可以对研究中存在的缺点进行讨论，特别是影响结果普遍性的因素，研究者应该接受而不是掩饰负面的结果。

(八)结论

结论是对实验研究的结果进行总结，指出本实验研究证实或者否定了怎样的研究假设，结论通常采用简洁的语句来表达。在结论中研究者要根据结果和假设之间的关系，以研究结果为依据，摘要叙述出研究中最具意义的主要结论和未来的发展方向，确切地反映出整个实验研究的成果。结论要实事求是，既不能夸大也不能缩小。

(九)参考文献

参考文献指的是撰写的研究报告中引用的相关期刊或图书资料。在撰写研究报告的过程中，要对所引用的他人的观点、数据和材料在文中出现的地方予以标明，在文末列出参考文献，这就是参考文献的著录工作。参考文献部分要列举出研究报告中所有引用文献的完整信息，一般是按照第一作者的姓氏的字母顺序编排。科学研究具有继承性，当前的研究一般都是在前人的研究成果或研究工作的基础上进行的。因此，在撰写研究报告的过程中，不可避免地会引用他人的研究资料，参考文献的著录是必不可少的。一方面，研究报告是对研究背景、理由、目的等的阐述，也是对前人研究的评价，著录文献可以表明论著有理有据，同时可以为读者评估研究报告的起点和深度、价值和水平提供客观依据；另一方面，著录文献可以将研究者的成果与之前他人的成果区别开来，避免抄袭、剽窃之嫌，同时也是对他人的尊重。此外，著录文献不仅具有索引的作用，还可以节省研究报告的篇幅。参考文献的著录格式要遵循一定的规范，一般参考文献的排列符号用数字来表示，而且要与报告正文内的标号一一对应。需要注意的是，参考文献中罗列的书名、题名、刊名不用书名号。由于参考文献的来源不同，所以著录文献的格式也有所差异。

(十)附录

附录是正文的补充部分，通常编排在参考文献之后、英文摘要之前，可以作为向读者提供更详尽信息的一种手段，在排版印刷时也更加灵活。有些研究报告需要对某些材料进行必要而详细的描述，如数学公式的证明、计算机程序、词表、问卷、大型表格、给予被试的详细指导语或其他实验及调查工具的介绍等。但是，由于这些材料较为复杂或琐碎，放在论文主体中会割裂正文，中断论文流程，分散读者对研究报告本身的注意力，此时就应该把这些材料作为附录放在正文之后，便于读者了解、评估或者重复这项研究。

一篇研究报告可以有一个或多个附录，每个附录必须要有标题。如果只有一个附录，只用“附录”即可。如果有多个附录，就需要按照正文参照的顺序给附录编排序号，如附录 A、附录 B 等。一个附录内的表、图和公式必须要有标题等级，并且要和正文的区别开，通常是用附录中的表、图以及公式的编号分别加上附录的编号，如“表 A-1、表 A-2、表 A-3……”“图 B-1、图 B-2……”等。

二、量化研究报告的撰写过程

量化研究报告的撰写是量化研究的重要环节，是完成整个研究过程的最后一步，也是进行研究成果交流和评价的基础。撰写研究报告的意义在于以下方面。(1)研究报告能够介绍研究的新成果，可以对某一问题提出新见解、新观点以及从新的角度分析数据、变量关系等。(2)促进研究者之间的交流和合作。通过撰写研究报告，研究者能够对研究的过程、结果进行系统分析和思维加工，使研究在理论和实践方面的意义更深刻，更重要的是促进相关研究者之间在成果、方法和经验等方面的交流。(3)有利于对研究进行评价。研究者可以选取一定时期的相关研究报告进行元分析，获得对该研究方向或课题的进展情况的了解，并对所分析的研究做出比较全面、客观的评价，以促进该领域研究的不断发展。量化研究报告的撰写过程如下。

(一)确定研究报告的类型

撰写研究报告之前，首先要确定研究报告的类型，即用什么形式介绍研究成果。若写成论文，是用于申请学位，还是用于投稿？若是用于投稿，准备投往何种期刊？如果是用于投稿，还要根据读者对象和刊物对象选择所投往的刊物，从而确定研究报告的写作方式和篇幅。在选择投稿之前，应先了解期刊的办刊宗旨、征稿范围和论文要求、对作者的要求、读者对象以及该刊物已发表文章的特点，经过比较后再做决定。

(二)拟定提纲

撰写研究报告之前，首先要进行通盘考虑。主要考虑以下几个方面：读者对象的特点、研究成果的表达、报告的层次和顺序安排以及逻辑关系的突出性等。总体规划的目的就是选择介绍研究成果的最佳方式，要拟定最佳的写作提纲。

拟定提纲对进一步提炼材料，充分表达研究者的思想、见解，组织研究报告的结构，保持研究报告的连贯性，突出重点，方便读者阅读和避免不必要返工，都是极其重要的。

(三)写作初稿

研究报告初稿应该按照研究报告的基本格式要求撰写，应尽量快速地完成，以保证思路的清晰性和连贯性。初稿写作一般从前言开始，然后写方法、结果、讨论，最后写结论和摘要。参考文献不应放在最后写，而应随着正文的写作，随时将文中涉及的参考文献按格式要求标注，以免最后花时间去补查。

(四)修改定稿

初稿完成后，应进行修改，使之完善。修改的方式有很多，主要是自己修改或请专家、同行帮忙修改。如果自己修改，一般应先将初稿搁置一段时间，待能客观、冷静地看待自己的作品后，再进行修改。

初稿的修改，可以从以下三方面入手。(1)内容修改，包括检查引用的研究是否准确无误，结果分析是否合理、新颖，结论是否有数据支持，结论与结果是否一致，结论是否准确，结论的概括性如何等，然后决定是否增、删、改。(2)结构的修改，检查研究报告的层次是否清晰、合理，各部分详略是否得当，内容和表达方式是否一致等，然后决定是否进行结构调整。在修改结构时要注意使局部内容服从整体安排。(3)语言的修改，改正不恰当的用词、语法错误，尽量删繁就简，使研究报告简洁而准确地呈现研究成果。反复修改研究报告，直到感到满意后，方可定稿。应该注意的是，若要投稿，投往刊物编辑部的研究报告一定要美观、清晰，这一点是影响研究报告是否可以发表的因素之一。

本章小结

本章从提出研究假设、研究设计、研究实施与资料收集、质量检测、数据整理与分析、撰写报告等方面对量化研究的开展过程进行了细致的介绍。通过对量化研究的主要环节的介绍，期望为量化研究的规范开展提供参考。特殊教育研究还具有自身的特点，如特殊教育研究对象的复杂多样、特殊教育研究方法的多样性与综合性、特殊教育测量工具的独特性、特殊教育研究伦理问题的突出性等[①]，在开展特殊教育领域的量化研究时，应严格遵循量化研究的规范，科学设计研究方案，谨慎解释研究结果。

复习思考题

一、单项选择题

1. 以下哪项不是量化研究的研究假设中可能出现的逻辑关系？(　　)

A. 预测性假设　　B. 相关性假设

C. 并列性假设　　D. 因果性假设

2. 将总体各单位按一定标准分为若干类型，然后根据类型的单位数和总体的单位数的比率，确定从各类型中抽取的样本单位的数量，最后按照随机原则从各类型中抽取样本，此种取样方法是(　　)。

A. 整群取样　　B. 简单随机取样

C. 分层随机取样　　D. 系统随机取样

3. 用来测量同一个概念的多个计量指标的一致性程度，主要反映的是测验内部题目之间的信度关系，考察测验的各个题目是否测量了相同的内容或

① 杜晓新、宋永宁：《特殊教育研究方法》(第二版)，1～3页，北京，北京大学出版社，2015。

特质。以上描述的是(　　)。

A. 复本信度　　B. 内部一致性信度

C. 内容效度　　D. 结构效度

二、简答题

1. 请简述信度检验的重要性。

2. 请简述效度检验的重要性。

3. 请简述取样的一般程序。

三、论述题

1. 请围绕特殊儿童的某一认知发展领域，设计一份量化研究的实验设计。

2. 请围绕听障儿童的某一学业发展领域，设计一份测量工具。

本章阅读书目

1. 杜晓新，宋永宁．特殊教育研究方法．2 版．北京：北京大学出版社，2015.

2. 朱滢．实验心理学．3 版．北京：北京大学出版社，2014.

3. 裴娣娜．教育研究方法导论．合肥：安徽教育出版社，2018.

4. 张敏强．教育与心理统计学．北京：人民教育出版社，2010.

5. 舒华．心理与教育研究中的多因素实验设计．北京：北京师范大学出版社，2016.

主要参考文献

[1]林作新．研究方法[M]. 北京：中国林业出版社，2009.

[2]韩延伦．教育研究方法[M]. 北京：高等教育出版社，2011.

[3]李志，潘丽霞．社会科学研究方法导论[M]. 重庆：重庆大学出版社，2012.

[4]张学民，舒华．实验心理学纲要[M]. 北京：北京师范大学出版社，2004.

[5]杜晓新，宋永宁．特殊教育研究方法[M]. 2 版．北京：北京大学出版社，2015.

[6] 董奇．心理与教育研究方法[M]. 修订版．北京：北京师范大学出版社，2004.

[7]邵光华，张振新．教育研究方法[M]. 北京：高等教育出版社，2012.

第九章

特殊教育量化研究示例

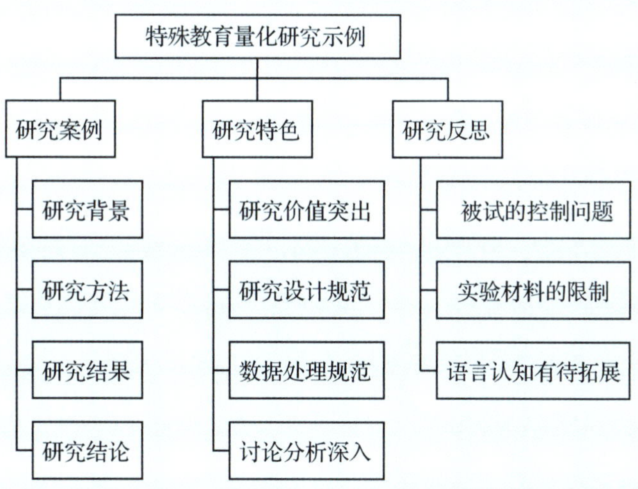

导　读

前两章已经从理论基础和实践步骤两个角度介绍了特殊教育量化研究方法。目前，量化研究在国内的特殊教育领域已得到了广泛的使用。本章便以一篇论文为例，从研究案例、研究特色和研究反思三个角度剖析特殊教育量化研究方法的运用。学完本章，你应该做到：(1)进一步了解特殊教育实验设计；(2)辩证地看待特殊教育量化研究方法的运用和实施。

第一节 研究案例

本章所分析的案例来自《中国特殊教育》2017 年第 10 期的期刊论文《听觉辅助在听障学生汉语唇读理解中的作用》[①]，作者为华中师范大学教育学院的雷江华、宫慧娜、贾玲和美国佐治亚大学交流科学与特殊教育系的陈亮。

一、研究背景

唇读作为视觉语言信息的来源之一，与听觉语言相似，包含语言识别(identification)与语言理解(comprehension)两个阶段。唇读理解是在唇读识别的基础上，进行必要的句法分析和语义分析，摆脱语言的物质外壳(口形或语音)并构建语言的深层命题，以实现对话语意义的理解。目前关于英语的唇读研究已由语音识别研究逐步拓展到了词语、语句、语篇等语言级别的理解研究。国内对不同年龄段听障学生的汉语唇读理解能力发展特征的探究较为缺乏，其汉语唇读理解能力是否与其年龄有关，听觉辅助对不同年龄听障学生的唇读理解的影响是否存在差异，唇读理解是否与唇读识别呈现着相类似的阶段性发展特征等问题仍有待深入研究。因此，结合汉语的语言特征，该研究从汉字、词语、语句三个语言级别来探究听觉辅助对听障学生汉语唇读理解的影响，并考察不同年龄段听障学生的唇读理解能力的发展特征，以期进一步丰富汉语唇读的实验研究，并为听障学生的唇读康复训练提供指导。

---

① 雷江华、宫慧娜、贾玲等：《听觉辅助在听障学生汉语唇读理解中的作用》，载《中国特殊教育》，2017(10)。

二、研究方法

(一)研究对象

研究选取武汉市两所聋校6～20岁的91名听障学生为实验被试。经与被试及其教师核实，将目前佩戴助听器且连续佩戴助听器超过1年的47名被试归为有听觉辅助组，未佩戴助听器的44名被试归为无听觉辅助组。所有被试除听觉障碍外，无其他障碍。实验时，由于在实验程序中均采用无声唇读视频，因此可以排除被试听觉辅助设备因素的影响。基于聋校学生年龄分布事实，将被试划分为三组，即低龄组(6～10岁)、中龄组(11～15岁)和高龄组(16～20岁)，以探究听障学生的唇读理解能力的发展规律。文章对被试的基本情况进行了细致报告，如各组的人数、平均年龄、性别分布、听力损失程度等。

(二)实验设计

研究采用3(语言级别：汉字、词语、语句)×2(听觉辅助：有听觉辅助、无听觉辅助)×3(年龄段：低龄段、中龄段、高龄段)三因素混合实验设计。语言级别作为被试内变量，听觉辅助作为被试间变量，年龄段作为被试间变量，其3个水平分别为低龄段(6～10岁)、中龄段(11～15岁)与高龄段(16～20岁)。

(三)实验材料

汉语唇读测试材料可分为三个部分，即汉字、词语和语句测试材料，实验中的全部汉字均选自全日制九年义务教育全国统编教材小学语文课本第1～2册和聋校第1～2册教材。所有材料选定后，交由特殊教育专家、低年级聋校教师及语言训练康复中心教师审议，对超出低年龄听障学生理解范围的测试材料进行替换及修改。汉字、词语、语句各子测试程序的克隆巴赫系数(Cronbach's alpha)分别为0.695，0.714，0.702，总测试程序的克隆巴赫系数为0.861，表明该实验材料具有良好的信度。

(四)实验程序

实验程序采用E-Prime 2.0软件进行编制，在Lenovo X220i笔记本电脑上设计及运行。实验开始前，主试帮助被试完整填写个人信息，随后打开测试软件进行测试。为排除测试顺序对被试的干扰，避免练习效应，采用拉丁方设计对被试的实验顺序进行平衡，每个被试按预先设计的顺序完成汉字、词语、语句三项测试。每项测试程序都包含指导语、练习部分及正式测试部分。

三、研究结果

剔除反应时超出各项测试反应时 3 个标准差的数据(仅 1 人)，剩余所有被试的实验数据均进入统计分析过程。研究运用重复测量方差分析探讨听觉辅助对不同年龄段听障学生的汉语唇读理解能力的影响，研究结果部分细致地呈现了不同听觉辅助条件下听障学生在汉语唇读理解测试中的正确率和反应时的统计结果。随后，该研究又从语言级别对听障学生汉语唇读理解的影响、听觉辅助在听障学生汉语唇读理解中的作用以及年龄对听障学生汉语唇读理解的影响三个角度对研究结果进行了深入分析与讨论。

四、研究结论

研究得出了三点结论：听障学生唇读理解不同语言级别汉语的能力差异显著，其唇读理解汉语的能力由高到低依次为词语、汉字、语句；听觉辅助对听障学生唇读理解汉语具有积极作用，其辅助作用主要体现为提升唇读理解汉语的准确度，但对反应速度的影响受到语言级别的制约；听障学生的汉语唇读理解能力与年龄无关，并未呈现随年龄增长而提升的发展趋势。并且，依据研究结论，对听障学生汉语唇读理解能力的发展有针对性地提出了几点发展建议。

第二节 研究特色

该研究探讨了听觉辅助设备在听障学生汉语唇读理解中的作用。研究结果表明，听障学生的汉语唇读理解能力受语言级别、听觉辅助的影响明显，并不随年龄的增长而变化。该研究具有以下几个鲜明的特点。

一、研究价值突出

该研究具有较强的理论研究价值与实际应用价值。在理论研究价值方面，已有的听障学生唇读研究多聚焦于对听障学生唇读信息感受能力及识别能力的探究，对听障学生唇读理解能力的研究较少。该研究通过对听障学生的汉语唇读理解能力进行探析，从实证探究的角度呈现了听障学生的汉语唇读理解能力，并且对影响听障学生的汉语唇读理解能力的因素进行了较为客观的分析，充实了国内关于听障学生的汉语唇读理解能力的相关研究，同时为唇读理解汉语的后续研究提供一定的依据。

在实际应用价值方面，该研究采用群组实验的方法来考察听障学生的汉语唇读理解能力，并对可能影响汉语唇读理解的因素进行了探究，这在一定程度上可以为听障学生的语言教学提供有益借鉴，从而更有效地针对听障学生的唇读理解特点开展语言训练及教学工作。此外，该研究开发了一系列测试材料(汉字唇读理解测试材料、词语唇读理解测试材料、语句唇读理解测试材料)，用于测量听障学生的汉语唇读理解能力，有望通过后续研究的检验与修改，进一步提升其测试结果的精确性与代表性，更加精确地反映听障学生的汉语唇读理解水平。

二、研究设计规范

整体而言，该研究的设计较为严谨，符合唇读研究及实验心理学研究的规范。具体而言，在研究对象的选取方面，参照国外学者的被试年龄段划分依据，结合我国适龄儿童、少年接受教育的实际情况，选取就读于聋校的6～20岁听障学生为被试，以5年为标准划分年龄段。并且，详细报告了每组被试的年龄、听力损失情况、年龄分布等基本信息。研究对象的选取有明确的选取标准，报告详细、充分展示了被试的基本信息。在实验设计方面，采用3(语言级别：汉字、词语、语句)×2(听觉辅助：有听觉辅助、无听觉辅助)×3(年龄段：低龄段、中龄段、高龄段)三因素混合实验设计，并采取国际上唇读研究领域认可度较高的“视频—图片”匹配范式，研究设计的稳定性、可操作性强。在实验材料方面，根据国外较为完善的唇读测试材料的设计理念，自主设计了汉语唇读测试材料。研究对所设计出的汉语唇读测试材料在字、词、句文字材料的选取，图片与文字的匹配和绘制，口形视频资料的录制等方面均进行了详细的报告，并报告了实验材料的信度，研究材料的设计工作交代较为清晰，可复制性强。在实验程序方面，研究交代了实验程序设计及运行的电脑环境，以及被试完成测试的实验程序。总之，该研究在实验设计、实验被试的选取、实验材料的编订、实验程序的安排等方面均进行了客观、细致的描述，符合特殊教育量化研究的规范。

三、数据处理规范

该研究在被试基本信息的介绍、听障学生在汉语唇读理解测试中的正确率和反应时的统计结果的报告、统计结果的方差检验与报告等方面，均符合教育心理学研究的规范。图表标注及参考文献引用符合学术期刊标注规范，在数据报告及图表呈现方面不存在数据性错误，图表简洁明了。

四、讨论分析深入

该研究详细报告了不同听觉辅助条件下听障学生在汉语唇读理解测试中的正确率与反应时的统计结果，并对研究结果进行了系统分析。在语言级别对听障学生汉语唇读理解的影响分析方面，文章引入了核证模型的假设，用核证模型假设理论以及听障学生的语言发展特征来尝试解释其唇读理解能力的发展特点，并将该研究的结果与以往国外英语研究中的研究结果进行对比，总结分析听障学生唇读理解不同语言级别汉语的发展特点。在听觉辅助对听障学生汉语唇读理解的作用分析方面，研究从心理语言学的视角出发，尝试从听障学生加工唇读信息时的深层认知通道入手进行分析，即用多通道信息整合加工视角分析听觉辅助对听障学生汉语唇读理解的促进作用。在听障学生汉语唇读理解的发展轨迹方面，研究将中国听障学生汉语唇读理解能力的发展特征与国外已有的关于听障学生英语唇读理解能力的发展特征的研究结果进行对比，并从国内听障学生语言环境特殊性的视角，分析了年龄对听障学生汉语唇读理解的影响。

第三节 研究反思

一、被试的控制问题

该研究对听障学生的听力损失情况的报告并不全面，诸如对被试佩戴听觉辅助设备(助听器)的时长、佩戴助听器的起止时间等信息并没有详细报告，而被试佩戴听觉辅助设备的细致信息可能会对研究结果产生一定的影响。在年龄划分上，该研究参照国际上较常用的年龄跨度方法进行年龄段划分，尽管有一定的依据，但此种年龄段划分跨度比较大，可能听障学生汉语唇读理解能力的年龄发展趋势淹没在了较大的年龄分段中，以致不能细致地、直观地反映听障学生汉语唇读理解能力随年龄而发展的准确轨迹。此外，该研究的被试主要为来自武汉市两所聋校的听障学生，未考虑到其他安置环境(普通学校、语言康复训练中心等)，其他教育阶段(学前阶段、高等教育阶段)与其他地区(华东、华北、西南、西北等)的听障学生。

二、实验材料的限制

研究所用实验材料均来自全日制九年义务教育全国统编教材小学语文课本第1～2册和聋校第1～2册教材，具有较高的适用性。为保证三个测试材料的一致性，在确定汉语材料时，主要选取名词的简单表述形式，如笔、铅笔、女孩握铅笔。每套测试材料的正式测试题目数量仅为12道，数量偏少，研究结果的代表性有待通过后续研究不断验证。此外，该研究重点考察对名词的唇读理解情况，还未涉及对动词、形容词、副词等的考察。在所用材料的选择上，主要从语言的三个水平(汉字、词语、语句)来考虑，对于篇章的唇读理解还需要进行进一步探讨。并且，测试材料的难度设计得普遍较高，与听障学生在生活中的唇读交流场景差异较大，可能并不能如实地反映听障学生真实的汉语唇读理解能力。

三、语言认知有待拓展

唇读对于听障学生的沟通交流至关重要，该研究简单地从汉字、词语、语句三个方面加以研究，相对设计比较简单，处于汉语唇读理解研究的初步研究层面，至于唇读认知研究的内在加工机制等仍有待通过更深入细致的研究进行探究。此外，唇读对听障婴幼儿早期的语言获得至关重要，因此，对于听障幼儿早期的语言习得认知研究、唇读在人工植入耳蜗儿童的语言康复训练中的作用等，仍需要进行深入的探讨。

本章小结

本章以《听觉辅助在听障学生汉语唇读理解中的作用》一文为对象，从研究价值、研究设计、数据统计与讨论分析等方面对该研究的研究特色进行了提炼和总结，并从被试的控制问题、实验材料的限制、语言认知有待拓展三个角度反思了该研究的不足。特殊教育量化研究需要结合具体的研究主题进行细致、谨慎的研究设计，尽可能地控制研究变量，规范研究设计，以期更加清晰地探究特殊教育研究现象。

复习思考题

论述题

1. 请围绕特殊儿童某一认知发展领域开展研究，并撰写研究报告。
2. 研究特色的来源有哪些?
3. 研究反思的来源有哪些?

本章阅读书目

1. 杜晓新，宋永宁．特殊教育研究方法．2版．北京：北京大学出版社，2015.

2. 朱滢．实验心理学．3版．北京：北京大学出版社，2014.

3. 裴娣娜．教育研究方法导论．合肥：安徽教育出版社，2018.

4. 张敏强．教育与心理统计学．北京：人民教育出版社，2010.

5. 舒华．心理与教育研究中的多因素实验设计．北京：北京师范大学出版社，2016.

主要参考文献

雷江华，宫慧娜，贾玲，等．听觉辅助在听障学生汉语唇读理解中的作用[J]. 中国特殊教育，2017(10).

第四部分　混合研究

混合研究是特殊教育研究中新兴的研究方法。它建立在研究者的反思探索上，将质性研究方法和量化研究方法混合起来。面对特殊教育领域内研究对象的异质性、研究场域的复杂性等诸多特点，混合研究方法能发扬质性和量化这两种不同研究方法的优势，顺应当下特殊教育研究领域的要求。但是混合研究方法不是质性研究方法和量化研究方法的机械相加，而是在整个研究过程中两者之间的有机融合。因此，这一部分将通过整体概述、研究过程详述和案例剖析三部分来对混合研究方法进行介绍。

第十章

特殊教育混合研究概述

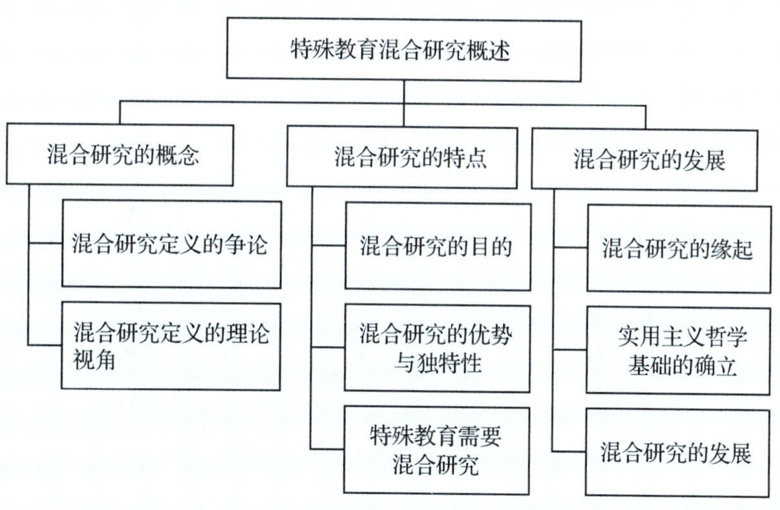

导　读

随着特殊教育研究的不断深入，质性研究和量化研究皆得到了进一步发展，各自的优缺点逐步被研究者所了解。在特殊教育研究领域，量化研究方法占据着主导地位，帮助研究者从量化层面更好地认识了各类残疾儿童。而特殊教育中的对象不是单纯的数字符号，有更多的关于个人的丰富细节和经验，这些也极具研究价值，因此质性研究也应当受到足够的重视。更为重要的是，随着特殊教育的进步和发展，一种教育现象已经不能用单一的研究方法来衡量了，应运而生的混合研究方法便是顺应时代的进步，满足当下研究需要的研究方法。学完本章，你应该做到：(1)了解特殊教育混合研究的概念和视角；(2)了解特殊教育混合研究的特点；(3)厘清特殊教育混合研究方法的发展脉络。

第一节 混合研究的概念

混合研究方法是一种正在发展中的研究方法，不同的研究者基于自己的实践对混合研究的概念给出了不同的表述，其背后是不同理论视角之间的转换和融合。因此，本节介绍了数种有代表性的混合研究的定义以及主要的理论视角，帮助读者从宏观层面了解这一研究方法。

一、混合研究定义的争论

多年来混合研究领域出现了数种混合研究的定义。约翰逊(Johnson)、安维格布齐(Onwuegbuzie)和特纳(Turner)在其一项具有很大影响力的研究中收集了21位混合研究领域领军学者对混合研究的19种定义，并对它们进行了内容分析，概括出了5个主题。[①] 主题一：混合什么(what is mixed)。多数学者认为混合研究包含量化研究和质性研究。主题二：混合阶段(the mixing stage)，指在研究过程中的哪一个阶段混合。有

① Johnson B., Onwuegbuzie A. & Turner L., "Toward a Definition of Mixed Methods Research," *Journal of Mixed Methods Research*, 2007(1), pp. 112-133.

些研究者认为应在数据收集阶段混合两类研究，有些研究者认为应在数据收集和分析阶段混合，更多的研究者认为可以在研究的任何阶段混合量化研究和质性研究。主题三：混合研究的宽度(breadth)。有研究者认为混合研究是同时收集量化数据和质性数据，还有研究者认为混合研究涉及研究的各个阶段的混合，也有研究者认为混合研究还应包括研究方法的世界观和术语的混合。主题四：为什么混合(why)。多数研究者认为混合研究主要是为了拓展研究的宽度和印证(corroboration)。主题五：混合研究的取向(orientation)。有些研究者认为混合研究是自下而上的，即由研究问题驱动研究设计和过程，但也有少数研究者认为混合研究是自上而下的，是由研究者的研究倾向驱动的。由约翰逊等人的分析可以看出，混合研究的定义具有多样性，多样的定义具有一定的共性，也有差异性。“差异性是自然的，应该积极地去看待，因为混合研究包含了一大批研究者和相当数量的研究项目……我们认为这些共性和差异性对这一新兴的研究范式的发展而言是有帮助的。”综合上述的分析，约翰逊等人给出了一个综合性的定义：“混合研究是一种研究者或研究团队整合质性研究方法和量化研究方法要素(如使用质性和量化的研究视角，数据的收集、分析和推断技巧)的研究类型，旨在扩展理解和证实的广度与深度。”在这个定义里，混合研究对作者而言不只是一种简单的研究方法，而是一种方法论。

二、混合研究定义的理论视角

克雷斯威尔(Creswell)和塔沙克尔(Tashakkori)提出了研究者眼中的混合研究指代的不同的意义、概念和研究过程的维度。他们将混合研究的学者按照其理论视角分为四类：研究方法(method)视角、方法论(methodology)视角、研究范式(paradigm)视角、应用(practice)视角。①

持研究方法视角的研究者侧重在混合研究中同时使用量化方法和质性方法的过程与结果，以及数据类型，也就是侧重发展和使用多种策略去收集、分析和解释量化的与质性的数据结果。主要的具有代表性的定义为，混合研究方法“包含至少一种量化方法(旨在收集数字类数据)和一种质性方法(旨在收集文字类数据)，而且这两种方法与具体的研究范式没有必然联系”②。克雷斯威尔和塔沙克尔对混合研究的定义也反映了研究方法导向，他们认为混合研究是“研究者在一项研究或调查项目中，兼用质性和量

① Creswell J. & Tashakkori A., “Differing Perspectives on Mixed Methods Research,” *Journal of Mixed Methods Research*, 2007(1), pp. 303-308.

② Greene J., Caracelli V. & Graham W., “Toward a Conceptual Framework for Mixed-method Evaluation Designs,” *Educational Evaluation and Policy Analysis*. 1989, 11(3), p. 25.

化的方法，来收集、分析数据，整合研究发现，并得出推论"①的研究范式。持此视角的研究者不太关注混合研究的世界观或者范式问题，而是更关注研究过程中如何将量化数据和质性数据相结合这一关键问题。

持方法论视角的研究者认为研究方法不可能独立于整个的研究过程，混合研究应是独立的研究方法论，包括理论基础、研究问题、研究方法、解释和结论等研究过程的各个方面。约翰逊等人的定义就是方法论视角的代表，他们认为混合研究在世界观、数据收集、数据分析和解释等方面将量化研究与质性研究相结合。② 但反对者认为这一概念无法很好地解释混合研究"混合什么"以及"如何混合"的问题，其疑问在于量化研究和质性研究的世界观是不同的，两种世界观是否可以混合。

持研究范式视角的研究者讨论将适用于混合研究的一个全面的或者多维度的世界观作为其哲学基础。研究者认为混合研究是与量化研究和质性研究相并列的第三种研究范式。要理解混合研究就要关注哲学问题，如什么知识值得关注，如何获取知识，真实和价值的性质，研究者所带到研究中的历史的和社会政治的视角，等等。目前认为混合研究的主要的哲学基础是实用主义(实用主义的哲学基础将在第三节具体解释)。

持应用视角的研究者认为混合研究是研究者在实施其研究设计的过程中(不管其设计是调查研究，还是人种志或其他)所使用的方法或一系列的程序。研究者往往采取自下而上的方式开展研究③，研究者会在研究项目的进行过程中或者在项目设计伊始根据需要使用混合研究的策略。研究者实际上是在使用混合研究的策略去实施他们传统的研究设计，不管是叙事研究、实验研究、元分析、人种志、评估、行动研究，还是其他研究。

在本书中，对于混合研究，我们采用克雷斯威尔(Creswell)和皮莱诺·克拉克(Plano Clark)在其著作《混合研究方法的设计与实施(第一版)》中介绍的包含方法和哲学两种取向的定义，即"混合研究方法是一种包含了哲学假设和调查方法的研究设计。作为方法论，它包含一些哲学前提假设，这些前提假设在多个研究阶段引导着数据收集和分析、质性方法和量化方法整合；作为一种方法，它关注单个或系列研究中质性数据和量化数据的收集、分析与混合。它的核心前提是：比起单独使用质性方法或量化方法，结合使用两种方法，能够更好地解答研究问题"④。

---

① Tashakkori A. & Creswell J. W., "The New Ara of Mixed Methods," *Journal of Mixed Methods Research*, 2007(1), p. 3.

② Johnson B., Onwuegbuzie A. & Turner L, "Toward a Definition of Mixed Methods Research," *Journal of Mixed Methods Research*, 2007(1), pp. 112-133.

③ Tashakkori A., "Growing Pains? Agreements, Disagreements, and New Directions in Conceptualizing Mixed Methods," Keynote Address Presented at the Second Annual Mixed Methods Conference, Cambridge, UK. 2006, 6.

④ Creswell W. & Plano Clark L., *Designing and Conducting Mixed Methods Research*. Thousand Oaks, Calif.: Sage, 2007, p. 5.

第二节
混合研究的特点

混合研究方法可广泛应用于社会科学和健康科学领域，但混合研究方法并非适用于各种研究情境，研究者在选择使用混合研究方法时，需要说明选择此研究方法而非单一方法的理由。

一、混合研究的目的

混合研究的提出旨在取量化研究和质性研究之长，弥补单一量化研究设计或质性研究设计的不足。格林等人在其论文中提出了使用混合研究设计的理由或目的。① 第一，三角互证，即对使用不同方法得到的结果进行集中、相互的验证和连接，以增强研究结果的效度，减少单一研究方法产生的偏差。第二，补充，即用一种方法的研究结果去阐释、丰富、澄清另一种方法的研究结果，从而使研究结果对某一现象的解释更加有意义。第三，发展，即用一种方法的研究结果来帮助发展或形成另一种研究方法设计，包括样本选择、研究工具的选择或开发等。第四，创新，即通过两种研究方法的结果去发现研究现象中新的矛盾、冲突，发现新的理论视角，以提升研究结果解释的宽度和深度。第五，扩展，即使用不同的研究方法和组成部分去拓展研究的广度。

二、混合研究的优势与独特性

与单一方法研究相比，混合研究具有其独特的优势。比如，混合研究有利于质性研究和量化研究相互取长补短，扩展研究的广度和深度；混合研究相比于单一方法研究可以提供更多的证据，丰富对研究结果的解释；混合研究还可以回答单一方法研究无法回答的问题，如质性访谈如何解释量化研究结果；混合研究打破了质性研究范式和量化研究范式的对立，采取实用主义的立场去解决研究问题。这些优势适合特殊教育这一独特的研究领域。

---

① Greene J., Caracelli V. & Graham W., "Toward a Conceptual Framework for Mixed-method Evaluation Designs," *Educational Evaluation and Policy Analysis*, 1989, 11(3), pp. 255-274.

特殊教育之所以独特，是因为它本身具有一些特点。一是研究对象的复杂性。特殊教育的研究对象是特殊儿童，特殊儿童是异质性很强的群体，不仅包括各类障碍儿童，而且各类障碍儿童内部又有不同级别的障碍程度之分。单一的研究方法难以将这些具有异质性的群体包含进去。二是研究场域的复杂性。特殊教育的场所不仅限于特殊教育机构，还包括普通教育机构、家庭、社区、康复机构、医院等，没有哪一个单一的研究方法可以涵盖如此多元的研究情境。三是研究领域的交叉性。特殊教育学是一门交叉学科，涉及教育学、心理学、社会学、医学等众多学科领域，各个学科有它们常用的或独特的质性研究方法或量化研究方法。特殊教育研究需要将众多学科内容整合，混合使用多样的研究方法去解决特殊教育问题。

三、特殊教育需要混合研究

基于上述观点和结论，柯林斯(Collins)、乌韦布齐(Ouweugbuzie)和萨顿(Sutton)分析了文献中有关使用混合研究的理由或目的，探讨了在特殊教育学领域实施混合研究的四个缘由。①

第一，丰富被试，即通过混合使用质性研究和量化研究使样本最优化。其表现之一是增加样本量。特殊教育研究往往需要招募具有异质特征的群体，或者有特殊特征的群体，对于这些难以征集的样本，研究者可以通过质性研究或量化研究来预测，采用滚雪球等方式去寻找适用的样本或了解已征集的样本的适用性。

第二，了解工具的效度。在特殊教育领域，因为对象的特殊性，一般的测量工具往往不适用于研究被试，在这种情况下，研究者可以通过质性研究或量化研究来检测已有工具的适用性，或进行相应的修订，或者开发新的工具。

第三，了解研究过程的完整性。这主要体现在评估干预措施、治疗过程、实验项目等的研究中。质性数据可以提供被试的背景、主观感受等信息，量化数据可以提供干预效果等信息，质性方法和量化方法的结合有助于发现干预过程中潜在的障碍和促进因素，了解更多关于干预过程的细节，进一步审查和改进特殊儿童的干预措施与康复方法。

第四，深化重要结果。这是指将量化技术与质性技术相结合。在特殊教育研究中，研究者可以根据自己的范式偏好和研究目的，使用质性数据来加强统计分析，或者利用量化数据来加强质性分析，对特殊教育研究中的重要发现进行详细阐述、说明、深化和澄清。例如，从不同层次探索同一现象，特殊教育领域的研究问题具有复杂性和

---

① Collins K., Onwuegbuzie A. & Sutton I., "A Model Incorporating the Rationale and Purpose for Conducting Mixed-methods Research in Special Education and Beyond," *Learning Disabilities: A Contemporary Journal*, 2006, 4(1), pp. 67-100.

多维性，可以同时利用质性研究方法和量化研究方法从微观与宏观、认知与实践等不同层次来探讨，深化对这一问题的认识。

第三节
混合研究的发展

混合研究是在对原有研究范式和研究方法的反思的基础上发展而来的，了解其发展的整个脉络对于研究者而言具有重要的意义，因此本节将从缘起、哲学基础的确立、发展三个方面厘清整个发展历程。

一、混合研究的缘起

传统的社会科学领域存在着实证主义、经验主义和建构主义、解释主义两大研究范式，分别作为量化研究和质性研究的哲学基础。量化研究倾向用实证主义研究范式来概括以假设检验、演绎为特点的方法，质性研究侧重依据建构主义、解释主义研究范式来概括以归纳、理解特定场景中的人类经验为特点的质的方法。

以实证主义为基础的量化研究在19世纪到20世纪60年代一直处于主导地位。其研究理论在本体论上属于实在论，认为存在受客观规律支配的知识，研究的任务就是发现自然法则，以预测和控制事件。量化研究在认识论上采用演绎逻辑，通过确定一个变量在多大程度上影响另一个变量，以解释事物之间的因果关系。研究者在其中从事中立的观察和测量，尽量保证研究的客观性。这两种范式的巨大差异为混合研究的出现提供了基础。

20世纪60年代随着人种志、人类学等方法的应用和发展，以解释主义为基础的质性研究逐渐在社会研究领域成为主要研究范式。质性研究者认为人的心理结构存在多样的主观事实，它在本体论上属于相对主义。质性研究在认识论上以主观主义为特点，认为认识的主体和客体不可分，研究结果是二者相互作用的结果。研究者的价值观在研究中扮演着重要角色，主观性取代了客观性成为质性研究的重要特点。

以实证主义为基础的量化研究和以解释主义为基础的质性研究这两大研究范式在对客观事实的认识、研究的逻辑、主客体及事物因果关系等方面有着不同甚至对立的观点，所对应的方法、工具和程序也迥异，因此有关二者的争论日益激烈，这为混合研究的出现提供了条件。

二、实用主义哲学基础的确立

随着质性研究方法和量化研究方法的独立，社会研究领域展开了关于这两者是否可以融合的讨论。罗斯曼(Rossman)和威尔逊(Wilson)提出在研究范式的争论中存在三派观点。① 单一方法论者(purists)认为两种方法是泾渭分明、不能相容的。多元方法论者(situationists)认为在同一研究中可以同时使用质性研究方法和量化研究方法，研究者应根据具体情境选择合适的研究范式。第三派研究者提出将实用主义作为混合研究的哲学基础。实用主义者(pragmatists)认为质性研究方法和量化研究方法并不是二元对立的，量化研究不一定是实证主义的，质性研究也不一定是解释主义的。实用主义者认为质性研究和量化研究都有各自的优势与不足，研究者应利用两种研究方法的优势，在一个研究中统整使用两种研究方法，去更好地理解社会现象。决定研究方法的应该是研究问题而非研究范式。单一方法论者将自己孤立地认定为质性研究者或量化研究者，只依靠一种研究方法和研究范式去分析复杂的社会现象是有很大局限性的，因此单一方法论在很大程度上阻碍了社会研究的发展。实用主义奠定了混合研究的理论基础，它允许研究者根据研究目的和研究问题在同一研究中综合运用不同的质性研究方法与量化研究方法。以实用主义为基础的混合研究可以解决单一方法可能带来的问题，它可以综合利用多种研究方法，发挥各自的优势解决研究问题，而不受研究范式的偏见影响。

三、混合研究的发展

早在20世纪初就有研究者在社会和行为学研究中同时使用质性研究与量化研究等多种研究方法。坎贝尔(Campbell)和菲斯克(Fiske)在其文章中介绍了三角认证(triangulation)，将它命名为“多样的操作主义”(multiple operationalism)，即运用多种方法保证研究效度。② 混合研究的蓬勃发展可追溯到20世纪80年代，当时有很多学者在世界各地谈论着今天我们所说的混合研究。1988年美国康涅狄格州三一学院的约翰·布鲁尔(John Brewer)和西北大学的阿尔伯特·亨特(Albert Hunter)出版了讨论质性数据和量化数据方法混合的第一本著作《混合研究：综合性研究范式》(*Multimethod Research: A Synthesis of Styles*)。同年，英国学者艾伦·布里曼(Alan Bryman)出版了

---

① Rossman G. B. & Wilson B. L., “Numbers and Words: Combining Quantitative and Qualitative Methods in a Single Large-scale Evaluation Study,” *Evaluation Review*, 1985, 9(5), pp. 627-643.

② Campbell D. T. & Fiske D. W., “Convergent and Discriminant Validation by the Multitrait-multimethod Matrix,” *Psychological Bulletin*, 1959(56), pp. 81-105.

与混合研究相关的第二本著作《社会研究中的质与量》(*Quantity and Quality in Social Research*)。1989年美国的内布拉斯加州的约翰·克雷斯威尔(John Creswell)完成了"质性和量化的合成"(Combined Qualitative and Quantitative Designs)作为1994年出版的《研究设计：质性量化方法》(*Research Design：Qualitative and Quantitative Approaches*)一书的一章。[①] 以上这些研究者在其著作中得出了相同的结论，即现在已是时候推进质性研究和量化研究相结合的研究方法了。之后，出现了刊发或专门刊发混合研究的学术期刊，如《混合方法研究杂志》(*Journal of Mixed Methods Research*)，关注混合研究的学术会议、混合研究的课程以及混合研究的专门的资助机构，这些都极大地宣传和推动了混合研究的发展。混合研究的发展已经成为社会研究领域继量化研究和质性研究之后的另一场研究方法运动，正如约翰逊、乌韦布齐和特纳所指出的"我们目前处在一个三维研究范式的世界，量化研究、质性研究和混合研究繁荣发展并共存。我们认为三维研究范式的世界更加健康，因为每一种范式都有其优势和不足，尤其是在被需要的时候和特定的场景中"[②]。

本章小结

走进特殊教育混合研究，首先，要理解这一研究方法的概念界定，对于这一研究方法的探索和研究还在不断进行，因此不同研究者从研究方法、方法论、范式、应用等不同视角对它进行了剖析和界定，本书采用的是一种哲学和方法混合的概念。其次，应该理解混合研究的特点，即采用混合研究方法的目的与理由，以及与单一研究方法相比，混合研究方法的优势之所在。最后，对于混合研究方法更为深入的理解应该上升到哲学基础层面，以勾画出混合研究方法的基本轮廓。

复习思考题

一、单项选择题

1. 使用特殊教育混合研究的目的不包括(　　)。

A. 三角互证　　B. 创新

C. 补充　　D. 提高测量精确度

---

① Creswell J. & Garrett A., "The 'Movement' of Mixed Methods Research and the Role of Educators," *South African Journal of Education*, 2008(28), pp. 321-333.

② Johnson B., Onwuegbuzie A. & Turner L., "Toward a Definition of Mixed Methods Research," *Journal of Mixed Methods Research*, 2007(1), p. 117.

2. 相比单一研究方法，特殊教育混合研究方法的优势不包括(　　)。

A. 有利于质性研究和量化研究相互取长补短，扩展研究的广度和深度

B. 混合研究方法相比于单一研究方法可以提供更多的证据，丰富对研究结果的解释

C. 混合研究方法还可以回答单一研究方法无法回答的问题

D. 混合研究可以在实验室条件下严格控制变量，获得纯粹的、科学的、量化的实验结果，充分体现科学主义的哲学思想

3. 特殊教育混合研究方法的哲学基础是指(　　)。

A. 自然主义　　B. 科学主义

C. 实用主义　　D. 历史主义

二、简答题

1. 选择特殊教育混合研究方法一般有哪几种目的或理由?

2. 请简述特殊教育混合研究的特点。

3. 与单一研究方法相比，混合研究方法具有哪些优势?

三、论述题

1. 简要阐述特殊教育混合研究的哲学基础，并谈一谈自己的认识。

2. 结合时代背景谈一谈对特殊教育混合研究方法的理解。

本章阅读书目

1. 陈向明. 质的研究方法与社会科学研究. 北京：教育科学出版社. 2000.

2. 克雷斯威尔(Creswell, J. W). 研究设计与写作指导：定性、定量与混合研究的路径. 崔延强，译. 重庆：重庆大学出版社. 2007.

3. 伯克·约翰逊，拉里·克里斯滕森. 教育研究定量、定性和混合方法(第4版). 马健生，等，译. 重庆：重庆大学出版社. 2015.

4. 克雷斯威尔. 混合方法研究导论. 李敏谊，译，上海：格致出版社：上海人民出版社，2015.

5. 约翰·W. 克雷斯维尔，薇姬·L. 查克. 混合方法研究：设计与实施(原书第2版). 游宇，陈福平，译，重庆：重庆大学出版社，2017.

主要参考文献

[1]Campbell D. T. & Fiske D. W. Convergent and discriminant validation

by the multitrait-multimethod matrix[J]. Psychological Bulletin. 1959, 56: 81-105.

[2]Collins K., Onwuegbuzie A., Stutton I. A model incorporating the rationale and purpose for conducting mixed-methods research in special education and beyond[J]. Learning Disabilities: A Contemporary Journal. 2006, 4: 67-100.

[3]Creswell J. & Garrett A. The "movement" of mixed methods research and the role of educators[J]. South African Journal of Education. 2008, 28(3): 321-333.

[4]Creswell J. & Tashakkori A. Differing perspectives on mixed methods research[J]. Journal of Mixed Methods Research. 2007, 1(4): 303-308.

[5]Creswell W. & Plano Clark L. Designing and conducting mixed methods research[M]. Thousand Oaks, Calif.: Sage. 2007, 5.

[6]Greene J., Caracelli V. & Graham W. Toward a conceptual framework for mixed-method evaluation designs[J]. Educational Evaluation and Policy Analysis. 1989, 11(3): 255-274.

[7]Johnson B., Onwuegbuzie A. & Turner L. Toward a definition of mixed methods research[J]. Journal of Mixed Methods Research. 2007, 1(2): 112-133.

[8]Rossman G. B. & Wilson B. L. Numbers and words: Combining quantitative and qualitative methods in a single large-scale evaluation study[J]. Evaluation Review. 1985, 9: 627-643.

[9]Tashakkori A. &Creswell J. W. The new era of mixed methods[J]. Journal of Mixed Methods Research. 2007, 1: 3.

[10] Tashakkori A. Growing pains? Agreements, disagreements, and new directions in conceptualizing mixed methods[C]. Keynote address presented at the Second Annual Mixed Methods Conference, Cambridge, UK. 2006, 6.

第十一章

特殊教育混合研究过程

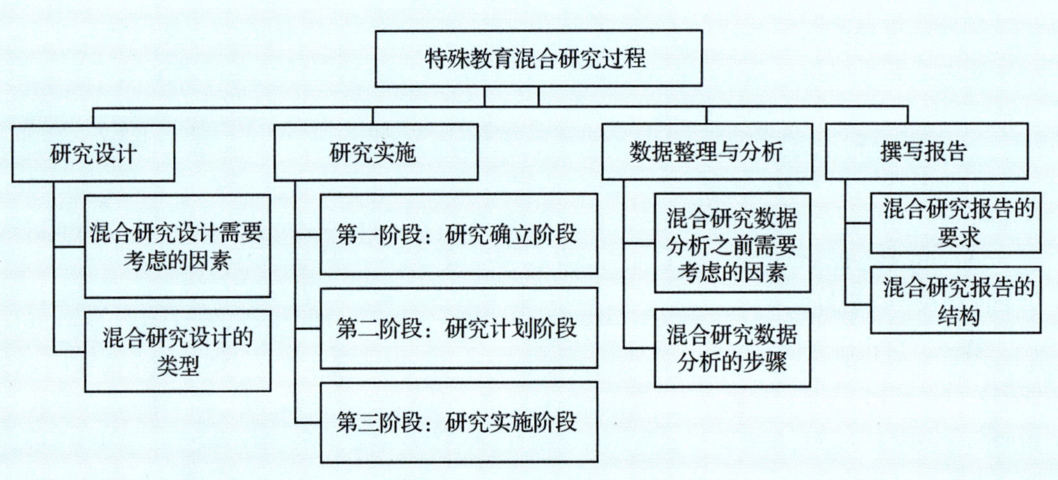

导　读

承接上一章对混合研究方法概念框架的界定，特殊教育混合研究方法的理论基础已经基本明确。任何的理论都是指向实践的，因此本章主要从实践角度出发，介绍了混合研究方法的基本过程，以及实施过程中的各个要点。各种不同的研究方法在进行研究时，其流程都有相同之处，都包括设计、实施、数据分析、成文这四个阶段，因此本章从这四个方面展开论述。学完本章，你应该做到：(1)了解特殊教育混合研究的四种基本研究设计；(2)了解不同研究设计在具体实施时的流程；(3)进行数据分析时发挥质性和量化不同的研究优势，并且正确地进行混合分析；(4)理解混合研究方法在文章呈现时的独特之处。

第一节 研究设计

研究设计是研究中收集、分析、解释和报告数据的具体过程。混合研究的研究设计需要考虑若干因素，研究者应熟悉混合研究设计的类型。

一、混合研究设计需要考虑的因素

混合研究既包括量化研究部分也包括质性研究部分，因此在进行混合研究设计时最关键的问题在于处理好两者的关系，包括两者的交互程度、优先次序、时间顺序(图 11-1)。

第一，量化研究部分和质性研究部分的交互程度。混合研究中量化研究部分和质性研究部分可以是相互独立的，也可是相互作用的。量化研究部分和质性研究部分相互独立，是指两部分研究分别进行数据收集、分析和解释，只在报告最后的整体阐释和结论部分混合两部分内容。量化研究部分和质性研究部分相互作用，是指量化研究部分和质性研究部分在数据收集、分析和解释、报告等多个节点存在相互作用。比如，质性研究的数据来源于量化研究的结果，或者量化研究结果的分析和解释可以依据质性研究的数据等。

第二，量化研究部分和质性研究部分相对的优先次序。研究者需要在混合研究中明确量化研究部分和质性研究部分的相对重要性。根据重要性程度，混合研究可以分为三类：两种方法同等重要，量化研究和质性研究在解答研究问题方面具有同等的价值；量化研究优于质性研究，也就是在解答研究问题时更侧重使用量化研究，质性研究处于次要地位，起补充作用；质性研究优于量化研究，即研究更侧重使用质性研究，量化研究处于次要地位。

第三，量化研究部分和质性研究部分的时间顺序。研究者需要在混合研究中明确量化研究部分和质性研究部分在时间上的先后顺序。根据时间先后，混合研究可以分为以下三类：并列式，即在研究的某一阶段同时开展质性研究和量化研究；序列式，即研究者在研究的两个阶段先后进行量化（质性）研究和质性（量化）研究，研究者可根据需要决定先选用质性研究或者量化研究；混合交叉式，即研究包括三个或以上阶段，研究者可以在某一阶段并列使用两种研究，在另外两个阶段先后使用质性（量化）研究和量化（质性）研究。

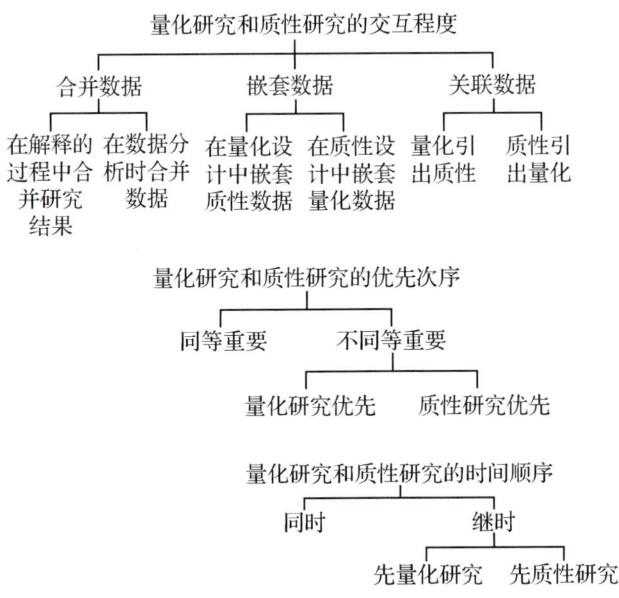

图 11-1　量化研究和质性研究的交互程度、优行次序、时间顺序

二、混合研究设计的类型

混合研究设计的类型多种多样，一些研究者从不同的角度论述了研究设计的类型。有研究者将量化研究和质性研究看作一个连续体的两端，其两端的中间即可理解为混合研究。[①] 其中，中心点位置表示"单纯的混合"(pure mixed)，用"QUAL+QUAN"表示，也就是质性研究和量化研究在混合研究中具有同等重要的地位。中心点的左端

① Johnson B., Onwuegbuzie A. & Turner L., "Toward a Definition of Mixed Methods Research," Journal of Mixed Methods Research, 2007(1), pp. 112-133.

为“质性研究主导(qualitative dominant)的混合”，即“QUAL + QUAN”表示将量化研究包含进一个更大的质性研究项目中。中心点的右端为“量化研究主导(quantitative dominant)的混合”，即“QUAN + QUAL”，表示将质性研究包含进一个更大的量化研究项目中。具体混合研究设计类型见图 11-2。

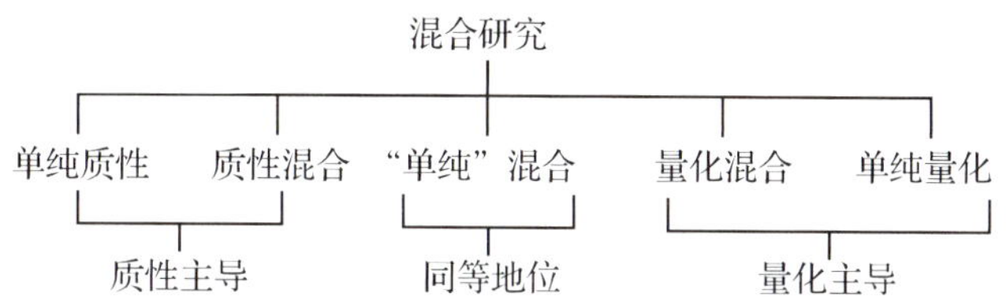

图 11-2 混合研究设计类型

克雷斯威尔等人结合前人的研究成果，按照量化研究和质性研究的交互程度、优先次序和时间顺序要素，总结了四种经典的混合研究设计：一致性并列设计、解释性时序设计、探索性时序设计、嵌入式设计。①

(一)一致性并列设计

一致性并列设计是指研究者在混合研究的某一个阶段同时进行量化研究和质性研究的研究设计，并且两类研究在研究中的地位和重要性是平等的，研究者分别进行量化和质性数据的收集与分析，只在数据结果的阐释阶段将两类研究的结果进行混合。一致性并列设计的目的在于结合质性和量化的方法，让两种方法的研究结果进行互证，量化数据是通过大样本研究某个现象的发展趋势，质性数据是通过小样本深度剖析现象的细节，让两者取长补短，从多个角度论证研究结果，以获得对研究现象和研究问题的更充分的理解。但此种设计需要研究者(团队)同时具备量化研究和质性研究的理论、技术和方法；另外，合并量化研究和质性研究两种差异颇大的数据也给研究者带来了巨大挑战，尤其是在两类研究结果不一致的情况下，研究者将面临抉择。例如，科尔斯(Coles)和赛尔(Scior)在大学生对残疾人的态度的调查中发现，用“公众对残疾人社区生活态度量表”调查的结果显示被试对残疾人社区生活持积极态度，这与国家的社区融合政策是一致的，但在访谈中发现，随着话题的深入，如谈到残疾人的婚姻、生育、工作等权利时，被试的态度就显得不那么积极了。正如研究者指出的，质性研究方法的使用可以发现“被试更加复杂(complexity)和细微(nuance)的理解与想法”。②

① Creswell W. & Plano Clark, L., *Designing and Conducting Mixed Methods Research*, Thousand Oaks, Calif.: Sage. 2007, p. 5.

② Coles S. & Scior K., “Public Attitudes towards People with Intellectual Disabilities: A Qualitative Comparison of White British and South Asian People,”*Journal of Applied Research in Intellectual Disabilities*, 2012, 25(2), pp. 177-188.

在混合研究中，让质性研究结果和量化研究结果相互印证，可以帮助研究者发掘更加客观和复杂的特殊教育现象。

(二)解释性时序设计

解释性时序设计包含两个相互独立又相互关联的阶段，这种设计在第一阶段进行量化研究的数据收集和分析，再根据量化研究的结果开展第二阶段的质性研究。其目的在于用质性研究去解释前期量化研究的结果，即第一阶段用量化研究判断研究设想的发展趋势和变量之间的关系，之后用质性研究去探讨趋势和关系背后的机制或原因。这种研究设计是混合研究中最便捷的设计，研究者可以分阶段实施质性研究和量化研究，同一时间的工作量较一致性并列设计少，单个研究者也可以完成，研究结果的撰写和解释也较容易，但由于此类设计要分阶段完成两类研究，因此耗时较长。例如，汪斯斯等人采用解释性序列设计探讨了培智教育教师对智力残疾学生自我决定的教学认识和教学实践，在研究的第一阶段通过量化研究发现教师对智力残疾学生自我决定在教学认识上的平均分显著高于教学实践，在第二阶段通过质性研究探索、剖析导致这一结果的原因，访谈发现教师虽然承认发展智力残疾学生自我决定的重要性，但受消极残疾观和不熟悉自我决定影响，教学实践受阻。教师在课程资源、教学策略、师资数量等方面缺乏支持进一步制约了教师的教学实践。[①] 该研究中第二部分的质性研究结果很好地解释了第一部分量化研究所揭示的变量关系，这一解释不仅解决了理论的困惑，对提升教学质量也具有重要意义。(对于该研究的详细解析见第十二章。)

(三)探索性时序设计

同解释性时序设计相似，探索性时序设计也包含两个阶段，与解释性时序设计相反的是，第一阶段是质性研究的数据收集和分析，第二阶段是在质性研究的结果之上开展量化研究，其目的在于将质性研究的小样本的个体发现推广至更大的样本之中。探索性时序设计适用于研究者没有测量工具，或者要测量的变量未知，或没有指导性的理论框架的情况，通过前一阶段的质性研究先对某一个特殊教育现象进行探索，开发研究工具，找到重要变量或理论框架，再通过大样本的量化研究将质性研究结果推广至不同的群组中。探索性时序设计同解释性时序设计相似，描述、实施和解释该研究设计都比较简便，但研究过程需要相当长的时间才能完成。例如，针对早期干预领域缺乏理论上的和心理上的适合幼儿的工具，曼茨(Manz)等人在监测低收入父母支持幼儿学习的研究中通过焦点小组访谈和量表测量，开发了一个新的量表工具——“父母

---

① 汪斯斯、邓猛、赵勇帅：《培智教育教师对智力残疾学生自我决定教学认识与教学实践的混合研究》，载《教师教育研究》，2018，30(3)。

参与早期学习量表"来有效地促进、监测和证明残疾父母的教育参与。[①]

(四)嵌入式设计

嵌入式设计是指研究者在传统的量化(或质性)研究中加入质性(或量化)研究内容的研究设计。量化研究和质性研究，一个在研究中起主要作用，其数据作为主要数据，另一个在研究中起次要的补充作用，其数据作为支持性数据。支持性数据的收集和分析可以出现在原本与更大的设计中有关的数据收集和分析之前(初步探索)、之中(更全面地了解原本设计的过程和结果)和(或)之后(后续解释)。嵌入式设计的目的在于通过补充性的研究部分，深化主要研究部分的设计、理解和解释。常见的嵌入式设计，多数为量化实验设计中嵌入质性数据，据此来改善实验设计。此研究设计因只侧重某一类数据，可以节省研究者的时间和精力，但研究者必须明确在哪个时间节点收集补充性数据，以及加入补充性数据的目的。例如，在关于孤独症儿童与父母的沟通干预的研究中，实验中的数据说明儿童在语言表达方面没有明显的进步。但研究者观察录像后认为，这些母亲和他们的孩子取得了比实验数据更明显的实质性进展，这给了研究者机会去确定可能的可以解释差异的因素，从而更准确地捕捉干预的总体效果。[②]（图 11-3）

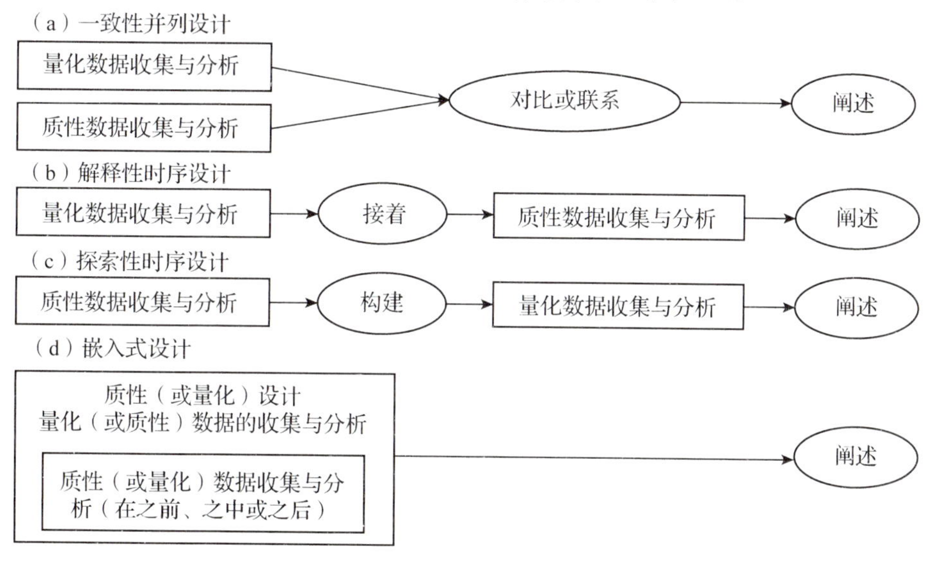

图 11-3　混合研究设计的类型

① Manz H., Gernhart L., Bracaliello B., et al., "Preliminary Development of the Parent Involvement in Early Learning Scale for Low-income Families Enrolled in a Child-development-focused Home Visiting Program," *Journal of Early Intervention*, 2014, 36(3), pp. 171-191.

② Chung M., Snodgrass R., Meadan H., at al., "Understanding Communication Intervention for Young Children with Autism and Their Parents: Mixing Behavioral and Social Validity Findings," *Journal of Developmental and Physical Disabilities*, 2016, 28(1), pp. 113-134.

第二节 研究实施

混合研究的实施过程与单纯的量化研究或质性研究的相似，大致包括提出研究目的和问题、研究设计、研究实施等环节，但与之不同的是，在各个阶段需要考量混合研究的特色和要求。比如，在提出研究目的和研究问题阶段需要考虑使用混合研究的目的以及提出适合混合研究的问题，在研究设计阶段注意选择合适的混合研究设计等，在研究实施阶段需要重点明确两类数据的交互程度和交互方式等。

如图 11-4 所示，柯林斯、乌韦布齐和萨顿在总结了前人研究的基础上，总结出混合研究实施的步骤①，具体包括：(1)确立研究的整体目的；(2)确定研究的具体目标；(3)确定研究或混合的原理(rationale)；(4)确定研究或混合的目的；(5)确定研究问题；(6)选择样本；(7)选择混合研究设计；(8)收集数据；(9)分析数据；(10)确定数据的有效性和合理性；(11)解释数据；(12)撰写报告；(13)重新界定研究问题。

这十三个步骤又进一步划分为三个阶段。

一、研究确立阶段(formulation stage)

研究确立阶段包括前五个步骤，具体而言，研究目的(这里是指研究的长远的、总体的目的)引导着研究目标的确立，继而决定着研究或混合的原理和目的，确定了相关目标和原理之后才是研究问题的确立。其中第三和第四个步骤是区分混合研究和其他单一方法研究的关键步骤。第三步确定研究或混合的原理，是指确定为什么要做此研究，以及将质性研究和量化研究结合起来使用的理由是什么。第四步确定研究或混合的目的，包括确定研究的目的(这里指具体的目的)，以及确定混合使用质性研究方法和量化研究方法要达到什么样的目的。因此，在混合研究的规划阶段，确定混合使用质性研究和量化研究的理由与目的非常关键。

① Collins K., Onwuegbuzie A. & Stutton I., "A Model Incorporating the Rationale and Purpose for Conducting Mixed-methods Research in Special Education and Beyond," *Learning Disabilities: A Contemporary Journal*, 2006(4), pp. 67-100.

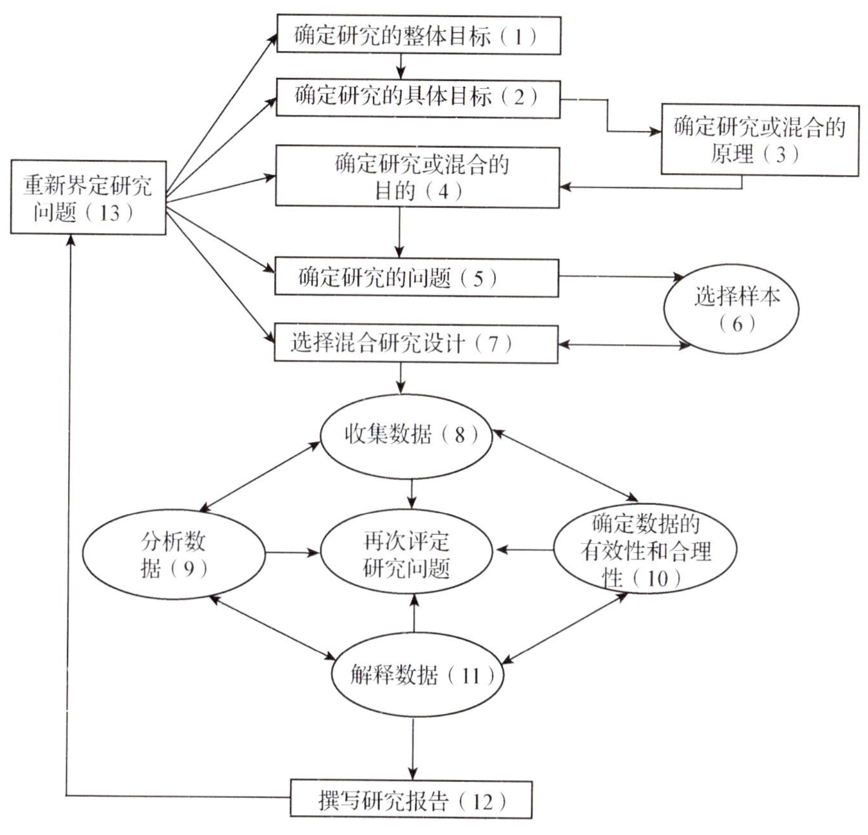

图 11-4　混合研究实施步骤

二、研究计划阶段(planning stage)

研究计划阶段包括上述的第六步和第七步，即选择样本和选择混合研究设计。这两个步骤是相互影响的，选择的样本决定了混合研究设计的类型，同样，混合研究设计的类型也决定了如何选择样本。这一阶段也是混合研究有别于单一方法研究的阶段。在研究计划阶段，研究者必须处理好质性研究和量化研究两个部分的关系。比如，在第六步选择样本时，研究者需要明确质性研究和量化研究两部分所使用的样本是怎样的关系，或是同样的(同样的样本同时参与质性研究部分和量化研究部分)，或是平行的(两部分的样本不同，却来自同一群体)，或是嵌套的(质性研究或量化研究部分的样本是量化研究或质性研究部分的样本的一部分)，或是多层次的(研究的不同部分的样本来自研究的不同层次的群体，如教师和学生)。在研究设计方面，研究者需要确定不同研究部分的重要性程度、时间顺序，以及两部分的交互程度等，从而选择不同的研究设计类型。

三、研究实施阶段(implementation stage)

研究实施阶段包括收集数据、分析数据、确定数据的有效性和合理性，以及解释数据，这四个步骤是相互作用并且循环往复的。在混合研究过程中，研究者需要时刻认识与理解计划或者在研究过程中生成的质性研究和量化研究两部分的关系。如果采用的是一致性并列设计，两部分的数据收集、分析和效度检验等是同时进行的，之后再对两部分的数据结果进行解释；如果采用的是解释性时序设计，需要先进行第一部分的数据收集、分析、效度检验和解释工作，其数据分析和解释的结果会用于设计和指导第二部分的数据收集、分析、效度检验和解释过程。但无论采用哪一种研究设计类型，解释数据步骤的目的在于将质性研究部分和量化研究部分的结果结合起来，使之成为一个连贯的整体，去解答研究问题。在单一方法研究中，研究报告的撰写是最后一步，但在混合研究中，研究者在这一步需要决定如何在报告中合理地呈现质性研究和量化研究两部分的结果，并且研究报告会用于确定后续研究阶段的研究问题。

第三节 数据整理与分析

质性数据和量化数据的处理是混合研究中的一个重要环节，其目的是通过有技巧地分析与处理实现质性结果和量化结果的混合，深化研究的层次以得出有意义的结论，因此本节从混合研究数据分析之前需要考虑的因素和分析的步骤两方面展开论述。

一、混合研究数据分析之前需要考虑的因素

混合研究同时使用量化研究和质性研究，实现优势互补，以提升研究结果的宽度和深度，但混合研究依然是一种发展中的研究范式，研究者在进行混合研究的数据分析之前需要认真考虑将使用的分析方法和过程。乌韦布齐和泰德利认为，在进行混合

研究数据分析之前应该考虑以下 12 个因素。[1] (1)混合研究的目的。格林(Greene)等人提出了混合研究的五大目的，由于目的不同其分析的过程便不同。例如，如果目的是三角互证，那么平行的混合分析比较适合，即同时分别分析质性数据和量化数据，使两种数据中包含的信息相互支持、相互印证，采用并列式路径中的合并数据分析策略。如果是补充和发展，那么顺序的混合分析更加合适，即按照研究开展的顺序进行分析，上一研究阶段中缺乏的数据将在研究者对下一研究阶段所获材料进行分析的过程中补足，采用时序式路径中的连接数据分析策略。(2)变量主导与案例主导的分析。变量主导的分析适用于量化研究或有大样本的质性研究，案例主导的分析适用于质性研究，不同类型的主导决定着数据分析的类型、分析前提和假设以及效度验证等。(3)探索性数据分析和验证性数据分析。探索性数据分析和验证性数据分析均适用于量化研究，质性研究更适合用探索性数据分析。(4)数据类型。混合研究所要分析的数据包含数量型的和文字型的，这涉及质性数据量化和量化数据的质性等问题。(5)量化数据和质性数据的关系。根据两类研究的时间顺序和重要性，可做并列分析或顺序分析(下文详述)。(6)数据分析假设。量化数据分析假设需要参考具体的数据统计技术的要求，质性数据分析假设需要考虑样本的地域性。(7)主题(分类)来源。混合研究需要对量化数据和质性数据进行简化分类或主题分析，主题(分类)来源包括研究者、参与者、文献、理论框架、项目目标等。(8)主题(分类)命名。命名同样可参考研究者、参与者、文献、理论框架、项目目标等。(9)主题(分类)的可信度。(10)主题(分类)发展的程序。可以在数据收集之前、过程中或者之后形成。(11)数据分析工具。是否使用电脑软件等。(12)效度检验。数据分析的内、外部效度保障。

二、混合研究数据分析的步骤

混合研究不是独立地收集与分析量化数据和质性数据，混合研究数据分析最核心的问题在于对所收集的量性数据和质性数据的合并、转化与整合。研究者在混合研究数据分析过程中要始终铭记研究问题，换句话说，研究者需要思考如何分析和整合两类数据才能更好地回答所提出的研究问题。乌韦布齐和泰德利提出了混合研究数据分析的七个步骤。

第一步，数据简化。对于量化数据，数据简化通常采用统计分析的方法，如描述性统计分析(百分比、平均数、标准差等)，探索性因素分析，聚类分析等。对于质性数据，通常采用主题分析、文本分析、连续比较分析等方法进行数据简化。数据简化

---

[1] Onwuegbuzie A. & Teddlie C.，"A Framework for Analyzing Data in Mixed Methods Research，" *Handbook of Mixed Methods in Social and Behavioral Research*，In，ed. A. Tashakkori & C. Teddlie，London，Sage，2003，pp. 351-383.

的目的在于将庞杂的原始数据（质性的或者量化的）压缩成可以掌握和操作的形式。

第二步，数据呈现。这一步是将数据信息以容易理解的、直观的、简便的方式呈现出来。对于数字类的数据，表格和图表是最常用的两种数据呈现形式。对于文字类的质性数据，通常可采用矩阵、图表、曲线图、网状图、列表等形式呈现。

第三步，数据转换。为了更好地合并量化数据和质性数据，往往需要将数据进行转化，具体而言，可将量化数据质性，或者将质性数据量化。在这一步，研究者需要基于质性（或量化）的结果定义量化（或质性）变量，并形成一套为质性（或量化）结果赋值的标准。

第四步，数据关联。这一步的数据关联是将上一步中量化的质性数据或者质性的量化数据与其他部分的质性数据或者量化数据结合起来分析。这一步适合以交叉认证为目的的混合研究设计，特别是在质性研究和量化研究两部分的样本相同的情况下尤其适用。

第五步，数据合并。对于以发展为目的的混合研究（将一种研究的结果作为发展和完善另一种研究方法的基础），研究者希望合并两种数据的结果去发展新的或者巩固已有的变量或数据。

第六步，数据对比。除了数据关联、数据合并外，研究者可能更希望比较不同来源的数据结果。通过量化数据和质性数据的对比，相互认证研究结果，或者相互补充来解决研究问题，或者通过对两类数据的异同的比较来发现研究现象之间的冲突、矛盾，发现新的理论。

第七步，数据整合。将质性数据和量化数据整合成一个整体，以回答质性研究问题、量化研究问题以及混合研究问题。

在乌韦布齐和泰德利的数据分析过程中，前两步是数据分析的逻辑步骤，后五步在分析过程中可根据具体的混合研究设计情况选择进行。克雷斯韦尔等人在反思和继承乌韦布齐和泰德利的数据分析步骤的基础上，提出了针对不同的混合研究设计的数据分析的步骤与关键决策，具体分为并列式路径中（包括一致性并列设计、嵌入式设计）的合并数据分析策略和时序式路径中（包括解释性时序设计、探索性时序设计）的连接数据分析策略。①

首先是并列式路径中的合并数据分析策略。

在一致性并列设计和部分嵌入式设计的混合研究的数据分析过程中，研究者需要解决两个关键问题：两种分析结果是否一致？分析结果不一致时如何处理？克雷斯韦尔等人提出了解决这两个关键问题的策略。就第一个问题而言，克雷斯韦尔等人建议使用讨论中的并排式比较，结果或阐释中的联合呈现比较，以及结果中的数据转换三种策略。讨论中的并排式比较是指在讨论中将量化结果和质性结果同时呈现出来，可以先呈现量化结果，之后以引用的方式呈现质性结果，接着研究者需要明确指出质性结果如何确认

---

① Creswell W. & Plano Clark L., *Designing and Conducting Mixed Methods Research*, Thousand Oaks, Calif, Sage. 2007, 5.

或否认量化结果。结果或阐释中的联合呈现比较是指将量化结果和质性结果按照主题或者类别以表格的形式排列，以方便比较。例如，表格的纵向呈现根据量化数据的数值划分的主题或类型，在横向上呈现质性研究结果中一致或者不一致的发现。结果中的数据转换，即将量化数据质性化或者将质性数据量化，在上文中已有说明，不再赘述。乌韦布齐和泰德利的文章详细说明了数据转换的方法。① 当两种分析结果不一致时，研究者可以反思量化研究或质性研究部分的方法问题，如样本的选择等，另一个应对策略是研究者重新检查现有的数据库，分析是否是某部分数据分析有误造成的偏差。

其次是时序式路径中的连接数据分析策略。

时序性研究设计中的数据分析比并列式研究设计中的数据分析相对容易，因为两类数据的分析是先后进行的，不存在数据合并的问题。对于这一类的研究设计，研究者需要解答的关键问题是如何更好地分析数据集以支持后续的研究。克雷斯威尔等人分别讨论了在解释性时序设计和探索性时序设计中将第一组数据和第二组数据相连接的具体策略。在解释性时序设计中，研究者可以考虑根据第一阶段量化研究的过程选择第二阶段质性研究的被研究者。有几种方式可以参考：(1)选择典型的或能够代表不同群体的被研究者，以解释群体间的差异。(2)选择得分在标准差之外或者处于极端水平的被研究者，探讨得分的原因；(3)在统计结果存在显著差异的组中选择参与者，以解释组间差异；(4)选择在重要指标上得分与众不同的参与者。总之，研究者需要考虑如何使用后续的质性数据帮助解释量化的结果。在探索性时序设计中，研究者也可使用一些技术使第一阶段的质性研究结果辅助推动第二阶段的量化研究，具体包括：(1)分析质性数据，更好地设计量化研究工具；(2)通过分析质性数据来优化更大规模的设计，比如可以运用质性数据设计干预工具或者下一阶段的计划；(3)可以通过对后一阶段量化研究数据的描述性统计、推断性统计等归纳和检验初期的质性研究结果。

第四节
撰写报告

特殊教育混合研究的结果一般以研究报告的形式呈现，在成文报告中必须考虑呈

① Onwuegbuzie A. & Teddlie C., "A Framework for Analyzing Data in Mixed Methods Research," in A. Tashakkori & C. Teddlie, *Handbook of Mixed Methods in Social and Behavioral Research*, London, Sage, 2003, pp. 351-383.

现方式和行文思路是否体现了混合研究的特色。与其他类型的研究不同的是，混合研究既要求分别呈现质性研究和量化研究部分，也要求体现两者的整合。

一、混合研究报告的要求

混合研究报告和单一方法研究的报告相似，需要考虑研究报告的撰写风格和结构是否符合读者的要求与期望，在研究方法部分要详细地论述研究方法设计和实施过程。在混合研究报告中，作者可以借助程序图等形式直观地呈现研究设计中各研究部分的关系。研究报告还应考虑写作的叙事视角，即表述时可以使用第一人称(我、我们)，第二人称(你、你们)或第三人称(他、它、他们、它们)。第一人称和第二人称常见于质性研究中，以突出研究主体的主观性；在量化研究中常常用第三人称，以表现研究的客观性；对于混合研究而言，研究者可以采用某一人称完成整篇报告，也可以在质性研究和量化研究部分采用不同的视角，具体选用何种叙事视角，取决于研究设计类型、个人写作风格以及文章的读者群。

相比于单一方法研究，混合研究报告的复杂之处在于报告中应该包括质性研究和量化研究两个鲜明的部分。每一部分有它们各自的问题、数据、分析和解释。每一部分的数据都应对应足够的样本量、严谨的数据收集方法和精确的分析过程。更重要的是，在报告中要将质性研究和量化研究部分以某种方式有机地整合、联系起来。混合研究报告绝不仅仅是将质性研究和量化研究简单地放在一个文档中，而应该叙述一个连贯而凝练的故事，也就是读者可以通过混合研究报告对所研究的社会现象有更加完整的理解。质性研究和量化研究部分的连接可以通过比较、嵌套等多种方式实现，具体的方式取决于所采用的混合研究设计类型。默滕斯(Mertens)指出，在混合研究报告中，最重要的是研究者清晰地解释质性研究结果和量化研究结果是如何整合的，以及整合的结果如何帮助人们深化对研究现象的理解。①

二、混合研究报告的结构

混合研究报告的结构与研究设计类型有关，不同研究设计类型的报告结构各异，同时，研究报告的结构也与报告的类型有关，作者可能在期刊论文中报告混合研究，硕士、博士研究生可能要在毕业论文中报告混合研究，因此在这一部分我们将混合研究报告的结构置于期刊论文、毕业论文两种写作类型之中去阐释，其中又会涉及不同混合研究设计类型应注意的问题。

---

① Mertens D., "Publishing Mixed Methods Research," *Journal of Mixed Methods Research*, 2011(5), pp. 3-6.

(一)混合研究学术期刊论文的写作结构

学术期刊论文一般包括标题、问题提出、研究方法、研究结果、讨论等部分(见表11-1)。在混合研究报告中，论文的标题可出现“混合研究”或“混合研究方法”等字样，表明论文的混合研究性质。

在问题提出部分，作者首先要提出研究困惑，也就是亟待解决的研究问题(research problem)，之后是文献综述(有的期刊论文要求将文献综述单独列出，这里我们放在问题提出部分)，混合研究所涉及的文献包括质性研究文献、量化研究文献和混合研究文献(如果有的话)，指出现有文献的不足，以此推断出使用混合研究的必要性。比如，提供更加综合的分析、多元的观点，或探索、证明的机会等。问题提出部分还包括介绍研究目的和研究问题(research questions)，混合研究要求提出量化研究问题、质性研究问题和混合研究问题，问题的排列可按照混合研究设计类型中相关研究的时间先后(timing)和优先次序(priority)进行排列。

在研究方法部分，根据所选期刊的要求和读者群，研究者需在研究方法部分的起始说明混合研究的定义，描述所选用的研究类型的具体信息和选择此研究类型的理由。为方便理解，研究者可以使用流程图等形式直观地呈现混合研究的实施流程。接下来需要描述研究的数据收集和数据分析内容。混合研究需要分别呈现收集的质性和量化两种数据的信息(包括研究对象的信息、样本量、工具、收集过程等)与分析方法(量化数据采用数据统计方法，质性数据采用主题分析等方法)。

研究结果部分需要呈现质性数据和量化数据的分析结果，具体的呈现顺序和方式可根据研究设计类型来确定。在一致性研究设计中，质性数据和量化数据的分析结果可以分别呈现，也可以合并呈现，也就是将量化的变量和质性的主体联合展示，合并部分留在讨论部分进行并列式比较。在解释性时序设计中，先报告量化数据结果再报告质性数据结果。在探索性时序设计中则相反，质性数据结果先于量化数据结果报告。在嵌入式设计中，结果部分分别呈现两类数据结果，但需要根据研究设计的主要数据库，侧重于对某一类数据结果进行报告。

讨论部分要总结、概括研究结果，对结果进行解释，指出研究的不足和未来的发展方向等。混合研究最重要的是对结果的解释，也需要结合具体的研究设计类型进行。在一致性并列设计中，作者要将质性研究结果和量化研究结果合并与比较，解决研究问题。在解释性与探索性时序设计中，结果的解释往往与数据收集和分析的顺序紧密结合，之后回答研究问题。在嵌入式设计中，结果的解释重点与首要的数据集有关，作者要讨论数据结果是如何回答研究问题的。

表 11-1　混合研究期刊论文写作框架结构

标题(突出混合研究及设计)
问题提出
研究困惑
文献综述(包括量化研究文献、质性研究文献，指出现有研究的不足，论述使用混合研究的必要性)
研究目的
研究问题(包括量化研究问题、质性研究问题，以及混合研究问题，按照时间先后或者优先次序进行排列)
研究方法
混合研究方法定义
混合研究设计类型(说明所选用的设计类型及原因，可用流程图表示各研究部分的关系)
数据收集(包括量化研究的数据收集和质性研究的数据收集)
数据分析(包括量化研究的数据分析和质性研究的数据分析)
效度①
研究结果
合并或连接量化研究结果和质性研究结果
(分别报告量化研究结果和质性研究结果，在讨论部分整合；或者以一定顺序呈现量化研究结果和质性研究结果)
讨论
总结结果(合并或连接)

(二)混合研究学位论文的写作结构

对于混合研究学位论文的写作结构，不同的学校要求不同，研究生应具体参考所在院校的学位论文模板撰写报告。表 11-2 介绍了一般的混合研究学位论文的基本结构。

绪论部分主要说明研究的困惑和研究意义，明确提出研究的目的和问题。需要注意的是，在绪论中研究目的、研究问题等的表述需体现混合研究的性质，指出采用混合研究的必要性。研究问题应包括质性研究问题、量化研究问题和混合研究问题。

文献综述应覆盖研究问题所涉及的文献(可细分为不同的子话题)，以及现有的质性研究文献、量化研究文献和混合研究文献(如有)。在文献综述结尾应指出现有研究的不足，以及所报告的研究如何弥补了其不足。

方法论部分应详细地描述混合研究方法设计和实施的具体流程。研究者需要介绍混合研究方法的定义、混合研究设计的类型以及选择某类设计的理由。在数据收集和分析部分需要详细说明质性数据的收集方法与过程、质性数据的分析方法，量化数据的收集方法与过程、量化数据的分析方法，另外，重要的是还需指出两种数据进行“混合”的分析过程。在方法论部分，研究者还需要采取一定的策略保证质性研究和量化研

① 混合研究的信效度还存在颇多争议。

究的效度。具体的有关混合研究的效度问题的探讨可参见文献资料《混合研究中的效度问题》(*The Validity Issue in Mixed Research*)。

数据的结果介绍和讨论需要结合所使用的具体的混合研究设计类型进行，具体的办法与上文期刊论文的基本一致，不再赘述。

表 11-2　混合研究学位论文写作框架结构

绪论
研究困惑
现有的研究成果
现有研究的不足
研究目的
研究问题或假设
研究理论基础(研究的理论视角)
第一章　文献综述［应包括量化研究文献、质性研究文献和混合研究文献(如有)，指出研究的不足，论述同时收集量化数据和质性数据的必要性］
第二章　方法论
混合研究的定义
混合研究设计类型的定义和选择缘由
程序图
量化数据收集和分析
质性数据收集和分析
混合方法的数据分析过程
量化、质性与混合方法研究中的效度分析
第三章　质性(或量化)结果
第四章　量化(或质性)结果
第五章　讨论
陈述数据分析结果
解释数据分析结果
研究的意义

本章小结

在对特殊教育混合研究方法有一个基本了解的基础上，本章总结了特殊教育混合研究方法的研究过程。首先，在研究设计中，混合研究设计需要考虑质性研究与量化研究部分的交互程度、优先次序和时间顺序，主要的研究设计类型包括一致性并列设计、解释性时序设计、探索性时序设计、嵌入式设计。其次，在研究实施中，可分为研究确立、研究计划和研究实施三个阶段。在数据的整理与分析中，不同的研究设计类型对应的具体的整理和分析方式也有所不同。最后，在撰写研究报告时，要特别注意质性和量化研究结果的呈现方式，以及混合研究结果的呈现方式。

复习思考题

一、单项选择题

1. 研究者在混合研究的某一个阶段同时进行量化研究和质性研究，两类研究在研究中的地位和重要性是平等的，研究者分别进行量化数据和质性数据的收集与分析，只在数据结果的阐释阶段将两类研究的结果进行混合，这种研究设计是指(　　)。

A. 一致性并列设计　　B. 解释性时序设计

C. 探索性时序设计　　D. 嵌入式设计

2. 解释性时序设计不包括以下哪些特点(　　)。

A. 用后期研究去解释前期研究的结果

B. 同一时期只完成一项研究

C. 量化研究先展开

D. 质性研究先展开

3. 某一研究基于主题计划实施实验，并在实验前通过访谈收集部分被试的简单背景作为次要的补充来支持实验，研究者可能会采用(　　)。

A. 一致性并列设计　　B. 解释性时序设计

C. 探索性时序设计　　D. 嵌入式设计

二、简答题

1. 简要介绍主要的混合研究设计类型及其特点。

2. 简述并列式路径中的合并数据分析策略。

3. 简述区分探索性时序设计与解释性时序设计的方法。

三、论述题

1. 简述进行混合研究设计所必须考虑的因素。

2. 任选一个研究主题，并简要写出其数据整理与分析的过程。

本章阅读书目

1. 崔延强．研究设计与写作指导：定性、定量与混合研究的路径．重庆：重庆大学出版社．2010.

2. 杜晓新，宋永宁．特殊教育研究方法．2 版．北京：北京大学出版社．2011.

3. 刘全礼，邓猛，熊琪．实用特殊教育研究方法概论．长春：东北师范大学出版社．2012.

4. 约翰·W. 克雷斯维尔，薇姬·L. 查克．混合方法研究：设计与实施（原书第 2 版）. 游宇，陈福平，译．重庆：重庆大学出版社，2017.

主要参考文献

[1] Johnson B.， Onwuegbuzie A.， Turner L. Toward a definition of mixed methods research[J]. Journal of Mixed Methods Research. 2007(1): 112-133.

[2] Creswell W. & Plano Clark L. Designing and conducting mixed methods research[M]. Thousand Oaks: Calif.: Sage, 2007: 5.

[3] Collins K.， Onwuegbuzie A.， Stutton I. A model incorporating the rationale and purpose for conducting mixed-methods research in special education and beyond[J]. Learning Disabilities: A Contemporary Journal, 2006(4): 67-100.

[4] Onwuegbuzie A. & Teddlie C. A framework for analyzing data in mixed methods research[M] // A. Tashakkori & C. Teddlie. Handbook of mixed methods in social and behavioral research. London: Sage, 2003, 351-383.

[5] Mertens D. Publishing mixed methods research[J]. Journal of Mixed Methods Research, 2011(5): 3-6.

第十二章

特殊教育混合研究示例

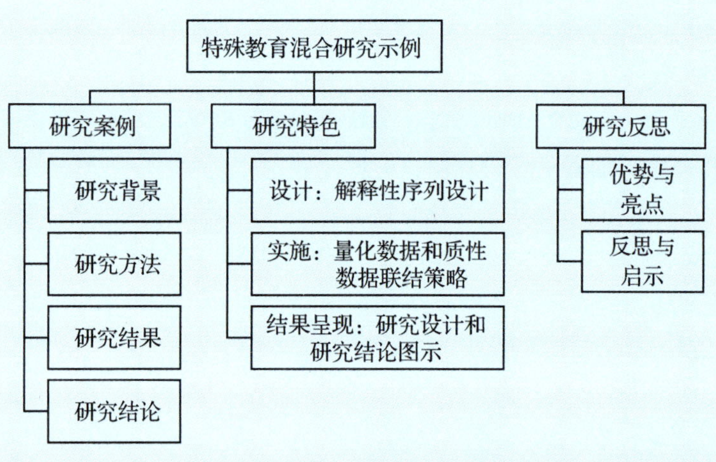

导　读

前两章已经从理论基础和实践步骤两个角度介绍了特殊教育混合研究方法。然而，混合研究在国内的特殊教育领域并没有得到广泛的使用，已经有学者开始将本土的研究问题和混合方法结合，以期为当下研究问题的解决提供更好的研究思路。本章便以一篇论文为例，从研究案例、研究特色和研究反思三个角度剖析特殊教育混合研究方法的运用。学完本章，你应该做到：(1)进一步了解解释性时序设计；(2)辩证看待特殊教育混合研究方法的运用和实施。

第一节
研究案例

本章所分析的案例来自《教师教育研究》2018 年 5 月第 3 期的期刊论文《培智教育教师对智力残疾学生自我决定教学认识与教学实践的混合研究》，作者为南京特殊教育师范学院的汪斯斯、北京师范大学教育学部的邓猛和湖北师范大学教育科学学院的赵勇帅。

一、研究背景

论文探讨了在学校场域下智力残疾学生的自我决定能力的培养。自我决定是指个体通过选择并实现既定的目标独立自主掌控自己的生活。在国际上，尤其是在主张个人主义(individualism)的欧美国家，个体的自我决定能力是判断个体生活质量的重要指标，深刻影响着个体的学业成就、就业和高品质的生活。在我国，个体的自我决定能力尚未引起足够的重视，尤其智力残疾的学生的自我决定的权利和能力往往被忽略。该研究着眼于教育教学过程中学校教师对智力残疾学生的自我决定能力的培养，聚焦于教师对智力残疾学生自我决定的教学认识和教学实践，以及两者之间的关系。该研究不论在关注智力残疾学生自我决定能力培养的理念方面，还是在具体的教学实践方面都有重要的参考价值。

二、研究方法

该研究是使用混合研究方法的典型案例，研究方法的使用主要分为研究设计的确定阶段、量化问卷阶段和质性访谈阶段。

在研究设计的确定阶段，研究者确定采用解释性序列设计，该研究方法的混合发生在质性访谈阶段，利用质性的方法来解释量化问卷得出的结果，以丰富量化研究的结果，使研究更加充实。下节将对具体研究设计进行探讨，因此这里不赘述。

在量化问卷阶段，有四个主要内容。第一，调查对象。选取北京、天津等地的特殊学校的培智教育教师为研究对象，发放问卷 694 份，回收问卷 657 份，其中有效问卷 584 份，有效率约为 88.89%。第二，调查工具，即问卷。问卷的编制参照韦迈耶(Wehmeyer)等人和林莉琪关于自我决定的研究，且问卷的使用均得到了原著者的授权，并综合 5 位专家的意见，进行了题项修改、合并和删除。问卷最终共两部分：第一部分是教师的基本信息；第二部分是正式施测部分，为 50 题，包括三部分内容，即教师的教学认识、教师的教学实践、教师所遇到的困难。第三，数据分析。使用 SPSS22.0 和 AMOS22.0 两种工具进行数据分析。第四，效度保证。主要通过分半法，将有效问卷分半，一半用于检验工具效度，另一半用于结果分析。

在质性访谈阶段，也有四个主要内容。第一，访谈提纲的编制。基于量化研究的结果，主要关注性别、年龄和学历等教师的背景变量对自我决定的教学认识与教学实践的影响，下文会详述；第二，访谈对象的选取。综合量化问卷阶段的分析结果，要覆盖“是否熟悉自我决定”“学历”“教学年级”下的所有类别，共选择了来自不同地区的 23 位教师。第三，资料分析。主要运用斯特劳斯(Strauss)和科尔宾(Corbin)提出的扎根理论三级编码，从资料中发现概念类属，区分主要类属和次要类属，建立概念类属间的关系，选择核心类属。第四，效度保证。主要通过受访者检验和不同编码人员的对比检验。

三、研究结果

量化研究的研究结果影响着质性研究的开展。一方面，在量化工具的验证结果中，最终的验证性因素分析结果均符合统计要求，说明该模型具有较好的拟合度和稳质化。另一方面，在调查结果中，讨论了教师的教学认识、教师的教学实践和教师所遇到的困难三者内部各因素及三者间的相关关系，问卷主要结果见表 12-1 和表 12-2：教师在教学认识上的平均得分高于教学实践，两者的相关系数是 0.220，呈显著低相关（$p=0.000$)；在教学实践上，教师提供自我决定机会的平均得分显著高于直接教学($p=$

0.000)；在背景因素对教学认识和教学实践的影响中，各因素在教学认识量表下没有显著差异，但在教学实践量表下，只有"是否熟悉自我决定"影响教学实践；对于可能存在的困难，基于相关文献，研究者列出了9条可能的原因。

表 12-1 培智教育教师对自我决定的教学认识和教学实践的调查结果

水平	平均分			
	教学认识	直接教学	提供机会	教学实践
生活独立	4.42±0.69	3.82±1.02	4.36±0.83	4.09±0.64
做选择	3.97±0.84	3.47±0.89	4.30±0.82	3.89±0.61
做决定	3.87±0.96	3.25±0.99	4.07±0.93	3.66±0.70
解决问题	4.06±0.84	3.54±0.99	4.14±0.91	3.84±0.69
制定并达到目标	3.52±1.07	3.10±1.03	3.73±1.11	3.41±0.80
自我拥护	4.17±0.85	3.52±1.04	4.31±0.83	3.82±0.68
自我效能	4.14±0.83	3.12±1.00	3.96±0.99	3.54±0.75
自我觉知	3.87±0.89	3.24±1.01	3.99±0.96	3.61±0.73
自我管理	3.73±0.93	3.43±1.07	4.34±0.89	3.88±0.71
总分	3.95±0.75	3.57±0.79	4.13±0.74	3.75±0.57

表 12-2 教师在智力残疾学生自我决定教学中的困难

原因	频数	百分比
1. 不熟悉自我决定	216	74.0%
2. 有其他更重要的内容要教	128	43.8%
3. 缺乏相关课程、教材或教辅资料	194	66.4%
4. 不知道要怎么教自我决定	87	29.8%
5. 没有时间和精力关注自我决定的教学	50	17.1%
6. 智力残疾学生能力有限，难以做到自我决定	184	63.0%
7. 班上学生障碍及需求不同，难以备课	133	45.5%
8. 缺乏其他主体(家庭、社区、学校)的支持	130	45.5%
9. 其他	41	14.0%

根据量化问卷阶段的研究结果，得出质性访谈阶段需要进一步解释的问题：(1)为什么教师对智力残疾学生自我决定教学重要性的认识显著高于教学实践？(2)为什么教师提供给学生自我决定的机会显著多于直接教学？(3)为什么教师"是否熟悉自我决定""学历""教学年级"会影响教学实践？质性访谈阶段的研究结果如下：从教学认识的角

度而言，自我决定的教学认识很重要。综合教师对自我决定的认识可知，他们都从促进智力残疾学生未来发展的角度出发，承认了自我决定教学的重要性。从教学实践的角度而言，自我决定的教学实践困难重重，主要集中在以下三方面：第一，消极残疾观的影响；第二，对自我决定认识的不足；第三，缺乏充分有效的支持。

四、研究结论

综合两部分的研究结果，得出混合研究的研究结论，主要概括为以下三点。

第一，自我决定教学重要但不一定可行：智力残疾学生能够自我决定的美好愿景与现实中教师的教学认识存在距离，教学认识还会受到残疾观和对自我决定熟悉程度的影响。第二，有限的教学实践禁锢了认识与支持，阻碍自我决定教学的发展。教师的相关教学实践有限，表现为放弃教学，不知如何教学，教学判断失误，教学有误区和教学受限五个方面。第三，教师对自我决定的教学认识与教学实践存在相互制约的关系。

第二节 研究特色

上一节已经从研究背景、研究方法、研究结果、研究结论四个方面对解释性序列设计的相关研究论文进行了基本介绍，为了更好地理解解释性序列设计的内涵和价值，本节将揭示解释性序列设计在研究设计、实施和结果呈现这三个研究的基本阶段中表现出的不同特点。

一、设计：解释性序列设计

采用解释性序列设计，则在一项研究中会有两个彼此作用又相互独立的阶段。这种设计一开始先利用量化研究方法收集数据，以此提出研究问题；然后根据前一阶段来设计后一研究阶段，先利用量化研究方法收集数据，再利用质性研究结果来阐释量化研究结果。解释性序列设计是一种主要的混合方法设计，其主要特点包括时序性、生成性、量化优先。其时序性表现为不同研究方法在该设计中的运用有先后之分，不同方法所在的研究阶段彼此独立又彼此联系；其生成性表现为第二阶段的研究设计是建立在第一阶段的研究基础之上的，并且能够根据第一阶段的研究不断进行灵活调整；其设计的总目标在于用质性部分解释量化结果，因此在研究过程中遵循量化优先。当研究者的研究满足量化优先、时间充裕、量化结果单独解释存在局限、研究内容深刻复杂(涉及趋势或关系构建及趋势背后的深层原因和机制)等条件时，解释性序列设计是最有效的。其研究设计的一般过程可参见本书第十一章第一节“图 11-3 混合研究设计的类型”，它是一种典型的、线性的两阶段设计模式，因此是混合研究设计中较为便捷、清晰的一种设计。

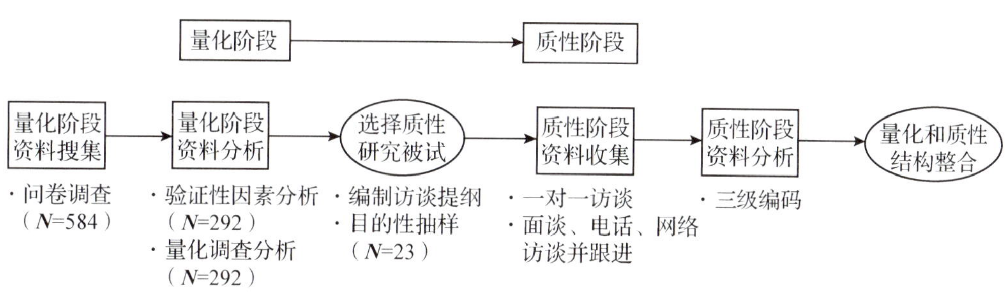

图 12-1　培智教育教师对智力残疾学生自我决定教学认识与教学实践的混合研究设计框架图

图 12-1 是该研究设计的框架图，该研究行文思路如下。在国际上，自我决定教学已然成为一个重要的研究热点，关于自我决定的教学认识、教学模型、教学策略、教学评价、教学实践等的相关研究十分丰富，但是国内对智力残疾儿童的自我决定的培养研究相对匮乏。在了解国外相关研究的基础上，该研究旨在了解教师对智力残疾学生自我决定的教学认识是怎样的，他们对自我决定的教学实践如何，教师的教学认识与教学实践之间的关系又是怎样的。为了回答上述问题，研究必须对我国培智教师的相关教育实践和教育认识有一个整体性的概览，因此可以借助国内外相关的成熟问卷和量表作为量化工具进行测量。但是研究所涉及的研究主题，即自我决定的教学认识和教学实践之间的关系及背后的动因，很难从问卷中进行归纳分析，这些问题不是量化方法及相关数据能够回答的。对于问卷上的研究结果，也很难由国际文献和已有研究成果去推断和解释其深层的机制。综上，研究采用了解释性序列设计，先利用量化研究收集数据，对教学实践和教学认识及两者之间的关系有一个大致的了解，并且对教学认识和教学实践的内部相关因素进行研究，生成新的问题，再根据新的问题编制访谈提纲，选择有利于解释量化结果的质性样本进行访谈和资料分析。最后，综合量化部分和质性部分的研究结果，得出研究结论。

二、实施：量化数据和质性数据联结策略

在该研究中，量化方法和质性方法之间是相互影响的，量化的结论借助质性方法

进行阐释，质性研究建立在量化的基础上。在实施过程中，量化和质性的联结主要包括两方面：从量化数据分析到质性数据收集、质性研究结果和量化研究结果的综合。

第一，量化研究的研究结果是质性部分的研究问题的来源。研究结果，教师对智力残疾学生自我决定教学重要性的认识($M=3.95$，$SD=0.75$)高于教学实践水平($M=3.75$，$SD=0.57$)，教师提供给学生的自我决定机会($M=4.13$，$SD=0.74$)多于直接教学($M=3.37$，$SD=0.79$)，教师“是否熟悉自我决定”影响教学实践($F=6.341$，$p<0.05$)。根据解释性序列设计的特点，后期的质性研究需要对前阶段量化研究的结果进行分析和解释，据此，作者根据量化研究结果生成了以下三个质性阶段需要解释的问题：(1)为什么教师对智力残疾学生自我决定教学重要性的认识显著高于教学实践？(2)为什么教师提供给学生自我决定的机会显著多于直接教学？(3)为什么教师“是否熟悉自我决定”“学历”“教学年级”会影响教学实践？第二，量化研究的结果也影响了质性研究的样本选择。量化研究结果表明，“是否熟悉自我决定”“学历”“教学年级”等因素对教学实践和教学认识存在影响，因此，访谈对象的选择要覆盖“是否熟悉自我决定”“学历”“教学年级”下的所有类别。最终，在受访者同意访谈的前提下选择了23位教师，其中江苏10人，广东5人，北京、天津、重庆和山东各2人。第三，量化研究的研究结果也影响着质性部分的数据收集。量化研究对数据收集的影响主要是通过影响访谈提纲的编制来实现的。基于质性部分要解决的问题，最终的访谈提纲有10题，涉及教师的专业成长背景、了解自我决定的途径、对自我决定教学的认识、自我决定的教学实践、存在的困难和需要的支持等。通过对量化研究结果和质性研究结果进行综合得到了研究结论，教师承认发展智力残疾学生自我决定的重要性，但受消极残疾观和不熟悉自我决定的影响，教学实践受阻。

三、结果呈现：研究设计和研究结论图示

混合方法的最终结果阐释基于最初的研究问题，主要以报告文本等形式呈现，因此在结果的呈现过程中要考虑读者的视角，具体而言，研究报告的撰写风格和结构、背后的逻辑体系要符合读者的期望和阅读习惯。由于量化、质性等不同研究方法是基于不同的哲学基础的，在结果呈现过程中要根据具体文本采用特定的叙事风格，并且该叙述风格在行文过程中要保持一致。例如，本书中所列举的研究案例，在行文过程中采用的都是第三人称的视角，叙述表达偏向客观凝练。然而，质性研究与量化研究在不同研究部分不仅仅是哲学观的不同，其整个研究过程都保持着相对的独立，但是又彼此联系，其研究结果的呈现应当将不同部分有机地结合起来。该研究主要采用的策略是通过给出流程图并进行解释，为读者呈现了一个凝练、连贯而简洁的研究结果。

如上所述，在混合研究中，无论是研究设计还是结果的呈现，都倾向于利用相关

的流程图来进行解释，使读者对研究阶段的转换与嵌套、研究结果的联结有更加清晰的理解。如图 12-2 所示，结构图左侧标注出了结论产出的三个重要阶段，量化阶段初步得出了丰富的结论，质性阶段将结论深化，结果整合阶段使结论更加精简并形成关键词的互动循环。在量化阶段，通过单因素方差分析，得到了教师的性别、年龄、学历等背景变量对教学认识及教学实践等的影响，从重要性的角度考察了教师的教学认识，并且统计得出教学实践中存在课程资料、教学策略等方面的支持困难。为了探究众多结论背后深层的机制，研究者在质性阶段采用访谈的方法，将量化结论进一步深化和扩展。在教学认识层面，教师不仅能够认识到自我决定教学的重要性，而且有可行性方面的思考，补充了量化阶段的结论，即事实上教师的教学认识深受消极残疾观和不熟悉自我决定教学两方面的影响。在教学实践层面，自我决定教学也存在着放弃教学、不知如何教学、教学判断失误、教学误区、教学受限等多方面不利局面。综合质性和量化两方面的研究结果，研究最终得出了培智教师在自我决定教学认识与教学实践上的一系列结论，包括教学认识上理想与现实两方面的脱节，教学实践上错位认识和有限支持的禁锢，教学认识和教学实践两者存在相互制约的关系等。

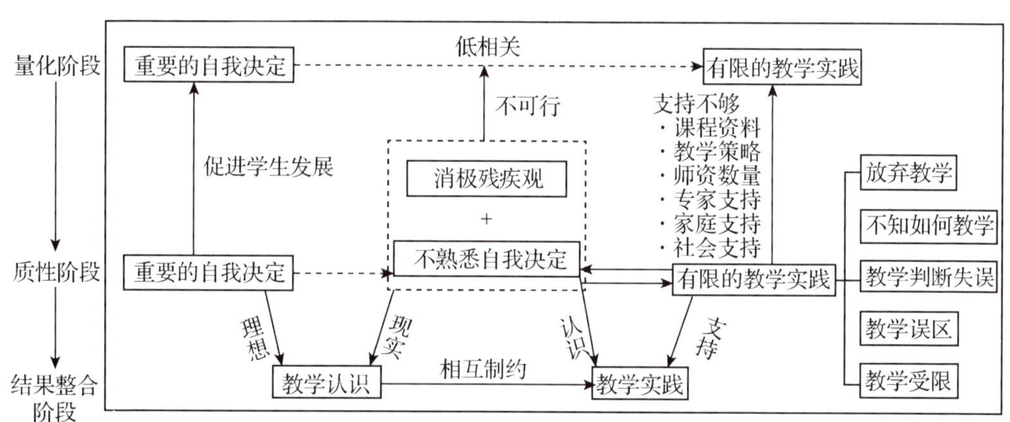

图 12-2　混合研究的结构图

第三节
研究反思

任何研究都是研究者和研究对象互动的产物，在此过程中受已有研究范式、现有研究设计、实际研究环境等多个因素影响。前两节已经交代了研究的基本情况、各研究阶段的混合特色，本节将从优势与亮点、反思与启示两个视角进一步剖析该研究，以期读者能够更加客观地看待混合研究方法的使用，在尝试混合研究设计时能够多方考虑、统筹兼顾。

一、优势与亮点

在该研究中，整个研究过程和论文撰写格式都是非常规整的，体现了解释性序列设计的一般特点，也体现了研究主题的独特性。

第一，研究实施便捷。该研究体现了解释性序列设计的一个重要特点，研究的不同阶段具有时序性，量化问卷部分在前，质性访谈部分在后，对研究者数量的要求不高。即使只有少数甚至一个研究者，研究仍然可以顺利开展。

第二，研究过程是生成式的。由于质性部分的整体设计依赖于量化部分的研究结果，因此该研究能够更好地展现研究本身的创新性和灵活性。研究者可以根据量化研究结果对接下来的研究进行调整和控制，使研究本身更加切实可行。

第三，结果呈现规范、形象。混合研究由于涉及不同研究方法的混合，为了更好地厘清具体研究方法和研究阶段之间的关系，该研究的研究者多次利用流程图，这样可以指导研究更好地进行，也有利于读者更好地认识研究成果。

二、反思与启示

该研究在研究的整体环节的处理上做得非常好，但作为混合研究的初学者，要尝试进行类似研究，仍需注意以下几点。

第一，研究周期较长。该研究本身具有时序性，不同研究方法不能同时进行，采用多种不同的研究方法比纯粹地进行质性研究或者量化研究要花费更多的时间。此外，在不同的研究方法中，质性访谈比量化问卷耗费的时间长，质性访谈的受访谈者为23人，样本本身比较大，对这些样本的转录和编码分析更耗费时间。还有，不同研究方法的混合也需要时间与精力：量化阶段得出了什么结论？生成了哪些新的问题？其中哪些问题又是与研究主题相关的？这些问题又如何转化成质性的访谈提纲？这都是值得研究者在研究过程中不断思考的。

第二，研究的信度和效度问题。在该研究中，量化研究与质性研究两部分分别通过分半法和受访者检验进行信度与效度检验，这种方法得到了部分学者的提倡。但是，总体而言，对混合研究的效度的相关问题的讨论仍然是不成熟的，因为混合研究方法混合了质性、量化在内的研究方法，可能引发潜在的、额外的效度问题。研究者在运用混合研究方法的时候，可以在此方面多做思考。

本章小结

在了解混合研究方法基本理论和实践过程的基础上，本章以案例的形式深入剖析了混合研究方法在特殊教育领域中的具体运用，重点解说了该研究的方法选择、具体的数据分析和综合的研究结论的呈现，并附上了研究图表，以帮助读者更好地理解研究者的研究思路和行文思路。没有一种研究方法是万能的和通用的，在本章的结尾也对这一研究方法做出了研究反思，以启发读者更加客观地看待特殊教育混合研究方法。

复习思考题

一、单项选择题

1. 解释性序列设计的特性不包括(　　)。

A. 问题的复杂性　　B. 对象的特异性

C. 研究目的的独特性　　D. 评价的专门性

2. 以下属于解释性序列设计的优势是(　　)。

A. 研究实施便捷　　B. 研究过程是生成式的

C. 对研究者要求较低　　D. 结果呈现规范、形象

3. 以下关于混合研究行文风格的说法错误的是(　　)。

A. 根据具体主题而确定

B. 行文风格应前后保持一致

C. 以主要使用的研究方法为主

D. 行文风格要建立在规范严谨的学术标准之上

二、简答题

列出实施解释性序列设计所应满足的前提条件。

三、论述题

1. 反思解释性序列设计可能存在的优点与局限。

2. 谈一谈特殊教育混合研究方法对传统的质性研究者和量化研究者提出了哪些要求与挑战。

本章阅读书目

1. 风笑天. 社会学研究方法. 3版. 北京: 中国人民大学出版社. 2009.

2. 刘全礼，邓猛，熊琪．实用特殊教育研究方法概论．长春：东北师范大学出版社，2012.

3. 约翰·W. 克雷斯威尔．混合方法研究导论．李敏谊，译．上海：格致出版社；上海人民出版社，2015.

4. 约翰·W. 克雷斯维尔，薇姬·L. 查克．混合方法研究：设计与实施(原书第2版). 游宇，陈福平，译．重庆：重庆大学出版社，2017.

主要参考文献

[1]汪斯斯，邓猛，赵勇帅．培智教育教师对智力残疾学生自我决定教学认识与教学实践的混合研究[J]. 教师教育研究，2018，30(3).

[2]约翰·W. 克雷斯维尔，薇姬·L. 查克．混合方法研究：设计与实施(原书第2版)[M]. 游宇，陈福平，译．重庆：重庆大学出版社，2017.

第五部分　课题研究

特殊教育课题研究是以课题研究的形式探究特殊教育问题、揭示特殊教育规律的科学探究活动，而特殊教育课题研究过程则是将特殊教育课题研究付诸实践的过程，一般包括课题申请、课题开题、课题实施、课题结题等程序。特殊教育课题研究有助于高校特殊教育专业教师、研究机构的研究者、一线特殊教育学校的教师以及其他特殊教育工作者解决在特殊教育理论与实践中所存在的各种问题，从而促进特殊教育研究的发展与完善。

第十三章

特殊教育课题研究概述

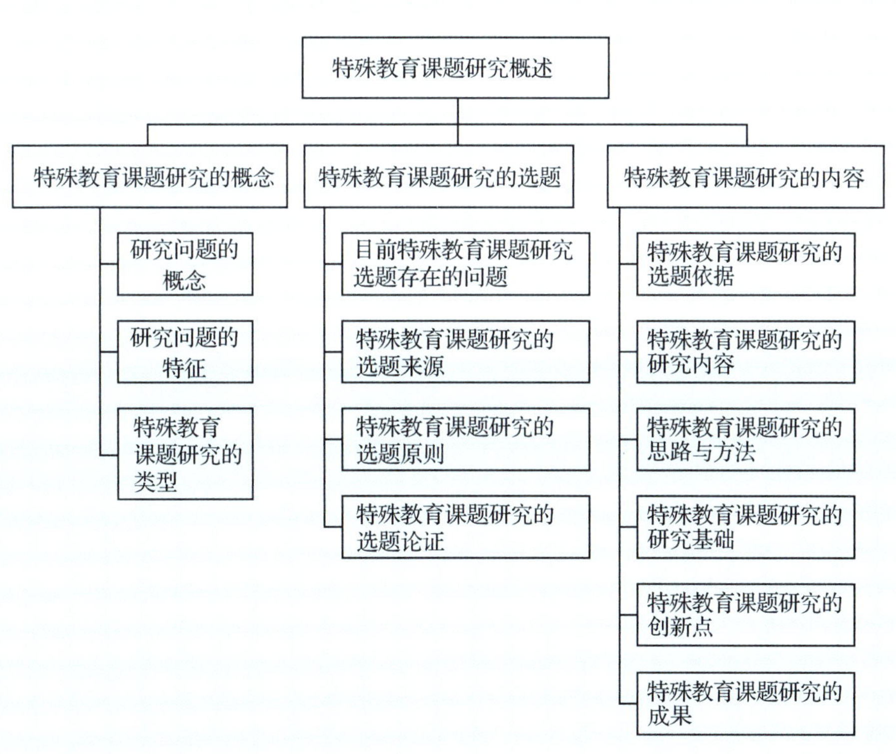

导　读

特殊教育课题研究是以课题研究的形式探究特殊教育问题、揭示特殊教育规律的科学探究活动。本章探讨的是特殊教育课题研究的基本内容。学习本章内容，主要掌握特殊教育课题研究的基本情况，能够回答什么是特殊教育课题研究，如何进行选题，以及特殊教育课题研究有哪些内容等问题，并能灵活运用所学内容指导课题研究的实施。学完本章，你应该能做到：(1)理解特殊教育课题研究的概念；(2)了解特殊教育课题研究的类型；(3)认识特殊教育课题研究的选题来源和选题原则；(4)掌握特殊教育课题研究选题的论证方法，熟悉特殊教育课题研究的内容。

第一节
特殊教育课题研究的概念

一、研究问题的概念

课题研究是以问题为导向的科学探究活动，遵循科学发现的逻辑，即“问题—尝试性解决—排除错误—新的问题”。① 科学研究从问题开始，而问题是研究者在分析科学背景知识的基础上发现矛盾所提出的各种疑问，如寻求经验事实之间的联系并做出统一的解释，解决已有理论与经验事实之间的矛盾，验证假说和新发现的事实，以及满足生产、教育和实际生活中的种种实用性或技术性的需要等。② 在特殊教育领域，高校特殊教育专业教师、研究机构的研究者、一线特殊教育学校的教师，以及其他特殊教育工作者在特殊教育理论与实践研究过程中也会遇到各种各样的问题，并会针对这些问题开展系统、有效的研究，形成诸多特殊教育类课题。③

---

① 刘贵华、孟照海：《教育科研课题成果质量的九个问题》，载《教育研究》，2015，36(9)。
② 董奇：《心理与教育研究方法》(修订版)，57页，北京，北京师范大学出版社，2004。
③ 杜晓新、宋永宁：《特殊教育研究方法》(第二版)，213页，北京，北京大学出版社，2015。

二、研究问题的特征

(一)研究问题的未知性

课题研究的本质是创新。因此，课题研究的问题应具有未知性，即研究者应力图探讨特殊教育领域中未知的问题，而应尽量避免进行重复性的或已知问题的研究。根据此特征，研究者在选择研究问题时应进行多方论证，如通过查阅文献的方式寻找该研究问题是否已得到解答，或通过专家评审的方式确定该研究问题是否具有研究意义。

(二)研究问题的可操作性

在开展课题研究之前，研究者需明确自己的研究问题是什么，主要涉及哪些方面，可用哪些方法进行研究，使抽象的研究问题具体化，可操作化。例如，研究者欲研究特殊教育教师的专业素养问题，需把与特殊教育教师的专业素养有关的需要研究的问题进行具体化、可操作化的加工，即先明确特殊教育教师的专业素养问题是什么，包括哪些维度，可以通过哪些方法开展研究，等等。研究者可先通过文献综述的方式明确特殊教育教师专业素养的维度，再在特殊教育教师专业素养各维度的基础上编制调查问卷以实施课题研究。

(三)研究问题的可行性

研究者在开展课题研究时应考虑到研究问题的可行性，即当前条件是否能为课题的实施提供保障。一般情况下，研究者选题时需要考虑以下方面的问题。(1)当前的技术条件，如欲探讨孤独症儿童阅读眼动特征与脑神经机制之间的关系，当前的实验设备、医疗技术等条件是否能为开展该项研究提供技术保障？(2)研究者的知识储备与研究能力，如欲探讨孤独症儿童阅读眼动特征与脑神经机制之间的关系，研究者本身是否了解人类基本的眼动特征、脑神经机制？是否能熟练操作相关实验仪器？(3)物力方面的支持，如资金方面，研究者开展课题研究或多或少需要资金支持，研究经费将来源于何处？在研究工具方面，研究者是否已准备好相关实验仪器？(4)人力方面的支持，如课题组团队如何组建？团队成员如何分工？

(四)研究问题的可解答性

在开展特殊教育的过程中依然还有很多未知的问题，科研工作者对未知问题的探索永无止境。受时代背景的限制，一些研究问题在当前仍无法解答，如孤独症儿童的病因，学习困难儿童如何进行干预等。但随着社会的发展，这些未解之谜终将会被揭开。在科学研究中，研究问题确定了一个区域范围，并认定答案必定在这个区域范围之内。[①] 在相关研究范围内，研究者可通过各种方法收集资料解答相关问题。

三、特殊教育课题研究的类型

从研究的目的、性质、对象、内容范围、深度、方法、隶属关系和资金资助情况等不同角度来看，特殊教育课题可分为很多种不同的类型。

从研究的目的来说，特殊教育课题可分为理论研究类的和应用研究类的。理论研究类的课题是为了揭示特殊教育现象的本质及其规律并形成教育科学理论，其研究结果具有较广泛的指导意义。[②] 例如，"融合教育质量评估的理论探讨与框架建构"，该课题旨在依照融合教育的基本理论以及以公平与效率为核心的质量观，借鉴国外融合教育质量评估指标，建构体现教育输入、教育过程和教育结果的全方位的融合教育质量评估的指标体系，形成融合教育质量评估的框架和模型。[③] 应用研究类的课题是为了应用基础理论研究得出的一般知识、原理、原则，针对某具体实际问题，研究某一领域的规律，提出比理论研究更具有针对性的理论和方法，解决实际问题。[④] 例如，课题"随班就读学校资源教室课程资源开发与应用研究"欲通过研究开发出随班就读学校资源教室的课程资源，并将它应用于实际的随班就读教育教学工作中。

从研究的性质来说，特殊教育课题可以分为理论研究的课题与实践研究的课题。理论研究的课题来源于前人的研究成果，主要探讨它们存在的问题及其发展策略。例如，研究者通过综述相关内容的书籍、文献等资料，总结出前人的研究成果，指出存在的问题，并提出相应的完善策略。实践研究的课题来源于研究者的科研实践活动，主要探讨问题的表现情况并找出相应的解决策略。例如，特殊教育教师专业素养问题及对策研究，口肌训练对言语障碍儿童语言能力的影响等。

从研究的对象来说，课题可分为针对特殊儿童的课题、针对特殊教育教师的课题与针对特殊儿童家长的课题。具体来看，儿童方面的课题是指特殊儿童(包括听障、智障、视障、孤独症等类型的特殊儿童)本身发展过程中存在的问题，如智障儿童生活自理问题；教师方面的课题是指特殊教育教师在其职业生涯发展过程中存在的问题，如特殊教育教师职业幸福感的问题等，以及特殊教育教师在教育教学实践中所面临的问题，如聋校课堂教师书面语的使用问题等；家长方面的课题是指特殊儿童家长在养育

---

① 董奇：《心理与教育研究方法》(修订版)，58页，北京，北京师范大学出版社，2004。

② 杜晓新、宋永宁：《特殊教育研究方法》(第二版)，213页，北京，北京大学出版社，2015。

③ 颜廷睿、关文军、邓猛：《融合教育质量评估的理论探讨与框架建构》，载《中国特殊教育》，2016(9)。

④ 杜晓新、宋永宁：《特殊教育研究方法》(第二版)，213页，北京，北京大学出版社，2015。

特殊儿童过程中存在的问题，包括家长自身方面的问题，如听障儿童家长应急应对的问题等，还包括养育特殊儿童过程中面临的各种问题，如父母教养方式与听障学生价值观关系的问题等。除此之外，高校从事与特殊教育专业相关工作的教师(如高校特殊教育专业教师教学改革方面的探讨等)，高校特殊教育专业学生(高校特殊教育专业学生专业素养方面的问题等)，以及与特殊学生有密切联系的普通学生和家长(如普通学生对特殊学生的接纳性问题等)存在的问题也可以成为研究对象。

从研究的内容范围来说，课题可分为单一性课题和综合性课题。单一性课题研究主要是研究者对某一方面问题进行研究，如孤独症儿童社会交往能力的研究等。综合性课题涉及多个领域，研究范围较宽，在一个标题下可再分出几个小课题。例如，课题“融合教育背景下特殊教育学校教师专业发展的内容与途径：基于教师角色变革的视角”可细分为“融合教育背景下特殊教育学校教师的角色变革问题”“特殊教育学校教师专业发展的内容分析”“特殊教育学校教师专业发展的机制”“融合教育背景下，积极有效促进我国特殊教育学校教师职后专业发展的模式构建问题”四个小课题。

从研究的深度来说，课题可分为描述性课题和因果性课题。[①] 描述性课题研究是对特殊教育现象的真实情况进行具体的描述，主要回答“是什么”“怎么样”的问题，如研究者通过问卷调查的方式了解特殊教育教师的专业素养问题，通过访谈的方式了解听障儿童母亲的心路历程等。因果性课题研究主要是揭示两种或两种以上特殊教育现象之间的因果关系，主要回答“为什么”“怎么办”的问题，如特殊儿童家庭社会经济水平、社会支持对亲子关系的影响[②]，并会在问卷调查的基础上，针对存在的问题，通过访谈的形式探求其问题存在的根源。

从研究的方法来说，课题可分为质性研究课题、量化研究课题以及混合研究课题。在质性研究的课题下，研究者一般采用访谈、质性观察或文本分析的方式收集相关资料，再通过类属分析或情境分析的方式分析资料，自下而上形成一定的研究结论。例如，通过访谈的方式总结出特殊教育学校校长专业成长的路径[③]，通过观察法分析出特殊儿童同伴互动的特点，通过文本分析的方式对北上广资源教室政策进行比较研究[④]。在量化研究的课题下，研究者一般采用问卷调查、实验研究、单一被试实验研究、量化观察的方式收集相关资料，再通过 SPSS、AMOS 等统计分析软件对研究数据进行分析，从而总结出相应的研究结论。例如，通过问卷调查的方式了解特殊教育教师的职业认同感问题，通过实验的方式探寻编码方式与指拼特征在听障学生手语词加工中的

---

① 董奇：《心理与教育研究方法》(修订版)，59 页，北京，北京师范大学出版社，2004。

② 朱楠、彭盼盼、邹荣：《特殊儿童家庭社会经济地位、社会支持对亲子关系的影响》，载《中国特殊教育》，2015(9)。

③ 王辉、汪斯斯、王雁：《特殊教育学校校长专业成长的个案研究》，载《中国特殊教育》，2016(11)。

④ 奎媛、雷江华：《北上广资源教室政策的比较与启示》，载《中国特殊教育》，2016(12)。

作用[①]，通过单一被试实验研究的方式探讨功能性行为评估对智力障碍儿童课堂问题行为的作用[②]，通过量化观察的方式研究聋校语文课堂教学师生言语行为互动情况[③]。在混合研究的课题下，研究者一般在课题研究过程中会综合使用质性研究与量化研究的方法，以使研究结论更为充分。一般情况下，一个课题研究往往会采用多种研究方法相结合的方式来开展，很少单独使用某种研究方法。

此外，从研究的隶属关系来说，课题可分为校级课题、省级课题和国家级课题；从资金资助情况来说，课题可分为资助课题和自筹课题等。总之，从不同的角度来看，课题有不同的分类，而一个研究课题往往可归属于不同的类型。

第二节 特殊教育课题研究的选题

一、目前特殊教育课题研究选题存在的问题

目前，我国特殊教育课题研究在选题方面还存在很多问题，它们影响了特殊教育理论与实践的发展。结合已有文献分析发现，目前特殊教育课题研究选题主要存在以下问题：特殊教育课题研究以实证主义为主，积累性、系统性和连续性差，缺乏宏观调控，综合性的课题研究较少。

(一)特殊教育课题研究以实证主义为主

邓猛研究发现：长期以来，人类对残疾的研究以“心理—医学”为特点，关注残疾的病理学根源、行为特点以及矫正补偿的方法，形成了特殊教育研究的实证主义风格与传统，重视采用客观测量工具(如智力量表等)来诊断残疾或障碍类型与程度，并据此发展相应的治疗方法以及具有医学特点的干预或训练手段。[④] 然而，持建构主义范式

---

① 贾玲、雷江华、宫慧娜等：《编码方式与指拼特征在聋生手语词加工中的作用研究》，载《心理科学》，2018，41(5)。

② 朱楠、张英：《基于功能性行为评估的智力障碍儿童课堂问题行为的个案研究》，载《中国特殊教育》，2014(10)。

③ 黄钟河、朱楠：《聋校语文课堂教学师生言语行为互动研究——基于弗兰德斯互动分析系统》，载《中国特殊教育》，2019(3)。

④ 邓猛、苏慧：《质的研究范式与特殊教育研究：基于方法论的反思与倡议》，载《中国特殊教育》，2011(10)。

的研究者相信在人的心理结构中存在多种多样的主观事实，认为“关于某一情境中正在发生的事情的理论是扎根于经验的，而不是通过事先的假设或演绎推理得来的”。因此，特殊教育实践的发展需要质性研究。特殊儿童群体具有较强的异质性和独特性，需要研究者真正参与他们的生活，解读他们的行为及内心世界，努力改善他们的生存状态。

(二)特殊教育课题研究积累性、系统性和连续性差

特殊教育课题研究积累性差。一方面，很多研究者在选题时不注重查阅相关文献，不了解他人的研究结果和有关领域的最新进展，对已有研究成果缺乏深入、正确的分析和评价。① 另一方面，很多研究者在选题时缺乏相关知识与经验的积累，如欲研究学习障碍儿童阅读的眼动机制却未掌握与眼动有关的基础知识，欲探讨提高孤独症儿童社会交往能力的策略却不熟悉训练孤独症儿童社会交往能力的相关方案。

特殊教育课题研究系统性差。一方面，很多研究者往往按照自己的一时兴起去选题，研究方向不明确，选题前后不一致，不能抓住问题的发展脉络进行深层次的研究。② 另一方面，有些研究者的选题考虑不够充分，理论指导性差，选取的研究对象、研究方法或者研究的切入点较为单一，缺乏多方面证据的支撑，研究结论有待商榷。例如，研究课题“特校教师职业认同现状的调查研究”时没有与常模或其他教师群体进行比较，无法对特殊教育教师职业认同感进行准确把握。

特殊教育课题研究连续性差。一方面，很多课题的研究周期为 1～5 年，课题结题后相关研究就停止了，相关领域的研究缺乏连续性。另一方面，对特殊儿童及相关研究对象的追踪研究较为缺乏。

(三)特殊教育课题研究缺乏宏观调控

有关部门对特殊教育课题研究的选题缺乏整体布局，自上而下、有计划地组织科研课题的情况不多，多数情况下往往由研究者自报选题再加以筛选，这虽有利于研究者发挥个人优势，但不利于对重大课题、亟待解决的问题的研究。③ 例如，《2019 年度全国教育科学规划国家重大招标和重点课题指南》并未列出特殊教育领域中的相关选题，多数研究者结合学科热点领域、自身知识储备、研究条件以及研究兴趣进行选题。

---

① 董奇:《心理与教育研究方法》(修订版)，64 页，北京，北京师范大学出版社，2004。
② 董奇:《心理与教育研究方法》(修订版)，64 页，北京，北京师范大学出版社，2004。
③ 董奇:《心理与教育研究方法》(修订版)，64 页，北京，北京师范大学出版社，2004。

(四)特殊教育课题研究综合性不足

从研究方法来说，多数特殊教育课题研究只采用某种单一的研究方法。但是，特殊教育研究对象的复杂性决定了特殊教育研究方法的多样性与综合性，且各种研究方法各具优缺点。在同一研究中，研究者采用一种以上的研究方法展开研究，可以拓宽课题研究的广度，深化课题研究的成果。例如，研究者欲探讨特殊教育教师的专业素养问题，可综合采用问卷调查与访谈的形式展开研究，在问卷调查结果的基础上进行有针对性的访谈调查研究，丰富研究数据，从而为研究结论提供更为充分的论据。

从学科背景来说，多数特殊教育课题研究往往从某一学科或某一方面入手，不同学科的研究者缺乏合作，缺少多角度、多学科的综合性研究。[①] 特殊教育学与教育学、心理学、医学等学科密切相关，课题研究也应从不同的学科背景出发开展深入的研究，加强不同学科背景的研究者的合作，加深相关课题研究的深度。

二、特殊教育课题研究的选题来源

(一)特殊教育实践中的研究问题

研究者在教学实践中的观察和思考，是最根本的选题来源。在教学实践中选择课题主题，其目的主要在于解决现实问题。满足实践需要，是课题研究的首要目标。在选题时，研究者应从实践出发，善于观察和思考，依据社会发展需要，紧跟学科发展前沿，立足亟待解决的问题，选择当前教学实践中迫切需要解决的一些问题进行研究。特殊教育工作者，包括高校特殊教育专业的教师或研究者、特殊教育研究机构(如中国教育科学研究院心理与特殊教育研究中心)的研究者、一线特殊教育学校(或机构)的教师以及其他从事特殊教育工作的研究者，在自己的特殊教育实践中发现问题并进行问题研究，力求解决问题并促进特殊教育的发展。

高校特殊教育专业的教师或研究者选择课题主要参考以下几个方面。其一，以教育教学实践过程中存在的问题为出发点开展研究，如各级高等教育本科教学改革工程项目，探讨高等特殊教育专业的人才培养模式、专业建设、课程体系、教学内容、教学方法和教学手段等。其二，以在一线特殊教育学校或机构调研时所存在的问题为出发点开展研究，如探讨特殊教育教师的福利待遇问题等。其三，以高校实验室(或实训室)为基地，针对特殊学生存在的问题开展研究，如探讨学习障碍儿童

---

① 董奇：《心理与教育研究方法》(修订版)，64～65页，北京，北京师范大学出版社，2004。

阅读的眼动情况等。其四，以一线特殊教育学校或机构(学生见习、实习基地等)为平台，指导学生在专业实践过程中开展研究，如探讨听障学校课堂师生言语行为互动所存在的问题等。

特殊教育研究机构的研究者在选择课题时主要参考以下几个方面：其一，以一线特殊教育学校或机构调研时所存在的问题为出发点开展研究，如探讨特殊教育教师的福利待遇问题等；其二，以研究机构的实验室(或实训室)为基地，针对特殊学生存在的问题开展研究，如探讨学习障碍儿童阅读的眼动情况等；其三，以一线特殊教育学校或机构为平台，研究一线特殊教育学校或机构发展过程中所存在的问题，如探讨听障学校课堂师生言语行为互动所存在的问题等。

一线特殊教育学校(或机构)的教师在选择课题时主要参考以下几个方面：其一，课堂教学方面的问题，如随班就读课堂教学的调整问题等；其二，课程建设方面的问题，如培智学生校本课程的开发问题等；其三，学校建设方面的问题，如盲校无障碍设施的建设问题等；其四，班级管理方面的问题，如融合性课堂管理和问题行为的处理问题等；其五，特殊儿童发展方面的问题，如孤独症儿童社交能力发展问题等；其六，一线特殊教育学校(或机构)教师本身发展方面的问题，如培智学校教师职业倦怠问题等。

此外，还有其他从事特殊教育工作的相关人员(如有医学、心理学、教育学等背景的专业人员)也会以特殊儿童或与特殊儿童相关的问题为研究对象开展研究。例如，医院医护人员探讨提高脑瘫儿童粗大动作能力的策略，有心理学背景的研究者关注特殊儿童的心理健康问题，随班就读教育教师研究提高随班就读教育质量的方法等。

(二)特殊教育理论中的研究问题

查阅和分析已有文献，是选择课题最常用的策略之一。文献研究可以对当前特殊教育中的某一个或某几个领域进行概括性的研究，或对某一问题进行深入探究。在进行文献研究时，研究者往往可以全面了解国内外研究现状，发现一些尚未解决的问题。研究者从已有的文献中进行选题，总结前人在这个领域中已获得了哪些研究成果。探讨还有哪些问题未获得解决，而新的研究将如何填补这一空白。如果此研究问题前人已探讨过了，新的研究将从哪里着手，如果前人的研究存在明显的漏洞和错误，新的研究将如何对这些错误进行纠正等。① 对于现有研究的不足、研究结果的局限性和不一致性以及未涉足的研究领域，研究者仍需改进研究方法，完善实验范式，弥补现有研究的不足。因而，对已有文献进行深入分析，全面整合有助于研究者提出课题研究的

① 杜晓新、宋永宁：《特殊教育研究方法》(第二版)，154页，北京，北京大学出版社，2015。

主题。例如，通过文献综述发现，尽管当前国内特殊儿童眼动研究取得了较为丰富的研究成果，但对眼动研究仍需进一步深化拓展，加强实证研究；拓宽范围，既要关注阅读障碍儿童、听力障碍儿童阅读方面的研究和孤独症儿童面孔识别研究，也要积极关注其他特殊儿童类型认知领域的应用研究；加强与ERP、fMRI等大型精密设备的结合，加深对特殊儿童认知过程神经机制的探讨。①

特殊教育理论研究以特殊教育现象和问题为主要研究对象。在理论领域选择研究课题，主要从以下几方面入手。(1)为证实他人或自己的某一理论观点而选择相应课题。这一方法主要采用推论和预测并加以验证的方式，其研究目的主要在于证实推论和预测。(2)根据不同理论观点之争选择课题。特殊教育专家、学者出于不同立场，对同一特殊教育现象、规律认识不一致，其理论观点常常出现分歧，一些研究结果甚至出现相互矛盾的现象。特殊教育专家、学者争论的焦点问题有许多是值得深入探讨和研究的。关注学术之争，深入了解争论的历史现状和争论焦点，是发现问题、选择研究课题的一条重要途径。(3)通过质疑现有理论、观点而提出研究课题。从科学研究的历史来看，随着学科的不断发展，很多研究成果是暂时性、阶段性的“真理”，看似逻辑缜密的研究在不久的将来可能会被证实是伪命题，遭受批判或被推翻。现有理论、观点不是完美无缺的，有存在不足、欠缺甚至错误的可能性，故研究者应用客观、批判的眼光看待已有理论和观点，敢于怀疑，勇于质疑，不迷信权威，不盲信他人理论，从已有理论和观点可能存在的缺陷和不足之处中找到选题依据。

(三)学科深化和转型中的研究问题

特殊教育学方兴未艾，学科理论不断深化，特别是伴随交叉学科的产生出现了许多有价值的、新的研究领域。学科渗透、交叉是科学在广度、深度上发展的一种必然趋势，各门学科在普遍联系中。以往研究者注重从学科相对独立性上进行研究，现代科学注重学科相互渗透、交叉的研究，在学科交叉“地带”有大量的新课题可选。

(四)特殊教育社会热点中的研究问题

研究者还可以从特殊教育的社会热点中进行选题。例如，2017年，教育部等七部门联合发布的《第二期特殊教育提升计划(2017—2020年)》，明确指出：“以区县为单位统筹规划，重点选择部分普通学校建立资源教室，配备专门从事残疾人教育的教师，指定其招收残疾学生。其他招收残疾学生5人以上的普通学校也要逐步建立特殊教育资源教室。”基于此，研究者可以结合当地资源教室的建设与使用情况开展相关的课题研究。

---

① 朱楠、黄钟河：《我国特殊教育领域眼动研究综述》，载《中国特殊教育》，2016(9)。

三、特殊教育课题研究的选题原则

(一)课题研究的选题应具有价值性

发展特殊教育，解决特殊教育实践过程中的问题，充实特殊教育理论体系，是特殊教育课题研究的重要目的。大量事实表明，只有紧密为社会实践服务，教育科学研究才能具有更强大的生命力。[①] 研究者从特殊教育发展过程中的实际问题中进行选题，易得到政府、社会及有关部门的支持，有利于教育研究的顺利进行；解决这些实际问题也有助于研究者解决现实工作中的问题，促进特殊教育的发展。在考虑课题研究的社会实践意义的同时，研究者还要关注教育科学自身发展的内在矛盾，促进教育科学理论的发展。[②] 例如，研究者可根据资源教室建设与运行的发展现实，结合融合教育发展背景，充分分析资源教室建设与运作的有利条件和现存问题。研究者对特殊教育课题研究的选题进行选择和论证时，应从应用价值和理论价值两个方面去判断，保证课题研究具有较强的研究意义与价值。

(二)课题研究的选题应具有创造性

课题研究的选题应具有创造性是指课题应具有新颖性、独特性和先进性。创造性是科学研究的灵魂，也是选题时应遵循的一项基本原则。[③] 研究者的选题应具有创造性，不能重复研究前人已解决的问题。要使特殊教育课题研究的选题具有创造性，研究者可从以下几个方面着手。[④] (1)新的问题，即特殊教育理论与实践研究过程中亟须解决但还未引起广泛关注的问题。例如，2017 年，教育部等七部门联合发布的《第二期特殊教育提升计划(2017—2020 年)》首次提到落实“一人一案”的问题；融合课堂课程建设及其教学的适应与调整问题等。(2)新的视角，即采用新的视角去研究某一问题。例如，我们通常认为特殊教育学校教师的教学能力影响教学效果，但研究者可采用新的视角对该问题进行研究，即特殊学生的学习效果影响特殊教育教师的教学效能感，而其教学效能感又会反作用于课堂的教学效果。(3)新的观点，即以大量的事实材料为依据，以严密的逻辑推理为基础，提出与众不同的看法与观点。例如，在以往随班就读课堂教学实践过程中，教育者往往根据学习者在课堂中的实际表现来调整教学策略，而学习通用设计促使教育者在课程计划之初就考虑具有不同认知特点的学习者如何平

---

① 董奇：《心理与教育研究方法》(修订版)，61 页，北京，北京师范大学出版社，2004。
② 董奇：《心理与教育研究方法》(修订版)，61 页，北京，北京师范大学出版社，2004。
③ 董奇：《心理与教育研究方法》(修订版)，61 页，北京，北京师范大学出版社，2004。
④ 杜晓新、宋永宁：《特殊教育研究方法》(第二版)，215～216 页，北京，北京大学出版社，2015。

等地学习课程；传统观念认为，特殊教育教师推动融合教育的发展，而新的观念认为融合教育的发展需要整个教育系统的变革，尤其是普通教育系统的变革等。(4)新的方法，即用其他研究者未使用过的方法对某个问题开展研究。例如，在普通学校课堂教学中，很多研究者采用费兰德斯互动分析系统分析课堂教学过程中师生言语行为的互动情况，但在特殊教育领域中还较少采用该研究方法分析特殊教育学校课堂教学中师生言语行为的互动情况。

(三)课题研究的选题应具有科学性

课题研究应在一定科学理论的指导下进行，必须具有一定的事实依据和科学依据，以保证研究工作最大限度地获得成功，这就要求课题研究的选题应具有科学性。[①] 为此，研究者在选择研究课题时需通过查阅相关资料，寻找相关的理论依据或事实依据，不能凭空想象而草率地选题。例如，研究者欲研究特殊教育教师职业效能感与职业倦怠之间的关系，需要了解相关的心理学理论依据，或者前人的研究是否曾证实过职业效能感对职业倦怠有一定的影响。

(四)课题研究的选题应具有可行性

研究者选题还应考虑实施课题研究所应具备的主、客观条件，具备相应的条件是课题研究顺利完成的保障。主观条件是指研究者为完成某课题研究所必须具备的科学知识、研究能力和工作经验，以及对有关研究方法的掌握与运用程度，反映了研究者完成课题研究的水平与可能性；客观条件是指完成某课题研究所必须具备的设备、仪器、测量工具以及必要的人力、财力、时间、图书资料、研究对象、有关部门的支持与配合等。[②] 有些选题尽管具有重要的理论价值和应用价值，但对于某些研究者来说，如果缺乏相应的研究条件，就不能被认为是恰当的选题。[③] 例如，欲探索学习障碍儿童阅读的眼动机制，若缺乏开展实验研究的眼动仪器，则无从下手。为此，研究者需结合自身的主、客观条件进行选题，尽可能地创造研究条件，充分发挥自身的优势。

四、特殊教育课题研究的选题论证

在确定课题研究的选题后，研究者还需对课题研究的价值、科学性、可行性以及

---

① 董奇：《心理与教育研究方法》(修订版)，62页，北京，北京师范大学出版社，2004。

② 董奇：《心理与教育研究方法》(修订版)，62页，北京，北京师范大学出版社，2004。

③ 董奇：《心理与教育研究方法》(修订版)，76页，北京，北京师范大学出版社，2004。

创造性等进行论证，广义的课题论证包括课题的论证与评审两个方面。其中，课题的论证是指研究者对拟研究课题的各个方面进行详细的说明；课题的评审是指有关专家、同行等相关专业人员对研究者所提交的课题进行再论证，即对课题研究的申报书等材料进行评审。①

（一）特殊教育课题的论证

1. 课题论证

申报课题之前，研究者需对课题研究的研究内容、基本观点、研究思路、研究方法、创新之处等方面的内容进行论证，以确保课题研究的质量。例如，国家社会科学基金项目课题论证需要申报者对以下几方面内容进行论证。(1)选题依据。国内外相关研究的学术史梳理及研究动态；本课题相对于已有研究的独到的学术价值和应用价值等。(2)研究内容。本课题的研究对象、总体框架、重点和难点、主要目标等。(3)思路方法。本课题研究的基本思路、具体研究方法、研究计划及其可行性等。(4)创新之处。在学术思想、学术观点、研究方法等方面的特色和创新。(5)预期成果。成果形式、使用去向及预期社会效益等。(6)研究基础。课题负责人前期相关研究成果、核心观点等。(7)参考文献。开展本课题研究的主要中外参考文献。

2. 课题申请书

课题申请书能提供拟研究课题和课题承担者的大量信息，既有研究者对课题目的、意义、研究内容、解决途径和方法、预期结果和已有工作条件等多方面情况的说明，又有研究者的学历、工作经验、专业、技术职务职称、过去承担的课题及完成情况、已取得的科研成果和工作成绩，以及课题组其他成员、研究者所在单位及其领导的评价等多方面的信息。②

例如，国家社会科学基金项目课题申请书包括以下几个内容。(1)数据表，主要提供课题的名称、关键词、项目类别、学科分类、研究类型等基本信息，课题负责人姓名，性别，民族，出生日期，行政职务，专业职称，研究专长，最后学历，最后学位，担任导师情况，所在省(自治区、直辖市)，所属系统，工作单位，联系电话，通信地址，邮政编码等基本信息，课题组成员的姓名、出生年月、专业、职称、学位、工作单位、研究专长等基本信息，推荐人的专业职称、工作单位等基本信息，以及预期完成的时间、成果和预算经费等。(2)课题设计论证，从选题依据、研究内容、思路方法、创新之处、预期成果、参考文献等方面对课题进行自我论证。(3)研究基础和条件

---

① 董奇：《心理与教育研究方法》(修订版)，76页，北京，北京师范大学出版社，2004。

② 董奇：《心理与教育研究方法》(修订版)，77页，北京，北京师范大学出版社，2004。

保障，包括课题负责人的主要学术简历、学术兼职，在相关研究领域的学术积累和贡献等(学术简历)；课题负责人前期相关研究成果、核心观点及社会评价等(研究基础)；负责人承担的各级各类科研项目情况，包括项目名称、资助机构、资助金额、结项情况、研究起止时间等(承担项目)；凡以各级各类项目或博士学位论文为基础申报的课题，须阐明已承担项目或学位论文与本课题的联系和区别(与已承担项目或博士论文的关系)；完成本课题研究的时间保证、资料设备等科研条件(条件保障)。(4)经费概算，包括经费使用的年度计划和各个项目的开支情况。(5)推荐人意见，即相关专家介绍课题负责人的专业水平、科研能力、科研态度和科研条件，说明该课题取得预期成果的可能性。(6)课题负责人所在单位审核意见。(7)各省(自治区、直辖市)，兵团社科规划办或在京委托管理机构审核意见。

(二)课题的评审

研究者完成课题论证，并将课题申请书送交至有关部门，有关部门组织相关专家对课题进行评审。一般情况下，评审专家依据选题、论证和研究基础等指标进行评审，考察研究者选题的学术价值或应用价值，对国内外研究状况的总体把握程度，研究内容、基本观点、研究思路、研究方法创新之处，课题负责人的研究积累和成果等。基于此，评审专家进行综合性的评价，即课题是否入选，并说明理由。

学校、研究机构级别的课题评审程序较为简单，研究者个人向系或研究室提交课题申请的相关材料，各系或研究机构组织学术委员会专家对课题进行评审，并向学校或研究机构等上级部门推荐一定数量并符合相关要求及标准的课题，学校或研究机构再组织校级学术委员会专家对被推选上来的课题进行评审，之后决定是否立项。

省级、国家级的课题评审程序较为复杂，一般要经过系、学校或研究机构、全省/全国有关专家进行三级、四级甚至五级等多级评审。课题申报通过学校或有关研究机构的评审并送交相关科研管理部门，科研管理部门通常采用通信评审的方法对众多课题进行评审，即将申请材料通过匿名的方式一式多份分别寄给相关专家，相关专家根据相关标准逐项评价，打分，提出意见，之后将评审结果寄回，再由资金资助机构对评审结果进行汇总，确定资助项目。①

---

① 董奇：《心理与教育研究方法》(修订版)，82页，北京，北京师范大学出版社，2004。

第三节 特殊教育课题研究的内容

一、特殊教育课题研究的选题依据

（一）研究目的

特殊教育的发展会对世界、国家或整个社会的发展产生深远的影响，进行课题研究是为了解决特殊教育发展过程中的问题。随着国家对特殊教育的重视，相关部门相继发布《特殊教育提升计划（2014—2016 年）》《第二期特殊教育提升计划（2017—2020 年）》《特殊教育教师专业标准（试行）》等，很多研究者也主要致力于解决国家发展特殊教育过程中存在的问题。例如，《第二期特殊教育提升计划（2017—2020 年）》明确规定"重点选择部分普通学校建立资源教室，配备专门从事残疾人教育的教师……其他招收残疾学生 5 人以上的普通学校也要逐步建立特殊教育资源教室"，但目前随班就读学校资源教室的建设与运行还存在很多问题，故有研究者以此为背景提出"普通学校资源教室建设与运作的现状及发展研究"课题。从宏观层面来看，特殊教育课题研究的目的是解决特殊教育发展过程中存在的问题。

高校、研究机构的学者，一线特殊教育学校的教师，以及其他从事特殊教育工作的研究者等在特殊教育理论与实践研究过程中也会遇到各种各样的问题。为了解决这些问题，研究者进行了具有针对性的研究。例如，有研究者为解决随班就读学校资源教室课程资源的开发与应用问题，提出"小学资源教室课程资源初步开发与应用"课题。从微观层面来看，特殊教育课题研究的目的是解决研究者个人在特殊教育理论与实践研究过程中遇到的各种问题。

总的来说，研究者进行特殊教育课题研究设计之前必须从宏观和微观层面进行思考，即思考进行该课题研究将达到一个怎样的目的。一方面，特殊教育课题选择需结合当前的时代背景以及国家和社会的发展需求，解决当前特殊教育发展过程中亟须解决的问题，满足当前形势对特殊教育发展的需求，促进特殊教育的健康发展。另一方面，特殊教育课题选择还需结合研究者个人理论和实践的研究经历，解决研究者自身工作过程中存在的问题，使研究者提高自己的专业能力。

(二)研究意义

研究问题的价值是确立选题的重要依据，制约着选题的根本方向和研究意义，一般从其理论价值和应用价值两个方面去判断。① 其中，理论价值是指研究问题对于相关领域的理论发展有所贡献，在理论上有新的突破，即看研究问题是否适合特殊教育学本身发展的需要，是否对提出、检验、修正和发展教育理论有所贡献，是否具有学术价值，在理论上有所突破和建树，或对相关理论有重要的补充和完善。应用价值是指研究问题对教育改革的实践具有指导作用，能解决实际教育问题，即看研究问题是否符合社会发展、特殊教育事业发展的需要，是否有助于人们认识和了解教育问题，是否有利于教育改革和提高教育质量。② 例如，课题"广西普通学校资源教室建设与运作的现状及发展研究"③的研究价值如下。

理论价值：分析随班就读学校资源教室建设与运作存在的问题并构建其促进模式，完善随班就读支持保障体系的理论研究。

应用价值：主要了解广西普通学校资源教室建设与运作的现状及发展情况，为各级教育行政部门开展切实有效的随班就读教育工作提供依据。

(三)文献综述

文献是科学研究的基础，贯穿科学研究的全过程，文献检索有利于研究者较为全面地了解研究领域的历史与现状、已取得的主要研究成果、存在的争议问题、研究的最新方向和趋势、被前人忽视的领域、对进一步研究工作的建议等，有助于进一步明确研究的问题与方向，明确研究的重点。④ 通过文献检索，研究者能够了解哪些研究已较为成熟，哪些研究还有待继续研究，避免重复性研究。课题研究的创新性也强调了文献检索的作用，毕竟创新也是需要具有一定的理论基础，且避免重复前人的研究才能实现的。此外，通过文献检索，研究者还可进一步论证课题研究的理论价值及理论基础的可行性。

文献综述不是对相关领域研究成果的简单罗列，而是对研究成果进行进一步的总结和评价，体现文献的"综"与"述"。对文献研究成果的总结是对相关研究领域研究过程、研究方法和研究成果的回顾、梳理、反思，一般包括研究结论与存在的问题等。⑤

---

① 陈向明：《教育研究方法》，28页，北京，教育科学出版社，2013。

② 陈向明：《教育研究方法》，28页，北京，教育科学出版社，2013。

③ 广西壮族自治区教育厅2019年度广西高校中青年教师科研基础能力提升项目"广西普通学校资源教室建设与运作的现状及发展研究"(课题批准号：2019KY0409)。

④ 陈向明：《教育研究方法》，37页，北京，教育科学出版社，2013。

⑤ 陈向明：《教育研究方法》，51页，北京，教育科学出版社，2013。

但是，研究者往往只注重对文献进行总结而忽视对文献进行述评。在课题研究过程中，研究者应在总结前人研究的基础上结合自己的选题进行有针对性的评价。例如，国内外关于特殊教育学校教师专业素质结构的研究及其成果很多，在罗列并总结前人研究的基础上，研究者可以指出目前被广泛接受的观点，提出目前研究存在的问题，结合自己的选题，进行有针对性的评述(具体例子如下)。

……

综上所述，已有研究成果卓有成效地解释了促进教师专业化水平、提升特教质量是根本理念和行为逻辑，是特殊教育发展中的重要问题和现实需要。但是，国内近年来的研究仍基于传统隔离式特殊教育背景，现有研究仍存在概念内涵混淆化、研究视角群体化、研究方法单一化、研究范式模仿化等局限性。①

一般情况下，文献综述需对国内外相关领域的研究成果进行梳理。与西方发达国家相比，国内特殊教育发展起步较晚，各个领域都还有很多进步与发展的空间，需要不断借鉴发达地区的先进理念与宝贵经验。所以，对于特殊教育领域的研究来说，进行国外研究成果的综述也很有必要，但这往往被研究者忽视。研究者应借鉴国外特殊教育研究成果，结合中国国情，开展本土化研究。例如，如何调整随班就读的课程与教学？美国提出了“学习通用设计”理论，国内学者可借鉴其研究成果，并结合国情开展本土化研究与实践。②③

二、特殊教育课题研究的研究内容

(一)研究目标

研究目标是课题研究的导向。研究课题确定之后，研究者需考虑如何设计研究的具体方案。在进行研究设计之前，研究者需明确研究目标。在课题研究过程中，研究目标将直接影响着研究对象的选取、研究方法的采用以及研究资料的分析等。④ 因此，研究者在进行特殊教育课题研究之前需充分考虑课题研究的总体目标，即通过课题研究将获得哪些成果。

---

① 国家社会科学“十二五”规划2015年度教育学青年课题“融合教育背景下特殊教育学校教师专业发展的内容和途径：基于教师角色变革的视角”(课题批准号：CHA150176)。

② 颜廷睿、关文军、邓猛：《融合课堂中差异教学与学习通用设计的比较分析》，载《中国特殊教育》，2015(2)。

③ 颜廷睿、邓猛：《全纳课堂中的学习通用设计及其反思》，载《中国特殊教育》，2014(1)。

④ 董奇：《心理与教育研究方法》(修订版)，105页，北京，北京师范大学出版社，2004。

课题研究的目标主要有以下几种类型。(1)了解现状。该类型的目标是，研究者通过文献综述、问卷调查、访谈、观察、实验等方式，了解某一方面特殊教育问题的现状。例如，研究者通过科学知识图谱可视化分析的方式，了解“2010—2014 年国际学界孤独症儿童早期干预研究热点”的情况①；通过调查研究的方式，了解特殊教育教师职业认同感与离职意向的情况②；通过观察法，了解听障学校语文课堂教学师生言语行为的互动情况③；通过实验研究的方式，了解“编码方式与指拼特征在听障学生手语词加工中的作用”④。(2)剖析原因或分析影响因素。在了解现状的基础上，研究者根据一定的理论基础剖析出现问题的深层次原因。例如，在“听障学校语文课堂教学师生言语行为互动情况”的研究中，研究者发现“教师的言语行为以讲授/指示性语言为主，课堂教学以教师为主导”，其主要原因可能是“受限于学生的认知水平”⑤。(3)改善策略。结合现状及相关问题的原因分析，研究者在一定理论基础上提出相应的改善策略。有些较为系统的课题研究还通过行动研究或其他研究形式来验证这些策略或措施的有效性。

(二)研究对象

确定研究目标之后，研究者还要明确具体的研究对象。选择研究对象，要充分考虑课题对研究对象代表性和典型性的要求，以保证研究结果可以说明一个地区某一类情境或现象的一般规律，以使研究结果具有普遍的指导意义；还要充分考虑课题对研究对象数量的要求，既保证样本的代表性又保证课题研究的可能性与经济性。⑥

研究对象的抽样主要有两种方法，即随机抽样与目的抽样。随机抽样包括简单随机抽样、系统随机抽样、分层随机抽样、整群随机抽样和多段随机抽样等，研究者可根据研究目标及条件灵活选择适当的抽样方法，选择有代表性的研究对象，保证研究结果的有效性。随机抽样主要用于较大样本研究对象的选取，一般用于问卷调查、实验研究中。目的抽样是指抽取那些能够为课题研究提供最大信息的对象⑦，一般用于质

① 唐佳益、王雁：《2010—2014 年国际学界自闭症儿童早期干预研究热点——基于科学知识图谱的可视化分析》，载《中国特殊教育》，2016(5)。

② 唐佳益、王雁：《特殊教育教师职业认同感与离职意向：工作满足感的中介作用》，载《中国特殊教育》，2019(2)。

③ 黄钟河、朱楠：《聋校语文课堂教学师生言语行为互动研究——基于弗兰德斯互动分析系统》，载《中国特殊教育》，2019(3)。

④ 贾玲、雷江华、宫慧娜等：《编码方式与指拼特征在聋生手语词加工中的作用研究》，载《心理科学》，2018，41(5)。

⑤ 黄钟河、朱楠：《聋校语文课堂教学师生言语行为互动研究——基于弗兰德斯互动分析系统》，载《中国特殊教育》，2019(3)。

⑥ 董奇：《心理与教育研究方法》(修订版)，106 页，北京，北京师范大学出版社，2004。

⑦ 杜晓新、宋永宁：《特殊教育研究方法》(第二版)，154 页，北京，北京大学出版社，2015。

性研究与单一被试实验研究中。

（三）研究具体内容

确定课题的研究内容就是不断将研究目标细化和条理化。其中，细化是指研究者在选定研究题目之后，需要不断地琢磨研究题目，界定关键词，缩小研究范围，使研究内容越来越具体，越来越清晰；条理化是指研究者要将问题分解为若干部分，列出层次结构图，思考各部分的具体内容以及它们之间的相互关系。①

首先，研究者需对课题研究的核心概念进行界定。② 例如，题为"基于功能性行为评估的智力障碍儿童课堂问题行为的个案研究"的课题包含"功能性行为评估""智力障碍儿童""课堂问题行为"等几个核心概念，对"功能性行为评估"概念的界定有利于明确该项实验研究的评估与干预方法，对"智力障碍儿童"概念的界定关系到研究对象的选择标准，而对"课堂问题行为"概念的界定则会影响到该实验研究的范围。③ 所以，研究者必须明确研究问题的核心概念。

其次，研究者还需要将研究内容逐级分解，分解得越具体，研究目标就越明确，也越容易开展研究。④ 例如，题为"广西普通学校资源教室建设与运作的现状及发展研究"⑤的课题可分解为"随班就读学校资源教室建设与运作现状诊断""随班就读学校资源教室建设存在的问题分析""构建随班就读学校资源教室建设的促进模式""验证随班就读学校资源教室建设促进模式的实施效果"四个小内容，再分别对各个小内容展开研究。

最后，研究者可根据逐级分解出的研究内容制定出相应的组织结构图，组织结构图能够清晰地表明各个研究内容之间的逻辑关系，从而为研究的实施指明路径。⑥ 例如，题为"地方本科高校融合教育'复合型'人才培养的实践研究"⑦的课题，其研究技术路线图如图 13-1 所示。

---

① 杜晓新、宋永宁：《特殊教育研究方法》(第二版)，4 页，北京，北京大学出版社，2015。

② 杜晓新、宋永宁：《特殊教育研究方法》(第二版)，214 页，北京，北京大学出版社，2015。

③ 朱楠、张英：《基于功能性行为评估的智力障碍儿童课堂问题行为的个案研究》，载《中国特殊教育》，2014(10)。

④ 杜晓新、宋永宁：《特殊教育研究方法》(第二版)，214 页，北京，北京大学出版社，2015。

⑤ 广西壮族自治区教育厅 2019 年度广西高校中青年教师科研基础能力提升项目"广西普通学校资源教室建设与运作的现状及发展研究"(课题批准号：2019KY0409)。

⑥ 杜晓新、宋永宁：《特殊教育研究方法》(第二版)，214 页，北京，北京大学出版社，2015。

⑦ 南宁师范大学 2019 年度教学改革立项项目"地方本科高校融合教育'复合型'人才培养的实践研究"(课题批准号：2019JGX009)。

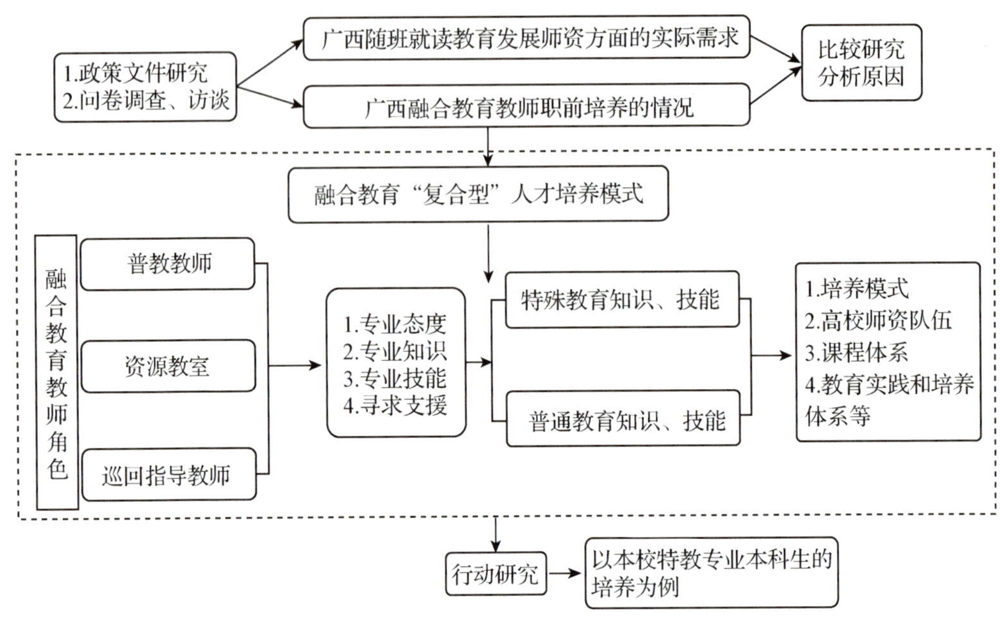

图 13-1　研究技术路线图(示例)

(四)研究重点和难点

在进行课题研究设计的过程中，研究者应明确课题研究的重点和难点。课题研究的重点是指在课题研究过程中需要重点完成的目标，而难点是指在当前条件下实现目标还存在一定难度。明确课题研究的重点和难点，有利于研究者集中力量完成课题的重要目标，克服课题研究的难点，提高课题研究的效率，保障课题研究的成果。

一般情况下，一个课题包含几个更为具体、更加细化的研究目标，研究者需要明确哪些目标需要重点解决，实现哪些目标还有难度，具体案例如下。①

研究目标：在融合教育背景下，基于特殊教育学校教师“多重”角色变革的要求，系统深入地探讨融合教育生态环境下特殊教育学校教师专业结构的重构和专业发展动态过程的阶段性特征，构建一套适合不同角色、不同专业发展阶段的特殊教育学校教师的专业发展的促进模式，为特殊教育学校教师内在专业结构的不断丰富和完善提供强有力的支持。

研究重点：本研究的重点在于对不同角色类型的特殊教育学校教师专业发展内容的研究以及对促进教师专业发展的路径的探讨。

研究难点：首先，如何处理好不同角色定位、不同发展阶段的特殊教育学校教师

① 国家社会科学“十二五”规划 2015 年度教育学青年课题“融合教育背景下特殊教育学校教师专业发展的内容和途径：基于教师角色变革的视角”(课题批准号：CHA150176)。

专业发展内容的一般性和特殊性问题。其次，融合教育政策的推行改变了教师专业发展的外部环境，教师专业发展理论的“后现代化转向”使得教师专业发展机制的探究更加关注教师自身因素。最后，如何突破特殊教育学校教师专业发展促进方式研究中重“群体培训”轻“个体自主性”、重“群体发展”轻“个体发展”的局限，探索积极有效促进我国特殊教育学校教师专业发展的路径。

三、特殊教育课题研究的思路与方法

（一）研究思路

在进行课题研究设计过程中，研究者需明确自己的研究思路，即明确研究的主要步骤。一般情况下，研究者往往采用提出问题、分析问题、解决问题的一般研究范式开展研究。具体案例如下。[①]

提出问题：随班就读教育发展师资方面的实际需求，融合教育教师职前培养的情况。分析问题：比较融合教育教师职前培养与随班就读教育发展实际需求的差异并系统分析其深层次原因。

解决问题：以某师范大学特殊教育专业本科生的培养为例，探索并验证地方本科高校融合教育“复合型”人才培养的实践模式，提高随班就读教育教师的专业素养，满足区域随班就读教育的发展需求，从而提升随班就读教育的工作质量。

（二）研究方法

特殊教育工作者在特殊教育教学实践过程中经常遇到各种各样的特殊教育现象或问题。要提高特殊教育质量，他们需不断探究特殊教育发展的内在规律，并使之上升为相应的特殊教育理论，之后再通过这些理论来解决特殊教育发展过程中的问题，促进特殊教育的发展。要达到这一目标就离不开特殊教育的相关研究，而要使特殊教育研究取得一定的成效就需要掌握正确的特殊教育研究方法。[②] 由于特殊教育对象的复杂性，相比于普通教育，特殊教育研究方法存在一定特殊性。

1. 特殊教育课题研究方法的多样性与综合性

特殊教育课题研究方法的多样性是指特殊教育课题研究方法的种类很多，研究者可以根据自身课题的实际情况进行选择。在特殊教育领域，课题研究常用的研究方法

---

① 南宁师范大学2019年度教学改革立项项目“地方本科高校融合教育‘复合型’人才培养的实践研究”（课题批准号：2019JGX009）。

② 杜晓新、宋永宁：《特殊教育研究方法》（第二版），1页，北京，北京大学出版社，2015。

有文献研究、实验研究、单一被试实验研究、问卷调查、访谈法、观察法以及行动研究等几种类型。目前，特殊教育研究者倾向于选择实验研究、单一被试实验研究、问卷调查等量化的研究方法开展相关特殊教育研究。近年来，有些研究者结合特殊教育对象的特点，认为特殊教育对象很难满足统计检验对样本容量的需求，且在特殊教育研究中很难找到同质的被试①，故推崇单一被试实验研究②③④。而有些研究者则提出，在特殊教育研究中应纳入与建构人文主义情怀，在进一步规范逻辑验证性质的量化研究的过程中加强对归纳探索性质的质性研究范式的探索与应用。⑤

特殊教育课题研究方法的综合性是指特殊教育课题研究同时采用多种研究方法进行研究，这也是当前特殊教育课题研究方法的选择趋势。每个研究方法都有其自身的局限性，综合性的研究方法有利于综合各项研究方法的优势，达到最佳的课题研究目的。可见，综合性的研究方法对开展特殊教育课题研究来说是非常必要的，多种研究方法的结合更能实现课题研究的目标。例如，先对选题进行国内外研究现状、水平和发展趋势的分析，即做文献综述，以形成较为扎实的课题理论研究基础；在此基础上，研究者先通过问卷调查的方式了解研究问题的整体情况，再根据问卷调查的结果进行深度访谈，了解相关问题的深层次原因。目前，有些研究者也提出使用混合研究方法开展特殊教育研究。⑥

2. 特殊教育课题研究方法

目前，实验研究、单一被试实验研究、问卷调查、访谈法、观察法、文本分析几种研究方法在特殊教育研究中经常被采用。⑦ 在实际的特殊教育课题研究中，研究者往往同时使用多种研究方法，而不是单独使用某种研究方法。下文将对这几种方法进行简单的介绍。

其一，实验研究。实验研究通过控制相关实验条件来探讨自变量与因变量之间的关系。实验研究能够根据客观的实验数据来探讨数个变量之间的关系，是一种量化的研究方式，其研究结果更为客观与科学。在特殊教育研究中，实验研究是研究者常使用的研究方法之一，具有重要的地位。但实验研究的难度较大，要求研究者有一定的量化研究经验，熟悉实验操作和实验材料，这对研究者来说是较大的挑战。

其二，单一被试实验研究。单一被试实验研究是以一个或几个被试为研究对象，通过相关实验设计来研究干预是否有效的一种研究方法。该方法特别适用于相互之间具有较大差

---

① 杜晓新、宋永宁：《特殊教育研究方法》(第二版)，106页，北京，北京大学出版社，2015。

② 韦小满、杨希洁：《单一被试研究法在我国特殊教育研究中应用的回顾与前瞻》，载《中国特殊教育》，2018(7)。

③ 曹漱芹、李鹏：《单一被试研究在我国特殊教育研究中的应用现状、问题及对策》，载《中国特殊教育》，2017(4)。

④ 杜晓新：《单一被试实验法在特殊教育研究中的应用》，载《中国特殊教育》，2001(1)。

⑤ 邓猛、苏慧：《质的研究范式与特殊教育研究：基于方法论的反思与倡议》，载《中国特殊教育》，2011(10)。

⑥ 邓猛、潘剑芳：《论教育研究中的混合方法设计》，载《教育研究与实验》，2002(3)。

⑦ 杜晓新、宋永宁：《特殊教育研究方法》(第二版)，6页，北京，北京大学出版社，2015。

异的个体，能弥补传统研究方法在特殊教育研究中的局限，具有很高的应用价值。[①] 近年来，单一被试实验研究在特殊教育研究中逐渐得到重视，如有研究者通过单一被试实验研究的方式来探讨图片交换沟通系统对孤独症儿童需求表达及攻击行为的影响。[②] 同实验研究一样，单一被试实验研究的难度也较大，对研究者来说也具有一定的挑战性。

其三，问卷调查。问卷调查是研究者先把要研究的主题分为详细的纲目，拟成简单易答的一系列问题，编制成标准化或非标准化的问卷，然后根据收回的问卷对调查数据或资料进行定性或定量分析，从而得出结论的研究方法。[③] 近年来，特殊教育研究者通常使用问卷调查多个变量的现状及变量之间的关系，使用更为复杂的问卷数据分析方法，如回归分析或结构方程模型分析等。在特殊教育领域中，采用问卷调查可以在较短的时间内收集到大量的数据资料，难度相对小一些，故它的使用率非常高。

其四，访谈法。访谈法通常是两个人(有时包括更多的人)进行有目的的谈话，由研究者引导，收集研究对象的语言资料，从而了解研究对象当前所思所想和情绪变化、曾经发生的事情及其背后所蕴含的意义的研究方法。[④] 随着质性研究在特殊教育研究中逐渐得到重视，有些研究者也开始使用访谈法开展相关课题研究，且其研究方法也越来越规范化。例如，有研究者通过访谈法来了解一位特殊教育学校校长的专业成长历程，总结出了优秀特殊教育学校校长的专业成长路径。[⑤] 与问卷调查相比，访谈法较为灵活，且可以对某些研究问题进行追问，有利于挖掘出更为深层的原因。近年来，该研究方法也逐渐得到了研究者的青睐。

其五，观察法。科学研究中的观察是指研究者有目的、有计划的一种观察活动，是观察者运用自己的感觉器官或借助科学仪器，能动地对自然或社会现象进行感知和描述，从而获得有意义的事实材料的一种方法。[⑥] 例如，有研究者利用观察法研究盲校课堂教学中师生言语行为的互动情况。[⑦]

其六，文本分析。研究者对文字资料(如文件、教科书、成绩单、课堂笔记、日记等)，影像资料(如照片、录像、录音等)，相关记录(如信件、作息时间表、作业、个人传记)，历史文献等进行分析，并总结出相应的规律。[⑧] 例如，有研究者对北上广资

---

① 杜晓新、宋永宁：《特殊教育研究方法》(第二版)，106页，北京，北京大学出版社，2015。

② 胡晓毅、范文静：《运用图片交换沟通系统改善自闭症儿童需求表达及攻击行为的个案研究》，载《中国特殊教育》，2014(10)。

③ 杜晓新、宋永宁：《特殊教育研究方法》(第二版)，200页，北京，北京大学出版社，2015。

④ 杜晓新、宋永宁：《特殊教育研究方法》(第二版)，161页，北京，北京大学出版社，2015。

⑤ 王辉、汪斯斯、王雁：《特殊教育学校校长专业成长的个案研究》，载《中国特殊教育》，2016(11)。

⑥ 杜晓新、宋永宁：《特殊教育研究方法》(第二版)，156页，北京，北京大学出版社，2015。

⑦ 朱涵、郭卿、刘飞等：《盲校数学优质课堂师生言语行为互动的案例研究——基于改进型弗兰德斯互动分析系统(iFIAS)》，载《中国特殊教育》，2018(7)。

⑧ 杜晓新、宋永宁：《特殊教育研究方法》(第二版)，166页，北京，北京大学出版社，2015。

源教室的政策进行了比较。①

(三)研究计划

在课题研究设计过程中，研究者需明确课题研究的周期(一般为1～3年)，并安排好各个时间段的研究任务。一般情况下，研究计划主要包括以下几个环节：第一，文献综述、理论研究；第二，制订研究计划；第三，实施研究；第四，研究总结、研究报告的撰写等。研究者根据自身课题研究的实际情况，合理分配完成各个阶段任务的时间。研究计划一般采用以下两种方式来呈现：一是通过文字的形式具体描述各个阶段的研究任务；二是通过图文结合的方式呈现各个阶段的研究任务。研究者根据课题申报书的要求及自身的偏好选择相应的呈现方式。具体案例如下。②

文字呈现：

2019年1月至3月　文献综述、理论研究。

2019年4月至6月　制订研究计划，初步调研，拟定调查问卷与访谈提纲。

2019年7月至12月　实证研究：问卷调查、个案访谈。

2020年1月至3月　数据、资料整理，提出解决问题的策略。

2020年4月至12月　行动研究：开发或修订—建立—实施—评估，“评价—实施—再评价”。

2021年1月至6月　研究总结、研究报告的撰写。

图文结合呈现：

阶段	研究任务	年度									
		2019				2020				2021	
		季度									
		1	2	3	4	1	2	3	4	1	2
第一阶段	文献综述、理论研究										
第二阶段	制订研究计划，初步调研，拟定调查问卷与访谈提纲										
第三阶段	实证研究：问卷调查、个案访谈										
第四阶段	数据、资料整理，提出解决问题的策略										

① 奎媛、雷江华：《北上广资源教室政策的比较与启示》，载《中国特殊教育》，2016(12)。

② 广西壮族自治区教育厅2019年度广西高校中青年教师科研基础能力提升项目“广西普通学校资源教室建设与运作的现状及发展研究”(课题批准号：2019KY0409)。

续表

阶段	研究任务	年度									
		2019				2020				2021	
		季度									
		1	2	3	4	1	2	3	4	1	2
第五阶段	行动研究：开发或修订—建立—实施—评估，“评价—实施—再评价”										
第六阶段	研究总结、研究报告的撰写										

（四）研究的可行性

在进行课题研究设计过程中，研究者还需对课题研究的可行性进行分析，以及介绍完成课题研究的信心。一般情况下，研究者从以下几个方面对课题研究的可行性进行分析。

其一，课题研究问题得到国际/国家层面的关注或支持情况。从宏观层面来看，某个课题研究的选题是否得到了国家甚至国际层面的关注？是否有法律、法规及相关政策的支持？例如，党的十九大报告、《特殊教育提升计划(2014—2016 年)》《第二期特殊教育提升计划(2017—2020 年)》等都关注随班就读教育质量问题，这就为研究者开展随班就读教育相关课题研究提供了政策支持。

其二，理论准备。若研究者具备相关研究的知识背景，掌握相关研究的整体状况，形成了较为扎实的理论体系，这就为课题的有效开展提供了必要的理论基础。

其三，实践准备。在开展课题研究之前，研究者已做过一些相关研究，可为进行该课题研究提供实践依据。例如，研究者在开展“地方本科高校融合教育‘复合型’人才培养的实践研究”课题研究之前，先向部分一线随班就读学校教师了解目前随班就读学校对融合教育人才的需求，大致了解研究的方向以保证研究的可行性。

其四，物质准备。课题研究需要一定的物质条件，包括课题研究的相关设备或资料费、被试费、专家指导费、劳务费、差旅费等。课题研究所需的物质条件是否有保障？

其五，研究对象。在特殊教育领域，由于研究对象的多样性与复杂性，研究者在进行课题研究之前需明确研究对象，即研究对象是谁？研究对象的数量是多少？研究对象如何选取？研究对象的当事人或家长是否同意参与研究？

其六，研究团队。课题研究一般需要组建一个课题团队，这个课题团队该如何组建？如何组建才能发挥团队的最大效益？

其七，研究方案。课题的研究思路、目标、内容、方法、对象等是否清晰？实验方案是否明确？是否有利于有条不紊地开展研究？

四、特殊教育课题研究的研究基础

对课题研究而言，越高级别的课题研究，则越注重课题前期的研究基础。扎实的研究基础不仅体现了研究者对相关问题的思考及研究准备，也体现了研究者相应的研究能力。一般情况下，研究基础包括课题负责人前期研究成果、核心观点等内容。课题负责人前期研究成果一般包括曾主持或主要负责的相关课题，相关内容的著作、论文、咨询报告等。研究者根据课题申报要求，提供前期研究成果的相关信息，并将前期研究成果作为课题研究的研究基础。

五、特殊教育课题研究的创新点

在课题研究的设计论证过程中，研究者要明确课题研究的创新点，这也是课题研究选题具有创造性的有效体现。一般情况下，研究者主要从以下几点去论证相关课题的创新点。

其一，学术思想创新。课题研究的视角、理论基础具有创新性。在研究视角方面，研究者能够在前人研究的基础上另辟蹊径，以一个不同于前人的视角展开研究。例如，有研究者基于我国特殊教育改革发展的时代背景，克服过去研究中将“特校教师”定位于“教书匠”这一单一角色的局限，基于融合教育背景下特校教师“多重角色”和“复合型”能力要求的新视角，将研究重点聚焦于不同角色定位的特校教师专业发展的机制及模式，进而提出更适于当前时代背景和发展要求的特校教师专业发展促进路径。① 在理论基础方面，研究者能够结合时代发展背景，以最新或最先进的学术思想指导课题研究。例如，以前对孤独症儿童的干预更多强调的是应用行为分析理念，而目前对孤独症儿童的研究多基于积极行为支持理念，研究者可从积极行为支持的角度立意，开展相关课题研究。

其二，学术观点创新。学术观点创新，可以理解为课题研究内容方面的创新。从这一点来说，研究者课题研究的内容不应重复前人的研究内容，而应基于前人的研究结果创造性地发展前人的研究成果，完善前人的研究成果。例如，对于特殊教育学校教师专业发展的探讨，传统研究局限于专业发展现状的“描述式”研究和静态分析，但

---

① 国家社会科学“十二五”规划2015年度教育学青年课题“融合教育背景下特殊教育学校教师专业发展的内容和途径：基于教师角色变革的视角”(课题批准号：CHA150176)。

有的课题研究基于对特殊教育学校教师的专业发展动态过程的阶段性特征的探讨，并将教师自身专业发展的需要和意识作为一个独立的影响因素进行考察，探讨了专业发展阶段间的发展动力，全面探究了特殊教育学校教师的专业发展机制；相较于传统研究只关注职后培训这一专业发展途径，该课题研究整合了重视“群体发展”的职后培训和关注“个体发展”的教师自主专业发展模式，尝试构建一套有效的、适于不同角色、不同发展阶段的特校教师专业发展路径。①

其三，研究方法创新。目前，多数课题研究都已采用两种以上的研究方法，使研究过程更加系统和科学。例如，课题研究采用文献研究与调查研究相结合、定量研究与定性研究相相合、个案研究与行动研究相结合的方法。此外，特殊教育是一门新兴的学科，其研究方法仍需借鉴国外相关问题的研究方法，或者借鉴其他学科的研究方法。例如，有研究者在研究听障学校语文课堂教学师生言语行为互动情况②、听障学校数学优质课堂师生言语行为互动情况③等的过程中，都借鉴了国外“费兰德斯互动分析系统”，也借鉴了国内普通教育领域相关问题的研究方法。

六、特殊教育课题研究的成果

(一)成果形式

课题研究成果是课题研究目标实现的主要形式，也是课题结题所需要的核心材料。在社会科学领域，课题研究成果主要有以下几种形式。其一，期刊论文。在课题研究过程中，研究者针对与课题相关的某一问题进行研究，形成科研论文。其二，学术专著。在课题研究过程中，研究者对研究问题进行系统的研究，形成学术专著。其三，咨询报告。在课题研究过程中，研究者根据课题的研究结果整理出相应的咨询报告。其四，研究报告。研究者根据课题的研究结果整理出相应的研究报告。

(二)使用去向及预期社会效益

课题研究的最终目的是将理论研究成果运用于教育科学研究实践活动中，并产生一定社会效应。为此，研究者应认真对待课题研究，并努力推广课题研究成果。结合

---

① 国家社会科学“十二五”规划2015年度教育学青年课题“融合教育背景下特殊教育学校教师专业发展的内容和途径：基于教师角色变革的视角”(课题批准号：CHA150176)。

② 黄钟河、朱楠：《聋校语文课堂教学师生言语行为互动研究——基于弗兰德斯互动分析系统》，载《中国特殊教育》，2019(3)。

③ 朱涵、郭卿、刘飞等：《盲校数学优质课堂师生言语行为互动的案例研究——基于改进型弗兰德斯互动分析系统(iFIAS)》，载《中国特殊教育》，2018(7)。

成果形式，推广课题研究成果主要有以下几种形式。第一，发表期刊论文。在课题研究过程中，研究者针对与课题相关的某一问题进行研究，形成科研论文并得以发表，产生一定的学术影响力。第二，出版学术专著。在课题研究过程中，研究者对研究问题进行系统的研究，形成学术专著并得以发表，产生一定的学术影响力。第三，提交咨询报告。在课题研究过程中，研究者根据课题的研究结果整理出相应的咨询报告，提交给有关部门并得到采纳，使它作为有关部门制定相应政策文件的有力证据。第四，发表或提交研究报告。研究者根据课题的研究结果整理出相应的研究报告，向相关期刊投稿发表，在相关会议中报告，或提交给有关部门。

(三)成果质量问题

目前，课题研究成果的质量仍存在很多问题。研究发现，课题研究成果对数量的要求有所减少而对质量的要求有所提高，但在这种情况下仍存在着按时完成率低、质量不过关及表达不规范等问题。[①] 从全国教育科学规划课题成果鉴定情况来看，碎片化、不聚焦、创新不足和低水平重复等现象明显，突出表现为概念范畴模糊，理论深度欠缺，研究偏离主题，逻辑结构混乱，研究方法不当，调查研究不足，数据资料陈旧，引用文献失范，以及对策建议不实。[②] 因此，研究者既要积极申报课题，也应提高课题研究意识，提高课题研究质量，保障课题研究成果，提高教育科研课题成果的质量和效益。

本章小结

进行特殊教育课题研究，研究者首先要对特殊教育课题有明确的认识。研究者要了解研究问题的概念及特征，以及课题研究的类型。课题研究如何选题是研究者需要着重考虑的。特殊教育课题研究的选题来源于特殊教育实践中的研究问题、特殊教育理论中的研究问题、学科深化和转型中的研究问题、特殊教育社会热点中的研究问题。研究者要认识到特殊教育课题研究选题存在的问题，在选题时依据特殊教育课题研究的选题原则进行选择，并对选题进行论证。特殊教育课题的内容包括选题依据、研究内容、研究思路、研究基础、研究成果。研究者对研究目标、研究对象、研究具体内容、研究重点和难点有准确的理解，是课题研究过程顺利开展的理论基础和重要保障。

---

① 曾天山、丁杰、张彩云：《从战略高度提升教育研究质量——基于2010年全国教育科学规划课题成果鉴定的实证分析》，载《教育研究》，2011，32(7)。

② 刘贵华、孟照海：《教育科研课题成果质量的九个问题》，载《教育研究》，2015，36(9)。

复习思考题

一、单项选择题

1. 科学研究从问题开始，特殊教育课题研究问题的特征不包括(　　)。

A. 可知性　　B. 可操作性

C. 可行性　　D. 可解答性

2. 研究者从特殊教育发展过程中的实际问题进行选题，应遵循的课题研究的选题原则是(　　)。

A. 课题研究的选题应具有价值性

B. 课题研究的选题应具有创造性

C. 课题研究的选题应具有科学性

D. 课题研究的选题应具有可行性

3. 长期以来，人类对残疾人的研究以“心理—医学”为特点，关注残疾人的病理学根源、行为特点以及矫正补偿的方法，形成了特殊教育研究的实证主义风格与传统，重视发展客观测量工具(如智力量表等)来诊断残疾或障碍类型与程度，并据此发展相应的治疗方法以及具有医学特点的干预或训练手段。这体现了特殊教育课题研究选题存在的(　　)问题。

A. 综合性的课题研究较少　　B. 积累性、系统性和连续性差

C. 缺乏宏观调控　　D. 以实证主义为主

二、简答题

1. 简述研究问题的特征。

2. 从研究性质的角度来看，特殊教育课题研究的类型有哪些?

3. 简述特殊教育课题研究选题存在的问题。

三、论述题

1. 特殊教育课题研究的选题来源有哪些?

2. 试述特殊教育课题研究的选题原则。

3. 试述特殊教育课题的研究内容。

本章阅读书目

1. 杜晓新，宋永宁．特殊教育研究方法.2版．北京：北京大学出版社，2015.

2. 董奇．心理与教育研究方法．修订版．北京：北京师范大学出版

社，2004.

在线学习资源

1. 全国教育科学规划领导小组办公室，http：//onsgep. moe. edu. cn/edoas2/website7/index. jsp。

2. 全国哲学社会科学工作办公室，http：//www. nopss. gov. cn。

主要参考文献

[1]曹漱芹，李鹏．单一被试研究在我国特殊教育研究中的应用现状、问题及对策[J]. 中国特殊教育，2017(4).

[2]曾天山，丁杰，张彩云．从战略高度提升教育研究质量——基于 2010 年全国教育科学规划课题成果鉴定的实证分析[J]. 教育研究，2011，32(7).

[3]陈向明．教育研究方法[M]. 北京：教育科学出版社，2013.

[4]邓猛，苏慧．质的研究范式与特殊教育研究：基于方法论的反思与倡议[J]. 中国特殊教育，2011(10).

[5]邓猛，潘剑芳．论教育研究中的混合方法设计[J]. 教育研究与实验，2002(3).

[6]董奇．心理与教育研究方法[M]. 修订版．北京：北京师范大学出版社，2004.

[7]杜晓新．单一被试实验法在特殊教育研究中的应用[J]. 中国特殊教育，2001(1).

[8]杜晓新，宋永宁．特殊教育研究方法[M]. 2 版．北京：北京大学出版社，2015.

[9]胡晓毅，范文静．运用图片交换沟通系统改善自闭症儿童需求表达及攻击行为的个案研究[J]. 中国特殊教育，2014(10).

[10]黄钟河，朱楠．聋校语文课堂教学师生言语行为互动研究——基于弗兰德斯互动分析系统[J]. 中国特殊教育，2019(3).

[11]贾玲，雷江华，宫慧娜，等．编码方式与指拼特征在聋生手语词加工中的作用研究[J]. 心理科学，2018，41(5).

[12]刘贵华，孟照海．教育科研课题成果质量的九个问题[J]. 教育研究，2015，36(9).

[13]奎媛，雷江华．北上广资源教室政策的比较与启示[J]. 中国特殊教

育，2016(12).

[14]唐佳益，王雁.2010—2014 年国际学界自闭症儿童早期干预研究热点——基于科学知识图谱的可视化分析[J]. 中国特殊教育，2016(5).

[15]唐佳益，王雁. 特殊教育教师职业认同感与离职意向：工作满足感的中介作用[J]. 中国特殊教育，2019(2).

[16]王辉，汪斯斯，王雁. 特殊教育学校校长专业成长的个案研究[J]. 中国特殊教育，2016(11).

[17]韦小满，杨希洁. 单一被试研究法在我国特殊教育研究中应用的回顾与前瞻[J]. 中国特殊教育，2018(7).

[18]颜廷睿，邓猛. 全纳课堂中的学习通用设计及其反思[J]. 中国特殊教育，2014(1).

[19]颜廷睿，关文军，邓猛. 融合教育质量评估的理论探讨与框架建构[J]. 中国特殊教育，2016(9).

[20]颜廷睿，关文军，邓猛. 融合课堂中差异教学与学习通用设计的比较分析[J]. 中国特殊教育，2015(2).

[21]朱涵，郭卿，刘飞，等. 盲校数学优质课堂师生言语行为互动的案例研究——基于改进型弗兰德斯互动分析系统(iFIAS)[J]. 中国特殊教育，2018(7).

[22]朱楠，黄钟河. 我国特殊教育领域眼动研究综述[J]. 中国特殊教育，2016(9).

[23]朱楠，彭盼盼，邹荣. 特殊儿童家庭社会经济地位、社会支持对亲子关系的影响[J]. 中国特殊教育，2015(9).

[24]朱楠，张英. 基于功能性行为评估的智力障碍儿童课堂问题行为的个案研究[J]. 中国特殊教育，2014(10).

第十四章

特殊教育课题研究过程

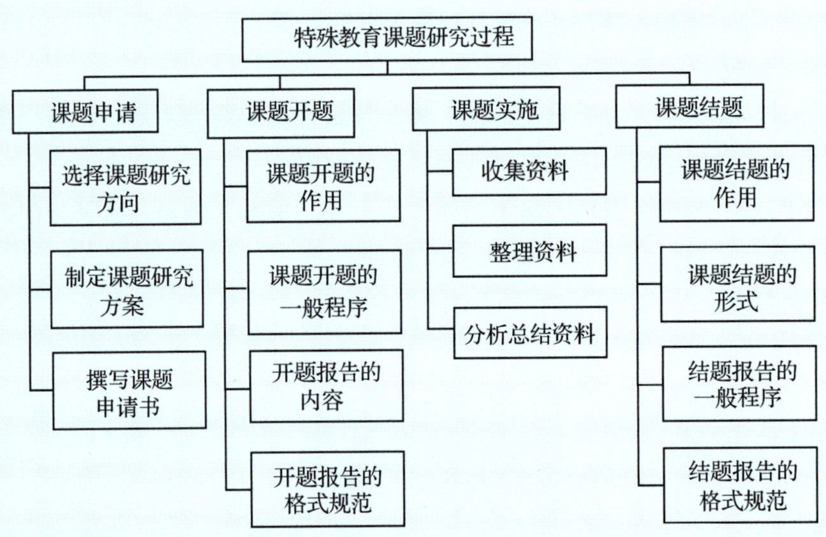

导　读

特殊教育课题研究过程是将特殊教育课题研究付诸实践的过程。本章探讨的从课题申请、课题开题、课题实施到课题结题的特殊教育课题研究过程，是每一个完整的课题研究所必须经历的程序。学习本章内容，必须熟练掌握选择课题研究方向，设计课题研究方案和撰写课题申请书，叙写开题报告及召开开题报告会，收集、整理、分析和总结研究资料，以及课题结题的方法。研究者要进行课题研究，不仅要掌握本章主要内容，也应活学活用，将所学内容运用到课题研究的实践中去。学完本章，你应该能做到：(1)掌握制定课题研究方案的方法；(2)掌握撰写课题申请书的方法；(3)了解开题报告的作用、程序和内容；(4)了解结题报告的作用、形式和程序。

第一节 课题申请

进行特殊教育课题研究，首要步骤是课题申请。课题申请是研究者主动向科研管理部门发起的，旨在使研究项目得到相关部门的认可与资金资助。课题必须通过课题管理部门的批准才能立项，才能获取资金资助。课题申请需要经过发布通知、申报、评审等环节。其中，申报主要是课题申请者的工作，而发布通知与评审主要是课题主管部门的工作。[①] 课题申请需要制定课题研究方案和课题申请书。设计课题研究方案，就是研究者在正式开展研究之前制订整个课题研究的工作计划。研究者要获得相关部门的许可和经费资助，需要事先填写课题申请书以供课题管理部门评审。

一、选择课题研究方向

所谓研究方向，就是研究者在一个较长时期内从事研究活动的工作方向，它规定了研究者在一个时期内的研究领域和内容。[②] 研究方向的选择，体现了研究者的科研水平。在特殊教育课题研究中，把握住相对稳定的、明确的研究方向，有助于研究者从

① 朱德全：《教育研究方法》，29页，重庆，重庆出版社，2006。
② 董奇：《如何选择研究课题》，载《心理发展与教育》，1989(2)。

广阔的研究领域和庞杂的研究问题中筛选出具有较强的可操作性的研究任务，从而集中精力在某一个或某几个研究领域进行深入探究。因此，研究者应高度重视，确保选择明确的、适当的研究方向。确定了研究方向，研究者可以进行连续性的、贯通性的研究，在某一个或某几个研究领域不断积累成果。

(一)选择研究主题

选择研究主题，是进行特殊教育课题研究的起点。它决定了研究工作的主攻方向，影响预期研究结果。提出一个问题往往比解决一个问题更重要。选择什么课题主题，以及如何选择课题主题是研究者在进行特殊教育课题研究时首先遇到的、无法避免的重要问题。

课题研究主题的意义如何，在一定程度上决定了课题是否有较高的研究价值。选出一个有较大的理论和实践意义的研究主题，甚至开创一个新的研究领域，可以从多元角度去探究问题，这能够激发研究者的研究兴趣和研究动力，使研究者充分发挥才能，最终获得丰硕的研究成果；反之，若课题研究主题没有理论或实践意义，则会使得研究者无从下手，难以持续，造成人力、物力、财力的损失。可以说，选择研究主题是课题研究中最关键的任务之一，直接关系着课题是否具有较高的研究价值。

特殊教育学与其他学科有交叉、渗透，国内外针对特殊教育的研究主题可归纳为以下几个主要研究领域：特殊儿童的生理与心理发展、特殊儿童的教育与教学、特殊儿童的康复训练、特殊儿童的职业技能训练、特殊教育教师及其他相关人员的专业发展、特殊儿童家长的心理与诉求、特殊教育的政策与法规等。特殊教育领域有价值的研究方向有很多，每个研究方向也有很多亟待探究的研究主题。个人的力量是有限的，因而需要通过课题研究的形式，由研究团队的成员团结协作，共同实施研究。

综合来看，研究主题应满足可操作性、可行性、可解答性等条件。研究者可从特殊教育实践、理论发展中选择研究问题。特殊教育实践是最根本的选题来源。首先，社会的变革和发展，对特殊教育提出了新的要求和标准，许多亟待解决的重大问题为特殊教育研究提供了选题参考。例如，特殊儿童的教育公平问题、随班就读的教育质量问题、特殊儿童的转衔问题、融合教育教师专业素养问题等，是应特殊教育质量提升及特殊教育自身发展需求而提出的，迫切需要探讨和解决。其次，我国特殊教育体系尚未完善，发展尚不成熟，在教学实践中存在很多值得研究的问题。例如，融合教育中课程模式的调整问题、特殊儿童职业教育体系的构建等。从教育部、地方教育部门、学校等的哲学社会科学规划领导小组、教育科学研究院发布的课题申报信息，以及全国高等教育学会特殊教育分会会议主题中选择研究主题是课题选题的重要策略。相关会议主题均为研究的焦点、热点和亟须解决的问题。最后，可在教学实践中选择课题研究主题，研究者多为教师。教师可依据自身的知识结构、科研素养、研究兴趣和研究条件等，将自己的教学特长与实际问题相结合，从熟悉和擅长的领域着手，从改进教育教学实际的角度出发，选择日常教学中遇到的难题进行研究。

研究者从特殊教育理论中选择研究方向，通常采用从已有的文献中进行选题的形式。第一，文献研究的研究结果具有较强的客观性和前瞻性，有较大借鉴意义，能为后续研究提供启示。从文献研究中，研究者能够明确哪些问题是研究热点，哪些问题的研究已有较大进展以及进展状况如何，已有研究的成果数量和质量，国外先进研究方法和实验范式，以及尚未涉及的研究领域等。第二，查阅已有文献，能够避免重复研究和难以开展的研究，减少人力、物力的浪费。第三，在学科渗透的交叉"地带"存在着大量有研究价值的新课题。特殊教育学以教育学、社会学、心理学、医学、语言学等学科为理论基础，近年来，其研究领域更是涉及认知神经科学、康复医学、医学心理学等学科领域，它本身便具有交叉学科的性质。在学科交叉的边缘地带选择特殊教育课题，借助其他学科的理论基础和研究方法，从不同的角度切入，拓宽学科理论，有助于获得新的研究成果，进而促进学科的深化和发展。例如，将眼动实验研究方法用于特殊儿童认知发展研究领域。第四，不同学派、不同理论之间的学术争论，往往能激发研究者的研究兴趣，从中可迸发出学术争鸣的火花。对于同一个问题，不同学派、不同理论之间常会展开不同形式的学术争论，这些争论尚未得出一致性结论，是具有较高研究价值的主题来源。

（二）拟定研究目的

研究者选定课题后，接下来最重要的任务是拟定研究目的。研究目的是研究的切入点，对研究有导向性的作用。研究者在深刻思考和探究研究主题的基础上，依据查阅到的文献资料和个人经验，对要研究的问题做出论断，确定研究目的。拟定好研究目的，研究就有了倾向性。

（三）确定研究目标

研究目标能够界定研究范围。一方面，研究目标能够确定研究对象的范围。如果研究对象是学前期儿童，就要根据研究需要确定具体研究对象为幼儿园或其他学前教育机构的儿童；若研究对象为学龄期儿童，就要根据研究需要确定具体研究对象为学校或其他教育机构的儿童，同时考虑研究对象的性别、年龄、年级等因素，以及抽样方式的选择。另一方面，确定研究内容的范围。依据研究目标，研究者可以专注于研究与研究内容相关的资料，缩小研究范围，减少工作量，避免不必要的损失，提高工作效率。①

---

① 赵清福、赵玉萵：《走进课题研究：教育科研实施操作指南》，1页，哈尔滨，黑龙江人民出版社，2007。

(四)形成研究假设

1. 研究假设的概念

确定研究主题和目标后，就要对选定的课题提出研究假设。研究假设是依据一定的科学知识和事实，对所研究的问题的规律或原因做出的一种推测论断和假定性说明，是在研究之前预先设想的、暂时的理论。① 研究者选定研究主题后，根据已有资料和研究实际对所要探究的问题做出一种或几种可能的解答或对结论进行推测和设想，在接下来的研究实施过程中对这些推测和设想加以检验。假设一般是对两者之间或两者以上相互之间关系的设想，较多用“如果……那么……”的句子来陈述。

2. 研究假设的特点

研究假设对需要研究的问题做出推断，对研究假设的论证是整个课题研究活动的核心。研究过程指向对研究假设的验证，研究结果最终决定研究假设的真伪。可以说，整个课题研究，包括资料的收集、研究方法的选择、研究方案的制定、被试的选取、研究的实施、结果的评述等都围绕着研究假设展开。研究假设限定了研究的方向，因而避免了研究的盲目性、无目的性，提高了研究效率，为课题研究赋予了导向性。研究假设应具备以下几个特点。

(1)推测性：研究假设是针对所要研究的问题而做出的尝试性的理论解释，它不同于一般的或普遍的理论解释。② 研究假设只是尝试性的、假设性的解释，尚未经过检验，有待研究证实。研究假设未验证时并非事实，但一般不用疑问句，而是采用陈述句表述。研究假设的表达应直观、明确、简洁。

(2)科学性：研究假设具有推测性，但不是天马行空的幻想，也不是无事实依据的主观臆断和猜测，而是在现有研究的基础上进行大胆推论，最后由经验事实来检验和证实。也就是说，研究假设是有充分的理论依据和经验事实基础的。因此，研究假设要具有科学性。

(3)可检验性：研究假设的准确度和可靠性经由研究结果进行检验，以鉴别其真伪。研究假设的验证结果有两种，一为证实，二为证伪。证实则假设成立，证伪则假设被推翻。无法经由科学研究来验证的，不能被称为研究假设。

(4)可操作性：课题研究需通过对现有资料的整理和分析，依据研究目的选择要进一步探究的问题，形成课题研究的初步假设，架构整个课题研究的框架，之后再着手进行下一步研究。因此，研究假设要有很强的可操作性。

3. 研究假设的来源

研究假设是研究者在研究实施之前提出的对研究结果的初步设想和预测，它不是

---

① 耿申：《课题研究方案设计》，122页，合肥，安徽教育出版社，2004。

② 王高飞、李梅：《社会调查理论与方法(实践)》，76页，哈尔滨，哈尔滨工程大学出版社，2016。

研究者主观捏造或凭空想象的，而是有依据和来源的。[①]

从来源上来看，研究假设的来源途径有很多。一是依据理论进行假设。特殊教育基本理论是对特殊教育的现象和规律的本质认识，研究者针对需要解决的问题提出研究假设时，可使研究假设与理论研究结果保持一致，或依据现有理论推出研究假设。二是依据现有研究结果进行假设。现有研究结果经过前人的严谨考据和证实，具有一定的可信度，可作为研究假设的参考。实际上，大多数研究都是在前人研究的基础上开展的。越是与研究者的研究方向相近的研究结果，其参考和借鉴价值越高。三是依据研究者的个人判断进行假设。研究者所研究的领域若前人尚未涉及，或现有理论和成果争议较大未取得一致性结论，就没有现成的理论来加以解释，也没有足够的让人信服的结论可供借鉴。研究者若在前期的研究中，已初步了解了所要研究的内容，对已有文献资料有深入的思考，对研究问题能够提出较为客观的看法，则可以根据个人思考和推测，自行提出研究假设。

4. 研究假设的类型

对研究假设进行分类，有助于研究者依照研究假设的不同类型来加以检验。根据不同的角度，研究假设可以分为不同类型，具体内容见表 14-1。

表 14-1 研究假设分类表[②]

角度	名称	特点
研究假设的内容	目标假设	关于目标的假设
	理论假设	关于因果性或规律性的假设
	前提假设	关于背景或条件的假设
	操作假设	关于实际操作的假设
研究假设的性质	描述性假设	关于描述现象的假设
	预测性假设	关于预测未来的假设
	改进性假设	关于改进因变量的假设
	解释性假设	关于解释某一现象的假设
研究假设的方向	定向假设	有明确方向的假设
	虚无假设	无明确方向的假设

5. 研究假设的作用

在特殊教育课题研究中，提出研究假设是至关重要的一环。第一，研究假设为课题研究方案指引方向。提出一个明确的、具体的研究假设，有助于研究者明确研究的

① 耿申：《课题研究方案设计》，152 页，合肥，安徽教育出版社，2004。
② 朱德全：《教育研究方法》，33 页，重庆，重庆出版社，2006。

重点和方向，合理地设计研究方案。研究者依据研究假设，解决诸如采用何种研究方法和程序，如何选定研究对象，在何处开展研究，怎样有针对性地收集、整理文献资料和研究资料等问题，有效避免研究的盲目性和片面性。第二，研究假设为课题研究限定范围。研究假设可以缩小研究范围，将研究导向一个特定领域，让研究者有针对性地收集该领域的资料。研究围绕假设开展，能使研究计划具体化，减少时间和精力的浪费。第三，研究假设直接指向课题研究目的。课题研究的过程实质上就是检验假设的过程，课题研究的直接目的就是验证假设。[①] 研究假设进一步明确了研究目的，使研究更具有可操作性和目的性。第四，研究假设直接导向课题研究成果。研究假设是对所要研究课题的结果提出的初步设想和预测，研究假设的验证过程同时也是形成研究成果、对设想和预测进行尝试解答的过程。

6. 研究假设的检验

就其实质来说，研究假设是一个证实或证伪的过程。在课题研究中，不论研究假设是被经验事实验证还是被否定，都是科学研究的重要进展。研究假设的类型不同，对应的检验形式也不同。研究者根据实际情况选择合适的研究方法进行检验，如果研究假设为理论假设就可采取实验法检验。

二、制定课题研究方案

研究者在明确研究主题、研究目标和研究假设后，接下来就要撰写课题研究方案。课题研究方案是研究者开展课题研究的整体思路的体现，是研究者的初步设想和工作计划。设计的课题研究方案，就是研究者为完成研究任务，在正式开展研究之前对整个课题研究工作进行的基本构想和总体规划。研究方案要回答“为什么研究，研究什么，怎样研究，研究的结果是什么，怎样保证研究”这些基本问题。它将课题研究分为多个阶段，规定了课题研究的内容和步骤，确定了每个阶段要完成的任务，贯穿研究工作从开始到结束的一系列历程。

一个课题研究往往需要持续数月甚至数年，课题研究方案影响研究的质量，反映了研究者的科研水平，也是科研管理部门进行课题立项审批、课题中期检查和结题鉴定的重要依据，因而制定课题研究方案是至关重要的。设计出完善的课题研究方案能够保证整个课题研究工作有条不紊、按部就班地进行。课题研究方案一般包括以下几项内容。

---

① 耿申：《课题研究方案设计》，124 页，合肥，安徽教育出版社，2004。

(一)课题名称

课题名称即课题研究的主题，是对整个课题研究的高度概括，是课题研究的象征和代表。课题名称是点睛之笔，反映了课题研究最核心的内容。

课题名称一般能够直接或间接体现课题研究的研究对象、研究方法、研究范畴。课题的研究对象包括学生、教师、教材、课程模式、管理方式等。研究方法可以是观察法、访谈法，也可以是调查法、实验法。研究范畴同样可以在课题名称中体现，以对研究内容进行限制，保证课题研究的针对性。

课题名称通常是以命题陈述的方式进行表述的，多采用陈述句式，基本不会采用疑问句、反问句式。课题名称要准确、清晰，直截了当地把课题研究的问题是什么、研究对象是什么等核心内容高度概括出来并表述清楚，避免含糊其词、词不达意。课题名称应简洁，规范，不宜太长，应做到简明扼要，突出重点，让读者一目了然。课题名称在保证学术性的同时，可以适当进行“新”“异”加工。课题研究并不都是枯燥乏味的、学术性极强的。研究者在选择课题名称时，常会直接参照研究主题或研究内容。然而，也有一些主题让人眼前一亮，吸引人继续读下去，这些课题名称往往会收到意想不到的效果。

(二)研究背景与意义

研究背景与意义是对研究的价值性的阐述，即对“为什么要进行该课题研究”“进行该课题研究有什么价值”做出回答。研究背景与意义一般主要阐述原因，说明进行该课题研究的必要性、紧迫性、现实意义等，常常通过“问题提出”“引言”“前言”的形式来表述，通常是研究方案正文部分内容的开始。一般先从研究的现实需要方面进行论述，也就是说，在实际教学或研究过程中存在亟须解决的问题、发展的新形势，需要通过课题研究的形式去研讨、去探究，然后对课题的理论研究价值或学术研究价值进行阐述。研究人员要具体、全面、充分地陈述选择该研究主题的理由和它的价值，特别要结合研究对象的发展特点和个体特征，切实阐明研究在理论上或实践中的重要意义。

(三)研究目的

研究目的即从研究课题要解决的问题入手，经由研究实施后最终要达到的目标。研究目的的撰写要具体，有意义，切合实际。具体是指研究目的应该明确，有针对性，不要模棱两可，简单粗暴。有意义是指研究要达到的目的是有现实指导意义的，如能够改进教学，解决实际问题，推动学术研究发展，完善理论基础等。切合实际是说研究目的要具有可操作性，切实可行，有客观的衡量指标。

(四)国内外研究现状

研究现状主要是研究课题的理论依据和现实依据，是根据研究主题和研究目的对当前研究进行的整理与分析。研究现状反映了该课题研究在理论上和实践中的可行性。理论依据是课题研究的理论基础。研究方案要求写出支撑该课题研究的社会学、心理学、教育学、学科教学法、政策法规等的理论依据，从而表明课题研究在理论上是有据可依的。现实依据指研究在实践中的可行性。研究方案要求分析现有的研究结果，尤其是实证研究结果，进而表明课题研究在实践中是切实可行的。研究现状涉及现有研究的研究目的、研究对象、研究方法、研究结果等内容，其中对研究结果的总结和分析是最重要的内容之一。

(五)研究对象

研究对象是研究所指向的人或物，对研究对象实施研究以达到研究目的，形成研究结果。在课题研究实施前，必须明确研究对象。研究对象的选择影响研究的可推广性，故研究对象的代表性要强。研究对象主要依据研究主题和研究目的进行界定与选取。在特殊教育课题研究中，可供选择的研究对象的范围很广，与特殊教育有关的人、事、物都可以是研究对象，一般包括各类特殊儿童、特殊教育教师、特殊儿童家长及其他相关人员、特殊教育体制、课程大纲和课程标准、教材、方针政策、特殊教育理论、特殊教育教学实践等。

在现有研究中，依据不同群体来分，有针对特殊教育教师的课题，如"融合教育背景下特殊教育学校教师专业发展的内容和途径：基于教师角色的变革"①；有针对特殊儿童家长的课题，如"孤独症谱系障碍个体父母的人格特征及认知神经机制研究"。依据不同障碍类型的特殊儿童来分，有针对智力障碍儿童的课题，如"原型理论视野下智力障碍儿童亲社会行为研究"；有针对孤独症儿童的课题，如"孤独症幼儿的情绪理解干预及基于近红外脑成像技术的评测研究"；有针对学习困难儿童的课题，如"动作对汉语发展性阅读障碍儿童的工作记忆促进作用研究"。依据特殊儿童的不同安置方式来分，有针对随班就读儿童的课题，如"西藏残疾儿童随班就读保障机制研究"；有针对特殊学校就学儿童的课题，如"培智学校义务教育课程建设现状与提升策略研究"；有针对高等教育阶段残疾人群体的课题，如"聋人大学生公平感的心理机制研究""基于残障大学生缺陷补偿与潜能开发的'一基双翼，德技并修'育人模式研究与实践"②。此外，

① 国家社会科学"十二五"规划2015年度教育学青年课题"融合教育背景下特殊教育学校教师专业发展的内容和途径：基于教师角色变革的视角"(课题批准号：CHA150176)。

② 山东省教育厅：《2019年山东省职业教育教学改革研究项目拟立项名单公示》，http://edu.shandong.gov.cn/art/2019/4/12/art_11982_5389742.html，2019-08-03。

也有针对其他领域的课题，如“特殊教育教师专业资格证书制度的国际比较与本土实现路径研究”“工作记忆的执行功能训练对提升轻中度智障儿童认知能力的影响研究”“特殊教育学校中脑瘫儿童运动功能训练与精准体育教学的整合研究”等。

(六)研究内容

研究内容是依据研究目的制定的，是研究目的的具体化，其作用在于有效达到研究目的。研究内容不能等同于研究目的，它是对研究目的进行有机分解后形成的。研究内容要全面、具体、可行，便于在研究实施过程中进行有效的操作和控制。

(七)研究方法

研究方法是课题研究采用的基本方法，这部分内容在研究方案中同样需要着重介绍。在特殊教育研究中，常用方法有理论研究法、调查研究法、实验研究法等。其中，单一被试实验研究在特殊教育领域运用较为广泛。研究方法众多，可依据研究目的、研究问题进行选择。一个课题往往需要多种方法结合使用。

(八)研究步骤

系统规划研究实施过程，需要制定详细的研究步骤。一般而言，课题研究过程可分为三个阶段，即准备阶段、研究阶段和总结阶段。准备阶段的主要任务是确定研究目标和研究内容，了解课题研究现状，完成文献资料的收集和分析、研究计划的设计与实施等前期准备工作。研究阶段是课题研究的正式实施阶段，是进行实质研究的阶段，这一阶段需要完成的任务包括选择研究对象、使用选定的研究方法并收集和整理研究过程中的资料，进行资料分析和处理，形成研究成果。总结阶段是对课题研究的准备、过程和结果进行全面的分析与总结，对研究结果可能的原因做出推断和预测，以及对研究成果的客观性、真实性、可推广性进行说明，反思研究不足，对下一步研究做出改进建议的阶段。

(九)预期研究成果

课题研究必然是要有成果的。课题结题阶段实质上是形成研究成果的阶段。课题研究成果有研究报告、专著、论文、教案、教具学具、软件、音像资料等多种形式。课题性质不同，研究成果的形式也不同。研究成果的形式可以根据需要选择。

(十)课题组成员及分工情况

一个课题从开题到结项通常历时数月甚至数年，研究任务复杂而繁重，课题负责人的时间和精力有限，故可采取团队合作的形式。课题研究也需要具有不同专业背景、不同工作经验的人员参与进来，发挥专长，相互协作。

(十一)经费预算与条件要求等

在研究方案中，需要对研究经费的使用做出预算，对项目各项经费支出进行合理规划。同时，也需要对研究条件和要求进行说明，如人员、场所、机制等方面的保证。

(十二)参考文献

课题研究方案中对已有文献进行了参考、借鉴、引用的，必须列出相对应的书名、论文题目、编者或著者、期刊名称、出版社、出版时间等。参考文献的著录规则一般参考 2015 年 5 月发布的国家标准 GB / T7714 —2015《信息与文献 参考文献著录规则》。

总的来说，撰写的课题研究方案的质量如何，主要以研究主题是否有较大的理论和实践意义，研究目的是否表述得具体明确，研究对象是否准确恰当，研究内容是否全面充实，研究方法是否科学合理，研究步骤是否切实可行等为衡量标准。在课题研究中，研究方案起着统领全局的作用，因此它是必不可少的。课题的实施应遵循研究方案，使研究工作有序进行。但由于课题研究工作复杂而难以预测，研究方案不可能尽善尽美，研究程序开始实施后，研究者可能发现研究方案本身有不完善的地方，或者可能不符合当前的实际情况。无计划地盲目实施和僵化地全部遵循都是不可取的。研究者不能受研究方案的局限和束缚，而应根据实际对原有研究方案进行调整，保证研究既具有计划性，又能够灵活开展，把计划性和灵活性有机地结合起来。①

三、撰写课题申请书

(一)内容

研究者要申请课题，获得相关部门的许可和经费资助，需要事先填写课题申请书以供课题管理部门评审。一份完整的课题申请书包括投标人承诺或申请者的承诺与成果使用授权、填表说明、基本信息、负责人和课题组主要成员情况及相关重要研究课题、课题设计论证、研究计划、研究经费、单位承诺、审核意见等部分。以下仅就部分内容做详细介绍。

1. 基本信息

基本信息部分多以表格形式呈现，一般由课题发布部门提供，主要包括负责人和课题组主要成员的基本情况，以及课题的基本情况。其内容涉及性别、民族、出生日

---

① 赵清福、赵玉菡:《走进课题研究：教育科研实施操作指南》，4 页，黑龙江，黑龙江人民出版社，2007。

期、行政职务、专业职务、研究专长、最后学历、担任导师、工作单位、单位通信地址、预期最终成果、申请资助经费、预计完成时间等。

表 14-2　2021 年度山东省教育科学“十四五”规划课题申请评审书①

课题名称								
关键词								
课题类别			研究领域			是否参照选题指南	否	无须填写代码
							是	填写选题代码
负责人姓名		性别		民族		出生日期		
行政职务		专业职务		研究专长				
最后学历		最后学位		担任导师				
所在市（普通高校、高职院校无须填写）				所属系统				
工作单位		电子信箱						
单位通信地址				邮政编码				
联系电话	（单位固定电话）			（手机）				
身份证号								
主要参加者	姓名	身份证号码	专业职务	研究专长	学历	学位	工作单位	签名
预期最终成果								
申请资助经费（单位：万元）		预计完成时间						

2. 负责人和课题组主要成员情况及相关重要研究课题

这部分内容要求写明课题组全部成员的基本构成及相关代表性成果简介。课题组全部成员的基本构成即课题组各成员的名字及所承担的研究工作。相关代表性成果即

① 山东省教育科学研究院：《关于组织申报 2021 年度山东省教育科学“十四五”规划课题的通知》，http://www.sdjky.net/index.php?a=shows&catid=50&id=3803，2021-11-05。

课题负责人和其他课题组主要成员近年来主持的相关重要研究课题，填写主持人、课题名称、课题类别、批准时间、批准单位、完成情况等，须附课题相关证书、证明的复印件。如果研究课题为重大课题或项目，就应说明首席专家情况。首席专家情况主要为首席专家的学术简介以及承担项目和发表成果目录。首席专家的学术简介的主要内容为本人在国内外的学习经历、工作简历、学术兼职、所获奖励或荣誉称号等基本情况，以及本人主要研究领域和研究专长、与投标课题相关的代表性成果及基本观点、在相关研究领域的学术积累和学术贡献、同行评价和社会影响等情况。首席专家承担项目和发表成果目录，即近年来作为第一负责人承担的各类项目情况，具体说明项目名称、项目来源、批准经费、批准时间、是否结项等内容，以及近年来发表的与投标课题相关的主要研究成果，具体说明成果序号、成果名称、发表刊物及时间/出版机构名称及时间/社会评价(引用、转载、获奖或被采纳情况)等。

需要注意的是，成果名称后须注明为第几作者、成果为独著或主编等字样。公开发表的成果须注明出版社及出版时间、刊名及刊期，内部研究报告须注明报送单位及时间，引用、转载须注明引征著作或刊名、刊期。具体内容以研究者申请的课题所附申报书为准。

3. 课题设计论证

(1)选题依据。选题依据部分包括核心概念界定、国内外相关研究综述、选题相对于已有研究的独到价值和意义等。对核心概念进行界定，一般依据研究目的，由研究者对课题中的研究主题、理论基础、研究对象、研究方法等涉及的重要术语进行界定，其目的在于提高研究的可操作性和目的性，解决如何筛选研究对象、如何指定研究方向、如何限定研究范围等问题。对国内外相关研究进行综述时，研究者可据研究内容进行分析、总结和评价。国内外相关研究综述的梳理一方面能够对课题相关领域已有的研究成果有全面、系统的认识，另一方面可以与课题最终的研究结果进行比较，验证或者推翻已有研究结论。选题相对于已有研究的独到价值和意义是较为重要的部分，是在对已有相关代表性成果及观点进行分析、总结的基础上，说明进一步探讨、发展或突破的空间，突出本课题的学术价值、应用价值、研究意义等。

(2)研究内容。研究内容部分包括课题研究对象、总体框架、重点和难点、主要目标等。总体框架是对研究的总体结构框架进行阐述，说明研究如何实施，各部分之间的内在逻辑关系等。总体框架可以采用程序图、思维导图等方式呈现。研究的重点和难点指的是课题研究最主要的研究内容和拟解决的关键性问题，应分别说明提出这些问题的理由和依据。课题要达到的主要目标可依据研究目的选择，目标应是可行的、具体的、明确的、无歧义的。一个课题可以设置理论创新、实践应用、服务决策等多个方面的预期目标。

(3)思路方法。思路方法包括研究基本思路、具体研究方法、研究计划及其可行性等。研究者应对本课题研究的总体思路加以说明，具体阐述针对本课题研究问题拟采用的具体研究方法、研究手段和技术路线，说明课题研究的科学性、适用性、可操作性等。

(4)创新之处。创新之处是课题申请书中需要着重阐明的内容之一。研究的创新之处是指课题在选题、学术思想、学术观点、研究方法、研究材料或工具等方面具有的特色、独到之处，进行的尝试或突破等，是课题研究价值的体现，也是在展示此课题与其他课题不同或更具优势的一面。课题研究不是重复前人的研究，也不是闭门造车式的独自钻研，而是一个推陈出新的阶段性过程，体现了研究者的学术智慧和创造力。阐明本课题的创新之处，即对本课题研究的必要性进行肯定。

(5)预期成果。预期成果需说明成果的形式，如学术论文、研究报告、专著、指导手册等，以及研究成果的预计使用去向及预期社会效益。必要时说明字数，说明成果出版或发表、宣传推介的方式和计划等。研究成果的预计使用去向及预期社会效益主要是指研究成果对各级教育决策及管理部门、科研部门、学校及其他教育机构、教师、学生群体等的促进和推动效用。

(6)参考文献。按引用文献著录规则，将课题申请书中分析、介绍、引用的基本文献资料的来源标注清楚。可采用文中引用、文后标注等形式。

表 14-3　2021 年度山东省教育科学“十四五”规划课题设计论证①

本表参照以下提纲撰写，要求逻辑清晰，主题突出，层次分明，内容翔实，排版清晰。除“研究基础”外，本表与《申请书》表四内容一致。 1. 选题依据：国内外相关研究学术史梳理和研究动态；本课题相对已有研究的独到学术价值和应用价值等，特别是相对于山东省乃至全国教育科学规划已立同类项目的新进展。 2. 研究内容：本课题的研究对象、总体框架、重点难点、主要目标等。 3. 思路方法：本课题研究的基本思路、具体研究方法、研究计划及其可行性等。 4. 创新之处：在学术思想、学术观点、研究方法等方面的特色和创新。 5. 预期成果：成果形式、使用去向及预期社会效益等。(略写) 6. 研究基础：课题负责人前期相关研究成果、核心观点等。 7. 参考文献：开展本课题研究的主要中外参考文献。(略写)

4. 研究基础和条件保障

申请书中应说明课题负责人的学术简历、研究基础、承担项目、与已承担项目或

① 山东省教育科学研究院：《关于组织申报 2021 年度山东省教育科学“十四五”规划课题的通知》，http://www.sdjky.net/index.php?a=shows&catid=50&id=3803，2021-11-05。

博士论文的关系、条件保障等。

(1)学术简历。课题负责人在课题相关研究领域的主要学术积累和贡献是课题研究学术基础的体现，有助于保证研究的专业性。主要说明课题负责人的相关代表性成果及其主要观点、同行评价和社会影响等内容。

(2)研究基础。课题负责人在相关领域有一定的研究经验，对相关研究成果、核心观点、不足之处能够进行系统、深入的思考和评价，可为后续进一步扩展研究范围、深化研究内容打下良好的基础。

(3)承担项目，即负责人承担的各级各类科研项目情况，包括项目名称、资助机构、资助金额、结项情况、研究起止时间等。

(4)与已承担项目或博士论文的关系。凡以各级各类项目或博士学位论文(博士后出站报告)为基础申报的课题，须阐明已承担项目或学位论文(报告)与本课题的联系和区别。

(5)条件保障。课题顺利完成的条件保障主要指完成本课题研究的时间保证、资料、设备等科研条件。

5. 预期研究成果

课题研究一般对预期研究成果有一定的验收要求，如出版学术专著、发表论文等。预期研究成果应阐明完成时间、最终成果、名称、成果形式、负责人等。

6. 经费预算

课题经费有限，要将经费真正用到实处，事先应做好经费使用计划。经费应严格参照所申报课题的管理办法，合理、有效地使用。对于经费各项开支科目，包括资料费、数据采集费、差旅费、会议费、设备费、专家咨询费、劳务费、印刷费、管理费、其他支出等，课题负责人应详细进行预算，合理安排各项开支，记录课题经费使用明细。课题年度预算同样应严格参照所申报课题的管理办法，注明开支细目。课题负责人及课题组成员要做到遵守财务规章制度，如实填报，保证课题经费单独立户，专款专用，不挤占和挪用课题经费，在课题结题时提供课题经费使用明细单。

(二)注意事项

撰写课题申请书是课题申请最为重要的工作，直接影响到课题能否申请成功。有经验的研究者通常能够避免在申报课题时出现失误，而初次申请者需要积累经验和技巧。申请课题时，应注意竭力避免以下情况。

1. 选题不当

选题不当主要有两种表现，一是选题范围不适当，范围过大，课题研究任务繁重，研究者难以驾驭，甚至无法按期完成；范围过小，则课题研究内容不充实，研究成果简单肤浅，缺乏深度。二是选题内容不当，如缺乏研究价值、意义不大的重复研究，研究创新性不足，等等。

2. 逻辑不清

课题申请书的撰写有其内在的结构和逻辑体系，对研究者的学术功底和写作水平是一个考验。一方面，课题申请书各部分的内容相互联系又有区别；另一方面，内容阐述时应围绕论点以充分的论据进行论证，若研究者对研究课题的认识不清晰，易使研究偏离主题。研究者由于缺乏经验，对研究重点不明确，撰写时可能会出现逻辑混乱、内容冗杂、不知所云、重点不明的情况。

3. 文献资料不足

课题研究是建立在分析和总结已有文献资料的基础上的，有丰富的可供借鉴分析的材料是课题研究开展的前提条件。对国内外的研究资料收集得不全面，资料对课题研究的支撑力度不够强，对研究前沿和发展趋势不了解，对掌握的资料分析得不深入，这些情况都会影响课题申请的结果。

4. 理论基础不牢

研究者常会选用某一理论作为课题研究的理论基础。该理论是贯穿整个课题研究的理论主线，是课题研究的重要参照。研究者对理论的理解不够深入，或选用的理论不足以支持自己的研究，课题申请自然也会受阻。

5. 方法落后

课题研究所采用的方法都较为常见并且使用广泛，但研究方法也在不断发展、更新，其中实验研究范式发展得较快。研究方法过时、落后，研究结果的可借鉴意义较小，课题研究价值自然大打折扣。

6. 工具信度和效度低

课题研究可以选用已有研究资料，也可以自己编制。不论采用哪种工具，都应保证其信度和效度，必要时进行信度和效度检验。信度和效度低于标准的研究工具，其研究结果也是不可信的。

7. 创新性不够

课题研究若与现有研究重复率过高，或研究的问题陈旧，缺乏特色和新意，都有可能导致课题申请失败。

8. 填写失误

课题申请书一般附有填写要求。若未严格按照课题申请书的规范和提示填写，出现漏填、错填、详略不当、重点不明、答非所问、含糊其词、应付了事等问题，在课题申请时将难以通过审核。

研究者递交课题申请书及其他相关材料后，根据申报单位提交的“立项申请书”，由上一级教育科学规划领导小组办公室组织专家召开课题评审会或课题论证会进行评审和论证，以审查课题研究的价值、意义、研究方案等内容。专家评审是能否立项最关键、最重要的程序。专家评审组对主要评审项目进行逐项评议，研究水平不足、条件不成熟、不符合要求的课题，一般无法通过审核，需调整后再次申报。审核通过则向申报单位下达课题立项通知书，告知课题立项编号。申报课题获批准立项，自课题立项之日起，一般 3 个月内召开开题报告会，研究者应提前做好课题开题的各项工作。

第二节 课题开题

为尽早实施课题研究，课题前期准备工作完成、课题顺利立项后，接下来需要召开开题报告会。课题立项后通过开题进行再论证，对课题研究方案的进一步改进和完善有较大的促进作用。

一、课题开题的作用

课题研究开题报告会主要是同行专家进行研讨、成员内部相互交流，其目的在于讨论研究方案，征求专家组和课题组成员的意见与建议，针对课题研究中的问题进行讨论并提出解决方案，并对下一步工作达成一致意见，保证接下来的研究工作能够按计划进行，高质量地完成结题任务。也就是说，课题开题是为了顺利结题，主要考虑的问题是课题如何完成。

开题报告会的作用在于：一是全面阐述和充分论证所选课题的目的、意义、研究内容、研究方法、研究思路等，有利于课题组有目的、有计划地安排课题研究任务和推进课题研究工作；二是使课题组明确如何开展和实施课题研究，通过开题使课题组人员对课题有完整、详细、透彻的认识，了解整个研究计划如何实施，对研究目标、研究内容等形成共识，清楚各自承担的具体任务，明确分工，责任到人，精诚合作，从而有效开展研究工作；三是完善课题研究的总体设计；四是有助于及时发现研究过程中可能出现的困难和问题，提前做好准备工作以减少阻力，事先避免问题发生或提出问题解决预案，五是便于科研部门或委托单位对课题研究开展管理工作，检查研究进度、经费使用和人员安排情况，并提供支持和帮助。

二、课题开题的一般程序

开题报告会是课题开题的重要形式，需要遵循一定的程序。对于国家级课题来说，课题负责人接到立项通知书后，应尽快确定课题实施方案，一般要求在三个月内组织开题，并及时将实施方案和开题情况(纸质材料与电子材料)报送省规划办委托管理机构备案，再由委托管理机构统一报省规划办。在会议开始前，应由课题组负责人或其他工作人员召集并组织全体课题管理人员、研究人员等有关方面的人员参加会议。在开题报告会上，研究人员从研究的目的入手，系统阐述课题研究的理论意义和实践意义，对研究对象、研究方法等进行说明，准确、清晰地讲明研究总体思路和研究程序，让与会人员对课题的整体情况以及如何实施有全面的、直观的了解。具体来看，开题报告会的一般程序如下。

(一)介绍课题名称及课题组成员

课题名称反映了课题研究最核心的内容，课题负责人应在开题报告会上说明课题名称以及参与课题研究工作的所有成员。

(二)阐述课题的研究方案和具体的研究措施

课题负责人简明扼要地说明选题缘由、研究价值、研究内容、研究方法、研究对象、成果形式、参考文献等，厘清研究思路，明确研究计划。呈现方式可以采用PPT、视频等形式。研究的措施就是为保证该课题顺利实施所采取的一系列举措和制定的规定等。课题负责人大致讲明该课题研究的管理办法、责任目标、必需的条件保障等即可。

(三)专家组成员进行指导

专家组成员负责评估课题的研究价值和可操作性。针对课题研究方案、具体的实施步骤、方法和细则进行深入研讨与全面论证，辩证思考，深层分析，提出有指导意义的意见和建议，使课题研究切实可行。在这个阶段，专家组成员主要解决的是研究能否展开、如何展开等问题。

(四)合理分配研究任务

明确每一位课题组成员的职责，合理分配研究任务。任务分配可由课题负责人进行。课题负责人根据各位课题组成员的专长和研究兴趣等，将各项任务落实到个人，并确保课题组成员对任务有清晰的理解，知道如何去实施。

(五)完成开题报告及其他书面材料

开题结束后，应根据开题情况完成相关资料。一般需要撰写或修改开题报告及其他书面材料，并按要求提交给课题管理部门。

三、开题报告的内容

开题报告的内容包括课题研究的背景、课题研究的目的和意义、国内外研究现状及发展趋势、课题研究的目标、课题研究的主要内容、拟解决的关键问题、研究思路、研究方法和技术路线、可行性分析、预期进展和成果、研究基础、主要参考文献。

(一)课题研究的背景

课题研究的背景通常指研究的缘由、选题依据或现实状况，其范围涉及经济社会发展、特殊教育改革、教育教学实践等。

(二)课题研究的目的和意义

课题研究的目的和意义是课题研究价值的体现，是研究想要探究、揭示、解决的问题和预期获得的研究结果。课题研究的目的和意义通常从理论与实践两个方面进行阐述。

(三)国内外研究现状及发展趋势

通过总结国内外研究现状并分析其发展趋势，研究者能够指出进一步的研究方向。如前所述，国内外已有研究是课题研究选题的重要来源之一。课题研究的开题报告可对国内外研究现状进行述评，从中找出值得深入探究的内容，指出所要解决的问题或要实现的突破，在课题研究成果中对已有研究结果、结论进行讨论。

(四)课题研究的目标

课题研究的目标应阐明研究所要探究的主要问题。课题研究顺利完成的重要标志是取得了有意义的研究成果，实现了预定的研究目标。在开题报告中要把课题研究要解决的问题通过分析、归纳，形成具体的研究目标。例如，课题“融合教育背景下特殊教育学校教师专业发展的内容和途径：基于教师角色的变革”的主要研究目标为：在融合教育背景下，基于特殊教育学校教师“多重”角色变革的要求，系统深入地探讨融合教育生态环境下特殊教育学校教师专业结构的重构和专业发展动态过程的阶段性特征，构建一套适合不同角色、不同专业发展阶段的特殊教育学校教师的专业发展的促进模式，为特殊教育学校教师内在专业结构的不断丰富和完善提供强有力的支持。①

(五)课题研究的主要内容

研究内容是研究目的的具体化，一个课题研究通常有多个研究目的，相应地，也会有多项研究内容。研究内容依据研究目的进行设置。研究内容不是所有研究结果的堆砌，而是经过系统分析，列出研究内容的基本框架，整理和评价课题研究任务所涉及的全部研究内容。

(六)拟解决的关键问题

拟解决的关键问题一般根据研究目的，选择本课题中可能需要解决的问题进行设置。例如，研究材料的选择或编制问题、被试的筛选问题、信度和效度的水平问题。

(七)研究思路

在开题报告书中，需要明确说明、高度概括整个课题研究的总体思路。课题负责人对课题的各个方面都要有清晰的认识，有切实可行的规划和方案，同时也要让相关人员了解清楚。课题负责人及其他课题组成员研究思路清晰，可以保证在课题实施之前做好课题准备工作，在课题实施过程中顺利实施研究程序。

(八)研究方法和技术路线

研究方法是通过课题研究任务达到研究目的所需要的研究手段、技术、途径或操作规则。课题研究较常采用的方法包括文献法、观察法、问卷调查法、访谈法、实验法等。各研究方法均有优势和劣势，研究者需要考虑本课题应当采用哪种方法与手段收集研究材料、整理和分析研究结果，如何安排具体的研究程序，根据研究性质和目的选择合适的研究方法。除说明所采用的研究方法外，也应写明研究结果的分析方式。在开题报告中，技术路线也是重要的内容。一个恰当的、缜密的实施步骤能够使课题研究有条不紊、按部就班地完成。

(九)可行性分析

课题研究是否可行，在一定程度上决定了课题是否有研究的必要。课题研究可行，需要有较为成熟的理论支撑，采用信度较好的工具或材料，课题负责人和其他课题组成员应具备科研能力和素养，掌握一定的分析和处理资料的方法。

---

① 国家社会科学“十二五”规划 2015 年度教育学青年课题“融合教育背景下特殊教育学校教师专业发展的内容和途径：基于教师角色变革的视角”(课题批准号：CHA150176)。

(十)预期进展和成果

课题研究有时效性，妥善安排各项研究任务才能保证课题顺利结题，如完成开题报告，收集、分析和整理已有的国内外文献，完成文献综述；设计研究材料；实施研究；完成并修改专著、论文等书面材料，结题。课题负责人制订总体研究进度安排和年度进展计划，确保课题如期完成。

(十一)研究基础

研究基础是研究者从事本课题研究所具备的研究经验和研究条件，是完成课题研究的重要保证。要求写明课题负责人参加过的有关研究工作和已取得的研究工作成果，以及已具备的实验条件、尚缺少的实验条件和拟解决的途径。

(十二)主要参考文献

开题报告中参考、借鉴、引用的文献，必须在参考文献处注明。参考文献的著录规则一般参考 2015 年 5 月发布的国家标准 GB / T7714—2015《信息与文献 参考文献著录规则》。

四、开题报告的格式规范

开题报告应在开题报告会召开之前撰写，在开题报告会结束后再进行修改和完善。一般而言，研究者申请的课题本身即对开题报告的格式和内容进行了规范。开题报告书写时，需严格参照课题项目要求。研究者需要注意的是，开题报告重在说明研究的意义所在、可行性以及如何实施，这部分内容应重点介绍。在开题阶段，制定、完善开题报告，可为课题实施打下良好的基础。

第三节 课题实施

课题实施是按课题设计进行实际操作的过程，也就是将研究方案现实化、具体化的过程，它是教育研究的中心环节。[①] 课题实施过程包括收集资料、整理资料、分析总结资料三个环节。

一、收集资料

课题顺利开题后，接下来进入课题研究实施阶段。收集资料是实施课题研究的首要步骤。研究者应以课题研究方案、研究目标为依据收集资料。资料的来源包括文献资料、调查研究资料、实验研究资料。

(一)文献资料

文献资料在课题研究中有着十分重要的作用。每一项研究都离不开已有研究资料的支撑。文献资料是通过检索查询获取的，通过图书、报纸、期刊、网络等获得的，多为文本资料。研究者查阅现有资料，能够在短时间内储备大量的、全面的课题研究所需的资料，省时省力。出版日期距离较近的文献，能够帮助研究者了解最新的研究现状，更具参考价值。

(二)调查研究资料

调查研究可以为研究者提供客观的、真实的信息，一般是客观事实的反映，这方面的资料主要通过观察法、访谈法、问卷调查法等研究方法获取，且多为第一手资料。调查研究资料是通过观察、访谈、问卷调查等方式收集的文字或数据资料，如观察记录、访谈录音、问卷数据等。

(三)实验研究资料

实验研究资料是通过实验研究获得的测量结果、实验数据等资料。实验研究作为一类量化研究，越来越受到研究者的青睐。一是由于实验研究对数据进行了分析和解释，具有很强的科学性、客观性；二是由于实证研究仍有待进一步完善。当前，我国特殊教育研究稳步发展，质性研究取得一定成果，而量化研究尤其是实验研究在很多领域成果较少，在一些研究领域不同研究者取得的结果不一致，还有一些研究领域从未被涉及。

需要说明的是，文献资料是课题研究者收集的多以公开发表的形式呈现的与本课题研究密切相关的内容，是他人的研究成果，而调查研究资料和实验研究资料是研究者在本课题研究过程中，将收集的文字或数据等资料进行处理和分析并形成的课题研

---

① 朱德全：《教育研究方法》，23 页，重庆，重庆出版社，2006。

究结果。在定性研究中，研究者通常采用文献研究法、观察法、访谈法等，获取的研究材料是多以文字记录、图片、影像等形式呈现的资料，需要通过比较、归类、类比、演绎、抽象等方式对资料进行处理。在量化研究中，研究者通常选择问卷调查法、实验研究法等，获取的研究材料多为数据资料，即一组或多组有意义的数值，常会采用描述统计、推断统计等分析方法对数据进行处理。在实际课题研究中，定性分析与定量分析常常结合使用，定性研究资料也可以转化为数据资料进行量化研究。

二、整理资料

研究者收集到的原始资料通常繁杂而散乱，研究者要对收集到的资料进行分析和整理，从中筛选出课题所需要的资料备用。整理资料是一项复杂而烦琐的工作，研究者应谨慎而细致地对重要信息进行全面分析。研究者需要整理的资料包括查阅的文献资料和课题研究中收集的各项资料。

在采用文献法时，研究者应对收集到的文献资料及时进行加工、整理。首先，鉴别文献真伪，核对资料的完整性和可信度。可以先大致了解文献内容、文献质量，检查文献是否完整、可信。对没有具体时间、没有文章或书籍名称、没有发表期刊或出版社名称、没有作者或作者单位等基本信息的资料，应查找其出处，无法对其可靠性进行考证的，予以剔除。

其次，对文献资料和课题研究资料进行筛选，核对资料的准确性，确定资料的质量。研究者不仅要了解如何查阅关键资料，也要学会对信息进行取舍，做到去粗取精、去伪存真、由表及里。研究者要筛选通过学术搜索引擎查阅到的已有文献资料，可依据文献的研究主题、核心概念的界定、作者主要研究领域和专长等核对资料的准确性，可根据资料来源、版本、出版日期或资料年代、文献的客观性和准确性、文献写作质量、文献资料的一致性程度、作者的品德威望和专业水平、作者的动机和观点等确认文献的价值。去除重复的、陈旧过时的、内容不完整的、表述不准确的、用处不大的材料，留存有代表性的、典型性的、准确性高的、有借鉴意义的资料。对于留存下来的资料，要明确其适用性。将全面、深刻、准确地阐明所要研究的问题的资料，以及将有新结论、新观点的资料作为参考和采用的重点。此外，对孤证材料的选用要特别慎重，以免采用了错误的资料。对文献编者或著者分析表述有误，使用的方法、材料、工具等陈旧过时的资料，应予以剔除。

最后，分门别类地整理资料，以备研究之用。对在研究实施阶段获得的实证资料，应及时整理，可按照年龄、性别、班级、年级、地域等分类。此外，根据已有文献的参考文献可以进行二次检索，进一步丰富资料。

在课题研究中收集的资料，主要指在实施课题研究的过程中回收的调查研究资料、实验研究资料等。这些资料可以是文字资料，也可以是录音、录像、数据等。研究者在获取调查研究资料、实验研究资料的同时进行初步的资料整理是较为经济的一种方式，也能够保证资料清晰、有条理，避免因未及时分类、遗忘导致的资料混淆和杂乱。

三、分析总结资料

对课题资料进行分析总结，是形成研究成果的重要阶段，是对研究者的理论功底和综合分析能力的考验。它在一定程度上决定了课题研究的最终质量和水平。一般而言，分析总结的内容有研究结果、讨论、建议或策略、研究的不足、后续研究设想等。前几个阶段的工作是铺垫，这一阶段的工作是对研究最终结果的展现。研究者需要重新组织并借鉴、利用已有资料，通过定性分析、定量分析等方式，在进一步精细加工和深入思考的基础上形成科研报告，撰写研究成果论文。具体选用哪些分析总结方法，需要根据已有资料、研究目的、研究假设的实际情况而定。根据资料的不同性质，进行不同的分析和处理。

对文献资料进行质性研究，可采用比较、归类、类比、演绎、抽象、概括、分析、综合、归纳、推理、想象、假设等逻辑方法。采用哪种或哪几种逻辑方法，要根据研究目的和文献资料的特点灵活选择。处理数据资料涉及一些统计学知识。对数据资料进行量化研究，即处理数据资料，可采用统计分析方法，对经过整理的数据资料进行分析研究，并把分析的结果用数据、图表或统计量数简明地表现出来①，进而得出科学的结论。例如，在研究过程中取得的问卷调查数据、实验数据，可以通过统计软件，如 EXCEL、SPSS、AMOS、M-plus 等进行处理。一般多采用描述统计，相关性检验，独立样本 *T* 检验，方差分析(单因素方差分析、多因变量方差分析)，回归分析(逐步回归、分层回归)，结构方程模型等，以表格或图的形式呈现平均数、标准差、相关性值、显著性值等数据。此外，对研究过程中获得的访谈资料，可以进行质性分析，也可以通过 Nvivo 等质性分析软件，对文字资料进行编码和数据处理。

对研究结果进行讨论时，要大胆假设，小心求证。对研究结果的讨论不是凭空猜测，不是自行编造，不是研究成果的堆砌，而是有内在的逻辑体系，有客观的理论或现有研究结果支撑，有科学依据的客观推断。在分析总结时，研究者可依据相关领域的研究结果对本课题研究结果进行解释，可引用相关领域的研究结果与本课题研究结果进行比较，可根据本课题研究结果推翻相关领域的已有研究结果。研究结果是研究的最终成果，其中研究结论是研究结果的关键。研究结论通常是从研究结果中提取出来的，是对研究结果进行高度概括的原理或者判断，是研究成果的集中体现。研究结

① 付杰:《常用文体与科研论文写作》，204 页，成都，西南交通大学出版社，2012。

论应真实客观，简洁明了，具有高度的概括性和充分的科学性。对资料的分析和总结一般有其内在的逻辑，应紧紧围绕论点展开，观点鲜明，重点突出，言之有理。论据真实充分，论证环环相扣。

研究结果应对教学实践有一定的促进作用，教育科学研究最重要的意义就在于此。因而，在对研究结果进行探讨和解释的同时，也要提出有针对性的建议或策略，以改进教育教学实际。

研究者应认识到，即便是在理论和成果支持的基础上展开谈论，个人思考仍有一定的主观性和片面性，或是研究的理论基础、方法等有局限性，或是实验范式的选用、变量操作、被试选择等欠缺严谨性，导致研究结果出现偏差，且研究得出的结论可能只是阶段性成果，甚至在后续的研究中有被推翻的可能。因而，研究常常会存在不足之处，需要后续研究进行补充或证实。研究的不足、后续研究设想为该领域研究的完善提供了更多可能性。各领域研究的发展和进步就是在前赴后继的研究者的不断研究中稳步前行的。

第四节 课题结题

结题虽是课题研究的最后一个程序，却是相当重要的一个环节，它不仅是研究者对整个研究过程的全面总结，也是研究者向相关部门汇报和展示本课题研究成果与价值的重要途径。[①] 课题结题对下一阶段的课题研究和管理也能够提供参考意见。课题性质不同，课题管理部门不同，结题管理办法也不同。研究者可依据所申请课题进行选择。

一、课题结题的作用

(一)验证课题研究成果

课题顺利结题后，相关部门一般会颁发课题结题证书或其他形式的结题证明。课题结题证书(证明)是课题研究成果通过验证、准予结题的凭证，意味着课题研究达到

① 朱德全:《教育研究方法》，23页，重庆，重庆出版社，2006。

验收标准，受到了课题管理部门的认可，课题研究顺利结束。有些课题由于人员变动、资金不足、未取得成果等原因，没有达到结题标准，就无法结题，也无法再继续研究。课题立项后，课题负责人及课题组成员应积极参与到课题研究中，根据要求在课题结题时间限制内完成各项研究任务，以免前功尽弃，造成精力和财力的浪费。

(二)促进课题研究人员专业化发展

从课题选题、课题申请、课题开题、课题实施到课题结题，课题组成员经历了整个课题研究过程，对所研究的领域花费了较多的时间和精力，对课题研究认识深入、了解透彻。研究人员可能有着不同的研究背景和研究经验，为达到研究目的，在课题研究过程中相互切磋，共同讨论，碰撞出思想的火花，专业化得到了提升。课题研究的过程，也是课题组成员专业化发展的过程。课题结题证书(证明)对于教师来说，可作为申报其他研究项目、评奖评优、职称晋升等的重要依据。

二、课题结题的形式①

(一)通信结题

通信结题是课题负责人按照结题报送材料的要求，将材料报送相关课题管理部门后，课题管理部门负责组织寄送给相关专家进行鉴定，鉴定专家分别提出个人书面鉴定意见、分项评定成果等级，提出能否通过课题研究成果鉴定的明确意见。鉴定组织单位再根据鉴定专家的多数意见确定课题研究成果是否通过鉴定。鉴定结果由课题管理部门返回给课题负责人。通信结题的缺点在于耗时比较长，而且不利于讨论；但是通信结题的成本比较低，并且专家能够比较真实地给出自己的评审意见，不易受其他不良因素的影响。

(二)会议结题

会议结题是指通过召开会议的形式对所申报的课题研究成果进行鉴定。与通信结题相比，会议结题的成本比较高，专家在评审时容易受其他人的影响而使评审的真实性有所降低；但是会议结题也具有通信结题不具备的优势，即它有利于课题负责人与评审专家之间进行对话与交流，有利于评审专家之间相互讨论。会议结题是较为常见的一种结题形式。

---

① 朱德全：《教育研究方法》，45页，重庆，重庆出版社，2006。

(三)现场结题

现场结题是指课题鉴定专家组到课题承担单位通过听取报告、观看演示、查阅资料、进行有关测试、考察、与师生座谈等方式对课题研究成果进行鉴定。现场结题可以使评审专家更直观、深入、具体地了解课题研究开展的实际情况以及课题研究所获取的研究成果，但是现场结题是三种结题方式中成本最高、操作起来最复杂的一种方式，这影响了其使用率。

三、结题报告的一般程序

(一)申请

课题研究任务完成后，课题负责人可以申请结题。最终成果须先查重复率，然后申请鉴定，通过鉴定后予以验收结题。课题结题时，由课题负责人向课题管理部门提出书面申请报告，递交结题报告的主要目的在于提出结题要求。例如，《山东省教育科学规划课题暂行管理办法》指出，结题申请报告包括课题基本情况，工作报告(研究的主要过程和活动，研究计划执行情况，研究变更情况，成果的出版、发表情况及转载、采用、引用情况等)，阶段成果建议回避鉴定的专家名单，申请免于鉴定的理由，课题资助经费总决算，课题负责人所在单位科研管理部门审核意见，山东省教育科学规划领导小组办公室意见，山东省教育科学规划领导小组办公室验收、审批意见等。

课题负责人在申请结题鉴定时，应会同所在单位财务部门结算该课题收支账目，填写课题经费结算表。

(二)审查

结题申请发起后，由课题管理部门或委托部门受理，组织机构人员对课题研究过程、研究结果等进行检测，并对课题负责人提交的课题结题资料进行审核。审查阶段是对研究成果进行初步的结题资格认定的阶段，依据相关的课题管理办法检测课题实施的效果如何。审查多采用资料查阅的方式，必要时也会采用问卷调查、个别访谈、座谈会等方法。

(三)鉴定

审查通过，课题研究进入成果鉴定阶段。成果鉴定工作由课题评审专家组成员组成的评审小组承担。参与课题评审的课题评审专家组成员可从专家库中抽取，也可根据实际需要，特聘专家。课题评审工作应严格按照评审程序，客观、公平、公正地进行。

四、结题报告的格式规范

结题报告在课题结题之后撰写。课题性质不同，结题报告的格式规范也不相同。研究者在申请课题时，相关课题管理部门已对结题报告的格式和内容进行了规范。研究者在书写结题报告时，需严格参照课题项目要求。结题报告内容主要包括研究背景、研究的主要内容、研究结论、讨论等。

本章小结

进行特殊教育课题研究，首要步骤是课题申请。课题申请需要制定课题研究方案、撰写课题申请书。设计的课题研究方案是研究者为完成研究任务，在正式开展研究之前对整个课题研究工作进行的基本构想和总体规划。其内容包括课题名称、研究背景与意义、研究目的、国内外研究现状、研究对象、研究内容、研究方法、研究步骤、预期研究成果、课题组成员及分工情况、经费预算与条件要求、参考文献等。研究者要获得相关部门的许可和经费资助，需要填写课题申请书以供课题管理部门评审。课题申请书涵盖基本信息、负责人和课题组主要成员情况及相关重要研究课题、课题设计论证、研究基础和条件保障、预期研究成果、经费预算等。课题立项后，研究者需召开开题报告会，通过开题进行再论证。课题的实施是按课题设计进行实际操作的过程，也是将研究方案现实化、具体化的过程，包括收集资料、整理资料、分析总结资料三个环节。课题结题是课题研究的最后一个程序，有通信结题、会议结题、现场结题等形式。课题结题由课题负责人向课题管理部门递交书面结题报告，课题结题资料通过审核后，由课题评审小组进行成果鉴定。

复习思考题

一、单项选择题

1. 量化研究对经过整理的数据资料进行分析研究，并把分析的结果用数据、图表或统计量数简明地表现出来。以下属于量化研究的是(　　)。

A. 归纳　　　　B. 统计分析

C. 推理　　　　D. 比较

2. 进行特殊教育课题研究的起点是(　　)，它决定了研究工作的主攻方向，影响预期研究结果。

A. 形成研究假设　　B. 拟定研究目的

C. 选择研究主题　　D. 整理研究资料

3. 下列不属于结题报告的一般程序的是(　　)。

A. 评估　　B. 审查　　C. 鉴定　　D. 申请

二、简答题

1. 简述如何选择课题研究方向。

2. 在课题实施时，如何收集资料?

3. 简述课题研究方案的内容。

三、论述题

1. 阐述课题开题的一般程序。

2. 撰写课题申请书有哪些注意事项?

3. 研究假设还有哪些特点?

本章阅读书目

1. 陈向明．教育研究方法．北京：教育科学出版社，2013.

2. 杜晓新，宋永宁．特殊教育研究方法．2 版．北京：北京大学出版社，2015.

3. 王高飞，李梅．社会调查理论与方法(实践)．哈尔滨：哈尔滨工程大学出版社，2016.

主要参考文献

[1]董奇．如何选择研究课题[J]．心理发展与教育，1989(2).

[2]付杰．常用文体与科研论文写作[M]．成都：西南交通大学出版社，2012.

[3]耿申．课题研究方案设计[M]．合肥：安徽教育出版社，2004.

[4]王高飞，李梅．社会调查理论与方法(实践)[M]．哈尔滨：哈尔滨工程大学出版社，2016.

[5]赵清福，赵玉菡．走进课题研究：教育科研实施操作指南[M]．黑龙江：黑龙江人民出版社，2007.

[6]朱德全．教育研究方法[M]．重庆：重庆出版社，2006.

第十五章

特殊教育课题研究示例

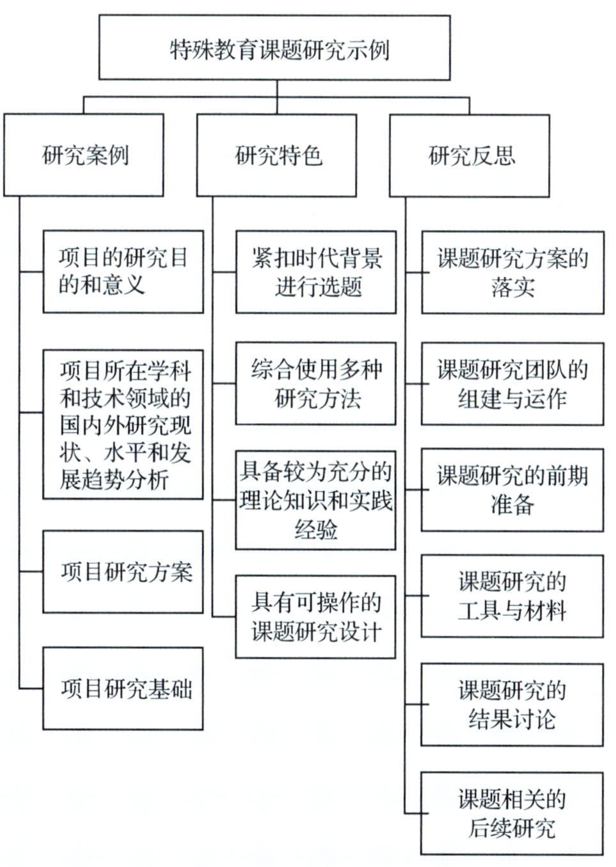

导　读

特殊教育课题研究是以实践为导向的科学研究活动。本章主要以一项高校中青年教师科研基础能力提升项目为例，介绍特殊教育课题申报及研究过程的主要内容。学习本章内容，主要是要了解特殊教育课题申报书的主要内容和格式，掌握特殊教育课题研究申报书的撰写技巧，以及基于课题研究方案开展特殊教育课题研究的能力，并学会在特殊教育课题研究过程中进行反思。学完本章，你应该能做到：(1)能够根据相关要求撰写格式规范、质量高的特殊教育课题申报书；(2)能够按照课题研究方案开展课题研究；(3)学会在特殊教育课题研究过程中不断反思。

第一节 研究案例

特殊教育课题研究是以实践为导向的科学研究活动。特殊教育课题研究不是纸上谈兵，研究者要将所申请的研究课题付诸实施，不能停留在理论学习阶段。本章主要以一项高校中青年教师科研基础能力提升项目为例进行介绍，以期为研究者开展特殊教育课题研究提供借鉴。该课题为广西壮族自治区教育厅 2019 年度广西高校中青年教师科研基础能力提升项目，课题题目为“广西普通学校资源教室建设与运作的现状及发展研究”(课题批准号：2019KY0409)。以下是该课题研究的基本信息。

一、项目的研究目的和意义(限 400 字以内)

(一)研究目的

进行普通学校资源教室建设与运作是近年来国家特殊教育政策的要求与导向。国家《第二期特殊教育提升计划(2017—2020 年)》明确规定，“重点选择部分普通学校建立资源教室，配备专门从事残疾人教育的教师……其他招收残疾学生 5 人以上的普通学校也要逐步建立特殊教育资源教室”。《广西壮族自治区第二期特殊教育提升计划实施方案(2017—2020 年)》(以下简称《广西二期提升计划》)也明确提出了“实施普通学校资源教室建设工程”的任务。全区 6～15 岁随班就读人数有 13 626 人，但区级立项建设的资源教室仅有 17 间，各市资源教室建设进展缓慢。因此，本研究主要探讨广西壮族自治区普通学校资源教室建设与运作的现状及发展问题，完善随班就读支持保障体系，提高随班就读质量，以促进广西壮族自治区融合教育的发展。

(二)研究意义

1. 实践意义

本研究主要了解了广西壮族自治区普通学校资源教室建设与运作的现状。其实践意义在于，一是探究资源教室的实施情况及其存在的问题，为各级教育行政部门开展切实有效的随班就读教育工作提供依据；二是总结资源教室建设与运作的成果和经验，为资源教师的教育教学活动提供借鉴和参考。

2. 理论意义

融合教育是特殊教育领域较新的研究内容，我国融合教育理论的发展尚待进一步完善。资源教室作为融合教育实施的重要教育措施，同样也在发展进程中。通过分析普通学校资源教室的建设与运作路径、建设与运作中存在的问题，构建普通学校资源教室促进模式，进而完善资源教室方案设计的理论基础，促进随班就读支持保障体系的理论研究。

二、项目所在学科和技术领域的国内外研究现状、水平和发展趋势分析(限 3 000 字以内)

(一)国内外研究现状分析

1. 国外研究现状分析

1913 年，美国学者罗伯特·欧文(Robert Irwin)最早提出资源教室的概念，以帮助视觉障碍儿童在普通学校就学，随后部分欧美国家的中小学开始设计辅导普通班中重听儿童的方法，但因效果不明显，相关方法没有被继续采用。20 世纪 50 年代，多数中小学也利用资源教室方案对轻度智力障碍儿童展开辅导。1962 年，美国特殊教育学家雷诺兹(Reynolds)提出了层级式“特殊教育方案的组织结构”模式，强调了资源教室方案的作用。1968 年，邓恩(Dunn)批评了特殊班的缺点，并提出资源教室方案。20 世纪 70 年代，资源教室的研究逐渐系统化，如探讨资源教室的基本理念、管理、课程设置与开展、教学效果评估、资源教师素质与培养等。20 世纪 80 年代，资源教室的研究开始向纵深方向发展。20 世纪 90 年代后，研究者主要关注资源教室的教学效果。

2. 国内研究现状分析

在我国台湾地区，融合教育开展较早，拥有相对成熟的资源教室方案。1967年，我国台湾地区就开始以巡回辅导的方式协助在普通学校就读的视觉障碍儿童；1975年，台北市新兴中学成立启聪资源教室，随后很多中小学校也陆续开始设置类别不一的资源教室方案；1978年，我国台湾地区正式推行资源教室方案，每个县市各指定一所学校办理并委托给师范大学培训资源教室教师。奎媛、雷江华研究发现，我国台湾地区资源教室的发展具有以下特点：资源教室建设以规章为准绳，服务对象包括天资优异的对象与有身心障碍的对象两类，根据特殊教育学生的需求安排弹性化的课程与教学介入，重视以服务质量为导向的定期检视与追踪辅导，强调协同合作咨询模式，强调资源教室空间设计，注重资源教师多重角色定位；但存在定位不清、天资优异与身心障碍类差异较大、建设质量地区差异较大、资源教师负担过重等问题。

从理论研究与实践探索的角度来看，对我国大陆地区资源教室的建设与运作情况进行分析，可分为资源教室建设与运作理论研究的现状分析、各地区资源教室建设与运作的研究现状分析两个方面的内容。

其一，资源教室建设与运作理论研究的现状分析。在资源教室建设方面，杨希洁具体介绍了资源教室环境建设和设备配置原则；陈丽江指出，建设资源教室应充分利用学校已有资源，注重资源教师的培养，拓展资源教室服务范围；彭霞光认为，资源教室的建设应按照“学校、学区/乡镇、县区”的发展顺序，分步推进，基本形成布局合理的三级支持保障体系与网络。研究者从基本原则、设立条件、职能定位、人员配置与待遇、设备配置、管理与使用等方面为资源教室建设与运作提出了建议。在资源教室运作方面，邵立锋指出，应立足资源教室，从特殊儿童需求、资源教室功能、资源伙伴协助推进个别化教育计划几个方面探讨资源教室的制度和实施方案；刘瑞霞认为，应在班级中设立分工负责的“小岗位”，促进儿童能力的增长，开发资源教室空间、物质、人力资源，以建立多维度的联系来提高资源教室的利用率；杨国兴等人认为，应通过设置补充课程、推动系列活动、多元评估促使资源教室发挥最大化功能；陈惠芬、钱华婷认为，应通过软件支持、用评估指导实践、充分利用资源、发挥教育合力、开展多元训练等方式来积极探索农村地区资源教室的运作方式。

其二，各地区资源教室建设与运作的研究现状分析。北京、上海、四川等地已开展资源教室建设。从北京市来看，资源教室方案理论的发展逐渐完善，建设与运作渐趋完备，但仍存在需解决的问题。北京市研制出了资源教室办学条件标准细则，架构出了学校资源教室、学区资源中心、区级特教中心、市级特教中心四级运作原则。杨希洁、徐美贞调查发现，北京市开办资源教室有如下几方面需要关注的内容：加强对资源教师的专业教学知识和技能的培训，系统收集、研制有效的诊断评估工具，减少资源教师的兼任职务，正确计算资源教师的工作量。孙颖分析了北京市资源教室建设现状后指出，北京市资源教室建设面临如下问题：随着随班就读学生的毕业、升学，缺少服务对象的资源教室自行消失或解散，人们对资源教室的建设与运作缺乏规划与管理，资源教室成为有名无实的摆设，且资源教师缺乏特殊教育的相关背景，缺乏基础教育学科教学的基本技能。上海市资源教室建设方案渐成体系，设施设备完善，但在实施过程中依然存在种种问题。李娜、张福娟分析了上海市资源教室硬件配备、资源教师的基本情况，系统研究了有关资源教室教学、管理和评估以及资源教室方案的实施态度等问题；程辰对上海市资源教室设置和运作进行了调查研究，发现了有些资源教室硬件配置良好但功用性较差，资源教师教学服务观念已改变但教学技术有待提高，资源教师专业知识缺乏且培养机制亟须完善，师资管理系统不完善等问题。从成都市来看，李妍伶对成都市各区域落实资源教室方案的工作现状进行了分析，了解到当前资源教室建设存在资源教室硬件设施功能不健全、资源教师专业性不足、评估机制不完善、学校支持力度不足、专项经费没有落到实处等问题。

3. 研究述评

以美国为首的欧美国家资源教室建设较早，发展已较为完善。随着融合教育的发展，资源教室逐渐成为解决融合教育发展问题的重要途径。从 20 世纪 70 年代起，国外学者开始系统地研究资源教室的基本理念、管理、课程设置与开展、教学效果评估、资源教师素质与培养等问题，尤其注重研究资源教室的教学效果，以提升融合教育的质量。

我国台湾地区资源教室建设也较早，以相关规章为准绳，不仅关注有身心障碍的儿童，还关注天资优异的儿童，强调适宜的课程与教学及其评估、协同合作咨询模式、资源教室空间设计等问题，注重资源教师多重角色的定位。20 世纪，我国台湾地区特殊教育发展深受西方国家的影响，发展较快，融合教育尤为瞩目，而资源教室在融合教育发展中扮演了重要的角色。我国大陆地区与台湾地区有相同的文化背景，可以借鉴台湾地区成功的资源教室建设方案。

我国大陆地区资源教室的理论研究获得了较大发展，为资源教室建设与运作打下了良好的理论基础。虽然大陆地区较早地实施随班就读政策，但早期随班就读教育政策主要解决的是特殊儿童入学率的问题，直到近年来随班就读教育质量才逐渐得到重视。资源教室体系的建设与运作仍处于初步发展阶段，缺乏丰富的实践经验和可借鉴的成功范例。教育者与研究者都努力探讨在普通学校实施随班就读教育的有效策略，而建设资源教室被认为是提高随班就读教育质量的重要措施。资源教室建设还存在很多问题，如资源教室建设与运作、服务效果、设备的使用和规范、教学与管理、评估、康复训练、资源教师专业发展、教师待遇等方面的问题，尚未形成完善的运作模式。

在建设资源教室实践方面，北京、上海和成都等地已普遍建立资源教室并取得了不俗的成绩，其建设经验具有指导性的借鉴意义。

(二)国内外研究水平分析

总体来说，国外关于资源教室的研究取得了丰富的成果，研究水平较高，已建立了较为系统化的研究体系，以促进融合教育的发展。我国台湾地区关于这方面的研究也较为系统，为大陆地区建设资源教室提供了很多有指导性的建议。相对来说，我国大陆地区这方面的发展及研究都较为落后，大部分地区仍处于起步阶段，只有一些较为发达地区的资源教室方案较为完善。《广西二期提升计划》发布后，广西壮族自治区开始重视资源教室的建设。但因只有几所随班就读学校建立或正在建立资源教室，因此亟须开展系统化的研究，以探索资源教室建设与运作的有效途径。

(三)国内外研究发展趋势分析

资源教室的发展有其内在的规律。虽然我国资源教室研究发展较慢，但国内外研究呈现出了相同的发展趋势：(1)探索资源教室建设与运作的有效途径，提升融合教育的质量；(2)制定有效的资源教室课程内容，实施有效的资源教室教学策略；(3)完善资源教室的评估体系，建立有效的个别化教育计划；(4)探讨有效的资源教师培养模式，提高资源教师的专业素质；(5)关注不同经济、文化背景下资源教室建设的问题，大范围地建立资源教室。

三、项目研究方案(限 3 000 字以内)

(一)研究目标、研究内容和拟解决的关键问题

1. 研究目标

本研究的目标是基于广西壮族自治区贯彻落实《广西二期提升计划》的基本目标，诊断出广西壮族自治区普通学校资源教室建设与运作的现状，系统分析广西壮族自治区普通学校资源教室建设与运作过程中存在的问题，提出切实可行的普通学校资源教室建设与运作策略，构建广西壮族自治区普通学校资源教室建设与运作的促进模式，完善随班就读支持保障体系，提高随班就读质量。

2. 研究内容

在实施《广西二期提升计划》的第一年，广西壮族自治区一些随班就读学校已建立资源教室，但资源教室建立之后，如何使用资源教室呢？此外，一些随班就读学校也有意向或正在筹备建设资源教室，他们在筹备建设资源教室过程中存在哪些问题，又

将如何解决这些问题呢？因此，本研究在具体内容上包括如下四个部分。

第一，广西壮族自治区普通学校资源教室建设与运作现状诊断。

对广西壮族自治区普通学校资源教室建设与运作现状进行诊断，需要了解广西壮族自治区普通学校资源教室的实际发展情况。首先，拟以广西壮族自治区有意向建设资源教室的随班就读学校为对象，了解这些学校在筹备建设资源教室过程中存在的问题；其次，以个案研究的形式探讨正在筹备建设资源教室的随班就读学校在建设资源教室过程中存在的问题；最后，以个案研究的形式探讨已建设资源教室的随班就读学校在运作资源教室过程中存在的问题。

第二，广西壮族自治区普通学校资源教室建设存在的问题分析。

广西壮族自治区普通学校资源教室建设存在很多问题。对这些问题进行分析，有助于解决资源教室建设困境。一方面，了解广西壮族自治区有意向或正在筹备建设资源教室的随班就读学校在建设资源教室过程中存在的问题，拟从政策、资金、教育行政主管部门、随班就读学校及其领导与教师、资源教师等角度系统分析出现这些问题的深层次原因；另一方面，了解已建设资源教室的随班就读学校在使用资源教室过程中存在的问题，拟从政策、资金、教育行政主管部门、随班就读学校及其领导与教师、资源教师、软件和硬件设备、特殊儿童评估及个别化教育计划、课程与教学等角度系统分析出现这些问题的深层次原因。

第三，构建广西壮族自治区普通学校资源教室建设的促进模式。

依据前述现状诊断、问题分析等研究事实，结合广西壮族自治区随班就读教育发展的实际情况，尝试从政策、资金、教育行政主管部门、随班就读学校及其领导与教师、资源教师、软件和硬件设备、特殊儿童评估及个别化教育计划、课程与教学等角度提出切实可行的普通学校资源教室建设与运作策略，从而构建出广西壮族自治区普通学校资源教室建设与运作的促进模式。

第四，验证广西壮族自治区普通学校资源教室建设促进模式的实施效果。

拟选择一个有意向或正在筹备建设资源教室的普通学校作为研究对象，结合上一步所得的研究策略，采用行动研究的方法建设资源教室，从而验证策略的有效性。

3. 拟解决的关键问题

为了顺利实现《广西二期提升计划》中关于建设资源教室的目标，了解并分析目前广西壮族自治区普通学校在建设与运作过程中存在的问题，为各级教育行政部门开展切实有效的随班就读教育工作提供事实依据，是本研究拟解决的关键问题之一。

除此之外，基于本研究课题的事实资料，结合随班就读教育发展的实际情况，尝试提出切实可行的普通学校资源教室建设策略，构建广西壮族自治区普通学校资源教室建设的促进模式，这是本课题研究力图解决的关键问题，也是本课题研究的最终目的所在。

(二)拟采取的研究方法、技术路线、实验方案及可行性分析

1. 研究方法

本课题研究采用文献研究与调查研究相结合、定量研究与定性研究相相合、个案研究与行动研究相结合的方法。对课题研究所收集的文献和研究资料进行定性分析与定量分析。

在定性分析方面，主要选用了文献分析、国际比较、质性焦点访谈、德尔菲法等。首先，通过文献分析、国际比较，了解发达国家和地区建设资源教室的经验，综述前人的研究成果，掌握资源教室的相关理论内容，为课题研究积累丰富的理论资料；其次，编制访谈提纲，通过质性焦点访谈，深度挖掘资源教室建设与运作过程中出现的问题及其深层次原因；最后，通过德尔菲法，分析广西壮族自治区普通学校资源教室建设与运作的发展状况，构建广西壮族自治区普通学校资源教室建设与运作的促进模式。

在定量分析方面，研究主要采用问卷法、访谈法、个案研究等调查研究方法。首先，通过自编问卷展开调查，了解广西壮族自治区有意向或正在筹备建设资源教室的普通学校在建设资源教室过程中的困境与存在的问题；其次，通过个案访谈，以量化的数据资料来研究资源教室建设与运作过程中出现的问题并分析其原因。最后，利用SPSS统计软件对问卷调查、个案访谈的量化数据结果进行统计分析。

此外，基于行动研究和个案研究，选取一所有意向建设资源教室的随班就读学校开展普通学校资源教室建设与运作促进模式和实施路径的行动研究，使用循证式开发法，以保证普通学校资源教室建设与运作促进模式和实施路径的有效性评价的科学性与可行性。为此，共设计四次循环开发，通过专家对促进模式和实施路径的四次修订，形成四次循环：开发或修订→建立→实施→评估。在具体的效果评价中，使用准实验设计，遵循“评价—实施—再评价”的范式，检视实施策略的有效性。

2. 实验方案与技术路线

第一步，通过文献检索、整理与分析，掌握国内外相关研究已有的成果与发展趋势，对当前研究的主要成果加以述评，选择课题研究主题和方向，明确本课题研究的目的与研究内容。

第二步，基于研究目的，召集课题组成员，共同商议；选取适当的研究方法、研究工具及研究对象。

第三步，制定课题研究方案，提交课题申请书，召开开题报告会。

第四步，开展初步调研，拟定调查问卷与访谈提纲。

第五步，开展实证研究，通过问卷调查了解广西壮族自治区有意向或正在筹备建设资源教室的普通学校在建设资源教室过程中存在的问题，收集调查数据；选出典型

个案，以质性焦点访谈的形式分析并深度挖掘资源教室建设与运作过程中出现的问题及其深层次原因。

第六步，基于前面的实证分析结果，提出切实可行的普通学校资源教室建设与运作策略，构建广西壮族自治区普通学校资源教室建设与运作的促进模式。

第七步，开展行动研究，以实践的形式将研究成果在教育教学中加以实施，通过实际运用的效果评价提高模式和实施路径的有效性。（图 15-1）

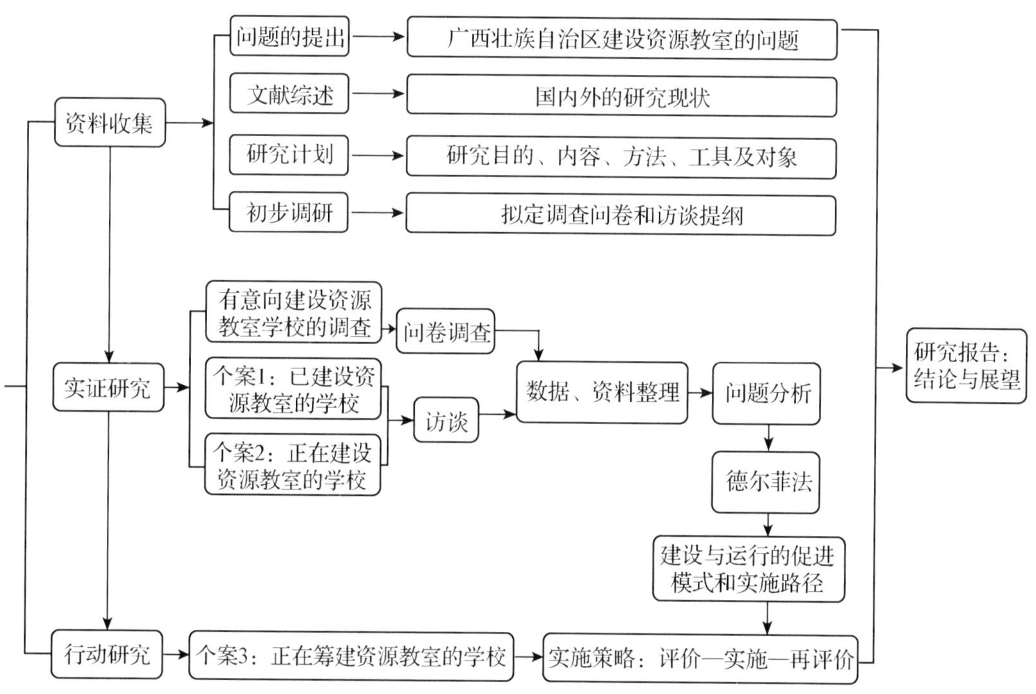

图 15-1　研究路径图

3. 可行性分析

第一，政策支持。党的十九大报告、《第二期特殊教育提升计划(2017－2020)年》《广西二期提升计划》为开展本课题研究提供了政策支持。

第二，理论准备。已有的研究成果为本课题研究提供了理论依据，课题研究有充分的理论支持；课题组成员以具有特殊教育专业相关背景的为主，具有较为扎实的专业基础知识，能为本课题的有效开展提供必要的专业人员保障。

第三，实践准备。部分课题组成员来自一线学校，直接参与过建设资源教室，专业技能扎实，拥有丰富的实践经验；部分课题组成员组织或参与过其他相关的课题研究，具有从事该方向课题研究的实践运用能力。这都为本课题的有效开展提供了所需的实践基础。

第四，研究对象。一些一线随班就读学校是课题负责人所在单位高校特殊教育专业学生的见习、实习基地，且课题组成员也包括一线随班就读学校的领导或教师，因此便于筛选被试和实施调查研究、询证研究，这也有利于课题的开展和实施。

第五，研究方案。该课题的研究设计已较为成熟，研究思路、研究目标、研究内容、研究方法、研究对象清晰，课题研究方案明确，前期准备工作基本完成，有利于在实施阶段按部就班、有条不紊地开展研究。

4. 课题研究进度安排

为确保研究的顺利进行，本课题研究按六个阶段进行，力图在两年内完成理论分析与探索(阶段一至阶段三)、策略发展与实践(阶段四、阶段五)以及研究总结和总体研究报告的撰写(阶段六)(表 15-1)。

表 15-1　课题研究的六个阶段

<table>
<tr><th rowspan="4">阶段</th><th rowspan="4">工作内容</th><th colspan="10">年度</th></tr>
<tr><th colspan="4">2019</th><th colspan="4">2020</th><th colspan="2">2021</th></tr>
<tr><th colspan="10">季度</th></tr>
<tr><th>1</th><th>2</th><th>3</th><th>4</th><th>1</th><th>2</th><th>3</th><th>4</th><th>1</th><th>2</th></tr>
<tr><td>第一阶段</td><td>文献综述，理论研究</td><td></td><td></td><td></td><td></td><td></td><td></td><td></td><td></td><td></td><td></td></tr>
<tr><td>第二阶段</td><td>制订研究计划，初步调研，拟定调查问卷与访谈提纲</td><td></td><td></td><td></td><td></td><td></td><td></td><td></td><td></td><td></td><td></td></tr>
<tr><td>第三阶段</td><td>实证研究：问卷调查、个案访谈</td><td></td><td></td><td></td><td></td><td></td><td></td><td></td><td></td><td></td><td></td></tr>
<tr><td>第四阶段</td><td>数据、资料整理，提出解决问题的策略</td><td></td><td></td><td></td><td></td><td></td><td></td><td></td><td></td><td></td><td></td></tr>
<tr><td>第五阶段</td><td>行动研究：开发或修订→建立→实施→评估、“评价—实施—再评价”</td><td></td><td></td><td></td><td></td><td></td><td></td><td></td><td></td><td></td><td></td></tr>
<tr><td>第六阶段</td><td>研究总结、总体研究报告的撰写</td><td></td><td></td><td></td><td></td><td></td><td></td><td></td><td></td><td></td><td></td></tr>
</table>

5. 预期的研究成果及成果形式

重大项目的理论性研究成果需注明预期水平、社会效益和影响；应用性研究成果需注明其应用前景、能达到的技术指标、潜在的经济效益等。

本研究拟完成以下研究任务(表 15-2)。

表 15-2　研究任务

序号	成果性质	完成时间	成果名称	成果形式
1	阶段性成果	2019 年 3 月	资源教室方面理论研究性的文章	期刊论文
2		2019 年 12 月	广西普通学校资源教室建设与运作的问题及对策研究	期刊论文
3		2020 年 3 月	广西普通学校资源教室建设与运作的个案研究	期刊论文
4	最终成果	2020 年 10 月	广西普通学校资源教室建设与运作的现状及发展研究	研究报告

四、项目研究基础(限 2 000 字以内)

(一)与本项目有关的研究工作积累和已取得的研究工作成绩

1. 研究工作积累

(1)课题负责人和部分课题组成员参与了“南宁市教育科学‘十三五’规划课题：小学资源教室课程资源初步开发与应用”的研究。

(2)课题负责人和部分课题组成员指导过学生进行“广西高校大学生创新创业计划项目：南宁市资源教室建设的问题及对策研究”的研究。

(3)相关高校特殊教育专业与一些随班就读学校建立了见习、实习基地，课题研究基地有所保障。

(4)课题组已通过文献综述的形式了解了国内外建设资源教室的研究现状、水平和发展趋势。

2. 已取得的研究工作成绩(列举课题组成员与本课题相关的科研成果，略)

(二)已具备的实验条件或资料准备情况，尚缺少的实验条件或资料及拟解决的途径

1. 已具备的实验条件或资料准备情况

(1)课题负责人所在单位图书馆拥有馆藏纸质图书 183.39 万册、电子图书 159.69 万册、光盘资料 2.3 万多盘，中外文期刊 2 200 余种，中外文数据库 26 个，为课题的顺利开展提供了强大的文献资料和理论基础支持。

(2)课题组成员以具有特殊教育专业相关背景的为主，具有较为扎实的理论基础，能为本课题的有效开展提供所需的理论基础。

(3)课题组已通过文献综述的形式了解了国内外建设资源教室的研究现状、水平和

发展趋势，对课题研究相关领域已有研究成果有较全面和深入的认识。

(4)部分课题组成员来自一线学校，直接参与过建设资源教室，拥有较充足的实践经验，能够在课题研究中收集大量、准确的信息，进行深入探究，取得更丰富、质量更高的研究成果。

(5)部分课题组成员组织或参与过其他相关的课题研究，具有该方向课题研究的实践经验。

(6)相关高校特殊教育专业与一些随班就读学校建立了见习、实习基地，研究基地有所保障，易于实施课题研究。

2. 尚缺少的实验条件或资料及拟解决的途径

(1)单位图书馆与特殊教育专业相关的图书、资料都还比较少，拟通过外校图书馆及人脉资源了解国内外关于资源教室的最新研究成果。

(2)本课题研究还未掌握《广西二期提升计划》中已建设和计划建设随班就读资源教室的学校的具体名单，拟通过广西壮族自治区教育厅等相关行政部门了解。

第二节 研究特色

一、紧扣时代背景进行选题

进行普通学校资源教室建设与运作是近年来国家特殊教育政策的要求与导向。党的十九大报告、《第二期特殊教育提升计划(2017—2020年)》《广西二期提升计划》等明确指出在普通学校中建立资源教室，促进融合教育的发展。资源教室建设与运作成为特殊教育研究的焦点问题。研究者以这些政策为出发点，初步调查了广西壮族自治区普通学校资源教室的发展现状，了解到广西壮族自治区资源教室建设与运作在实施过程中存在很多亟待解决的问题，故以此为选题开展研究，提出切实可行的普通学校资源教室建设与运作策略，构建广西壮族自治区普通学校资源教室建设与运作的促进模式。

二、综合使用多种研究方法

在进行课题研究时，研究者需综合使用多种研究方法，以保证研究过程的科学性。

特殊教育学本身就是一门交叉学科，沿用了社会学、心理学、语言学等学科的研究方法。普通学校资源教室建设与运作的课题研究，主要采用文献研究与调查研究相结合、定量研究与定性研究相结合、个案研究与行动研究相结合的方法。定性分析，主要包括文献分析、国际比较、质性焦点访谈、德尔菲法等。在定量分析方面，研究者主要采用问卷法、访谈法、个案研究等调查研究方法。此外，基于行动和个案研究，研究者选取一所有意向建设资源教室的随班就读学校开展普通学校资源教室建设与运作促进模式和实施路径的行动研究，使用循证式开发法，以保证促进模式和实施路径的有效性评价的科学性与可行性。

三、具备较为充分的理论知识和实践经验

在理论知识方面，研究者通过文献分析、国际比较，了解了发达国家和地区建设资源教室的经验，综述前人的研究成果，掌握资源教室的相关理论内容，这为本研究提供了理论依据；课题组成员以具有特殊教育专业相关背景的为主，具有较为扎实的理论基础，能为本课题的有效开展提供所需的理论基础。

在实践经验方面，部分课题组成员来自一线学校，直接参与过建设资源教室，拥有丰富的实践经验；部分课题组成员组织或参与过其他相关的课题研究，具有该方向课题研究的实践经验。这都为本课题的有效开展提供了所需的实践基础。

四、具有可操作的课题研究设计

该课题的研究思路、研究目标、研究内容、研究方法、研究对象的设计和选择已较为清晰明确，实验方案具体可行，有利于有条不紊地开展研究。在研究的前期准备阶段，已针对课题研究方案进行了内部研讨和论证，确保课题研究能够付诸实践。并且，一些一线随班就读学校是课题组研究成员所在学校特殊教育专业学生的见习、实习基地，且课题组成员也包括一线随班就读学校的领导或教师，这些都有利于开展研究。

第三节 研究反思

该课题是一个省教育厅级课题，2019 年 1 月立项并开始实施。从课题选题到课题

申请、课题开题，再到课题实施，研究者及其团队都在努力实现课题研究目标，但该课题研究仍存在一些问题。

一、课题研究方案的落实

研究发现，目前课题研究出现“重申报、轻结题”的现象。课题结题及其成果反映了课题研究的整体水平。因此，研究者需认真贯彻落实课题研究设计方案，保证课题研究的质量。在研究过程中，研究者往往会受到一些主客观因素的影响，课题研究的进程缓慢。首先，其他工作的影响，如繁重的教学工作，使研究者无暇顾及课题研究工作，扰乱了课题研究的进程；其次，有些研究进程会受假期的影响，如学校放假，很难实施对学生进行观察的研究任务，课题研究往往只能暂时告一段落或被迫中止，在假期结束后继续进行课题研究时，可能会难以接续，进而影响研究质量；最后，研究者还会遇到一些事先未预料到的问题，如课题设计不合理、研究对象的选取问题、研究被试的流失、课题组成员变动、课题研究内容不明确、课题研究目的有误、经费使用不当，这些都易导致课题研究难以通过中期审核或结题鉴定，从而无法顺利开展课题研究工作。在此过程中，研究者需努力克服困难，及时处理和解决课题研究中出现的问题，尽可能按照研究方案开展课题研究。

二、课题研究团队的组建与运作

课题研究的顺利开展需要团队同心协力。在课题筹划阶段，课题负责人应合理选择课题组成员，合理安排各成员的工作任务，切实落实课题研究的工作计划。

课题组成员的选择需考虑以下几个因素：(1)课题研究项目对研究团队的要求，包括人数、职称、年龄、学历和单位等；(2)课题组成员开展实质研究的意愿和能力；(3)课题组成员的团队合作精神；(4)课题组成员的研究方向；(5)课题组成员结构的合理性，包括职称、年龄、学历和单位的分布。

课题负责人统筹全局，综合考虑各方因素，合理安排各成员的工作任务。在本课题研究中，课题负责人结合课题组成员的研究专长，细分工作任务为：建构研究理论、设计研究方案、收集数据、分析数据、研究个案、撰写研究报告等。在课题研究实施过程中，课题负责人及课题组成员应充分发挥团队的重要作用，及时沟通并解决课题研究过程中遇到的问题，处理课题研究遇到的困难。每隔一段时间，课题研究团队可进行阶段性的总结，如有问题，应及时调整工作方案。

三、课题研究的前期准备

课题研究的前期准备是课题研究顺利开展的重要基石，也是影响课题成果申报的重要因素。课题申报书要求研究者填写"课题研究项目的研究基础"，包括"与本项目有关的研究工作积累和已取得的研究工作成绩""已具备的实验条件或资料准备情况，尚缺少的实验条件或资料及拟解决的途径"等内容。这些信息不仅体现了课题研究团队的科研能力与水平，也展现了课题研究团队为本课题研究所做的准备，而这些准备有利于课题研究的顺利开展。因此，在开展课题研究之前，研究者应做好相关理论与实践方面的准备，如文献综述和初步调研等。

四、课题研究的工具与材料

要进行课题研究，研究者往往需要使用工具或材料，以收集课题研究资料。例如，在实施问卷调查时，研究者需提前编制或选用问卷；在进行访谈调查时，研究者需提前编制或选用访谈提纲。研究者自行编制问卷或访谈提纲时，需要考虑这些研究工具或材料的适用性，必要时可进行信度和效度检验，并在课题研究结果中进行标注。信度和效度低的课题研究，其结果往往是不可信的。这会导致课题研究的价值大打折扣，影响课题研究的科学性、客观性。

五、课题研究的结果讨论

研究结果的述评是课题研究成果的重要展示形式之一。在实施课题研究时，研究者能够获取较为丰富的文献资料、问卷资料、访谈资料和个案资料等。对这些资料的整理和分析是对研究者学术功底、课题理解程度的考验。研究者对结果的陈述是否明确，对结果的解释是否准确，对结果的评价是否客观，这些都是需要反思的问题。

六、课题相关的后续研究

课题研究反思，不仅对课题研究过程和结果进行客观、深入的分析与评价，找出研究中的问题进行思考或加以解释性说明，而且为后续研究指明方向，提供研究建议。该课题研究主题为普通学校资源教室建设与运作，在后期的研究中，研究者已具备一定的研究基础和经验，可进行与资源教室相关的一系列课题研究；在资源教室相关领域进行多次课题研究，积累一系列相关研究成果，获得系统、深入、全面的研究资料。

本章小结

课题申报书，是课题研究顺利完成的重要基石。在撰写特殊教育课题研究申报书之前，研究者需要充分了解相关课题研究申报的具体要求。一般情况下，课题申报书需要阐述课题研究的意义和目的、相关研究的文献综述、课题研究方案以及课题研究的基础等。在课题申报成功之后，研究者需要根据课题研究方案来开展课题研究。但是，课题研究方案并不是固定不变的。研究者需要根据课题研究的实际情况不断调整课题研究方案。

复习思考题

一、单项选择题

1. 课题研究意义不包括(　　)。

A. 理论意义　　B. 实践意义　　C. 个人意义

2. “本研究主要选用了文献分析、国际比较、质性焦点访谈、德尔菲法等。首先，通过文献分析、国际比较，了解发达国家和地区建设资源教室的经验，综述前人研究的成果，掌握资源教室的相关理论内容，为课题研究积累丰富的理论资料；其次，编制访谈提纲，通过质性焦点访谈，深度挖掘资源教室建设与运作过程中出现的问题及其深层次原因；最后，通过德尔菲法，分析广西壮族自治区普通学校资源教室建设与运作的发展状况，构建广西壮族自治区普通学校资源教室建设与运作的促进模式。”该研究使用了什么研究方法？(　　)

A. 质性研究　　B. 量化研究　　C. 混合研究

3. “本研究通过自编问卷展开调查，了解广西壮族自治区有意向或正在筹备建设资源教室的普通学校在建设资源教室过程中的困境与存在的问题。”该研究使用了什么研究方法？(　　)

A. 问卷调查法　　B. 访谈法

C. 实验研究法　　D. 观察法

二、简答题

1. 文献综述包括哪些内容？

2. 课题研究基础包括哪些内容？

3. 课题研究的可行性可以从哪些方面去判断？

三、论述题

1. 课题研究目标和内容之间具有怎样的逻辑关系?

2. 如何对课题研究进行反思?

本章阅读书目

1. 杜晓新，宋永宁．特殊教育研究方法．2 版．北京：北京大学出版社，2015.

2. 董奇．心理与教育研究方法．修订版．北京：北京师范大学出版社，2004.

在线学习资源

1. 全国教育科学规划领导小组办公室，
http：//onsgep. moe. edu. cn/edoas2/website7/index. jsp。

2. 全国哲学社会科学工作办公室，
http：//www. nopss. gov. cn。

主要参考文献

[1]陈惠芬，钱华婷．农村小学资源教室的建设与运作[J]．现代特殊教育，2008(Z1).

[2]陈丽江．特殊教育学校资源教室的建设[J]．中国特殊教育，2005(8).

[3]程辰．上海市随班就读资源教室方案运作及发展对策研究[D]．上海：华东师范大学，2007.

[4]奎媛，雷江华．我国台湾地区资源教室的发展与启示[J]．中国特殊教育，2016(5).

[5]李娜，张福娟．上海市随班就读学校资源教室建设和运作现状的调查研究[J]．中国特殊教育，2008(10).

[6]李妍伶．成都市随班就读学校资源教室方案建设和运作现状与发展对策研究[D]．成都：四川师范大学，2015.

[7]刘瑞霞．浅谈资源教室的“小岗位”建设[J]．现代特殊教育，2014(11).

[8]彭霞光．随班就读支持保障体系建设初探[J]．中国特殊教育，2014

(11).

[9]邵立锋．资源教室学科补救作业的个别化设计与训练[J]．现代特殊教育，2014(4).

[10]孙颖．北京市资源教室建设现状与发展对策[J]．中国特殊教育，2013(1).

[11]徐美贞，杨希洁．资源教室在随班就读中的作用[J]．中国特殊教育，2003(4).

[12]杨国兴，王国英．提高资源教室运作有效性[J]．现代特殊教育，2011(Z1).

第六部分　学位论文

我国目前实行三级学位制度，从低到高依次是学士学位、硕士学位和博士学位。学位论文是高校本科生、硕士研究生和博士研究生为申请相应学位而提交的书面形式的研究成果。[①] 对于特殊教育专业的本科生、硕士研究生和博士研究生而言，完成符合学位申请水平的学位论文是毕业的重要任务和基本要求，它是作者完成所学专业学习任务之后的标志性成果，也是对各阶段学术水平和研究能力最直接有效的综合性检验和印证。

---

① 曹天生、张传明等：《本科生学士学位论文写作概论》，3 页，合肥，安徽人民出版社，2008。

第十六章

学士学位论文

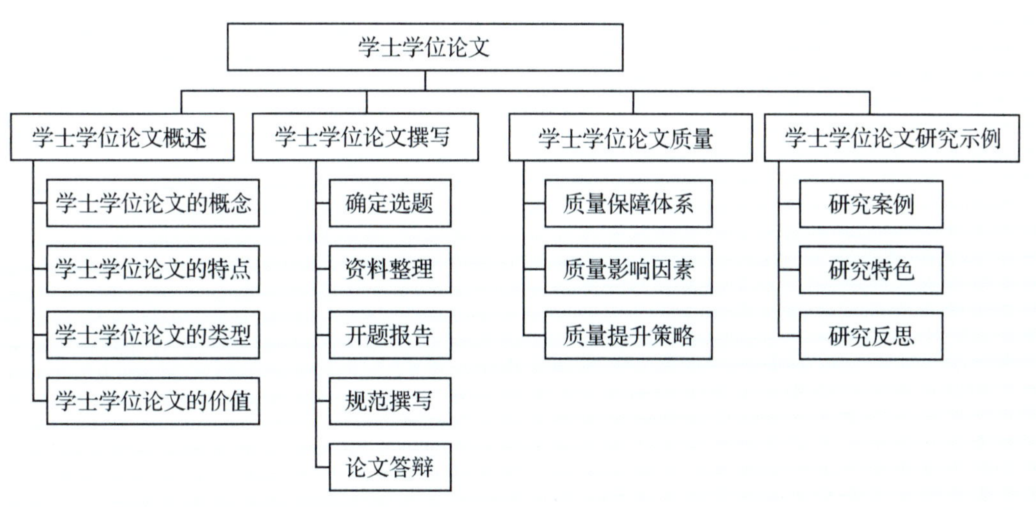

学士学位论文
学士学位论文概述
学士学位论文的概念
学士学位论文的特点
学士学位论文的类型
学士学位论文的价值
学士学位论文撰写
确定选题
资料整理
开题报告
规范撰写
论文答辩
学士学位论文质量
质量保障体系
质量影响因素
质量提升策略
学士学位论文研究示例
研究案例
研究特色
研究反思

导　读

学士学位论文一般要经过选题、开题、实施研究计划并收集资料、撰写初稿、修改定稿以及论文答辩几个环节，在整个工作过程中，需要指导教师分阶段对学生进行指导，帮助学生掌握论文的基本写作方法，培养学术研究素养。学完本章，你应该做到：(1)了解学士学位论文的概念、特点、类型以及价值；(2)掌握学士学位论文的选题途径、材料整理方法、组成结构以及答辩程序；(3)理解学士学位论文质量保障策略。

第一节 学士学位论文概述

特殊教育专业学士学位论文是特殊教育专业学士学位申请者为申请学士学位而提交的学术论文，是学位论文的一种，具备该阶段学位论文的特点。特殊教育专业学士学位论文可以检测特殊教育专业学生在本科阶段的学习成效和研究能力，也能够体现高校特殊教育专业的教学水平，是学生学习阶段和学校教学工作中非常重要的一环。

一、学士学位论文的概念

《中华人民共和国学位条例暂行实施办法》明确规定："高等学校本科学生完成教学计划的各项要求，经审核准予毕业，其课程学习和毕业论文(毕业设计或其他毕业实践环节)的成绩，表明确已较好地掌握本门学科的基础理论、专门知识和基本技能，并具有从事科学研究工作或担负专门技术工作的初步能力的，授予学士学位。"按此规定，高等院校本科生的毕业论文，即可视为学士学位论文。特殊教育专业的学士学位论文是特殊教育专业大学本科阶段专业学习成绩的总括，是对运用大学所学基础知识分析、解决特殊教育这一学科相关问题的实践检验。它需要在专业教师的指导下选题，收集资料，或通过实习，理论联系实际，使特殊教育专业的本科毕业生较好地掌握本学科的基础理论、专门知识和基本技能，并使之具有从事科学研究工作或担负专门技术工作的初步能力。①

特殊教育专业的学士学位论文要求学生抓住反映本学科中某个问题的某一侧面，或当前社会公众所关注的特殊教育焦点问题等，给出言之成理、持之有据的具有一定学术水平的观点和意见，能够基本反映学生目前所具有的学术水平和进行科学研究的能力。在特殊教育专业的学士学位论文中，如果有对本学科领域的某一个问题的独到见解，甚至有重大突破，这样更好，但这不作为对该阶段论文的普遍性要求。学士学位论文篇幅相对较短，通常一万字左右，要通过学校院系组织的答辩。

二、学士学位论文的特点②

(一)示导性

示导性，是指学士学位论文的写作自始至终要在教师的指导下进行，每一环节都需要教师具体指导和引领。学士学位论文特殊教育专业学生大学毕业前的最后一个作业，学生在写作论文前，需要确定指导教师，在教师的帮助下选题，在教师的指导下了解参考文献，找出调查线索，进而由教师审定论文提纲，解答疑难问题，指出论文初稿中存在的问题，提出修改意见等。教师的任务是“示”与“导”，而不是代替学生写作。在写作的过程中，学生在教师的引导下独立地完成学习和创作任务，充分发挥主观能动性和自我创造精神，左右寻思，上下探求，刻苦钻研，反复推敲，最大限度地发挥自身的聪明才智，圆满地完成学士学位论文的撰写任务。

(二)习作性

习作性，是指学士学位论文本质上属于一种分量较重的作业，带有明显的教育目的性和学业规定性。没有论文成绩，就不能毕业或不能申请相应学位。显而易见，专业知识和学士学位论文是有内在联系的，专业知识的学习为论文写作奠定了基础，论文写作是对所学专业知识的综合运用。撰写学士学位论文的目的是培养学生的科学研究意识和素质，提高分析和解决问题的能力，为将来从事学术研究和论文写作打下基础，做好准备，而不是要求论文本身能够解决某种现实问题，也不要求论文必须达到发表水平。对于大多数特殊教育专业的本科学生而言，学士学位论文实质上是在校期间的一种演练，一份习作，并不是正规的学术论文，但是学校必须按照正规学术论文的文体特征和价值功能去对待与要求。

---

① 阎景翰、刘路、张国俊：《写作艺术大辞典》，30页，西安，陕西人民出版社，1990。
② 翟帅：《大学生毕业论文写作》，5～6页，成都，电子科技大学出版社，2017。

(三)考核性

学士学位论文考核、检查的效用十分明显。如果按行业标准进行文体分类，学士学位论文应当归入教育类文体，其在整体质量、水平上不能按正规的学术论文来要求。正规的学术论文是专业人员进行科学研究，记载、表达其科研成果的文章，一般具有较高的学术价值。特殊教育专业学士学位论文由在校学生完成，由于受各方面条件制约，因此其学术水平相对偏低，立意的深度、涉及的广度和切入的力度都是有限的。从考核的意义着眼，每个特殊教育专业的本科学生必须独立完成自己的论文，最后的结果就是评定出作者的成绩，以此作为学位授予的重要依据之一。

(四)专业性

学士学位论文的研究课题通常属于某一专业领域，在写作过程中，确定题目、选取材料、语言表达、谋篇布局等都有明显的专业性。特殊教育专业的学生要在本专业领域中有一定的知识储备和积累，了解特殊教育发展情况，准确运用本专业特有的研究方法、概念术语等，写出带有特殊教育专业特色的学术见解。

(五)私存性

学士学位论文是向校方提供的，一般不会公开发表，不像公开出版物那样广泛流传，只有少部分优质的学士学位论文能在期刊或会议上发表，长期以来，多数高等院校对学士学位论文不做系统收藏或汇编，也不会载入通用数据库，所以学士学位论文不易获取。

三、学士学位论文的类型

(一)创造型学士学位论文

在特殊教育领域，创造型学士学位论文是对课题研究的理论、学术观点有新的发展和深入发掘，而提出新的见解，或证明已有观点错误，或对学术界尚未认识的事物有新的发现，而提出新假说、新理论的论文，也可被称为理论型学士学位论文。创造型学士学位论文要求在论述的问题上具有理论上或观点上的创造性。创造型学士学位论文按研究对象不同，可分成两种：一种是以纯粹的抽象理论为研究对象的，研究方法是严密的理论推导或数学运算，有的也涉及实验与观测，用以验证论点的正确性；另一种是以对客观事物和现象的调查、考察所得的观测资料以及有关文献资料数据为研究对象的，研究方法是对有关资料进行分析、综合、概括、抽象，通过归纳、演绎、类比，提出某种新的理论和新的见解。创造型学士学位论文按创新的角度不同，可分成五种：提出新理论的、提出新假说的、提出新发现的、对原有内容进行补充或纠正的和其他创新类别。①

创造型学士学位论文属于高层次、高水平的学位论文，体现的是学生治学的高境界。要写出创造型学士学位论文，需要具备两方面的素质：一是有深厚的专业知识功底，只有在通晓专业知识的前提下，才有可能比前人站得高一点，看得远一点，才有可能超越前人而有新的发现；二是具备思维过程的敏捷性、条理性、缜密性，智力活动的高度创造性和较强的分析概括能力。② 由于学士学位论文写作是高等院校的教学内容之一，是学生进行科学研究的初步训练，因此鉴于学生的经验、阅历、知识面、思维能力有限，要求学生都写出具有创造性的论文显然是不切实际的。完成创造型学士学位论文可以作为本科生努力的方向。

(二)评析型学士学位论文

特殊教育的评析型学士学位论文是作者对特殊教育领域某一理论的发展历史与现状进行系统的阐述、分析、归纳、评价，以总结该理论的历史背景、代表人物、主要观点、主要贡献、存在的问题及发展的趋势，并在综合归纳、总结前人或今人针对学科领域中某一学术问题而得出的已有研究成果的基础上，加以介绍或评论，从而发表自己见解的论文。

相比于创造型学士学位论文的理论深度和知识广度，评析型学士学位论文的撰写相对容易一些，但是依然需要学生具备系统的理论知识。要写好评析型学士学位论文，首先不能只是机械地、简单地介绍，需要突出“评”和“析”，需要具有批判思维，有自己的见解和结论；其次，在选择评析对象时要突出一个“新”字，在学科领域内有新意，通过介绍和评析能给人以新的启迪。

(三)描述型学士学位论文

特殊教育的描述型学士学位论文，也可称说明型学士学位论文，是对已经存在的特殊教育中的现状或科学理论进行分析与描述的论文，如特殊教育相关理论与观念的形成、某一特殊教育现象生成的缘由、特殊教育某种理论和方法在教育实践过程中应用的过程和产生的结果等。此类论文侧重于描述事实的真相，在描述事实真相的过程中反映作者所揭示的前人未曾发现的事物特性与本质，或在描述教育理论和方法运用过程中揭示新的实际成效，对已有理论、观点或新的理论、观点进行有效论证。

---

① 尤利群、王序坤、余羡鸿：《管理类学生毕业论文的写作与指导》，33～34 页，杭州，浙江大学出版社，2009。

② 曹天生、张传明等：《本科生学士学位论文写作概论》，11 页，合肥，安徽人民出版社，2008。

这类论文对特殊教育现象的描述和对问题的论证并存，其中对现象的描述和说明占的比重更大，论述占比较小，这里的“论”，只是在资料陈述说明的基础上顺势而出的“论”，可以有作者自己的结论，并不是一定要提出解决的办法或完整的理论答案。①

(四)应用型学士学位论文

应用型学士学位论文是将已有的特殊教育的理论、观点和方法应用于新的课题研究中，得出新的结论，或从新的途径论证已有理论的正确性或价值的论文，此类论文侧重于对特殊教育理论、观点或者方法的创新应用。

四、学士学位论文的价值

(一)学士学位论文是对学生能力的检验

根据《中华人民共和国学位条例》和《中华人民共和国学位条例暂行实施办法》可知，授予学士学位的论文水平的衡量标准主要有两个：一是论文较好地体现了学生对专业所学的基础理论、专门知识和基本技能的系统掌握；二是能够在理论联系实际原则的指导下，把握与专业密切相关的重要问题，并通过精心选择的材料加以论述，明确表达自己的见解，在学术探讨上具有一定的启发意义。② 特殊教育专业学生在大学本科学习阶段，不仅应该学习和理解现有的特殊教育的专业知识，而且还要运用所学的知识去解决具体问题，那么撰写论文就是分析已有问题、尝试解决问题的体现之一，因此，一名特殊教育专业本科生，毕业时能够用“论文”这种科学的“语言”来总结和传播特殊教育专业知识，用完成学士学位论文的方式来聚焦某一个专业问题并尝试提出自己的见解和思考，才算是合格的毕业生。因此，学士学位论文是对学生综合能力的一次全面考察，包括专业知识、运用能力、思维方式、写作水平、学术态度等。

(二)学士学位论文是初步的写作训练

学士学位论文是针对本科生的最严格、最规范的一种论文写作的教学形式，通过学士学位论文的写作，本科生了解了学士学位论文的写作程序、要求和规范，同时得到了切实的写作训练，能力得到了提高。对特殊教育专业的学生进行学士学位论文的写作训练，可为今后各项论文的写作打下良好的基础。例如，有的学生本科毕业考上了硕士研究生，这就为他们撰写学术论文，特别是撰写硕士学位论文或者博士学位论

---

① 曹天生、张传明等：《本科生学士学位论文写作概论》，12页，合肥，安徽人民出版社，2008。
② 曹天生、张传明等：《本科生学士学位论文写作概论》，6页，合肥，安徽人民出版社，2008。

文打下了坚实的基础；有的学生毕业后走上工作岗位，这就为他们联系工作实际撰写论文打下了一定的基础；还有的学生毕业后从事科学研究，学位论文则为他们奠定了扎实的写作根底。[①] 总之，本科生通过学士学位论文写作的严格训练，具备了一定的写作能力，这就为他们在今后的学习深造和在实际工作中顺利做出成绩打下了可靠的基础，也初步激发了学生对学术研究的兴趣。

(三)学士学位论文是教学质量的体现

本科学士学位论文已经成为我国高等教育体系不可缺失的组成部分，它是本科阶段课程学习的总结与延伸，是科学研究的规范与起步，是创新型人才培养的重要途径和方法，可促进大学生思维方式的改变和提升[②]；它也是高校人才培养和评价的基本方式，是促进大学生科研活动、创办一流大学的重要手段和环节，是实现高等教育培养目标的重要教学环节，在培养大学生综合运用能力、科学研究能力、实践操作能力等方面具有举足轻重的作用[③]。因此，特殊教育专业学士学位论文体现着一所高等院校特殊教育专业的培养目标和教学要求，衡量着高等院校特殊教育专业本科阶段的教学质量和管理水平。

第二节
学士学位论文撰写

特殊教育专业学生在撰写学士学位论文时，需要按照科学合理的程序开展研究，遵循一定的写作规范和研究原则，如此才能顺利完成相应研究，产出一篇符合学士学位授予标准和要求的合格论文。

一、确定选题

特殊教育专业学生在撰写学士学位论文时，首先要确定研究课题，也就是论文的切入点，这是写好论文的第一步。它直接决定了接下来的论文写什么，怎么写，是否

---

① 曹天生、张传明等：《本科生学士学位论文写作概论》，8页，合肥，安徽人民出版社，2008。

② 朱希祥、王一力：《大学生论文写作指导——规范・方法・范例》，3～6页，上海，立信会计出版社，2007。

③ 郝学华：《学术规范与学士学位论文写作》，载《聊城大学学报(社会科学版)》，2009(2)。

写得好。选题新颖正确，论文会写得得心应手，否则会适得其反。

(一)选题原则

1. 创新

论文选题应该是以特殊教育的系统知识和专业常识为基础，运用科学研究的方法对未知领域进行探索。它相对现存的学科体系和专业知识，具有新颖性、独创性、开拓性和补充性，对学科理论和专业实践具有指导意义。① 也就是说，学士学位论文的选题在特殊教育领域应具有一定的学术研究价值和意义，也就是论文要有创新，可以是研究问题的创新，也可以是研究方法的创新。

2. 可行

能否顺利完成学士学位论文的撰写，取决于主观和客观两方面因素的影响，主观条件包括作者的研究兴趣、知识储备、学习能力、自我管理等，客观条件包括已有研究成果、文献资料获取、撰写时间要求、研究的物质环境、硬件软件的支持等。在确定选题时，要充分考虑以上主客观条件，估算论文选题的难易程度和论文的研究步骤与篇幅，确保以自己的能力和现有条件，在规定的时间内按计划、高质量地完成论文写作。

3. 聚焦

学士学位论文选题范围应适当，宜小不宜大，宜具体不宜抽象，最好能够聚焦于特殊教育的某一问题、现象或者理论。选题范围小比选题范围大更容易把握论文质量。选题小，材料翔实，说理充分；选题大，内容空洞，说理不够。以本科生的治学基础、研究水平、写作能力和时间精力而言，范围较小的研究选题便于把握和开展，学术训练的效果更为显著。

(二)选题途径

1. 查阅文献资料

开展学术研究，充分利用前人已经取得的成果是非常重要的，确定选题要多查阅书刊文献资料，全面了解特殊教育专业领域或研究课题的历史与现状，包括学科领域是怎样发展的，已有研究有哪些，现阶段取得了哪些成果，面临哪些问题，等等。通过广泛地收集、阅读文献资料，捕捉、获取有研究价值的选题，能够触发关于研究选题的灵感。

2. 指导教师引导

学士学位论文具有毕业考核性质，因此学生撰写论文的过程都应该在教师的指导

① 王嘉陵：《毕业论文写作与答辩》，44 页，成都，四川大学出版社，2003。

下进行，指导教师专业知识扎实，研究经验丰富，熟悉前沿科研课题和研究成果，经过他们的指导，学生可以少走弯路，更易顺利圆满地完成论文写作任务。在选题阶段，教师并不是直接为学生拟定课题，而是通过沟通，反复切磋，根据学生的知识结构、研究兴趣、写作能力等尽可能地启发和引导学生。

3. 教育实践启发

特殊教育专业学生在本科学习阶段，能经历各种各样的教育实习或者社会实践，学生可以利用参加实习、实践的机会，了解现实状况、教育需求或者实际问题，结合理论知识，学以致用，从实践中考虑或发现选题。

二、资料整理

著名历史学家吴晗说："资料工作和研究工作实际上是一回事，从来没有一个做研究工作有成绩的人，不搞资料工作的。"①由此可见，完成一篇较高水平且有学术价值的学士学位论文，一定是建立在足够数量的资料的基础上的。

(一)收集资料

学士学位论文的写作，需要典型、真实、新颖的资料，来为表现文章的主旨服务，这就需要学生从资料的收集入手进行研究工作。在学士学位论文的选题初步确定以后，大量的时间和工作要放在收集与研究对象有关的资料上，只根据少量资料就动笔写论文的做法是不可取的，虽然难以穷尽研究资料，但总是多多益善的，资料越全面，越能掌握研究对象的全貌和发展趋势，写起论文来就会更加胸有成竹，心里有底气。

在收集资料的过程中，对于国内外资料、正反面资料、直接与间接资料、历史与现实资料、书面与实际资料、事实与理论资料等都要兼容并蓄，只有这样，才能在前人已经达到的水平上，找到研究的新起点，使研究成果达到新高度。这些资料有的要通过实验取得数据，有的要经过调查获得第一手资料，有的要通过查阅书报杂志等材料收集，还有的可以通过互联网数据库检索查询等。② 资料收集到一定程度，还可以根据已经掌握的内容，对所选择的课题进行适当的修改和调整，以使课题与所收集的资料更加一致。

(二)筛选资料

观点是从资料中形成的，表达观点要通过资料，但是在表达观点的时候，不应该、

① 戴知贤：《大学生研究生论文写作15讲》，51页，北京，中国广播电视出版社，1991。
② 林晨：《21世纪大学生毕业论文写作要义》，189～191页，呼和浩特，内蒙古教育出版社，2004。

不必要也不可能把收集到的所有资料都写到文章里去，只需选用其中的部分资料，这就涉及对资料的筛选。选择资料的原则主要包括围绕主题、典型、真实、新颖四点。①

在特殊教育专业学士学位论文的研究和撰写过程中，资料的整理加工是一项烦琐却不可或缺的重要工作。在筛选过程中，首先，要按照资料本身的性质分类和排序，使之各归其位；其次，要在分类和排序的基础上，分清资料的主次，精选出最有代表性和说服力的典型资料，然后把握各个典型资料的本质和共性，并且舍弃与大部分典型资料没有共性的“非典型资料”，以便在论文中鲜明突出地揭示主旨，表述主要观点；最后，对于精选出来的典型资料，要进行反复的检验、鉴别、辨析和校对，力求确凿无误、万无一失。

三、开题报告

开题是学生在确定选题后，经过查阅文献资料和调查研究，分析课题研究背景和研究条件后，对完成研究所做出的计划安排，把研究计划的思路用文字记载下来，就是开题报告。② 开题报告的目的，就是提请特殊教育专业的指导教师或有关专家审核并签署意见，判断选题的价值，评估研究方法是否可行，分析论证逻辑是否科学。开题报告是答辩委员会对学生答辩资格审查的依据材料之一，开题报告经审阅批准后，就可以开展下一步研究了。

开题报告的内容主要包括研究的目的和意义、当前研究成果和结论、研究的主要条件、研究的方法以及实施的步骤计划。研究的目的和意义就是回答为什么要研究这个课题，旨在解决哪些问题，有什么理论意义和实践价值；当前研究成果和结论是在查阅国内外相关文献资料之后所做的初步研究综述，是对已有研究进行的整理和分析；研究的主要条件包括作者已经掌握的基本理论知识和研究方法，研究准备情况和目前已具备的人员、仪器、设备等软硬件条件等情况；研究的常用方法主要有观察法、调查法、实验法、个案法、文献资料法等；实施的步骤计划主要是研究进程的大致规划和论文撰写的时间安排，以确定每一个阶段和时间节点必须完成的工作任务。

四、规范撰写

规范地撰写特殊教育专业学士学位论文，意味着使用学术界都认可和熟悉的论文格式。例如，参考文献标注准确清晰，摘要表达简明扼要等。论文规范是准确呈现研

---

① 戴知贤：《大学生研究生论文写作 15 讲》，63 页，北京，中国广播电视出版社，1991。

② 周开全：《大学生毕业论文写作指南》，12 页，成都，西南交通大学出版社，2015。

究结果的重要前提和保障，有利于指导教师、评审教师、答辩委员以及其他读者准确、快速地把握论文结构，进行客观公正的评判，还有利于信息的收集、存储、检索、利用、交流和传播。格式规范的学士学位论文，行文简练，版面美观，可增强论文的逻辑性、清晰性、简练性和可读性。

(一)论文构成

一篇完整、规范的特殊教育专业学士学位论文包括多个组成部分，其基本构成情况如表 16-1 所示。①

表 16-1　学士学位论文基本构成情况

论文构成部分		注意事项	备注(示例)
封面	分类号	封面左上角	分类号（宋体小二加粗）　密级______ UDC______　编号______ 华中师范大学 本科毕业论文（设计） （黑体小初） （宋体小一加黑） 题目 ______（宋体小二加黑） ______ 院（系）教育学院 专　业 特殊教育 年　级 2010级 学生姓名 ______ 学　号 ______ 指导教师 ______ 二〇〇　年　月（宋体三号加黑）
	单位编号	封面右上角	
	密级内容	如需保密，应按国家规定标注于封面右上角	
	论文标题	注意排版匀称美观，若标题较长，则分为两行	
	责任者	包括论文作者的姓名、学号、年级等，以及指导教师的姓名、职称	
	学位级别	学士学位	
	专业名称	主修专业名称 特殊教育专业	
	完成日期	论文答辩当月	
	衬页	封面之后的一页	空白页
	摘要	正文之前，200～300 字为宜	
	关键词	3～8 个	Abstract 和 key words 紧随中文摘要和关键词
	目录	分级列出，页码准确	一般列出一级、二级目录
	正文	格式统一，层次明晰	论文主体部分
	参考文献目录	分类呈现，有序排列	中文、英文、期刊、专著等类别
	附录	按顺序编号	非必需项，有需要则排版
	致谢	表达对相关人员的谢意	真诚、简洁

① 任唤麟、张辉：《毕业论文格式规范解读及相关问题探讨》，载《中国电力教育》，2012(11)。

(二)格式要求

1. 基本写作

学士学位论文写作的基本格式可参考 GB 7713—87《科学技术报告、学位论文和学术论文的编写格式》、GB/T 7714—2015《信息与文献 参考文献著录规则》和 GB/T 7713.1—2006《学位论文编写规则》等国家标准，各个高校基于国家标准都会制定本校的学士学位论文格式规范，并提供完整详细的样本作为参照。

(1)摘要与关键词。①

摘要是对论文内容不加注释和评论的概括叙述，具有独立性和自明性，即不阅读全文，就能获得必要的信息，摘要内容应尽可能包含与论文的同等性信息，包括研究目的、方法、结论等，一般应为 200～300 字。

关键词是为了进行文献标引工作而提取的，是从论文中选取出来的表示全文主题内容的专业名词或术语，每篇论文一般选取 3～5 个词作为关键词，以显著字符另起一行，注意所选关键词要通用规范，且中英文要对应。

(2)正文。

正文是论文的核心部分，通常布局谋篇的逻辑结构是提出问题、分析问题、解决问题，从表现形式来看不外乎包含引言、本论、结论。引言是开头部分，需要说明论文写作的目的、意义，并提出问题。本论是论文的主体，也是最重要的部分，包括中心论点和分论点。结论是结尾，包括研究结果或结论、研究不足或展望等。

撰写正文要实事求是，客观地反映事实和规律，表述确切，有理有据，引证文献要注释清楚。同时，还应该讲究论文的布局，整个章、节、段的布局都有严格的逻辑性、系统性，结构严谨，浑然一体，条理清楚，层次分明。另外，保持文笔流畅统一，合乎语法，标点符号使用正确，图表工整。

(3)参考文献目录和致谢。

参考文献目录附在论文的末尾，可以说明作者观点所依据的资料，有助于读者了解有关本课题的前人研究成果。文末的参考文献可以按顺序编码体系罗列，不分文种，也可以按照文献类别进行排列，著录格式要符合国家标准。

致谢是学生对学士学位论文撰写、修改过程中，给自己予以指导、提出建议、提供便利条件及帮助的组织和个人表示谢意的简要文字说明，要真实、诚恳。

2. 排版打印

学士学位论文各个组成部分都应该遵从固定的顺序，正文按章节进行分级编排，各级都有规范统一的字号、字体，都有相应的标题，这样会让整个论文的版面美观大

---

① 赵公民、聂锋：《毕业论文的写作与答辩》，42～43 页，北京，中国经济出版社，2006。

方，富有层次，合乎逻辑，体现出论文作者所应该具备的特殊教育专业特质和学术态度。

给一篇学士学位论文排版，主要就是对页面进行设置，对著录格式指定统一标准。排版和打印时需要考虑纸张型号、字体字号、页边距和装订线、页码显示方式、页眉页脚内容、图表格式和编号、打印翻页方式等。这些技术性的规定和要求，各高等院校一般都会提供说明文件和参考样例。

五、论文答辩

学士学位论文答辩是审查学生所写论文的必要补充，是确保论文的真实性和实际效果的重要机制，也是对学生综合素质和能力的检验，学生答辩成功与否，直接关系到学士学位论文的价值和最后的成绩评定，会影响到学生的毕业进程和学位申请。

(一)答辩特点

1. 答辩委员会多由本校教师组成

与硕博阶段的论文答辩不同，本科生的学士学位论文答辩委员会一般由本校教师组成，答辩委员人数为 3～7 人不等，一般选择本校院系讲师及以上职称人员，由副教授及以上职称人员担任答辩委员会主任。答辩委员在学生答辩时提出问题，允许学生在一定时间内做准备，然后回答发辩委员的提问。在论文答辩中，答辩委员既是问题的提出者，又是成绩的决定者，具有双重身份。

2. 答辩准备工作复杂严格

论文答辩一般以系为单位，分专业准备。第一，学校需要审查学生的答辩资格，只有学生修完规定课程，达到毕业所需的学分要求，且毕业论文经过指导教师审阅并签署了同意答辩意见，方可参加学士学位论文答辩。第二，答辩委员会成立后，答辩秘书通常需要在答辩前的半个月内将答辩论文送至答辩委员手中，答辩委员在此期间认真评阅论文，为答辩提问做好准备。第三，答辩学生需要按时填写答辩申请表，如期送交答辩论文，提前为答辩各个环节做好准备，包括思考如何汇报论文、预设可能问题、调整心理状态等。第四，在指定的答辩时间之前，按时布置答辩会场，保证会场严肃庄重、整洁干净、分区明确、空间合理、设备完好。

3. 答辩工作高度程式化

答辩程序的制定是一件十分严肃的事情，通常由学校学术、学位委员会集体研究制定，定期进行论证修改，其程序要求在全校内统一实施，不能另搞一套，除非经请示获准。学士学位论文答辩是一项高度程式化的常务性工作，包括时间安排，根据答辩人数安排答辩地点，组织答辩委员，规定成绩等次，宣布答辩纪律等，其程序一般会被视为一种惯例被沿用和遵守。①

(二)答辩流程②

(1)答辩开始，由答辩组长宣读答辩纪律，答辩主持人宣布答辩学生的姓名和论文题目。

(2)答辩学生做 10 分钟左右的论文自述报告，要求简明扼要，重点突出。

(3)答辩委员向答辩学生提问，问题为 3～5 个。答辩学生认真听取答辩委员的提问，如有必要，可做简要记录，如果没有听清楚问题，可以要求答辩委员重复一遍。

(4)答辩学生退席稍做准备，待后一个学生接受提问之后，返回答辩席进行回答，也有要求当场即刻回答问题的，回答完毕即退出答辩席。

(5)答辩主持人宣布下一个答辩学生姓名和论文题目，下一个答辩学生入席进行答辩。

(6)答辩组长在所有答辩学生完成答辩后宣布答辩会暂时休会。答辩委员会举行短暂的会议，阅读指导教师对论文的评阅意见，讨论答辩情况。答辩委员会通过对论文的评语，以无记名投票的方式对论文是否通过进行表决，决议须经过三分之二的答辩委员通过方可生效。

(7)答辩组长宣布答辩会复会，所有答辩学生回到答辩会场，答辩组长宣读答辩小组对答辩论文的评语和表决结果。答辩会结束。

(三)成绩评定

特殊教育专业学士学位论文的最终成绩分为论文成绩和答辩成绩两部分，表 16-2 是论文成绩及答辩成绩的等级评定标准，供参考。③

表 16-2 学士学位论文成绩评定参考标准

成绩	意义价值	文献资料	论证表达	答辩状态
优秀 90 分以上	课题具有较强的现实意义及学术价值。	对课题的研究现状有较好的了解，文献资料翔实。	立论明确，论证充分，结构严谨，层次分明，语言准确，表达流畅，引文规范，能综合运用所学知识和技能，分析深入、全面，有一定的独到见解。	思路清晰，富有逻辑，概念清楚，能正确清楚地回答问题。

① 曹天生、张传明等：《本科生学士学位论文写作概论》，150～151 页，合肥，安徽人民出版社，2008。

② 王瑞平：《学术论文写作指导：大学生篇》，151～152 页，西安，三秦出版社，2006。

③ 高奋：《外语类学生毕业论文写作指导》，297 页，杭州，浙江大学出版社，2004。

续表

成绩	意义价值	文献资料	论证表达	答辩状态
良好 80～89 分	论文能够联系实际，有一定的现实意义。	对课题的研究现状有一定的了解，文献资料比较翔实。	立论明确，论证较充分，结构合理，语言准确，表达通顺，引文规范，能综合运用所学知识和技能，有一定的见解。	思路比较清晰，逻辑性较好，概念较清楚，能正确地回答问题。
中等 70～79 分	论文选题有一定现实意义，但缺乏自己的见解。	对课题的研究现状有基本的了解，有一定数量的文献资料。	立论基本明确，论文内容基本完整，结构比较清楚，语言通顺，引文较规范，有一定分析能力。	答辩时能回答所提出的主要问题，且基本正确。
及格 60～69 分	论文选题有一定的意义，但论文中没有自己的见解。	对课题的研究现状了解较少，资料不够翔实。	观点基本正确，论据不够典型，分析不够深入，说服力不强，基本上说清楚了所写的问题，文字基本通顺。	答辩时对某些问题虽不能完全正确地回答，但经过提示后能进行纠正或补充说明。
不及格 60 分以下	论文选题没有意义，或者抄袭、剽窃。	掌握的材料很少，或对所收集的材料缺乏分析、归纳，或仅对资料进行裁减拼凑。	论文观点有明显错误，或者论证材料不能说明文章中所提出的观点。内容空泛，结构混乱，文不对题，条理不清，词不达意，语病频出，字数大大少于规定要求。	思路不清晰，概念模糊，不能阐述自己的观点，问题回答不出或错误较多，经过提示仍不能正确回答有关问题。

第三节
学士学位论文质量

特殊教育专业学士学位论文的质量，直接影响学生的学位授予，反映了学生的研究能力和专业水平，也在一定程度上体现了学校的专业教学质量和层次。因此，完善质量保障体系，明确质量影响因素，切实保障和提升特殊教育专业学士学位论文的质量显得尤为重要。

一、质量保障体系

学士学位论文的质量保障体系是高等院校为保障和提高学士学位论文的质量，运用系统有效的方法和途径，依靠学校各组织、各部门，将论文管理的各个环节严密组织起来，形成的一个职责与权限相互协调、相互促进的质量管理的有机整体。在这个体系中，主要实行全过程管理、全人员参与、全方位监督的机制。根据图 16-1 可知，学士学位论文的质量保障体系应该是一套从上至下、由表及里的完善、深入、全面的控制体系。

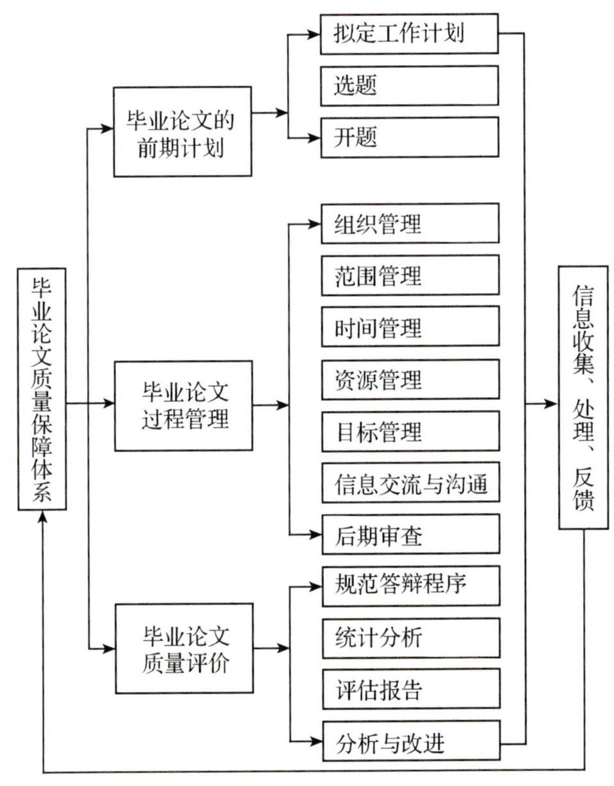

图 16-1　本科毕业论文质量保障体系结构图[①]

(一)质量管理主体

学士学位论文质量管理主体包括学校层面的、学院或系部层面的以及专业教研室。其中学校层面的管理主体包括分管校领导、教学指导委员会及学位管理委员会、教务

① 吴永梅:《高等院校本科毕业论文质量管理体系建设研究》，硕士学位论文，安徽农业大学，2011。

管理部门等，在整个学位论文管理中起主导作用。学院或系部根据学校的统一要求和安排，结合本学院或系部实际情况进行协调部署，积极主动地、创造性地开展工作。特殊教育专业教研室及专业负责人实际落实和推进各项工作，解决具体问题，完成针对性任务。根据各级各类管理主体的工作目标和内容可以看出，学士学位论文质量管理对象包括学校各部门、各院系的管理人员，论文指导教师以及准毕业生。

(二)关键控制节点

1. 选题开题

选题决定着特殊教育专业学士学位论文的研究方向和研究方法，在一定程度上决定了论文价值的高低，科学、合理选题是保障和提高学士学位论文质量的基础。爱因斯坦曾指出，提出问题往往比解决问题更重要。解决一个问题也许仅仅是数量上的或实验上的技能而已，而提出新的问题、新的可能性，从新的角度看待旧的问题，却需要有创造性的想象力。①

开题通常有撰写开题报告和开题答辩两个环节，开题为后续的研究工作奠定了良好的基础。开题报告反映了学生对课题的理解，也体现了教师的初期指导工作成效。开题答辩为学生提供了一个公开答疑解惑的机会，在这个过程中特殊教育专业教师对论文选题、研究设计、资料选择等各个方面进行严格把关，学生可以据此及时进行调整和修正，确保论文质量。

2. 中期检查

中期检查对保证特殊教育专业学士学位论文工作的顺利进行、及时发现问题、纠正偏差有重要作用，是保证论文质量的必要监控措施。由于学士学位论文撰写过程的跨度很长，甚至跨越假期，因此及时了解和掌握学生论文工作进展情况非常有必要。学士学位论文中期检查的重点是检查学生论文进展以及指导教师的执行情况，主要由学生和指导教师自查完成，也有的会通过院系和学校教学督导部门开展中期抽查。

3. 审核答辩

审核答辩是保障特殊教育专业学士学位论文质量的最后一个关键节点。审核，可以审查文章的真伪程度、体裁格式、内容深度以及学生的答辩资格；答辩，可以考察和训练学生的表达能力、应变能力、逻辑思维能力、综合运用专业知识的能力，以促进学生能力的进一步提高。(图 16-2)

---

① 叶志军、徐爱江：《论本科毕业设计(论文)选题质量的控制与管理》，载《宁波工程学院学报》，2008，20(2)。

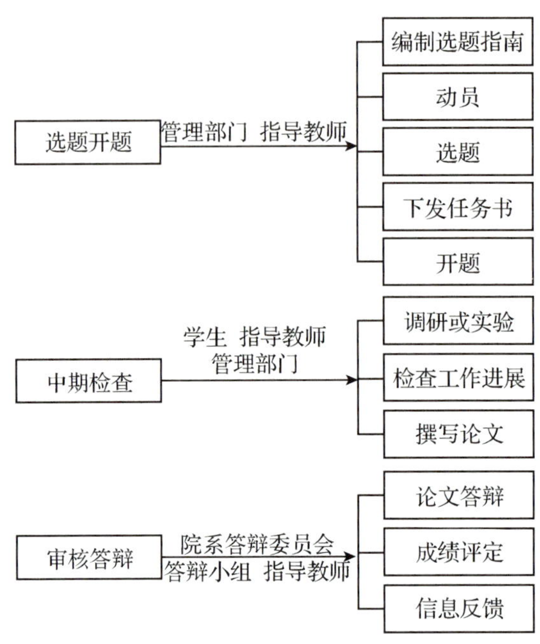

图 16-2 本科毕业论文过程管理流程图①

(三)质量评价指标

特殊教育专业学士学位论文的质量是衡量高等院校特殊教育本科教学水平以及进行学生学位资格认定的重要依据，因此，部分高等院校为有力保障和管理论文质量，制定了一系列切实有效的评价指标体系，从时间安排、组织实施等方面规范和加强每个环节的管理与要求，包括本科毕业论文质量等级评价标准，毕业论文初期工作检查表，毕业论文指导过程评价标准，三类毕业论文评分表(指导教师用、评审专家用、答辩委员用)等。②

二、质量影响因素

学士学位论文的质量问题已经引起了社会的广泛关注。有的本科生在完成学士学位论文写作过程中粗制滥造、抄袭造假等，导致学士学位论文质量明显降低，学术价值丧失，考核功能削弱，其影响因素主要包括学生、教师和学校。

① 吴永梅:《高等院校本科毕业论文质量管理体系建设研究》，硕士学位论文，安徽农业大学，2011。

② 吴永梅:《高等院校本科毕业论文质量管理体系建设研究》，硕士学位论文，安徽农业大学，2011。

(一)学生自身因素

1. 时间精力不够

学士学位论文完成的时间和考研、就业时间在很大程度上是重合的，由于找工作、考研和各类资格考试将直接关系到学生本人的前途，而毕业论文的成绩对学生就业和考研似乎影响不大，因此不少学生把毕业论文放在从属地位，这就使得不少学生用于毕业设计的实际有效时间大大缩短，从而导致论文"拼凑""掺水"现象严重，质量下滑，而且弄虚作假现象和形式主义倾向严重。①

2. 综合素质薄弱

部分特殊教育专业学生在大学期间缺乏学习主动性，专业知识不够扎实，很少翻阅特殊教育以及相近专业的学术期刊、专著或者教材指定的参考资料，很少参加专业学术实践活动和讲座，知识面狭窄，科研意识不强。调查显示，学生自身综合素质薄弱反映在学士学位论文设计中，表现为书面语言基本功差，观点提炼能力弱，只会罗列数据，分析方法较少，外文阅读能力与计算机应用能力不强等。② 在这样的情况下，学生很难完成一篇综合性较强、质量水平较高的学士学位论文。

3. 缺乏正确认识

部分学生认为学士学位论文通过率高，对自己影响不大，抱着敷衍了事的态度，没有从根本上予以重视。这部分学生的学士学位论文只在结构、字数等形式上符合规范要求，缺乏对特殊教育专业领域问题的实际分析与深入研究；极少部分学生写作态度极不认真，甚至在即将答辩时，才东拼西凑甚至整篇抄袭；还有的学生不能主动积极地与指导教师联系、沟通，或者对指导教师提出的修改意见置之不理，导致论文质量无从保证。

(二)指导教师因素

在指导学生撰写学士学位论文的过程中，特殊教育专业教师有着双重任务，既要指导学生的论文写作，又要关注学生的思想动态。有的教师指导学生偏多，导致力不从心，无法仔细阅读每一个学生的论文，无法提出意见；有的教师教学和科研任务十分繁重，精力和时间投入不足，没有深入了解、研究课题，没有对论文进行反复检查与修改；还有些指导教师态度不端正，认为本科生的论文是走过场，不需要高质量、严要求，对论文指导不甚重视，与学生接触少，对学生要求低；也有一些没有教学经验和实践经历的年轻教师因学校师资不够而被迫承担本科毕业生的论文指导工作。因

---

① 毛力、袁励红：《高校本科毕业设计中出现的问题及对策》，载《教育探索》，2008(8)。

② 吴永梅：《高等院校本科毕业论文质量管理体系建设研究》，硕士学位论文，安徽农业大学，2011。

此，特殊教育专业教师的责任意识、知识结构、研究能力、指导经验、时间精力等因素，都会对学士学位论文的质量产生直接的影响。

(三)学校管理因素

健全的管理和监督机制是高等院校保障学士学位论文质量的重要一环。多数学校都会制定学位论文管理规定和实施细则，但在具体操作层面缺乏行之有效的管理措施和督导途径，对教师指导、师生交流、论文审阅修改等过程的管理流于形式。另外，对学士学位论文的评定缺乏客观、明确、细致、科学的专项考核指标，通常凭主观意志判断，较为随意。另外，学校也缺少对指导工作出色的教师在物质和精神方面的激励，只是将他们作为教师常规工作任务，导致教师在指导学生撰写学士学位论文的过程中积极性不高，出现松懈或敷衍的现象。

三、质量提升策略

(一)增强质量意识

无论是学生、教师，还是管理者，都应该从思想上充分认识到特殊教育专业学士学位论文的重要性，意识到学位论文在检验教学水平、考查学生能力、进行科研初训等方面不可替代的作用。高等院校可以开展多种形式的宣传活动，如学士学位论文动员大会、优秀学士学位论文展等，引起相关人员在思想上的高度重视。另外，高等院校应该更加重视对本科生科研能力的培养，提供多元的科研实践机会和平台，如开设相关课程，开展学术讲座，举办科研竞赛，提供项目基金等，教师和学生也应该意识到功在日常，注重在本科期间各个阶段里科研素养的培养和积累，激发研究兴趣。

(二)完善全面监管

在学士学位论文的管理过程中，教师、学生、各层级管理人员全员投入，明确自己的职责，完成各自的工作任务；学校应从质量评价入手，以规范管理为抓手，做好论文的全面管理工作。① 针对学校特殊教育专业学士学位论文写作过程中出现的问题和现象，有针对性地制定切实可行的学士学位论文管理条例或办法，规范管理工作，建立完善有效的评估反馈机制，落实质量要求。

(三)提升师生水平

特殊教育专业指导教师的水平直接影响着特殊教育专业学士学位论文的质量，因

---

① 叶云飞：《本科毕业论文质量提高研究——以 H 校为例》，硕士学位论文，华东师范大学，2008。

此，加强和优化师资队伍建设，加大青年教师的培养力度，提高教师的科研实践能力尤为重要。另外，因为在学士学位论文指导过程中，教师的治学态度、人格修养对学生起着潜移默化的作用，所以还应该重视师德师风建设，提升教师的职业修养和人格魅力。

特殊教育专业学生在大学期间应该注重对专业知识和技能的掌握与理解，深入扎实地学习，认真阅读专业书籍，积极参加学术活动，主动把握科研实践机会，扩展知识维度，培养科研素养，积累写作经验，锻炼表达能力，为学士学位论文的撰写夯实基础，做好准备。

第四节 学士学位论文研究示例

本节案例论文为华中师范大学 2014 年学士学位论文《多动症伴随智力障碍儿童行为矫正的个案研究》，作者为 2010 级特殊教育专业本科毕业生张英，论文指导教师为朱楠老师。本案例论文主要有六个部分：第一部分是引言，包括研究目的及意义；第二部分是相关的文献回顾，包括儿童多动症研究发展、诊断标准及干预方法的研究综述；第三部分介绍研究架构与设计；第四部分实施研究计划，收集数据并呈现研究结果；第五部分是对研究结果进行探讨与分析；第六部分归纳得出相应结论，并提出具有实践性意义的建议。

一、研究案例

(一)研究目的

随着研究者对儿童问题行为更加深入的认识与探究，行为矫正技术也在不断发展，其中多动症与智力障碍儿童的问题行为最为突出。早期研究者更多侧重于研究普通学校智力正常儿童多动症的问题行为及其行为矫正，忽略了对智力障碍多动症儿童问题行为的探索与研究。综合以往对多动症儿童问题行为的相关研究，行为矫正策略主要有暂时隔离法、正负强化法、惩罚法、反应代价、模仿、前事控制策略、自我指导等，且根据研究结果发现干预效果显著，多动症儿童的问题行为有较大改善。那么对于智力障碍多动症儿童的问题行为，人们又该如何应对处理呢？上述这些行为矫正技术是否仍然有效？针对以上问题进行梳理、思考后，作者在借鉴国内外学者对儿童多动症问题行为研究的基础上，对一个智力障碍多动症儿童问题行为的矫正进行了个案研究，以期探索常见的问题行为矫正技术对智力障碍多动症儿童问题行为的改善效用。

(二)研究设计

1. 个案分析

本案例论文中的研究对象JJ，男，7岁，是一名智力障碍多动症儿童，2013年9月成为某特殊教育学校的一名新生。JJ在3岁时被医院诊断为智力障碍多动症者，在入学前，并没有上过幼儿园，在康复机构待过一段时间，没有接受系统的相关教学。在新生班，班主任及其他任课教师发现，他除了具有智力障碍儿童的一些特征之外，同时还有很多多动症问题行为。例如，JJ的注意力很难集中，在需要静坐的场合下常常难以静坐，做操时常常跑离操场，吃饭时会在食堂乱跑，几乎不遵守纪律，经常在上课时跑离座位，和身边的同学打闹，容易兴奋和冲动，容易情绪化、闹脾气，受约束管教时会采取敌意或对抗性行为，如打同伴、扔东西等。

通过家访并结合学校评估结果，分析导致该个案多动症问题行为的原因主要包括智力缺陷导致的社会适应障碍、父母教养方式不当，以及其家人对该生的问题行为认识不足和错误理解。

2. 研究方法

本案例论文采用量化研究范式，使用单一被试多基线跨行为设计，进行A—B—A—B式，即倒返实验设计，旨在探讨研究对象某行为表现与实施干预之间的因果关系。研究自变量是采用行为矫正技术对该生在日常生活及教学活动过程中最常出现的问题行为进行干预；因变量是研究对象问题行为的具体表现，即上课时不能安坐、在课堂上打闹、经常打人、吃饭乱跑四种主要问题行为发生的次数；控制变量众多，为提高研究效度，研究者确保教学实施者和数据采集者具有一致性，并在其他教师帮助下确保活动情境基本一致。

3. 干预实施

个案研究的干预目标在于减少研究对象在集体活动中的问题行为，干预策略包括差别强化、罚时出局、反应代价及自我指导四种，由班主任、作者本人及班级任课教师共同实施干预。实验阶段分为基线期、干预期、维持期和再干预期，共持续10周。基线期(B)为期一周，收集4次基线数据；干预期(SE)，根据JJ每次问题行为发生的时间、地点及因果关系，适时并恰当地采用上述四种干预策略进行问题行为干预，为期6周；维持期(M)，撤销干预，观察一周；再干预期，结合四种干预方法，再次对研究对象进行干预，为期2周。

在实验过程中，利用直接观察记录研究对象的行为表现，每周四次。其中对于在课堂上打闹与上课时不能静坐两种情况，每次观察35分钟，分别为上午两次，下午两次，日期随机，但是确保上午与下午观察的时间段相同，并记录每一时间段研究对象行为问题发生的次数。对于经常打人与吃饭乱跑问题，则选择在恰当的活动发生场所和时间段对他进行观察，并记录行为发生的次数。以“观察次数”为横坐标，以“观察期内目标行为发生的次数”为纵坐标，建立坐标系，根据数据绘制折线图，对研究结果采用视觉分析法与 C 统计分析。

(三)研究结论

案例研究结论如下。第一，就干预的总体效果而言，研究对象的四种问题行为在四种干预策略的影响下，得到明显改善，干预过程还促进了其认知的发展及生活自理能力的提高。第二，就具体的干预实施过程而言，除了采取正确合理的干预方法去干预研究对象的问题行为外，还考虑了他本身存在的智力障碍，从而辅助施加了更加有针对性的干预实施手段。第三，教师在干预实施过程中也在逐渐进步，并通过保持积极乐观的心态，释放了自身的压力和焦虑情绪。第四，考虑到该研究对象本身认知缺陷这一主要障碍，在对他进行行为干预时，都会结合前后语言与动作指导。

(四)研究建议

作者针对在研究过程中发现的问题和研究结果，从学校和家长两个方面提出了意见与建议。从学校层面，建议提高学校建设，增加可行性资源，提高教师专业技能与素养，完善家校合作机制；从家长方面，建议家长转变观念与态度，掌握正确的教育方法，提高家庭教育质量。

二、研究特色

(一)选题与设计

本案例论文的选题思路清晰明了，提出的研究问题具有一定的创新性，立论客观，假设合理，在特殊儿童问题行为的干预矫正这一研究领域有一定的理论意义和实际意义。另外，案例论文中的研究架构科学合理，实验设计严谨标准，对于一名特殊教育专业的本科生来说，从研究设计到实验实施，能够完成到如此程度，实属不易，这也充分体现了作者自身扎实的专业知识功底、学习钻研精神以及学术研究能力。

(二)分析与总结

作者在数据处理方面也表现出了一定的统计分析和归纳总结能力，论文数据翔实，图标明晰，论证严密，言之有据、有序，结论准确可靠，并且根据实验结果能够做到旁征博引，多方佐证，提出自己的思考、认知和见解，努力展示了自己进行独立创新研究的决心、精神和态度。此外，论文的整体结构规范合理，语言准确，表达明了，思考深入，是一篇符合特殊教育专业学士学位论文要求的代表性论文。

三、研究反思

本案例论文的作者在研究过程中也提出了很多值得反思与进一步探究的现象和问题。第一，实施干预前，在不影响他人的情况下教师对学生问题行为采取忽略的态度，当问题行为严重影响他人或课堂活动时则以批评为主，这相对增加了诸如奖励策略之类的正强化性质的干预策略的实施效果，这也正好说明抓住时机进行物质奖励和语言奖励等方法具有良好的正面效果与长远效应，是值得肯定和广泛运用的方法。第二，纵观整个干预计划实施的过程，每周第一次采集的问题行为数据呈现反弹迹象，其具体原因有待进一步探讨。第三，在干预计划实施的过程中，班主任与任课教师之间并没有完全统一干预策略实施的先后顺序，缺乏交流，管理理念与教育态度的一致性还需加强。

通过上述作者对研究过程的反思、回顾和总结，再反观本案例论文本身，我们不难发现作者在撰写该学士学位论文的过程中，非常用心、严谨和认真。此研究不仅加深了作者对以往所学专业知识的理解，锻炼了学术研究能力，还促使作者对特殊教育的研究对象进行了一次更深入细致的探索和思考，这个过程无疑会带来巨大的收获。

本章小结

完成学士学位论文是特殊教育专业本科毕业生的最后一项重要任务，在研究和撰写之前，要明确其价值和意义，以及基本的流程内容和格式要求，包括如何选题，如何整理资料，开题报告怎样设计，写作中要关注哪些方面，如何进行论文答辩等，同时，还要注重在各个环节中学校、院系、指导教师和学生的责任分工，确保论文质量。

复习思考题

一、单项选择题

1. 学士学位论文的特点不包括(　　)。

A. 考核性　　B. 习作性　　C. 公开性　　D. 专业性

2. 学士学位论文的开题报告不包括(　　)。

A. 文献综述　　B. 研究意义　　C. 研究条件　　D. 研究结论

3. 关于学士学位论文，以下说法错误的是(　　)。

A. 学士学位论文可以体现本学科教学质量

B. 学士学位论文的选题可以随时调整

C. 拥有足够数量的资料有助于写好学士学位论文

D. 学士学位论文写作的基本格式有国家参考标准

二、简答题

1. 简述特殊教育专业学士学位论文常用的选题途径。

2. 学士学位论文通常由哪些部分构成?

3. 简述学士学位论文的答辩流程。

三、论述题

1. 结合特殊教育专业的学科特点，简要阐述学士学位论文的选题原则。

2. 谈一谈对保障与提升特殊教育专业学士学位论文质量的认识。

本章阅读书目

1. 布莱恩·格里瑟姆．本科毕业论文写作技巧(第2版). 马跃，南智，译．大连：东北财经大学出版社，2018.

2. 陆明，赵华．本科毕业论文面临的问题及解决办法(文科专业适用). 北京：清华大学出版社，2012.

3. 吴寅华．普通高等学校本科毕业设计(论文)指导(文科卷). 杭州：浙江摄影出版社，2006.

4. 曹天生，张传明等．本科生学士学位论文写作概论．合肥：安徽人民出版社，2008.

主要参考文献

[1]曹天生，张传明等．本科生学士学位论文写作概论[M]. 合肥：安徽人民出版社，2008.

[2]戴知贤．大学生研究生论文写作15讲[M]. 北京：中国广播电视出版社，1991.

[3]林晨．21世纪大学生毕业论文写作要义[M]. 呼和浩特：内蒙古教育出版社，2004.

[4]王嘉陵．毕业论文写作与答辩[M]. 成都：四川大学出版社，2003.

[5]王瑞平．学术论文写作指导：大学生篇[M]. 西安：三秦出版社，2006.

[6]阎景翰，等．写作艺术大辞典[M]. 修订本．西安：陕西人民出版社，2002.

[7]尤利群，王序坤，余羡鸿．管理类学生毕业论文的写作与指导[M]. 杭州：浙江大学出版社，2009.

[8]翟帅．大学生毕业论文写作[M]. 成都：电子科技大学出版社，2017.

[9]周开全．大学生毕业论文写作指南[M]. 成都：西南交通大学出版社，2015.

[10]赵公民，聂锋．毕业论文的写作与答辩[M]. 北京：中国经济出版社，2006.

[11]朱希祥，王一力．大学生论文写作指导——规范·方法·范例[M]. 上海：立信会计出版社，2007.

第十七章

硕士学位论文

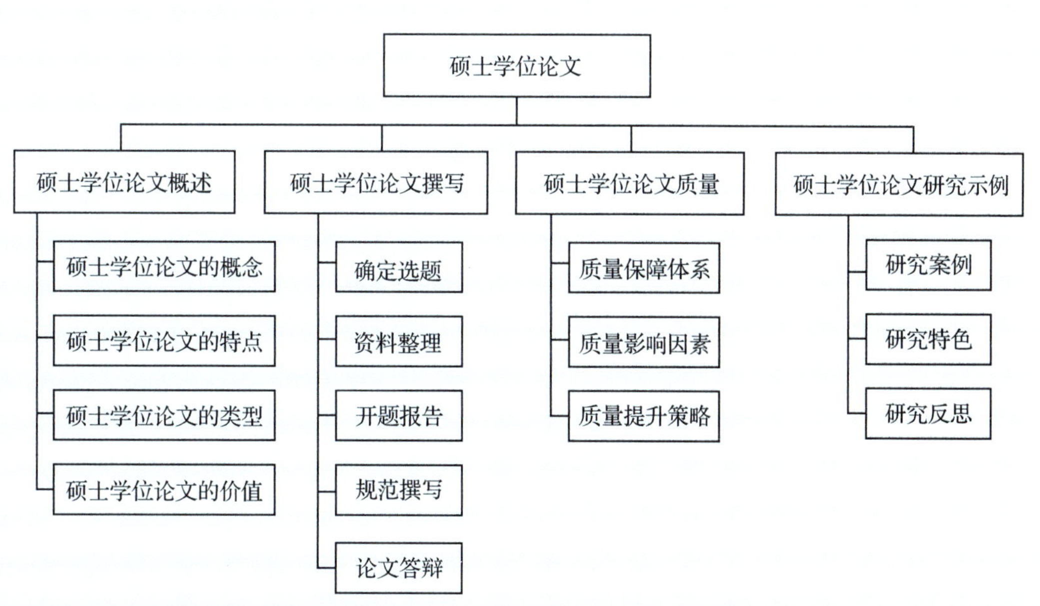

硕士学位论文
硕士学位论文概述
硕士学位论文的概念
硕士学位论文的特点
硕士学位论文的类型
硕士学位论文的价值
硕士学位论文撰写
确定选题
资料整理
开题报告
规范撰写
论文答辩
硕士学位论文质量
质量保障体系
质量影响因素
质量提升策略
硕士学位论文研究示例
研究案例
研究特色
研究反思

导　读

特殊教育专业的硕士学位论文与学士学位论文在特点、价值、撰写、评价、管理等方面有许多相似或交叉的地方，对于重复的内容，本章不再赘述，如果需要全面、深入、详细地了解，可结合上一章进行阅读学习。本章在补充上一章未能提到的内容的基础上，突出硕士学位论文需要了解的方面。学完本章，你应该做到：(1)了解硕士学位论文的概念、特点、类型以及价值；(2)掌握硕士学位论文的选题要义和策略、选题原则、开题要求、撰写规范与特点以及答辩注意事项；(3)理解硕士学位论文质量保障体系。

第一节 硕士学位论文概述

特殊教育专业硕士学位论文是特殊教育专业的硕士学位申请者为申请硕士学位而提交的学术论文，为学位论文的一种。硕士学位论文具备学位论文的一般特征，与学士学位论文有一些共通点，但它在特点、要求、意义等方面的区别，正好在一定程度上体现了特殊教育专业学生在取得硕士学位阶段所需要学习和掌握的研究能力。

一、硕士学位论文的概念

《中华人民共和国学位条例暂行实施办法》："申请硕士学位人员应当在学位授予单位规定的期限内，向学位授予单位提交申请书和申请硕士学位的学术论文等材料。硕士学位论文对所研究的课题应当有新的见解，表明作者具有从事科学研究工作或独立担负专门技术工作的能力。"据此，特殊教育专业硕士学位论文的作者应掌握坚实的基础理论，掌握的专业知识应具有深度与广度，对特殊教育专业的基本问题和重要疑难问题应有独立的见解，并必须具备在有领导者指导下进行研究工作的能力。① 硕士学位论文的学术价值较学士学位论文的有明显提高，对本学科发展或经济建设、社会进步有一定意义，但远不及博士学位论文的影响深远。硕士学位论文的篇幅相对学士学位

① 阎景翰等：《写作艺术大辞典》(修订本)，30页，西安，陕西人民出版社，2002。

论文的较长，一般字数不少于三万字，研究撰写时间通常为一年。

二、硕士学位论文的特点

特殊教育专业硕士学位论文具备学术论文的一般共性，包括学术性、独创性、科学性、理论性等，部分符合学士学位论文的特殊性，即示导性、习作性、考核性、专业性四个特点(参见第十六章)，其突出特点表现在以下几个方面。

(一)具有一定的创新性

课题研究是处理已知信息、获取新信息的一种创造性的精神劳动，需要不断开拓新的领域，探索新的方法，阐发新的理论，提出新的见解。[①] 硕士学位论文是通过大量的思维劳动而提出的学术性见解或结论，其专业性强，阐述问题较为系统、详细，相较于学士学位论文，其独创性要求更突出，学术价值更高。

(二)参考文献全面丰富

硕士研究生在撰写论文的过程中，往往要查阅大量的国内外文献资料。因此，硕士研究生撰写的课题综述部分，不仅提供了一系列尚待解决的问题线索，而且几乎概括、整理了该课题研究的全部信息，可以说优秀的硕士学位论文是三次文献的载体，而其文后的参考文献更是不可忽视的二次情报源，有助于对相关文献进行追踪检索和利用。[②]

(三)论文质量较有保障

硕士研究生在撰写硕士学位论文的过程中，不论是选题还是整理、分析材料，都是在导师的指导下进行的，大部分硕士研究生导师都具有较高的科研水平和丰富的研究经验，对学科前沿能够及时、准确地把握，可以为研究生论文的先进性、创新性、实用性及可行性等把关；同时，硕士学位论文是在导师的严格审核和直接指导下，用大约一年的时间才完成的科研成果，还必须通过院校审查和专家答辩后才能通过；另外，高等院校对硕士研究生学位论文的管理有更加详细和完善的条例与要求，硕士研究生毕业后，社会对其学术成果的追踪和查验更为便捷与重视，学术不端的代价和后果更为严重，因此硕士学位论文的质量比学士学位论文的质量更有保障。

---

① 周家华、黄绮冰：《毕业论文写作指南》，3 页，南京，南京大学出版社，2007。

② 葛郁葱：《学位论文的特点及其检索方法》，载《现代情报》，2003(9)。

三、硕士学位论文的类型

(一)按研究类别划分[①]

1. 理论研究型硕士学位论文

特殊教育专业理论研究型硕士学位论文是正面阐明理论、思想、观点和见解的论文，重在理论分析和理论知识介绍，强调对内容的归纳、概括，突出说理性、逻辑性。在写作上，需要发现和提出前人没有觉察到的问题，或者把前人已提出的问题纳入某个已有的知识或理论体系中，运用新的方法有针对性地阐释、证明和解决问题，以丰富和发展理论体系。例如，《蒙台梭利智障儿童感官教育思想研究》(郭玲，山东师范大学，2006)、《美国自闭症儿童的社会融合及对我国的启示》(林晨昕，华东师范大学，2012)、《改革开放以来我国特殊教育学校职业教育政策研究》(于妍，沈阳师范大学，2018)。

2. 调查研究型硕士学位论文

特殊教育中的调查研究是在教育理论指导下，通过问卷、列表、访谈、个案分析和测验等科学方式，有目的、有计划、有系统地收集教育问题的资料，从而对研究对象做出科学的分析，提出相应的建议或结论。为了尽可能地掌握客观真实的情况，在特殊教育领域进行调查研究时，不要去干涉研究对象的正常活动，不要对调查对象加以控制。从形式上看，调查研究可分为全面调查、典型调查、抽样调查、个案调查和专家调查；从程序上看，调查研究通常有调查准备、收集调查资料、整理调查资料、撰写调查报告等几个步骤。例如，《长春市特殊教育学校学前及义务教育阶段体育教学现状调查与分析》(王艺霏，吉林大学，2016)、《重庆地区智障儿童家庭生活质量现状研究》(黄儒军，重庆师范大学，2017)、《融合教育背景下农村特教班转型的个案研究》(曾梦莹，四川师范大学，2018)。

3. 实验研究型硕士学位论文

特殊教育中的实验研究是研究者按照研究目的和理论设想，合理地控制或创设一定条件，以影响或改变研究对象，从而验证假设，探讨教育实践中因果关系的一种研究方法。这种方法的主要目的是要查明研究现象发生的原因或检验某一理论、假说的实际效果。从形式来看，实验研究分为自然实验和实验室实验；从程序来看，实验研究一般被分为选定实验课题，建立实验假设，选择实验对象并形成被试组，制定实验方法，引进实验因素，进行实验处理，明确实验变量，确定控制无关因素的措施，验

---

① 朱希祥、王一力：《大学生论文写作指导——规范·方法·范例》，221～225 页，上海，立信会计出版社，2007。

证假设，撰写实验报告等步骤。例如，《听障学生汉语唇读理解能力的实验研究》(宫慧娜，华中师范大学，2016)、《随班就读自闭症谱系障碍儿童语篇阅读过程中连接推理加工的实验研究》(戴惟熙，华东师范大学，2017)、《基于录像示范法的中度智障儿童课堂规则执行训练的个案研究》(王培凤，华东师范大学，2018)。

(二)按学位类别划分

1. 学术型硕士学位论文

学术型硕士研究生对特殊教育专业领域的理论知识、方法技术进行深入思考和探究后，提出问题并尝试解决问题，通过这一学术研究过程最终形成的成果，呈现出来就是学术型硕士学位论文。不论是理论研究还是实证研究，都充分体现出了硕士研究生的学术功底，包括理论基础、研究水平、逻辑思维、文字表达等综合素质。

2. 专业型硕士学位论文

撰写专业型硕士学位论文，要贯彻理论联系实际的原则，注重选择特殊教育专业领域内有重要实践意义的理论和实务课题。选择的材料也要紧密结合工作实践，专业型硕士学位论文的形式可根据论文的内容而确定，可以是专题研究、调研报告或案例分析。论文要有新见解，主要指新的观点、解决问题的新方法和新思路等，具有一定的理论性和重要的应用参考价值。[①] 特殊教育专业型硕士研究生的培养目标的侧重点不同于学术型硕士研究生，但这不意味着其学位论文的要求和价值就低于学术型硕士学位论文。

四、硕士学位论文的价值

特殊教育专业硕士学位论文同学士学位论文一样，可以检验学生的学习成效，体现学校特殊教育专业的教学质量，除此之外，还有以下重要意义和价值。

(一)提高硕士研究生的研究水平

硕士研究生撰写学位论文的过程需要高强度、高密度地运用自己的综合能力，包括收集、整理和分析材料，进行实验设计，应用网络数据库检索信息，操作计算机办公软件，进行社会调查，用语言文字表达等，这些是做好科研工作的基础。

(二)有助于科研成果的交流

硕士学位论文是特殊教育专业硕士研究生对自己付出心血和精力的科学研究成果

---

① 于志刚：《学位论文写作指导——选题·结构·技巧·示范》，8页，北京，中国法制出版社，2013。

的记录，其研究结论本身就具有一定的理论价值和应用价值，可以促进特殊教育研究领域的发展。另外，硕士学位论文中的文献综述是对课题研究领域全面、细致地梳理和归纳，是非常宝贵的科研成果汇总，有助于他人参考，可促进学术交流。

(三)学位授予的重要标准

硕士研究生学位论文是考核硕士研究生学术水平和研究能力的重要标准之一，也是衡量一个国家学术科研水平的重要标准之一，其本质是硕士研究生为了申请相应的学位而提供的用于评审的学术论文，而且其效用比学士学位论文更为突出。学位授予后一旦硕士学位论文被发现存在问题，学校依然可以据此撤销硕士学位，这就要求研究生扎实、认真、严肃地对待硕士学位论文，通过最终的文章证明自己已经具备取得硕士学位所要求的科研素质、学术水平和理论基础。①

第二节
硕士学位论文撰写

特殊教育专业学生在撰写硕士学位论文时，需要抱持认真、严谨、专业、坚韧的研究态度，从确定选题、资料整理，到研究设计、开题报告，再到实施计划、收集和分析资料、写作定稿，都要遵循科学的研究程序，其内容要符合标准的撰写规范。

一、确定选题

(一)选题要义

硕士学位论文通常要遵循专业性、创新性、可行性、适宜性等原则，在这些原则的基础上，对研究对象的选择，还可以关注以下几个要点。

1. 研究空白点

特殊教育专业的某一些研究领域或者课题，如果尚未有人涉足，那么这些研究空白点就为研究者提供了创新的平台和机会，而创新又是论文非常重要的价值体现。因此，如果能够把握研究空白点，可以极大地提高研究意义。

---

① 曲继方、庞海波：《学位论文写作》，2～3页，北京，国防工业出版社，2005。

2. 研究交叉点

随着各个学科和专业的发展，各项研究领域的深度和广度都在不断扩展，而且越来越体现出渗透性、综合性和交叉性。例如，在特殊教育学方面，有与心理学、教育学、生理神经科学、语言学、计算机科学等的交叉，这样的交叉选题虽然使得研究跨度较大、难度较高，却提升了研究的高度和境界。

3. 研究需求点

特殊教育专业领域的理论和实践需求对科学研究提出了具体要求，社会文明的发展和教育现实的困境不断推动着科研的发展。从事学术研究，不能故步自封、闭门造车，一定要考虑实际需求和价值，选择有意义的课题。

(二)选题策略

1. 结合导师的科研课题

导师都有自己特定的研究领域和特长，特殊教育专业硕士研究生在选题时要考虑导师的研究方向，充分了解导师所承担的研究课题，综合各方面因素，可以选择导师的研究课题中合适的内容作为自己的选题，使得研究课题在横向或纵向上有一定的相关性或者延续性，这样不仅有助于研究顺利开展，还可为研究经费提供保证。

2. 考虑个人研究兴趣

兴趣是最好的老师，只有对事物产生了兴趣才会从内心激发认知事物的原动力。硕士学位论文的撰写是一项复杂的、烦琐的系统工程，有了兴趣作为内驱力，论文的质量将会更有保障。因此特殊教育专业硕士研究生在选题时应尽可能考虑自己的兴趣，以此激发研究和写作热情。

3. 切合实习就业方向

一线实习和就业单位在特殊教育专业领域的发展趋势和关注倾向，通常也是学科研究中的热点，此类研究课题的应用价值会比较突出，因此硕士研究生在选题时，需要考虑实习、就业方向，充分利用就业单位的人才资源和研究设施，这不仅有利于完成当下的硕士学位论文，也有利于研究生毕业之后在科研方面的持续发展，同时，最终形成的论文成果还具有较高的实践应用价值。

二、资料整理

(一)选材原则

1. 充分

在确定研究课题之后，硕士研究生需要对研究主题的相关资料进行收集、整理，进一步思考研究计划，进行论证，只有收集的资料越全面、越充分，对已有研究成果、研究水平、研究空白才会越了解，后续的研究才会越深入。

2. 典型

撰写硕士学位论文的精力是有限的，研究生应该利用有限的时间抓住最权威、最能充分说明问题、最能深刻揭示研究对象本质的资料①，在搜索和阅读资料时要时刻记住自己的目的和任务，始终以研究课题为中心，对次要的、一般的、关系不太紧密的资料进行相对简略的浏览，分清主次。

3. 确凿

确凿就是要保证所选资料真实、准确、可靠，不道听途说，不满足于第二手资料，尽可能查找第一手资料，找到最早的根据。对第一手资料要反复核实，不偏听偏信，不凭空想象；对第二手资料要多加考证，不断章取义，不歪曲原意。

4. 新颖

所选资料尽量能在内容上体现时代精神，尽可能查阅和使用近期发表的成果或者最新开展的研究，关注特殊教育专业领域的新动态、新信息、新事物，把握前沿资料。新颖的资料能为新的创造提供有利的条件，有助于研究者做开拓性的工作，不断创造新的成果。

(二)文献述评

文献述评是硕士研究生通过对特殊教育专业领域中的有关文献资料的收集和阅读，了解国内外研究进展和动态、当前研究水平和成果，并且从中发现问题，提出问题和产生个人见解。文献述评是硕士学位论文中的重要内容，硕士学位论文对文献述评的评议标准是“文献阅读较为广泛，能够反映本学科及相关领域的发展和最新成果，归纳总结正确”。②

在查询文献资料时一定要结合论文关键词，充分收集国内外文献，认真阅读、整理资料，通过对国内外特殊教育相关研究的提炼、归纳、总结，深入思考自己的研究切入点。在梳理和阅读文献资料时不能马虎、潦草或者敷衍了事，应避免以下问题：一是过度总结，浮于表面，不够深入，三言两语就概括结束；二是总结不够，把所有文献资料都一一罗列，只是简单堆砌，没有归纳和提炼。

---

① 蔡铁权、楼世洲、谢小芸：《教育硕士专业学位论文写作指导》，63～64页，杭州，浙江大学出版社，2005。

② 于志刚：《学位论文写作指导——选题·结构·技巧·示范》，43页，北京，中国法制出版社，2013。

三、开题报告

(一)开题意义

1. 完善研究思路

开题的目的在于监督和保证硕士学位论文的选题质量，督促硕士研究生认真查阅文献，认真选题，做好研究计划。撰写开题报告，是将自己的思考外化成文字的过程，其间加入逻辑思考，对问题进行深入、系统的研究，它是不断完善研究计划的过程。

2. 收集各方意见

开题报告时，各位专家会针对论文选题、研究计划等提出疑问、看法或者建议，不论老师是赞成、反对还是补充，这些反馈信息都是硕士研究生做出改进和调整的新方向、新思路，为下一步研究工作提供了重要的指导和参考，可避免在论文写作中走弯路。

3. 明确论文选题

硕士研究生在众多教师和同学面前公布自己的研究选题时，就像是一种学术宣言，表明了自己承担的学术道德责任，能够督促自己认真对待接下来的每一个步骤。[①] 另外，开题答辩可以帮助硕士研究生更加清晰地认识自己选题的优势和劣势，以便在后续研究和论证过程中扬长避短，有的放矢。

(二)基本要求

1. 内容

硕士学位论文的开题报告的主要内容包括课题来源及选题依据、课题的意义和价值、研究的基本内容和大致结构、选题的特色和创新之处、现有的研究基础和条件、确定的研究方法、可能出现的问题和预期结果、完成的总体进度和时间安排。

2. 组织

开题报告会在院系特殊教育专业教研室负责人的组织和安排下进行，由 3～5 人组成开题报告审查答辩小组，由组长主持。开题报告会的一般程序如下：硕士研究生向到会人员做开题报告，导师做必要的补充和说明；审查答辩小组成员依次进行分析与评议，硕士研究生对老师所提出的问题进行回答；审查答辩小组讨论、决定是否同意通过硕士研究生的开题报告，对选题适当、论据充分的予以批准，对选题不当的，要

---

① 蔡铁权、楼世洲、谢小芸：《教育硕士专业学位论文写作指导》，52 页，杭州，浙江大学出版社，2005。

求硕士研究生限期修改，重做开题报告。①

四、规范撰写

(一)构成格式

特殊教育专业硕士学位论文与学士学位论文的构成基本一致，内容一般包括封面、中文扉页、英文扉页、论文原创性声明和使用授权说明、摘要、关键词(中英文)、目录、正文、参考文献、附录、攻读硕士学位期间发表的学术论文、致谢。其格式可参考统一的国家标准(可参见第十六章)，各个高校也会制定详细的规范条例和参考模板，如《华中师范大学研究生学位论文规范》《华中师范大学硕士学位论文模板》(图 17-1)。

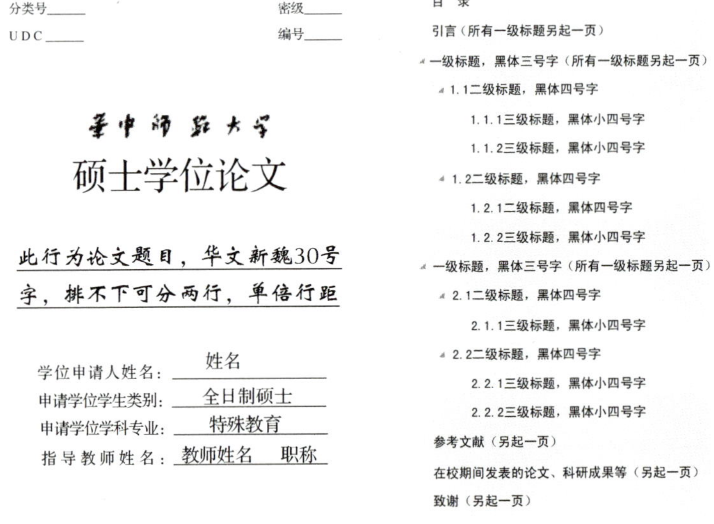

图 17-1　硕士学位论文规范示例

(二)谋篇布局

谋篇布局是对论文的境界立意、思路提纲、结构层次的谋划和构思，渗透在整个写作过程中，对论文构架、段落安排、图表设置、遣词造句，乃至修改定稿都起着决定性作用。科学、合理、巧妙的谋篇布局能够正确反映事物的发展规律，使论文更符合逻辑规律，突出条理性、严谨性、衔接性、流畅性和可读性。

硕士学位论文的结构包括开头结尾、层次关系、段落形式、过渡呼应等内容，其

① 于志刚:《学位论文写作指导——选题·结构·技巧·示范》, 27～28 页, 北京, 中国法制出版社, 2013。

结构就像骨骼一样，把课题与论证材料有机地结合为一个整体，体现研究对象的本质规律和内在联系。因此，特殊教育专业硕士学位论文的结构一定要完整统一，逻辑连贯，条理清晰，层次分明，严谨周密。

谋篇布局的重要工作就是拟定提纲。拟制论文提纲是编拟结构的一种行之有效的方法，可以帮助硕士研究生严谨缜密地思考问题，树立全局观念，从整体上把控论文的架构和内容。例如，可以检查是否遗漏重要内容，是否有重复或者多余的内容，审思各个部分的地位、作用是否凸显，篇幅、位置是否合理，各个部分是否为全局所需、为主题服务，逻辑关系如何，等等。如此经过反复审查和修改，就可以得到一个最佳的结构方案。一旦拟定了一个好提纲，就为论文确定了一个好的格局，而后再提笔行文，便会胸有成竹，得心应手，事半功倍。拟定提纲大致要考虑以下内容：论文的中心论点和分论点；论文题名；怎样提出问题，引出论文中心论点和分论点；全篇分成几个层次，分成几章，每章分成多少条、款、项，需要多少段落，各层次的题名；各章、条、款、项之间如何过渡和呼应；哪些详写，哪些略写等。[①]

(三)行文修改

1. 语言特点

硕士学位论文是以内容的科学性、观点的鲜明性、概念的明确性、判断与推理的逻辑性和写作的规范性为特征的[②]，因此，硕士学位论文的语言要求专业、准确、严密、精练、规范。专业，是指在论文写作时，要使用本学科本领域的专业术语，体现特殊教育专业特点；准确，是要求在表述时一定要用词准确无误，尽量不用或少用“大概”“差不多”“大致”“似乎”“也许”等模棱两可的不确定词语；严密，是要求说理严密，富有逻辑，不夸大不贬抑，实事求是，严谨治学；精练，是要求用语简洁明了，避免冗长啰唆，剪裁掉与主题无关的内容，抓住事物的本质，把话说在点子上，巧妙运用图、表等表现方式；规范，是指要注意语言使用符合既定标准，不随意简化或生造词句。

2. 修改定稿

硕士学位论文所反映的客观事物往往是错综复杂的，人对事物的认识也是一个反复推敲、不断深化和升华的过程，因此修改论文是非常重要的，可以使论述更加透彻，还可以完善遣词造句，锤炼语言。修改论文要从整体出发，为主题服务，严谨细致，做到文能逮意、意能称物，修改论文主要包括锤炼主题、完善结构、修正观点、取舍材料、推敲语言等。从初稿到定稿，在这个过程中要对论文做通盘检查，进行细致、

---

① 林文荀：《学位论文写作》，70 页，北京，宇航出版社，1997。

② 林文荀：《学位论文写作》，23 页，北京，宇航出版社，1997。

认真的修改，这是提高论文水平和写作质量的关键一环，必须认真对待。

五、论文答辩

硕士学位论文答辩比学士学位论文答辩更加重要和严格，虽然它们的流程基本一致，但是硕士学位论文答辩的评判标准更严苛细致，过程更周密，所需时间更长，而且答辩委员会人数更多，组成级别更高，答辩主任必须是外校相关领域的教授。关于答辩意义和答辩程序本章不再赘述(可参见第十六章)，此处主要说明特殊教育专业硕士学位论文答辩需要注意的几个方面。

(一)自述报告

答辩开始要由论文作者简要陈述论文的主要内容。鉴于硕士学位论文篇幅较长，陈述时间仅有十多分钟，因此硕士研究生必须先拟好报告提纲，制作汇报 PPT，这样才能够在较短时间内把论文的核心和主要内容陈述清楚。自述报告要突出重点，抓住关键，简要清晰，逻辑性强。报告的内容包括简要的自我介绍、论文题目、指导教师；选题缘由、目的、依据和意义；该课题已有的观点或成果是什么；主要研究途径和研究方法；论文的主要观点和立论依据；研究获得的主要成果和创新之处及学术价值；研究存在的问题和不足，以及后续研究的展望和设想；其他需要特别说明的方面。①

(二)注意事项

1. 做好充分准备

硕士研究生要正确认识答辩的意义，了解答辩的程序，做好充分的准备。一方面，要调整好心态，树立信心，沉着冷静，消除紧张焦虑的心理；另一方面，准备必要的材料和用品，包括汇报 PPT、纸质版论文、笔和笔记本等，答辩时集中注意力认真倾听，把答辩老师所提出的问题和有价值的意见、见解记录下来。

2. 答辩简明扼要

首先，做论文自述报告时，不要照本宣科，要根据事先拟定的提纲依次陈述，保证条理清楚、层次分明，适当对论文的重点或体会较深的观点进行发挥。其次，要听清楚答辩老师所提的问题，抓住要害，简明扼要地回答问题，力求客观、辩证。最后，注意吐字清晰、声音适中等。

3. 态度谦虚、诚恳

答辩时态度要谦虚、诚恳，对自己不太清楚或者并未进行深入思考的问题，应实

---

① 林晨：《21 世纪大学生毕业论文写作要义》，199 页，呼和浩特，内蒙古教育出版社，2004。

事求是，坦诚而委婉地承认，切忌东拉西扯、文不对题地随意作答以求过关，或者强词夺理，进行狡辩。对自己论文中的不足之处，也应坦诚相告，当答辩老师指出不足时，应当勇于承认。

第三节 硕士学位论文质量

特殊教育专业硕士学位论文的质量由两部分组成，外在质量和内在质量。外在质量是衡量论文符合硕士学位论文学术规范、技术要求的情况，包括论文的编排格式、段落、文字、标点符号的使用等。内在质量是衡量硕士学位论文的选题是否有新意，学术水平的高低，理论价值及应用价值的大小，观点是否鲜明突出，研究方法是否科学有效，论述是否详尽、流畅，论证数据是否充实、严谨等。硕士学位论文质量的高低包括两层含义：一是硕士学位论文质量满足国家对授予硕士学位的客观规定的程度；二是硕士学位论文质量“满足社会需要和人的发展需要”等一些主观需要的程度。①

一、质量保障体系

(一)质量评价维度

1. 选题的科学性

完成一篇质量上乘的特殊教育专业硕士学位论文，必然需要一个科学可行、有理论或应用价值的选题作为前提条件。那些空泛抽象、偏离现实、无法执行的研究选题，无疑缺乏研究意义，既不能解决教育实际中的问题，又不能丰富理论观点，论文质量难以保障。

2. 论文的创新性

许多学者都以“论文的生命在于创新”的说法来强调论文创新的重要性。特殊教育专业的硕士学位论文作为学术研究结果的一种呈现形式，必然以创新为其自身的首要

① 魏灿欣：《我国教育硕士学位论文质量现状及提升对策研究——以某高校教育管理专业教育硕士学位论文为例》，硕士学位论文，东北师范大学，2009。

特点。创新体现在很多方面，包括选题角度的新颖性、选题内容的前瞻性、研究方法的创新、研究领域的创新、论证方式的创新等。优秀论文最大的闪光点和生命力均来自其不同方面的创新。①

3. 论证的严谨性

一篇优秀的特殊教育专业硕士学位论文通常具备以下特征：写作思路清晰，中心明确突出，论点鲜明独到；论文的框架结构平衡紧凑，谋篇巧妙，布局合理，详略得当；论证考据严谨，逻辑严密，行文流畅，语言凝练。

4. 方法的适用性

研究方法是否适合论文选题，在研究过程中如何正确科学地使用所选方法，运用研究工具时是否尊重科学，是否尊重事实，这些都是选择研究方法时首先要考虑的问题。研究方法是研究的工具，而不是用以提高论文身价的装饰品。优秀的硕士学位论文，应该首选最适合论文选题的方法，而不是那些新潮、复杂却不适用的研究方法。

5. 写作的规范性

写作的规范性，即外在质量，是一篇优秀的硕士学位论文首先要达标的项目，反映出了硕士研究生从事科研的基本素质和基本态度，也体现了对研究工作和评审读者的尊重。文字标点的正确使用、行文格式的规范排版、参考文献的详尽注释等写作的基础要求，也是论文质量的基本保障。

(二)质量管理原则②

1. 目标性原则

硕士学位论文质量保障的实质是通过系统而全面的保障措施逐步提高论文水平，其前提是有明确的目标。硕士学位论文的质量受多重因素影响，质量保障不能单独从一个问题出发，而应该从目标出发，秉承全局意识，兼顾人才培养方案和专业学科特点，稳定、有效地提高论文质量管理水平。

2. 全面性原则

硕士学位论文的质量受硕士研究生培养的全过程影响，其质量保障应该从学生的全方位培养出发，从大局出发，从全程出发，将特殊教育专业的硕士学位论文质量保障体系纳入特殊教育专业硕士研究生教育质量保障体系之内，从根本上提升高校特殊教育专业硕士研究生教育管理水平和质量。

3. 整体性原则

硕士学位论文的质量保障和管理是由高等院校管理部门牵头开展的，但是整个质

---

① 魏灿欣：《我国教育硕士学位论文质量现状及提升对策研究——以某高校教育管理专业教育硕士学位论文为例》，硕士学位论文，东北师范大学，2009。

② 陈明晔：《全日制专业学位研究生学位论文质量保障体系研究》，硕士学位论文，哈尔滨工程大学，2014。

量控制过程离不开校级领导、院级部门、指导教师和学生，这些组织和人员共同维护与创建着良好的论文质量管理环境，缺一不可。

4. 开放性原则

对硕士学位论文质量的保障不应只由高等院校来承担，还应该持续接受国家的支持与调控以及社会的监督和反馈，如此才能不断提升培养水平和研究质量。因此，硕士学位论文质量的管理必须坚持开放性原则，通过外部干预来促进内部监控，从而不断提高特殊教育专业硕士学位论文水平乃至硕士研究生的教育质量。

二、质量影响因素

当前特殊教育专业的硕士学位论文质量问题主要包括以下方面：选题不恰当，主题不明确；创新水平不高；基础理论研究不够坚实深厚，理论与实际结合不紧密；结构不合理，逻辑不严密，文字表述专业性不够；格式不规范，写作态度松散等。① 上述质量问题的产生原因是多方面的，需要全面思考，重点分析以下几个因素的影响。

(一)前期培养不足

硕士研究生的培养分为前期课程学习和后期论文研究两个部分，论文质量与前期课程学习存在密切关系。从前期培养质量看，人才培养单位监管不严，导致硕士研究生课程学习不够扎实，不能为后期论文研究打下必要的专业基础。另外由于扩招的影响，硕士研究生数量大大增加，而学校的资源相对较少，大班授课成为硕士研究生常见的课堂学习形式，授课方式较为传统，课堂缺乏活力，教师与学生之间难以形成有效的对话与交流，从而抑制了硕士研究生思维的发展。

(二)研究经费匮乏

研究经费是保证论文质量的必要条件，但是，有些培养单位提供给硕士研究生的经费支持很少甚至没有，致使一些硕士研究生进行调研、实验、取证活动时受到限制，最终缺少论证资料，只能纸上谈兵，勉强完成论文撰写，因而其质量经不起考究。

(三)学术风气不良

有的硕士研究生只是为了混文凭，对知识不求甚解，不思进取，很少下功夫去收集资料、研读文献，甚至抄袭造假，十天半月就可以东拼西凑完成硕士学位论文的初稿，这使得教育研究形成了不良的学术风气。还有相当一部分学生花时间找工作或考

① 李红梅：《高校硕士学位论文质量监控策略研究》，硕士学位论文，西南大学，2008。

博，并不把硕士学位论文的研究工作放在第一位，在时间上并不能给予一定的保障。

(四)导师指导不力

硕士研究生指导教师队伍的水平参差不齐，有的导师科研水平不高，指导经验不足，不能给学生有效帮助；有的导师忙于个人科研任务和其他事务，没有时间精力，在学术上不能够尽职尽责，疏于指导硕士研究生撰写学位论文；有的导师对研究生放任自流，面谈沟通甚少，师生之间不能展开正常的学术交流。

三、质量提升策略

(一)学生层面

硕士研究生是大多数学生学术生涯的起点，要端正学习态度，勤奋努力，坚持不懈，充分发挥自己的主观能动性，扎实地学习专业知识，积极参加学术交流活动，大胆投稿，锻炼论文写作能力，广泛了解各种研究方法。积极与导师沟通探讨，在导师的引导下，提前思考并确定研究方向，针对目标课题，广泛收集国内外相关文献，充分了解特殊教育专业领域的研究背景，发掘创新点、突破点，构思研究计划，确保硕士学位论文顺利完成。

(二)导师层面

大多数学生在硕士研究生阶段才接触到具体的科研工作，处于学习摸索阶段，因此各项科研能力的培养，离不开导师的启发和引导。一位好的导师能够将硕士研究生迅速地引领到学术前沿。学校应该加强对导师的管理和约束，如定期召开会议了解硕士研究生的科研进展情况，督促导师积极指导学生，制定相关条例明确导师的权利和责任等。此外，导师自身也需要努力学习，不断更新和拓展自我学识，保持科研水平的先进性。①

(三)学校层面

课程学习对专业知识和技能的掌握与应用、科研能力的培养和论文质量的提升都有促进作用，因此学校在特殊教育专业硕士研究生课程设置方面要进行深入研究，重点把握，确保课程与时俱进，紧跟学科前沿。同时，学校还可以通过设立硕士研究生

---

① 黄兆丽:《硕士学位论文质量的影响因素及提升对策——以H大学为例》，硕士学位论文，华南理工大学，2014。

科研创新奖项或者专项基金等途径，充分调动学生的科研热情，激励学生大胆创新和探索，发挥研究潜能。另外，在硕士研究生扩招的大环境下，生师比越来越大，学校应采取相应措施来控制导师招生人数，在招生环节应严格把关，吸收优质生源，避免量增质减。

(四)政府层面

硕士研究生要顺利完成硕士学位论文，其科研过程必然需要丰富的高质量图书资料、前沿期刊文献、快捷发达的科研信息网络，以及先进的实验设备和器材等硬软件条件，这样的物质保障得力于政府部门、高等院校、社会各界的共同努力，从政府层面来说，可加大对高等院校科研的投入和支持。

第四节
硕士学位论文研究示例[①]

本节案例论文为华中师范大学 2010 年硕士学位论文《特教师范生教师专业认同的叙事探究——基于个人生活史视角》，作者为特殊教育学全日制硕士毕业生李战营，导师为邓猛教授。

一、研究案例

(一)研究背景

对于特教师范生而言，教师专业认同就是将个人的价值和意义同所从事专业的价值和意义内在地统一起来的历程，是未来特教教师专业情感最持久的原动力，将会影响未来的教学功效与专业成长，并直接决定着个人的择业动机和从师意向，以及专业意识的养成，甚至是将来的师德水平。本案例论文旨在通过个案教师专业认同的生活史叙说，探究个案教师专业认同的内涵、历程及影响因素，以期唤起特教师范生和社会公众对教师专业认同和个人生活史的关注与反思，并寻找促进特教师范生教师专业

① 李战营:《特教师范生教师专业认同的叙事探究——基于个人生活史视角》，硕士学位论文，华中师范大学，2010。

认同的方法和措施，为改进特教师范生教育与培养工作提供一定的借鉴和依据。不论是在理论方面还是在实践方面，该研究都具有重要的参考价值。

(二)研究方法

该论文采用典型的质性研究方法——叙事研究，将主题界定为特教师范生教师专业认同，邀请一名大四特教师范生(化名彪彪)作为研究个案，基于个人生活史的视角，秉持“让参与者用自己的声音讲自己的故事”原则，通过对参与者的深度访谈、实物分析来收集事实材料，在此基础上建构参与者的故事，从故事中发现其教师专业认同的内涵与历程，在明确影响因素的基础上，为促进特教师范生教师认同提出参考性建议。论文研究设计承袭了质性研究的基本流程，即聚焦研究问题，明确研究目的，回顾前人文献，反思自我经验，确定研究方法，设计研究流程，选择研究对象，探讨研究关系，进入研究现场，收集现场文本，统整现场文本，撰写研究文本，分析研究文本，呈现研究报告，提出研究建议，反思研究质量。

(三)研究结论

该论文的研究结论包括个案的教师专业认同的样貌与历程以及影响因素，内容如下：(1)个案特教教师专业认同与个人经历、社会情境密不可分，了解个人生活史是逼近、解读和重构、发展个体教师专业认同的有效途径；(2)个案认为特教教师专业的选择动因包括个人认同、生活理想、自我实现、重要人物的影响、关键事件的刺激、社会的性别角色；(3)个案对教师专业的认知并不完全趋同于专家学者所规定的定义，更倾向于对特教教师专业的知识技术层面的直观思考和个人诠释；(4)个案认为在师范院校的专业学习经历对自己做好教师专业准备的影响有限，而在特殊学校的教育实习经历带来的影响则是非常大的；(5)个案对特教教师专业的自我意象是主体基于其个人特质和学生经验，通过教学实践和自我反思来建构的关于自我与专业当前意义的结果，其中教学实践、自我反思在建构教师自我意象过程中具有极其重要的意义；(6)个案对特教教师专业的认同历程经历了由外向内的发展轨迹，即先经由与外在的环境互动获得认可、自信，然后才向内思考，抉择自己的角色定位，且认同过程充满着复杂、矛盾与冲突；(7)特教教师专业认同的外部影响因素有家庭环境、学校环境、社会环境、重要人物、关键事件，内部影响因素有个人特质与个人认同、学生经验与教学经验、自我觉知与自我反思。

(四)研究建议

基于以上研究结论，作者从特教师范生、师资培训机构、特殊教育学校以及国家和社会几个方面提出了研究建议。第一，特教师范生要确立教师专业的自我意识，可以通过撰写和分析自己的生活史来梳理个人的教育成长历程，制订专业发展规划。第二，师资培训机构应该优化课程教学，也可以借鉴国外的模式建立教师专业发展学校。第三，特殊教育学校应该注重营造积极向上的校园文化，引导特教师范生实习、实践、学习。第四，国家和社会要严格把关特教教师的职业准入标准，还应该适时提高特教教师的地位。

二、研究特色

（一）研究的方式

在教师研究领域，叙事研究实质上是教师在教育生活中认识自我和把握自身命运的一种有效方式，而身份认同则是个体生命历程中经验的诠释与再诠释的持续过程，要想了解特教师范生教师专业认同的样貌内涵和发展过程，最好的方法就是让参与者自己讲出来，通过回顾与重述个人经历过的故事来赋予它们意义并进行反思，进而追寻和再现教师专业认同的样貌内涵与发展轨迹。显然，作者期待用这种更贴近生活的方式捕捉更丰富的意义。

（二）研究的视角

个人生活史是以当事者的叙说与诠释为主轴的，重视个体的主体性，提供个人生活的过程资料，说明事情发生的内部机制，以使得他人能够了解当事者与其生活历史的关系，以及社会脉络的影响。这些特质使得生活史研究成为探究个人内心世界与生命经验的合适方式。

对于特教师范生而言，个人生活史就是关于个体教育与生活的历史，包括作为学习者的学习经历和作为教师的实践经验、遭遇的关键事件、遇到的重要人物和关键时期，这些不是孤立的、零星的个人记忆，而是在一定的社会、文化和历史情境里，个体在其生活与教育中所发生的事件及经历。特教师范生的个人生活史包含着个体十分丰富的内心体验，蕴藏着个体细腻的情感变化，映射着个体对教育意义的探索，记录着个体教师专业认同的心路历程。

（三）行文与剖析

作为一篇硕士学位论文，该论文的故事呈现与描述、故事剖析与诠释两个部分无疑是至关重要的主体部分。通过整篇的行文风格与逻辑架构，我们可以明确地感受到作者深厚的语言文字功底、精细的资料整理技巧、缜密严谨的思维与深刻的内涵分析思想。作者将个案随意琐碎的叙述打散重组为“家庭背景、青涩记忆、草样年华、代课经历、实习生活、牵手特教”六个部分，结合生动、细腻、深刻的语言文字，层次分明地为读者描绘出了个案的生活画面与内心世界。

三、研究反思

回归该论文本身，其研究依然有有待改进和商榷的地方。其一，基于对研究目的的考量，采用了目的性抽样原则，研究样本有一定局限性；其二，对于对过去的回忆和讲述，受访个案往往会因为个人的情感、观念等发生变化，以及记忆的原因不可能完全呈现过去的一些状态和想法，导致研究资料有一定局限性。

如同论文作者自己所说，这篇硕士学位论文的撰写给了作者一个思考自己二十多年人生经历的契机，促使作者反思自己对特殊教育教师的认知以及对个人专业道路的展望，这样的过程是非常宝贵和难得的。由此可知，完成一篇硕士学位论文的意义可能远远不止申请硕士学位、锻炼科研能力、检验教学水平等这么理性与严肃，它对硕士研究生个人的影响和价值，更像是一次重要的人生经历，激发着他们对自我向内的探索与认知，如同一颗石子掉落湖中泛起圈圈涟漪，虽然终归平静，改变却必然发生。

本章小结

本章在上一章学士学位论文的基础上，补充了硕士学位论文需要注意的要点知识，包括类别划分、选题要义和策略、选材原则和文献述评、开题意义和要求、谋篇布局和行文修改、自述报告和注意事项，以及质量评价维度和管理原则等。对硕士学位论文的基本阐释，结合对特殊教育专业优秀硕士学位论文示例的解析，可使读者加深对学科专业领域硕士学位论文的认识和理解，以期提升硕士学位论文的综合质量。

复习思考题

一、单项选择题

1. 硕士学位论文的选题要义不包括(　　)。

A. 空白点　　B. 交叉点　　C. 需求点　　D. 重复点

2. 硕士学位论文的谋篇布局通常涉及论文的(　　)。

A. 境界立意　　B. 思路提纲　　C. 格式标准　　D. 结构层次

3. 关于硕士学位论文，以下说法错误的是(　　)。

A. 学术型硕士学位论文与专业型硕士学位论文侧重点相同

B. 硕士学位论文有助于科研成果的交流

C. 硕士学位论文在选题时要考虑个人研究兴趣

D. 硕士学位论文的资料应该充分、确凿、新颖、典型

二、简答题

1. 简述硕士学位论文开题报告的意义。

2. 硕士学位论文在拟定提纲时主要考虑哪些内容?

3. 简述硕士学位论文的质量评价维度。

三、论述题

1. 结合特殊教育专业学科特点，简要阐述硕士学位论文的选题策略。

2. 谈一谈文献述评在硕士学位论文中的重要性。

本章阅读书目

1. 克叶尔·埃瑞克·鲁德斯坦，雷·R. 牛顿．顺利完成硕博论文：关于内容和过程的贴心指导(第 3 版). 席仲恩，沈莛，王蓉，译．重庆：重庆大学出版社，2014.

2. 陈力丹．硕士论文写作．北京：中国广播电视出版社，2001.

3. 肖东发，李武．学位论文写作与学术规范．北京：北京大学出版社，2009.

4. 斯特拉·科特雷尔．学位论文和研究报告写作技巧：渐进式指南．于芳，译．大连：东北财经大学出版社，2015.

主要参考文献

[1]蔡铁权，楼世洲，谢小芸．教育硕士专业学位论文写作指导[M]. 杭州：浙江大学出版社，2005.

[2]林文荀．学位论文写作[M]. 北京：宇航出版社，1997.

[3]林晨．21 世纪大学生毕业论文写作要义[M]. 呼和浩特：内蒙古教育出版社，2004.

[4]李战营．特教师范生教师专业认同的叙事探究——基于个人生活史视角[D]. 武汉：华中师范大学，2010.

[5]曲继方，庞海波．学位论文写作[M]. 北京：国防工业出版社，2005.

[6]于志刚．学位论文写作指导——选题·结构·技巧·示范[M]. 北京：中国法制出版社，2013.

[7]阎景翰，等．写作艺术大辞典[M]. 修订本．西安：陕西人民出版社，2002.

[8]朱希祥，王一力．大学生论文写作指导——规范·方法·范例[M]. 上海：立信会计出版社，2007.

[9]周家华，黄绮冰．毕业论文写作指南[M]. 南京：南京大学出版社，2007.

第十八章

博士学位论文

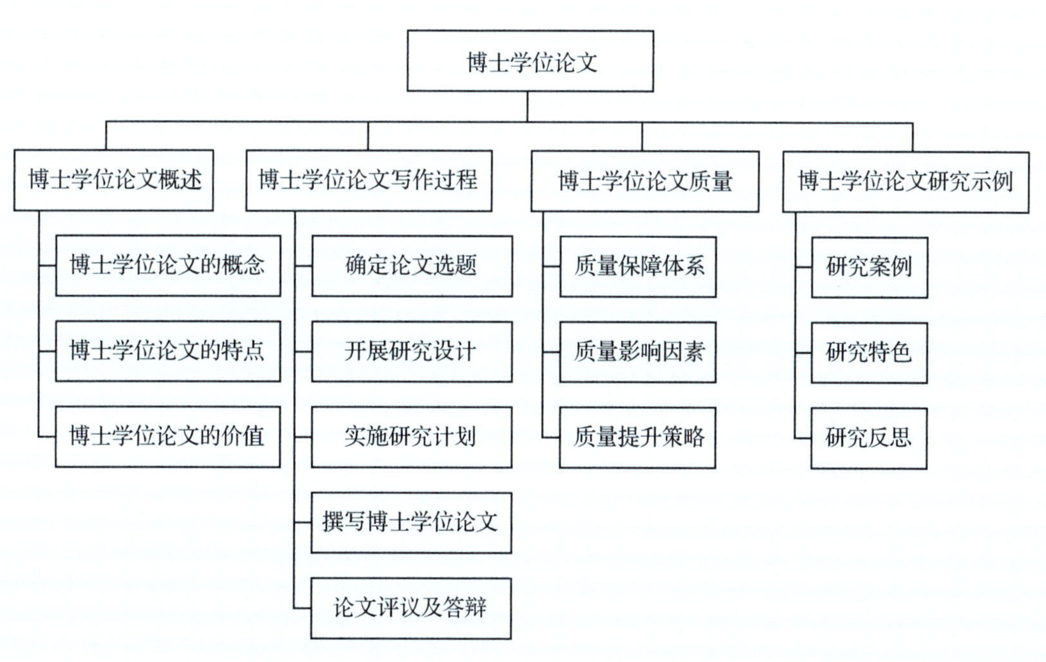
博士学位论文
博士学位论文概述
博士学位论文的概念
博士学位论文的特点
博士学位论文的价值
博士学位论文写作过程
确定论文选题
开展研究设计
实施研究计划
撰写博士学位论文
论文评议及答辩
博士学位论文质量
质量保障体系
质量影响因素
质量提升策略
博士学位论文研究示例
研究案例
研究特色
研究反思

导 读

博士研究生是我国高等教育结构中的最高层次，目的在于造就青年学者、学术中坚与骨干力量。博士学位论文是作者在导师指导下，为获取博士学位而撰写的论文，代表着本学科或本领域内比较重要的或前沿的课题，学术质量较高。特殊教育专业的博士学位论文是特殊教育研究的重要组成部分，在一定程度上反映了我国特殊教育研究的水平与发展方向。因此，本章通过对博士学位论文的概念及撰写过程进行介绍，并对我国特殊教育专业的博士学位论文进行计量分析，以厘清我国特殊教育研究的现状、热点，以期为特殊教育研究的博士学位论文的选题提供参考，进一步为特殊教育的研究发展提供战略思考。

第一节 博士学位论文概述

一、博士学位论文的概念

博士学位论文(dissertation)是指博士学位申请者为获得学位所提交的研究论文，是学位授予单位评审、决定是否授予其博士学位的最主要或全部依据。一般要求论文有创新成果，并经公开答辩通过。博士学位论文或摘要应在答辩前 3 个月即送有关单位，并经同行评议。[①]《中华人民共和国学位条例》第六条规定授予博士学位的学术水平为：在本门学科上掌握坚实宽广的基础理论和系统深入的专门知识；具有独立从事科学研究工作的能力；在科学或专门技术上做出创造性的成果。其中，后两条大多是通过博士研究生的博士学位论文体现出来的，即要求通过博士学位论文培养学生独立从事科学研究的能力，并要求做出创新性的成果。这就决定了博士研究生的精力应主要集中在完成博士学位论文上，以此来扩大和加深知识领域并培养自己的创造能力。

① 教育大辞典编纂委员会：《教育大辞典》(第 3 卷)，39 页，上海，上海教育出版社，1991。

二、博士学位论文的特点

博士学位论文应反映出作者在本学科中掌握了坚实宽广的基础理论和系统深入的专门知识，具有熟练地独立从事科学研究工作的能力，在科学或专门技术上可做出创造性的成果，能够运用所学知识为该学科提供创造性的见解，对该学科的发展有重要的推动作用，或对该学科水平的提高有重要的突破，还要反映出作者独立地选择有创造性研究方向的能力，能够开辟新的研究领域。[①] 此外，博士学位论文还具有尖端性、系统性、创造性、独立性、可读性等特点。从篇幅上看，博士学位论文篇幅比较长，通常在十万字以上，这是由博士学位论文所具有的考核和评审作者的科学成果、学术水平和学者素质的性质与目的所决定的。

(一)尖端性

博士学位论文一般是论述当前某学科的最新前沿和未知领域正在探索的问题的论文。论文往往把某一学科领域前沿的新的突破、学科边缘的新的拓展、交叉学科的新的结合点以及各学科领域的难点作为研究对象[②]，因此，博士学位论文在论文选题、研究方法、研究结果等方面，均具备尖端先进的特征，代表着某一学科领域研究的最新进展。

(二)系统性

博士学位论文要有系统性，要能反映出博士研究生坚实宽广的基础理论与深入系统的专门知识。博士学位论文应是一本独立的著作，应自成体系，对课题研究的历史与现状、预备知识、实验设计与装备、理论分析与计算、经济效益与实例、遗留问题与前景、参考文献与附录等部分，有一个系统的叙述。博士学位论文文字要精练，逻辑需清晰，要体现出博士研究生的科学素质。

(三)创造性

创造性是博士学位论文的灵魂，博士学位论文要在某个学科或专门技术上有明显的重要突破，在理论上要能提出自己独立的新见解，取得创造性的成果。论文应完善地陈述这些创新点，一般要回答以下三方面的问题。(1)创新点是什么？论文要清晰地

① 张云台：《新世纪中国实用文体全书》，1089页，太原，书海出版社，2004。

② 中国科学院文献情报中心研究发展部：《中国科学院第六次图书馆学情报学科学讨论会文集(1988)》，188～189页，北京，中国科学院文献情报中心，1989。

表述所提出的新发现、新假设和新理论，界定相应概念和变量的内涵与外延。(2)为何要提出此创新点？论文要交代创新点提出的实际背景和理论背景，既说服自己，也让读者感到这样的创新点有重要的学术意义和实际意义。(3)消除关于这个创新点是否成立的疑问，提出证据和论据来支持论文的创新点。为了回答上述问题，博士学位论文的创新之处应具备三方面的内容，即创新点的表述、创新点的实际背景和理论背景评述以及对创新点的论证。

(四)独立性

为培养博士研究生独立从事科学研究工作的能力，导师应始终把博士研究生放在科学研究的环境中，仅对博士研究生的研究目标与研究计划进行宏观指导，具体的科研工作需要由博士研究生独立完成，要强调独立选题、独立调研、独立设计技术路线和研究方案，独立撰写科学报告和论文等，从而培养他们独立进行科研工作的能力、创造思维能力和开拓精神。

(五)可读性

着手进行博士学位论文写作前，博士研究生应考虑到一个常被忽视的问题：论文写给谁看？博士学位论文不同于提供给政策制定者的研究报告或与同行交流的学术报告，与学生阅读的教科书更有着本质的区别。因此，博士学位论文应首先表明博士研究生本人的研究工作能力和论文学术水平已符合获得博士学位的要求，博士研究生心目中最重要的读者应是论文评审专家和答辩委员会成员。因此，博士学位论文的撰写应体现出科学性及学术性，且以简要、明确的语言清晰地阐述创新点与研究价值，并客观科学地展现研究过程及研究结果，系统严谨地解释研究现象，并最终得出研究结论。

(六)交叉性

随着学科发展的日渐成熟及学科交流的日趋频繁，特殊教育专业博士学位论文日益呈现出交叉性的趋势。有学者对检索出的特殊教育领域博士学位论文的所属学科进行分析发现，共涉及的相关学科有 12 个，其中涉及成人教育与特殊教育、心理学、教育理论与教学管理学科的论文数量占前三位，这与特殊教育学科自身的专业性紧密相关。① 特殊教育专业尽管有其特殊性，但面对的仍然是独立的、发展中的个体，因而教师也必然具备教育学与心理学的相关背景。此外，特殊教育领域的博士学位论文还涉及政策与法规、康复医学、辅助科技、神经科学、人力资源等诸多学科。由此可见，

---

① 李秋明、杨银：《我国特殊教育领域博士学位论文的文献计量分析》，载《绥化学院学报》，2019，39(7)。

特殊教育专业除具有专业性外，在其本质上还具有跨学科的属性。不仅与学前教育、教育原理等教育学内的二级学科有交叉，还涉及与法律、经济、医学等非教育学学科的交叉。然而，当前特殊教育领域的研究仍然是以特殊教育为主导的，而其他交叉学科则处于边缘地位，这表明我国特殊教育当前及未来的研究除自身的专业性以外，还必然涉及学科的相互交叉与渗透。

三、博士学位论文的价值

早在 1917 年，清华校长周诒春便强调了博士论文的价值："之数公者，其论文皆已刊印成书，藏诸公私图书馆，得供中外人士之参考。譬之我有国宝，世不我知，得和氏忍刖抱璞以鸣于时，而价值以增，国人不敢轻视。诸公文字之功，毋乃类是。故鄙人非谓其所得哲学博士与法律博士之有耀头衔，实以其所得博士之毕业论文，足以传颂中外，宣传国光之为可贵也。"[①]由此表明，博士研究生是最高学位层次的研究者，其研究成果代表着我国科学研究的最前沿，乃至对人类知识的发展与积累都具有突出的贡献。

一般来讲，只有具备以下特征的研究才可以被称为具有一定的贡献性。[②]（1）必须能够为丰富人类知识库做出贡献。人类文明的进步依靠的是研究者对知识的不断更新和积累，博士学位论文的贡献性首先体现在这一点上，对现有理论的修正或补充、发现新的理论、创建新的学说，为实践提出新的解决方案等都可为丰富人类的知识库做出贡献。(2)必须具有重大的研究价值和意义。博士学位论文是一个完整的阶段性成果，在投入很大精力和时间的前提下，博士研究生应该有信心也有能力选择那些具有重大研究价值和意义的客体，为人类知识的扩充与累积做贡献。(3)必须具有前瞻性和可持续性。研究的价值往往体现为对某一领域做出了具有前瞻性的研究，很多导师建议博士研究生选择一个五年甚至十年后才会成为主流的研究课题，这有助于科学的发展，也有助于奠定研究者未来的地位和根基；此外，前瞻性也为创新性提供了可能。(4)必须是一种创造性的研究和学术工作成果。创造性与前瞻性以及知识贡献在很大程度上指的是同一问题的不同方面，需要着重指出的是，那些对现有研究成果进行梳理与归纳、取不同的样本检验已有的理论假说、介绍国外的前沿研究成果等从严格意义上说都算不上具有创造性。

① 《周校长对于第五次高等科毕业生训辞》，载《清华周刊》，1917 年 6 月 16 日，第 3 次临时增刊。

② 杨杜等：《管理学研究方法》(第二版)，265～266 页，大连，东北财经大学出版社，2013。

第二节
博士学位论文写作过程

一、确定论文选题

选题是博士学位论文写作的第一步，也是令博士研究生最为困惑和备感迷茫的一步。一个好的选题可以让论文写作达到事半功倍的效果，而一个缺乏新意、缺少研究价值的选题则基本上注定了论文研究的局限性。一般而言，博士学位论文在选题时应把握好以下几点基本原则。(1)创新性与积淀性的协调。所选的研究方向应具有一定的研究基础，引起了研究者的前期关注并形成了初步的研究积淀，博士研究生可在以往研究积累的基础上，寻找创新点，力求研究选题的创新性与积淀性相协调。(2)研究的理论意义与实际意义相统一。所确定的论文选题应具备重要的理论研究意义以及深刻的现实意义，对理论的丰富发展或现实问题的妥善解决具有重要价值。(3)理论与实证研究的可行性。一个好的论文选题不应仅仅停留于构思阶段，应能够通过严谨的实施方案付诸实践，通过实证研究或理论研究可不断对论文选题进行深入探究，具有较高的研究可行性。

博士研究生在入学后基本上就确定了其博士学位论文的研究领域或方向，在第一年完成博士课程的学习并取得应有的学分之后，就开始了文献的收集和研读的过程，以明确博士学位论文的选题方向。只有通过文献的收集和研读，研究者才可对某一学科领域的前沿研究课题有清晰的认识，为尽早明确论文选题提供依据。通常情况下，选题可以通过“逐步缩小包围圈”的方式进行，即首先通过大量的文献泛读确定一个自己感兴趣的领域，在这个领域中通过逐步的精读文献来发现问题，最终确定选题。一般而言，可以通过寻找理论与实证研究中的缺陷、转换研究视角、结合我国实际情况等方式配合阅读文献寻找新的创新点。

在特殊教育领域的博士学位论文的选题过程中，要做到具有强烈的问题意识、创新意识，并关注研究意义。[①] 首先，要找到一个好的博士学位论文选题，必须要有强烈的问题意识，用敏锐的眼睛去发现问题。特殊教育学科类属于人文社会科学领域，所

---

① 钟凯凯：《我是怎样写出优秀学位论文的》，载《学位与研究生教育》，2014(11)。

探究的对象为特殊教育现象及问题，其研究对象相对复杂，涉及的因素众多，且交织在一起，往往还涉及价值问题。因此，特殊教育学科的问题更具有隐秘性，研究者要有强烈的问题意识，以探索的视角发现特殊教育现象及问题背后的因素及机制。其次，博士学位论文尤为强调创新意识。在选题阶段，对于自己将要聚焦的特殊教育研究问题能够达到怎样的创新目标，要有合理的估计，即与前人或其他研究者相比，本研究对理论或实践的突破在哪里，有什么创新点。最后，在选题时要关注研究意义。如果课题的研究意义不突出，那么很容易陷入为了研究而研究的尴尬境地。特殊教育研究课题的意义可从理论价值和实践价值两方面来剖析，具体而言，在理论上，能否为特殊教育理论的发展增添新发现或新创造，对于特殊教育领域某一理论问题是否具有补充、整合或派生意义；在实践上，表现为能否对解决现实的特殊教育问题有所帮助，能否为推动特殊教育实践的发展发挥积极作用。

在选题方面，有研究者对特殊教育领域的博士学位论文中涉及的研究对象进行统计发现，特殊教育领域内的博士学位论文中的研究对象整体上与我国特殊教育中所划分的特殊儿童的类型一致，涵盖言语与语言障碍儿童、听觉障碍儿童、孤独症儿童、学习障碍儿童、智力障碍儿童、视觉障碍儿童等。① 其中，研究对象也涉及有关特殊教育的法律、社会福利制度、特殊儿童家长及特殊教育教师。这表明我国特殊教育领域的研究对不同类型的特殊儿童皆有较大的关注度，且辐射到与特殊儿童直接相关的家庭、教师、安置形式及权益保障等层面。此外，关键词是体现文献主题核心信息的关键性词汇，分析高频关键词可以归纳和把握学科研究的热点主题和前沿趋势。笔者利用中国知网中的计量可视化分析，对检索出的特殊教育领域的博士学位论文进行关键词共现分析，发现已有博士学位论文中的研究主题可集中分为三类：一是残疾人教育权益、就业、福利保障等相关内容研究；二是各类特殊学生的融合教育；三是特殊儿童，尤其是孤独症儿童的心理干预的研究。这表明我国特殊教育的研究在很大程度上契合当下我国特殊教育的发展需求，考量到了特殊儿童的教育权益、康复、社会保障等诸多层面。

二、开展研究设计

通过广泛阅读文献，作者选定研究主题后，对论文的思路应该会有一个大概的构思。那么，整理好思路并制定一份详细的开题报告就是对这个思路的进一步完善和具体化，即设计研究方案。开题报告的实质是向导师组汇报自己的博士学位论文准备情

---

① 李秋明、杨银：《我国特殊教育领域博士学位学位论文的文献计量分析》，载《绥化学院学报》，2019，39(7)。

况，同时导师对博士研究生的研究计划给予评价和提出建议，从而达到进一步明确研究目标、厘清研究思路的目的。开题报告应包括选题背景、文献综述、研究目标、研究内容、研究方法、拟采取的技术路线、研究的可行性、研究待解决的重点和难点等方面。好的开题报告应指出论文应该具有的结构框架、研究拟采取的分析方法、预期得到的基本结论等。建议研究方案最好能够详细到第三级标题，整理出一个较为完整的提纲不仅会使自己的思路更加清晰，也便于同导师进行更加深入的交流和沟通。

具体而言，研究内容大致可按照如下的顺序和范围撰写。(1)介绍选题的意义，包括理论意义和实践意义，即选题要具有“重要性”“前沿性”“可操作性”；研究还应具备方法论意义。“方法论意义”是指研究这个问题预期会使用到一些新的研究方法。在科学研究中，新方法的使用是十分重要的，事实上，有些研究得到的结果可能是一般性的(人们早已经知道的，或者凭直观就知道的)，但是，运用新方法研究这些问题也是有价值的。方法运用在博士学位论文中占有相当重要的地位，因此，在开题报告中要求对使用什么样的方法予以专门说明。(2)介绍研究的理论和实践的背景、理论基础研究及回顾等，分析研究开展的必要性和可行性。(3)进行国内外文献综述，梳理并总结当前该领域学术研究的动态及发展趋势，为博士学位论文研究的开展提供理论基础及技术支持。(4)提出研究目标和研究问题，在明确以往研究局限性的基础上，通过严谨的研究设计，提出博士学位论文的研究目标和研究问题。(5)介绍研究思路，这部分是论文的核心，是出现创新的地方，是衡量论文学术水平的关键部分。在研究思路的设计部分，整合思考博士学位论文的研究框架，将多种研究方法进行有机结合，并有效解决论文各子研究间的逻辑衔接问题。(6)具体的案例分析或实证分析，通过明确的研究设计，明确指出研究的对象、使用的测量工具、拟采取的数据分析方法等，为未来研究的开展提供“行动指南”。(7)介绍论文框架。在开题报告的最后，还应列出研究者构建博士学位论文框架的具体思路，可预先列出博士学位论文的章节目录，这样可方便研究者进一步检验调整研究的设计思路，也能方便导师组清晰地了解该博士学位论文研究的设计思路。

进行研究设计时，研究问题的逐步聚焦过程，在程序功能上，又可细致地分为寻找问题、发现问题和挖掘问题等步骤。[①] 首先，无论是通过理论途径还是通过实践途径寻找研究问题，文献综述都是至关重要的环节。在特殊教育领域围绕某一主题进行选题时，也需要围绕研究问题，对相关文献进行系统的收集、整理，梳理出这个研究专题的学术发展脉络，并对所涉及的问题及其研究成果进行深入的比较、分析和鉴别，发现现有的研究尚未涉及的领域，或者他人尚未解决或者尚未完全解决的问题，做到“人无我有，人有我新，人新我异”。由此，通过做文献综述，分析理论疑难和实践困

① 钟凯凯：《我是怎样写出优秀学位论文的》，载《学位与研究生教育》，2014(11)。

境，明确所要关注的研究问题。其次，要从特殊教育现象中发现和聚焦问题。从特殊教育现实中发现问题，关键在于抓住核心问题，并且还要剥离次要因素，限定范围，将问题聚焦并简化，完成从表象问题向实质问题的转化过程。最后，要在理论视角下，挖掘和细化问题。在特殊教育实践基础上抽象出概念后，还需要在理论视角下对研究问题进行进一步的挖掘和细化，使得研究问题体系化。

三、实施研究计划

开题后，研究者结合导师组提出的建议对研究计划进行进一步修改与完善，在多次讨论修改后，方可到研究现场开展教育研究。需要注意的是，无论采取何种研究方法，在研究开展前均需征得研究对象及其监护人的许可，在研究过程中要严格遵守研究伦理，不得侵犯研究对象的个人权益。此外，在研究实施过程中，要注意对干扰因素的控制，严格按照研究方案实施研究，尽可能保证调查数据的有效性。收集研究数据与资料后，要及时进行资料编码及数据清洗处理，以方便后续进行深入的数据分析工作。

研究的实施是一个庞大的系统工程，往往需要花费研究者较长的时间(至少一个学期)来开展数据收集工作。在特殊教育领域，由于所研究对象的特殊性，研究设计完成之后，在正式开展之前，往往需要通过一系列的预实验，来考察并验证研究工具的信度、效度，确定研究对象的范围，拟定正式的研究开展计划，获得研究对象所在单位的支持等。此外，在研究开展人员方面，如研究开展需要除研究者本人之外的其他研究助手的参与，需要对研究助手进行系统的培训，培训结束后方能开始正式研究。总之，研究的开展过程需要研究者系统规划，灵活调整，综合统筹，严格控制研究开展所需要的被试参与、硬件环境、主试人员、研究测试难度等多种因素，避免其他无关变量对研究结果的干扰。

需要重视的是，博士学位论文的研究方法选择及思考是决定博士学位论文研究范式的主要因素。研究方法在社会科学研究中的地位不容忽视，可直接反映出该学科的研究水平、发展状况以及与现代科学技术的差距。特殊教育领域的博士学位论文所选取的研究方法，更能体现当前我国特殊教育学科的研究水平。特殊教育领域的博士学位论文的研究方法可分为量化研究方法、质性研究方法以及混合研究方法等，目前我国特殊教育领域的研究视角日益多样化，但仍是量化研究占据主导地位。具体而言，量化研究使用最多的是实验法，研究者多采用单一被试设计进行实验干预研究；质性研究较多采用深度访谈法、观察法、生活史研究等方法；而混合研究则较为灵活，较多结合访谈法、问卷法、实验法进行研究。

四、撰写博士学位论文

调查资料回收后，便进入了博士学位论文的写作环节。正文的写作不应当按照框架顺序从头至尾来写，而应采取“先中间后两端”和“先难后易”的原则。所谓“先中间后两端”是指博士学位论文在写作安排上应当先写核心章节，后写其他辅助章节。其基本顺序为：资料分析或数据结果章节、理论分析章节、教育建议部分、文献综述、导论与结语、摘要等。当然，博士学位论文各部分撰写的顺序也需结合个人实际情况，如部分高校规定博士研究生需在开题报告环节完成文献综述、研究设计等章节的撰写。

博士学位论文的篇幅一般应不少于10万字。完成如此大的博士学位论文的写作工程，绝非“一日之功”。尽管我们期望一篇高质量的博士学位论文能及早问世，但在博士学位论文的初期写作阶段并不宜设置过高的期望或限制。在研究数据及资料收集工作完成后，可集中精力，尽早完成研究资料的初步整理与分析工作，并结合以往的文献综述基础，初步对研究结果进行尝试性分析，并在论文讨论或结论部分，总结或推断出论文的创新性结论与发现。博士学位论文初稿的完成，并不意味着博士学位论文写作的终结。在博士学位论文初稿完成后，博士研究生需要与导师进行及时且多次的讨论，结合导师的修改意见，并通过更进一步地查阅文献，挖掘论文的理论深度，提升论文的高度。

五、论文评议及答辩

获得博士学位的最后一关是博士学位论文评议及答辩。为保证学位论文质量，进一步完善学位与研究生教育质量保证体系，根据《国务院学位委员会 教育部关于加强学位与研究生教育质量保证和监督体系建设的意见》和《学位论文作假行为处理办法》等文件精神，各个博士学位授予单位相应地制定了研究生学位论文评议办法。一般而言，目前我国博士学位论文抽查评议普遍采用双盲评议办法(简称“盲评”)，即评议时将评阅人的姓名和单位对论文作者及其指导教师进行隐匿，并且将论文作者及其指导教师的姓名对评阅人进行隐匿。并且，大多数高校的博士学位论文盲评工作安排在答辩前进行，凡列入盲评名单的学位申请者，必须通过学位论文盲评，才能组织学位论文答辩。博士、硕士学位论文盲评工作由研究生院和各研究生培养单位分别组织开展。研究生院负责盲评的学位论文由学位办组织进行评议，各培养单位负责盲评的学位论文通过研究生管理系统论文评议平台或其他适当的方式进行评议。

每篇盲评论文送3位同行专家评议，专家按照评议指标逐项评议打分，并给出“同意答辩”、“修改后直接答辩”或“不同意答辩”意见。博士学位论文的评议专家应为教授或相当职称，一般应为博士研究生导师。各培养单位可以提出不超过 2 个的回避单位和不超过 3 人的回避专家名单，报研究生院备案。学位申请者在规定时间内，通过研究生管理系统按要求提交论文，指导教师同意送审后才能组织盲评送审，根据大学的博士学位论文要求的选题与综述、论文成果的创新性与效益、论文体现的理论基础、专门知识及科学研究能力几方面进行评议。具体评议指标可参见表 18-1“华中师范大学博士学位论文评议指标”。

表 18-1 华中师范大学博士学位论文评议指标

一级指标	二级指标	评议要素
选题与综述(20 分)	论文选题(12)	选题是否具有较大的理论意义或实用价值，包括对学科发展、经济建设、科技进步与社会发展具有较大的作用。
	文献综述(8)	对本研究领域文献资料的掌握程度： (1)对本课题的国内外研究动态是否掌握全面、评述恰当； (2)是否能清楚地论述本论文所需要解决问题的目的及意义。
论文成果的创新性与效益(60 分)	论文在理论或方法上的创新性，社会或经济效益(60 分)	(1)论文是否创造性地解决了本学科领域内的重要问题，且运用新视角、新方法进行探索、研究； (2)论文是否探索了有价值的现象、规律，提出了新命题、新方法； (3)论文是否具有较大的社会效益或经济效益，对文化事业的发展或经济建设的发展是否有促进作用。
论文体现的理论基础、专门知识及科学研究能力(20 分)	专业水平(15 分)	(1)是否表明作者具有独立从事科研工作的能力； (2)是否表明作者已掌握坚实宽广的基础理论和系统深入的专业知识； (3)论文的难易程度及工作量。
	论文写作(5 分)	(1)是否符合学术研究规范； (2)是否论点明确，论据翔实，认证严密，结构合理，字句畅达，结论符合逻辑。

注：总体评价分四个等级，优秀≥90 分，90 分>良好≥80 分，80 分>合格≥60 分，不合格<60 分。

研究生院盲评的学位论文评阅结果按如下办法进行处理。(1)评阅结果均为“同意答辩”意见的，准予进入论文答辩环节。(2)评阅结果中有“修改后直接答辩”，且没有“不同意答辩”意见的，须修改论文，经指导教师审阅通过后，方准予进入论文答辩环节。(3)评阅结果中有 1 份“不同意答辩”意见的，分两类情况进行处理。第一类，评阅结果中有 1 份“不同意答辩”意见，且另两份评阅结果总评成绩均为优秀(90 分及以上)

的，如导师、学科组和培养单位学位评定委员会认为该论文达到学位论文基本要求，由各培养单位学位评定委员会聘请1位同行专家进行增评。增评结果若无“不同意答辩”意见，则准予进入论文答辩环节。第二类，评阅结果中有1份“不同意答辩”意见，且另两份评阅结果总评成绩未同时达到优秀(90分及以上)的，如导师、学科组和培养单位学位评定委员会认为该论文达到学位论文基本要求，同意增评，可报告研究生院，由学位办组织聘请2位同行专家进行增评。增评结果若无“不同意答辩”意见，准予进入论文答辩环节。(4)评阅结果中有2份及以上“不同意答辩”意见，或有1份“不同意答辩”意见且未经增评，或增评结果中有“不同意答辩”意见的，不得进入论文答辩环节，须修改论文，半年后重新申请学位论文盲评。(5)凡评议专家认为学位论文存在作假情形且证据确凿的，实行一票否决，并按相关文件进行处理。

第三节 博士学位论文质量

从2000年华东师范大学第一个特殊教育学博士点的设立到现在的多个特殊教育学博士点的建设，我国特殊教育领域博士学位论文的产出整体上呈逐年稳定增长趋势，特殊教育获得了长足的发展与进步。与此同时，我国特殊教育今后在博士点的建设、学科交叉研究、理论与实践研究、研究方法拓展等方面仍有较大发展空间。对博士学位论文的质量进行深入分析，有利于为加快我国特殊教育高水平学位论文的发展提供参考。

一、质量保障体系

博士研究生教育处于高等教育的最高层次，是培养人才的重要阶段。博士学位论文的质量综合反映了博士研究生的培养质量，它既是博士研究生科研能力、创新能力及书面表达能力等综合能力的体现，又是反映博士研究生学术水平和指导教师教学水平的重要标志。全国优秀博士学位论文评选工作(1999—2013年)拟定了以下几点优秀博士学位论文的评选标准：(1)选题为本学科前沿，有重要理论意义或现实意义；(2)在理论或方法上有创新，取得突破性成果，达到国际同类学科先进水平，具有较好的社会效益或应用前景；(3)材料翔实，推理严密，文字表达准确。研究者能够撰写出一篇高质量的博士学位论文，在一定程度上可反映出研究者在某一学术领域中的较为扎实的学术基础，反映出研究者掌握了较为完整的科学研究方法，具备较强的科学研究能力。近年来，全国加强了对学位论文质量的监管与抽查，但博士学位论文仍普遍出现诸如文献综述不充分翔实、研究方法不科学严谨、写作用词不规范准确、缺乏创新性等问题。

为贯彻落实促进国家发展的文件精神，实施《教育部 国家发展改革委 财政部关于深化研究生教育改革的意见》，保证我国学位授予与研究生教育质量，2015 年国务院学位委员会和教育部印发了《博士硕士学位论文抽检办法》(以下简称为《抽检办法》)。《抽检办法》指出：博士学位论文抽检由国务院学位委员会办公室组织实施，……学位论文抽检每年进行一次，抽检范围为上一学年度授予博士、硕士学位的论文，博士学位论文的抽检比例为 10%左右，……博士学位论文抽检从国家图书馆直接调取学位论文。……每篇抽检的学位论文送 3 位同行专家进行评议，专家按照不同学位类型的要求对论文提出评议意见。3 位专家中有 2 位以上(含 2 位)专家评议意见为“不合格”的学位论文，将认定为“存在问题学位论文”。3 位专家中有 1 位专家评议意见为“不合格”的学位论文，将再送 2 位同行专家进行复评。2 位复评专家中有 1 位以上(含 1 位)专家评议意见为“不合格”的学位论文，将认定为“存在问题学位论文”。专家评议意见由各级抽检部门向学位授予单位反馈。

关于学位论文抽检专家评议意见的使用方面，《抽检办法》指出：学位论文抽检专家评议意见以适当方式公开。对连续 2 年均有“存在问题学位论文”，且比例较高或篇数较多的学位授予单位，进行质量约谈。在学位授权点合格评估中，将学位论文抽检结果作为重要指标，对“存在问题学位论文”比例较高或篇数较多的学位授权点，依据有关程序，责令限期整改。经整改仍无法达到要求者，视为不能保证所授学位的学术水平，将撤销学位授权。学位授予单位应将学位论文抽检专家评议意见，作为本单位导师招生资格确定、研究生教育资源配置的重要依据。

除国务院学位委员会和教育部印发《抽检办法》以保障博士学位论文的质量外，各地教育部门、高等学校学位办等也相继出台了关于严格管控博士学位论文质量的文件，且各博士研究生培养单位普遍设有学术委员会等，自上而下较为严格的论文质量管控体系为博士研究生的论文质量提供了制度层面的监控保障。

二、质量影响因素

博士学位论文的质量可能会受来自学生、导师及管理等多个层面的因素影响。[①] 一篇高质量的博士学位论文必定是在各个因素相互支撑、运转良好的情况下才能得以

① 刘会君、黄忠平、郑明明等：《研究生学位论文质量保障体系构建与实践——以浙江工业大学化学工程学院为例》，载《化工高等教育》，2019(6)。

完成。

在学生层面，学生学术水平参差不齐、读博动机多样化、学习态度不端正等都会对博士学位论文的质量产生直接的影响。随着近年来我国博士研究生招生规模的不断扩大，博士研究生的个人素质与专业水平参差不齐。个别学生跨专业攻读博士学位，对研究方向缺乏本科及硕士阶段的基本知识积累，未能形成系统化、结构化的知识体系，这制约着其博士学位论文在深层次、体系化方面所达到的高度。此外，随着就业市场竞争的日趋激烈，读博已成为硕士研究生将来求职或职称评聘的“跳板”。中国教育在线的调查数据显示，超过一半的受访者认为，研究生学历对就业影响较大，可以提高就业薪酬满意度，仅30%的学生的读研动机是想继续深造，提高学术能力。① 在博士学位论文的研究设计、论文撰写等各个环节中，博士研究生均需要专心思索，谨慎求证，严谨踏实的学习态度是一篇高质量的博士学位论文必备的前期基础。

在导师层面，导师对学生进行指导的责任心、给予学生的科研支持等，也是制约博士学位论文质量的不可忽视的因素之一。完成博士学位论文必定要基于前人的研究，要经过与导师的充分讨论，经过反复实验或调研，结合专业领域的知识分析并讨论研究问题背后的机制与原理，最后才能形成具有较强理论研究价值和实践意义的学术研究成果。由此可见，导师在博士学位论文的撰写过程中起着至关重要的作用，是博士研究生设计博士学位论文的引导者以及博士学位论文质量的把关者。如果导师对博士研究生学位论文的选题把握不准确，对研究设计定位不清晰，那么他指导的博士学位论文的质量很难得到保障。此外，如果导师未能申请到独立主持的科研项目，缺乏足够的经费供学生开展科学研究，那么博士研究生的学位论文在缺乏硬件支持的情况下也很难得以持续开展。

研究生管理机构在保障博士研究生学位论文质量方面的作用也是不可或缺的。如果研究生学位论文管理制度不规范，政策不完善，论文质量监管工作流于形式，则很难为博士学位论文的质量提供制度保障。此外，特殊教育领域的博士学位论文，除了受以上来自学生、导师及管理等各个层面的因素影响外，还受到国家政策背景、社会保障情况等方面的影响，因此需要研究者做好政策研判，以保证研究的社会价值。

三、质量提升策略

第一，在博士研究生层面，应加强对博士研究生核心科研素养的培养。可通过多种措施，提高博士研究生生源质量，在博士研究生复试过程中加强对基本科研素养的

① 刘会君、黄忠平、郑明明等：《研究生学位论文质量保障体系构建与实践——以浙江工业大学化学工程学院为例》，载《化工高等教育》，2019(6)。

考察，从源头上保证博士研究生具备一定的学术水平，进而为保障博士学位论文的质量奠定基础；还可邀请特殊教育领域或者其他社科研究领域的专家学者为博士研究生开展系列学术报告，营造浓烈的学术氛围，并加强对博士研究生的国际化培养，拓展博士研究生的学术视野。在博士研究生培养的课程设置上，也应注意加强对学科前沿视野、政策研判能力、研究能力等的培养，为博士研究生开展博士学位论文的设计与实施奠定基础。

第二，在导师支持方面，应重视博士研究生导师队伍建设，提高博士研究生培养质量，加强对导师招生资格的审核，确保导师有足够的经费及精力指导、支持博士研究生开展研究工作。并且，加强导师指导制度规范建设，明确导师在指导学生选题、文献查阅、开题、调查研究、论文撰写等诸多环节中应给予的指导与支持，增强导师指导学生的责任意识。

第三，在制度建设方面，应不断建立并完善多方位的监管制度。以保障学位论文质量为中心，以提高博士研究生自身素质和加强导师指导为抓手，不断完善学位论文监控制度，有力地促进博士研究生的素质与学位论文的质量间的融通。

第四，特殊教育领域的博士研究生，还应具备独特的特殊教育研究视野。其一，博士研究生应把握特殊教育学科属性，加强特殊教育的跨学科研究。特殊教育不仅有其自身的专业性，更兼具心理、医学、法律等多种学科属性。就教育领域而言，特殊教育所面临的对象是有特殊需求的学生，这必然强调教育的专业性。为了更好地推进特殊教育的学科建设，促进特殊教育的发展，应进一步加强学科交叉研究，不仅应注重跨学科的专家队伍建设，而且要强调特殊教育跨学科研究的理论与实践视野。其二，以实务为导向，促进特殊教育研究的理论与实践相结合。教育的理论研究源于实践，并回归于实践。特殊教育领域的博士学位论文，无论在理论上，抑或在实践上，都代表着特殊教育的实际发展水平。我国特殊教育领域的博士学位论文的研究对象基本涵盖了特殊教育领域内所划分的各个障碍类型的特殊儿童，研究主题也涉及特殊教育相关政策与法规、融合教育、教育干预与康复等内容。今后特殊教育的研究应当以特殊教育的实务为导向，立足教育现场，加强对中重度特殊儿童的有关教育与康复的研究，拓展特殊教育研究的资源与主题，走理论与实践相结合的教育教学与研究之路。其三，凸显特殊教育研究方法的多元化。对特殊教育而言，所面对的特殊儿童是差异性鲜明的独立个体，在身心发展上存在着多样性、差异性，对特殊儿童进行研究应该注重科学精神与人文精神的统一。因此，特殊教育研究方法应避免走向重理论轻实践、重量化轻混合或轻质性的局限，应在借鉴心理学、医学、社会学等诸多交叉学科思想的基础上，拓展研究视野，强调特殊教育研究方法与范式的多元性及过程中的规范性、伦理性。

第四节
博士学位论文研究示例

以下案例论文为华东师范大学2006届特殊教育学博士学位论文《听觉障碍学生唇读汉字语音识别的实验研究》①。该研究主要采用群组实验法，对听觉障碍学生唇读汉字语音识别的认知机制进行了系列探讨。

一、研究案例

听觉是人的主要感觉通道，听觉障碍学生因听力损失，更多以眼代耳，通过唇读和使用手语来进行语言交流。唇读作为一项复杂的视觉语言认知活动，主要涉及视觉认知、动觉认知与语言认知，尽管国外有关学者对此研究非常深入，但国内相关研究仍处于起步阶段。该研究在综述有关唇读研究成果的基础上，通过系列实验，分析了听觉损伤、听觉辅助、听觉语言交流环境对听觉障碍学生唇读技能发展的影响。

论文的第一部分回顾了唇读训练在我国口语教学中的地位与作用的演变历程，主要分析了唇读的两种不同大脑机制——特定区域整合模型和信息传输接替模型，阐述了唇读信息加工机制的代表性观点与争论的焦点，探讨了应用唇读辅助技术的进程，最后提出了研究总体设计的基本思路——采用系列实验逐步考查听觉语言经验对听障学生唇读汉语语音识别的影响。

论文的第二部分是实验研究，包括4组10个实验。第1组的3个预实验主要通过控制实验条件，为后3组实验选取实验素材与施测方式做好铺垫；第2组的3个实验主要考查了听觉损伤对唇读语音识别的影响；第3组的2个实验主要考查了助听器在听障学生唇读汉字语音识别过程中的作用；第4组的2个实验主要考查了听觉语言环境对听障学生唇读汉字语音识别的影响。实验结果表明：(1)实验1发现，测试所使用的材料不同，唇读语音识别的效果存在显著差异，即单字条件优于词语条件；实验2发现，被试与主试的熟悉程度显著影响了唇读语音识别的效果，即存在熟悉效应；实验3发现，测试的条件对唇读语音识别的效果无显著影响，即人测与机测的效果并无显著差异。(2)听觉损伤并不必然造就优秀的唇读专家。实验4发现，听障学生与正常学生

① 雷江华：《听觉障碍学生唇读汉字语音识别的实验研究》，博士学位论文，华东师范大学，2006。

的唇读能力相当；实验5发现，听力损失发生的时间对唇读能力的影响不显著；实验6发现，听力损失的程度越重，并不意味着唇读能力越高。(3)听觉辅助显著提高了唇读语音识别的效果。实验7发现，佩戴助听器的听障学生唇读技能显著高于未佩戴助听器的听障学生；实验8发现，视听条件的唇读效果显著高于视觉条件，视觉条件的唇读效果显著高于听觉条件。(4)听觉语言交流环境有利于听觉障碍学生唇读语音认知技能的提高。实验9发现，聋校口语教学对学生唇读技能的发展作用尤为明显；而实验10发现，家庭听觉语言环境的作用并不显著。(5)所有10个实验都发现，音素可见性在唇读语音识别过程中的作用显著。

论文的第三部分对实验的结果进行了综合讨论，并以此为基础提出了如下建议：(1)利用音素可见性的特点，循序渐进地进行唇读训练，既然唇读训练的难点在于声母，可以考虑构建声母识别的辅助系统(包括手指语辅助与触觉辅助等)；(2)通过镜前练习加强唇读的视觉反馈；(3)通过佩戴助听器来增强听觉反馈；(4)语言康复训练要听能训练与唇读训练并重；(5)聋校在采用综合语言教育时要重视口语教学；(6)家庭要营造良好的口语交流环境，促进学生语音意识的发展，从而提高其唇读技能。

论文的第四部分归纳了五条重要的结论并展望了今后研究的前景。结论主要包括：(1)音素可见性在听障学生唇读语音识别过程中作用明显；(2)听力损失并不是唇读语音技能发展的充要条件；(3)听觉辅助有助于提高唇读语音技能；(4)视觉是听障学生进行语言交流的主要途径；(5)听觉语言交流环境有助于提高唇读语音技能。今后需要进一步研究的领域包括：唇读的个案研究、唇读的认知神经研究、唇读语句与语篇的认知研究、植入人工耳蜗听障学生与随班就读听障学生唇读能力的研究、唇读语音认知表征方式的研究、唇读语音认知技能影响因素的研究、正常儿童视听语言认知研究等。

二、研究特色

该案例论文在选题上具有深刻的理论价值和现实意义。该研究具有深刻的学术研究价值，通过唇读研究将教育学、心理学、语言学三个学科的相关知识进行了整合，具体表现为以下几点。首先，从语言学的角度来看，从视觉的角度入手探讨了视觉语言发展的机理，丰富和发展了语言学的基本理论观点。其次，从教育学的角度来看，为听障学生的语言教育教学提供了理论基础。听障学校目前强调以口语教学为主、手语教学为辅的教学模式；融合学校采用的是口语教学，在口语教学中听障学生更多通过唇读来获取信息，听障学生汉语唇读理解能力如何直接决定着教学的成效。最后，从心理学的角度来看，从唇读的角度入手探讨了其信息加工的过程及规律，明晰了听障学生能否利用唇读进行语言理解，从而顺利高效求学。

该研究的创新之处主要体现为以下几点。其一，研究视角的创新。该研究首次从教育学、心理学、语言学三个学科的交叉视角着手，探究听障学生汉语唇读语音识别的认知机制，基于多个学科的交叉视角，可以更加系统科学地考查听障学生语言发展的认知特点。其二，研究内容的创新。以往关于听障人士唇读能力的研究多针对英语等西方语言，关于汉语唇读的研究则较多地停留于研究范式的介绍阶段，在研究广度和深度上都有待进一步加强。本研究首次系统介绍了听障学生汉语唇读语音识别能力的发展特点，对丰富听障学生汉语唇读识别认知与干预研究具有重要的拓展价值与深化价值。其三，研究范式的创新。在研究范式上，本研究采用群组实验方法，从实证研究的视角考查了具备不同特征的听障学生的唇读语音识别特点。

三、研究反思

该研究通过文献综述探讨了国内外唇读发展的历史轨迹与唇读的认知机制，并通过系列实验探讨了听觉语言经验在听觉障碍学生唇读语音技能发展中的作用，但基于国内对汉语听觉障碍学生唇读语音认知的研究极其匮乏，作者试图尝试进行拓荒式的研究，这仅是对听觉障碍学生唇读语音认知研究的开始，在研究的广度与深度方面仍存在不足之处，因此今后需要深入探讨与研究的领域包括以下几方面。

(1)加强个案研究。该研究发现个别听觉障碍学生与正常学生在唇读语音识别的准确性上极其优异，因此需要加强个案研究来探讨这些优秀的唇读者具有何种认知特点与认知策略。

(2)加强认知神经科学的研究。该研究仅通过文献综述的方式探讨了国外唇读大脑机制的研究成果，但对汉语听觉障碍学生未能进行唇读皮层机制的研究。目前，有些特殊儿童的认知研究开始尝试采用事件相关电位(event related potential，ERP)、脑磁图(magnetoencephalography，MEG)、局部脑血流量(regional cerebral blood flow，RCBF)、正电子发射断层扫描(positron emission tomography，PET)、脑功能成像(functional magnetic resonance imaging，fMRI)等高新科技手段来探讨不同类型儿童认知过程的生理机制。未来研究有待解决的问题主要有：进一步探讨听障者唇读大脑机制以及听觉皮层的功能差异，唇读与手语能否同时加强听觉皮层的激活，双重刺激条件是否比单一刺激条件导致了听觉皮层的更高水平的激活，唇读与手语同时呈现能否提高语音识别率，等等。

(3)加强唇读语句、篇章理解的认知研究。听觉障碍学生要理解讲话者的内容与意义，不仅要能准确地唇读单个汉字的语音，而且能准确地唇读语句。如何结合汉语的语言特点来研究听觉障碍学生唇读不同类型语句的技能是需要重点探讨的课题。

(4)加强对植入人工耳蜗听觉障碍儿童的研究，加强对随班就读听觉障碍儿童的研究，加强对唇读语音认知表征方式的研究。随着现代听觉辅助技术的进步，越来越多的听觉障碍儿童被安置在普通教育环境中，那么，他们的唇读发展技能呈现何种特征？其汉语唇读理解能力是否对其认知发展产生了重要影响？对不同安置环境下听觉障碍儿童视听语言认知技能的探讨有助于进一步明晰听觉障碍儿童的视听语言认知加工机制，对提升听障儿童的教学质量具有重要的参考价值。

总之，一篇系统完善的高质量的博士学位论文，需要研究者在研究设计、研究实施、讨论分析等方面进行系统深入的思考与探索，系统设计，谨慎求证。并且，博士学位论文的完成并不代表研究者在某一研究领域的研究终结，由此发掘的新的研究点，也会成为研究者乃至整个特殊教育领域未来发展的新领域。

本章小结

本章系统介绍了博士学位论文的概念、特点及价值，并介绍了博士学位论文的撰写过程，着重介绍了确定论文选题、开展研究设计、实施研究计划、撰写博士学位论文、论文评议及答辩环节，并对博士学位论文质量的保障体系、影响因素及提升策略进行了尝试性的总结与分析。通过对博士学位论文的基本阐释，结合对特殊教育专业博士学位论文示例的解析，以期进一步阐明博士学位论文的基本框架与特点。

复习思考题

一 、单项选择题

1. 以下哪项不是博士学位论文的特点？（ ）

A. 系统性 B. 交叉性 C. 尖端性 D. 复杂性

2. 以下哪项不是博士学位论文常用的研究方法？（ ）

A. 调查法 B. 实验法

C. 数据统计分析法 D. 观察法

3. 以下几项博士学位论文评议指标中，哪项在论文评议中所占比重最大？

A. 选题与综述 B. 论文成果的创新性与效益

C. 专业知识 D. 写作能力

二、简答题

1. 请简述博士学位论文选题的意义。

2. 请简要概括博士学位论文常用的研究方法。

3. 请简述博士学位论文的评议维度。

三、论述题

1. 结合特殊教育专业学科的特点，简要阐述博士学位论文的选题策略。

2. 请围绕某一特殊教育热点问题，尝试完成一份博士学位论文的研究设计。

本章阅读书目

1. 杜晓新，宋永宁，特殊教育研究方法.2版. 北京：北京大学出版社，2015.

2. 陈向明. 质的研究方法与社会科学研究. 北京：教育科学出版社，2000.

3. 裴娣娜. 教育研究方法导论. 合肥：安徽教育出版社，2018.

4. 张敏强. 教育与心理统计学.3版. 北京：人民教育出版社，2010.

5. 克雷格·肯尼迪. 教育研究中的单一被试设计. 韦小满，等，译. 北京：华夏出版社，2014.

6. 曾祥炎.E-Prime实验设计技术. 北京：北京师范大学出版社，2014.

7. 舒华. 心理与教育研究中的多因素实验设计.2版. 北京：北京师范大学出版社，2016.

8. 王鉴. 课堂观察与分析技术. 兰州：甘肃教育出版社，2014.

主要参考文献

[1]杨杜等. 管理学研究方法[M].2版. 大连：东北财经大学出版社，2013.

[2]钟凯凯. 我是怎样写出优秀学位论文的[J]. 学位与研究生教育.2014(11).

[3]李秋明，杨银. 我国特殊教育领域博士学位论文的文献计量分析[J]. 绥化学院学报.2019，39(7).

[4]刘会君，黄忠平，郑明明，等. 研究生学位论文质量保障体系构建与实践——以浙江工业大学化学工程学院为例[J]. 化工高等教育，2019(6).

[5]雷江华. 听觉障碍学生唇读汉字语音识别的实验研究[D]. 上海：华东师范大学，2006.